Zu diesem Buch

Ein menschliches, sehr menschliches Buch vom abenteuerlichen Leben unter weißen Segeln und schwarzen Wolken, unter Masten und Palmen – geschrieben von der ersten deutschen Weltumseglerin! Es ist ein Bericht wirklicher Erlebnisse, schöner und grausamer, und eben kein geschöntes Buch über eine scheinbar sorglose Weltenbummelei. Dreieinhalb Jahre oder 32 000 Seemeilen verbrachte Beate Kammler mit ihrem Mann auf den Planken der 11,53 m langen «Mauna Kea». Sie blinzelten nicht nur traumverloren in die Sonne, sondern sie hatten auch Probleme ihrer Zweierbeziehung unter den spezifischen Bedingungen einer Weltreise. Beate Kammler, diese ungewöhnliche Berichterstatterin, spricht offen aus, was sie bewegte, und sie prägt sogar das Wort von der Bordfrau als «Sexualproviant».

Die irdischen Paradiese, in die sie zu kommen hofften, existierten nicht mehr. An ihrer Stelle fanden sie oft Rassenkonflikte und Armut vor. So räumt dieser ungeschminkte Bericht auch mit überholten Illusionen auf. Er ist das minuziös festgehaltene Protokoll einer buchstäblich welterfahrenen jungen Frau, das insgeheime Weltenbummler zwischen Begeisterung und Nachdenklichkeit, Spaß und Erschrecken hin und her reißen wird – eben weil es realistisch und menschlich wahr ist.

«Hier segeln Menschen um die Welt, die unsere Nachbarn sein könnten. Man identifiziert sich sofort mit ihnen» («boote»). – «Es macht einen Heidenspaß, dieses Buch einer Reise unter Segeln um die Welt zu lesen, so frisch von der Leber weg ist es geplaudert» («Bremer Nachrichten»). – «Beate Kammlers Buch ist ein sehr persönlich gehaltener Report, der gerade deswegen so authentisch und aufrichtig wirkt» («Frankfurter Allgemeine»). – «Dieses Buch ist durchaus sensationell. Denn da haut keine ‹Abenteuerin› auf die mit Seemannsgarn gespannte Pauke. Im Gegenteil. Noch nie in dieser Art ist so grundehrlich, so ohne Scheu vor der Psychologie-Sphäre der Weltumsegler, so charmant und zugleich so kritisch von einer langen Segelbootfahrt berichtet worden» («Welt am Sonntag»). – «Am stärksten wirkt ihr Tatsachenbericht, wenn sie über ihre Stimmungen, die wechseln wie Sturm und Flaute, und über ihre Gefühle schreibt. Das ist so echt, daß der Leser – und er braucht beileibe kein von der Segelei begeisterter zu sein – davon gepackt wird» («Westfälische Rundschau»).

Beate Zimmermann, gesch. Kammler, geboren 1943 in Frankfurt, studierte Geschichte und Leibeserziehung. In Kiel machte sie erste Segelerfahrungen und erwarb den A-Schein. Nach einer zweijährigen Tätigkeit in Berlin als Lehrerin startete sie zur Weltumseglung. Heute arbeitet sie als freie Journalistin in Berlin.

BEATE KAMMLER

KOMM WIR SEGELN UM DIE WELT

rororo

Rowohlt

Umschlagentwurf Werner Rebhuhn (Foto Beate Kammler)
Zeichnungen: Beate Kammler
Fotos: Peter und Beate Kammler (34), Grabowsky (1)

Veröffentlicht im Rowohlt Taschenbuch Verlag GmbH,
Reinbek bei Hamburg, Juli 1977

Gesamtherstellung Clausen & Bosse, Leck/Schleswig
Printed in Germany
680-ISBN 3 499 14084 5

Unseren Eltern gewidmet
und meinem Großvater,
Kuddel Diersch.

KAPITELÜBERSICHT

KOMM, WIR SEGELN UM DIE WELT

Ich kann nicht behaupten, daß es schon immer mein Traum war, um die Welt zu segeln. Um ganz ehrlich zu sein: Der Gedanke ist mir nie gekommen.

Ich falle deshalb aus allen Wolken, als eines Tages im April 1967 ein gewisser Peter mich anruft und fragt: „Hättest du Lust, mit mir um die Welt zu segeln?"

„Du bist verrückt!"

Peter braucht eine Stunde, um mich davon zu überzeugen, daß es ihm ernst ist: „Ich bin doch kein Spinner! Glaub mir, ich habe das schon lange geplant."

Er spricht von der Südsee. Von schlanken Palmen, die sich im Passat wiegen, von einsamen Stränden, von freundlichen Eingeborenen. Er spricht von der Freiheit und dem Abenteuer . . .

. . . während ich in Berlin im dritten Hinterhof sitze, auch Gartenhaus genannt. Statt grüner Bäume ragt ein rotgeziegelter Fabrikschornstein vor dem Fenster meiner Bude auf und läßt kein Tageslicht herein. Seit Wochen hause ich hier bei künstlichem Licht und wühle mich – einem Maulwurf gleich – durch die Bücherstapel hindurch, die immer neue Abdrücke hinterlassen im Staub auf dem rissigen Furnier der Kommode, auf dem wackeligen Tisch und dem alten Volksempfänger, dem man zum Einschalten mit dem Hammer auf den Kopf schlägt. Klebrige Abdrücke von Kaffeetassen überall. Seit Wochen blinzeln meine überanstrengten Augen angewidert auf dies mein trautes Heim. Seit Wochen auch atme ich den modrigen Geruch der Teppichfragmente, die sich über den ausgetretenen Dielen krumpeln. Wenn ich doch bloß schon durchs Examen wäre!

Und Peter redet von der Freiheit.

„Laß uns gleich fahren, Peter!"

„Moment einmal, erst mußt du natürlich noch deine Lehrerexamen machen. Außerdem muß das alles vorbereitet werden."

„Och, wie vernünftig. Meine Eltern werden dich mögen. Ich dachte schon, ich könnte mich vor den Examen drücken."

„Was ist nun, kommst du mit oder nicht?"

„Aber wir kennen uns doch erst eine Woche, Peter. Also gut, ich komme mit!" Damit ist es entschieden.

Die folgenden zwei Jahre sind bruchstückhaft und wirr. Erstes Staatsexamen, Eintritt in den Schuldienst. „Und gelobe hiermit, alle mir innewohnenden Kräfte und Fähigkeiten zum Wohle der mir anvertrauten Kinder einzusetzen. So wahr mir Gott helfe." (Letzteres streichen, wenn unerwünscht.)

Meine Ernennungsurkunde zur Beamtin auf Probe: „Im Jahre 2004 sind Sie pensionsberechtigt." Wie einfühlsam vom Senat einem jungen Menschen gegenüber! Kann ich mich ja gleich begraben lassen. Weg von hier, ganz weit weg!

„Nimmst du, Beate Bade, Karl-Heinz Kammler zu deinem Ehemann?" Wieso Karl-Heinz? Ich denke, er heißt Peter! Auch gut.

Meine Großmutter besucht uns: „Kind, das ist ja schrecklich, das ist ja keine Ehe!" Wie wahr, wie wahr.

Wir stehen um 4.30 Uhr gemeinsam auf und machen Frühgymnastik, um fit zu bleiben. Bis 20.00 Uhr trennen sich dann unsere Wege. Peter muß den Betrieb (Fleischwaren) umorganisieren, um ihn einige Jahre allein lassen zu können. Abends korrigiere ich Heftstapel, und Peter brütet über Bootskatalogen und Yachtzeitschriften.

Peter besucht die Bootsausstellungen in Berlin, Hamburg und London. Aus London kommt er zurück: „Ich habe unser Boot in Auftrag gegeben, eine Nicholson 38." Böhmische Dörfer für mich.

Die Yacht soll MAUNA KEA heißen, nach dem Vulkan auf Hawaii. Diesen Namen hat Peter als Junge auf dem Atlas gefunden. Seit damals stand es für ihn fest, daß er eines Tages mit seinem eigenen Boot dorthin segeln würde. In der Sprache der Polynesier heißt MAUNA KEA: verzauberter Vogel.

Peter sitzt abends über den Bauplänen und zeichnet Zusatzeinrichtungen und Verbesserungen. Die Pläne sind seine ständigen Begleiter, sogar auf dem „Örtchen". Ich versuche, etwas Interesse und Enthusiasmus aufzubringen: „Erklär mir doch mal, was das alles ist", bin aber irritiert und entmutigt durch die englischen Fachausdrücke. Er drückt mir die Blaupausen für das Bordklo in die Hand: „Sieh dir das mal an. Du mußt in der Lage sein, es auseinanderzunehmen und wieder zusammenzusetzen." „Etwa noch mit geschlossenen Augen? Warum soll ich mir das ansehen? Das ist doch dein Gebiet. Außerdem bin ich ein völlig untechnischer Mensch. Mir fehlt das konstruktive Denken. Das hat schon mein Mathelehrer gesagt."

Peter ist mutlos. Was für eine Partnerin hat er sich bloß für diese Weltumseglung eingehandelt!

„Verstehe ich nicht. Du hast doch das Abitur gemacht."

„Was hat denn das damit zu tun?"

Tränen der Wut und gekränkter Eitelkeit.

Manchmal denke ich, wir kommen nie los, obwohl wir unser Leben völlig auf die Reise einstellen. Geldausgaben werden ganz vorsichtig dosiert. Wozu eine neue Wohnungseinrichtung? Der alte Teppich hat zwar ein Loch, doch darüber stellen wir einen Schrank. Oft genug verliere ich unser Ziel aus den Augen. Dann fange ich an, herumzunörgeln. Aber Peter läßt sich nicht beirren! Seit mehr als zehn Jahren schon spart er für die Reise mit der MAUNA KEA. Und fairerweise hat er mir ja schon anfangs bei dem entscheidenden Telefongespräch gesagt: „Ich will dir keinen Bungalow und keine Pelze bieten. Ich will ein Boot kaufen und um die Welt segeln."

Peter geht jetzt zweimal wöchentlich abends zu Lehrgängen: B-Schein und Seefunksprechzeugnis. Ich habe keine Zeit dazu. Mir wird es unheimlich: Peter lernt immer mehr über das Schiff und für unser zukünftiges Leben. Nur ich bleibe dumm.

Zur Abschlußfeier der Lehrgänge gibt es Labskaus. Auch ich bin mal dabei. Viele Frauen haben die Kurse bestanden und sind nun voller Zuversicht und Selbstvertrauen. Einige scheinen erfahrene Seglerinnen zu sein:

„Mit gebrochenem Daumen in dickem Wetter auf der Ostsee acht Stunden an der Pinne gesessen."

Da ist mein mickriger Segelkursus auf umgebauten Rettungsbooten an der Uni in Kiel natürlich gar nichts. Ich habe zwar damals die Pull- und Wriggprüfung, die Knoten- und Spleißprüfung bestanden, doch das hilft mir nicht weiter bei der Navigation und solch exotischen Segeln wie dem Spinnaker und Besanstagsegel.

Zweifel an mir selbst kommen. Werde ich bei Sturm bestehen können? Mit meiner Größe von 1,59 Meter und 48 Kilo Gewicht bin ich nicht gerade sehr kräftig, obgleich durch mein Sportstudium durchtrainiert. Und meine Segelerfahrungen? Den A-Schein in Kiel erworben. Noch nie auf einem Dickschiff gesegelt, noch nie nachts draußen gewesen, niemals an Bord gekocht und gelebt. Keine Segelliteratur gelesen, keine theoretischen Kenntnisse. Meine Segelerfahrungen kann man also getrost gleich Null bezeichnen.

Ich nehme mir vor, dies durch vermehrten Ehrgeiz und durch Tapferkeit auszugleichen. Im Sportstudium sind wir hart rangenommen worden. Rücksicht auf uns Mädchen gab es nicht. Ich bin also an Härte und Selbstüberwindung gewöhnt. Das könnte ein kleines Plus für mich sein. Und auch meine Sprachkenntnisse: Englisch, Französisch, ein wenig Spanisch.

Alles andere muß ich Peter überlassen. Er bringt gute Voraussetzungen mit:

Fünfzehn Jahre Jollensegeln in Berlin. Eine Atlantiküberquerung als Mannschaft auf einer amerikanischen Yacht. Segelführerscheine A bis C, das beinhaltet terrestrische und astronomische Navigation. Seefunksprechzeugnis. Gelernter Autoschlosser und Mechaniker, dazu Maschinenbau-Ingenieur. Sehr gewissenhaft, direkt pingelig in allem, was das Schiff betrifft. Große theoretische Kenntnisse. Bildet sich ständig weiter mit Segelliteratur. Fließend englische, französische und spanische Sprachkenntnisse.

Das sollte reichen. Peter wird bestimmt nicht versagen.

Und die Mauna Kea? Mit 11,53 Meter Länge, 3,20 Meter Breite und 1,58 Meter Tiefgang entspricht sie einer Fahrtenyacht mittlerer Größe. Sie wird von einer renommierten englischen Werft gebaut. Ihr Rumpf wird aus Kunststoff sein, die Masten aus Aluminium, die Segel aus Dacron. Wir werden eine eingebaute Maschine haben, einen Perkins Diesel von 42 PS. Wir werden 160 Liter Treibstoff mitführen. Das reicht für 600 Seemeilen bei ruhiger See. Wir werden mit 350 Liter Wasser im Haupttank und mit noch einmal 60 Liter in Zusatzkanistern ausgerüstet sein.

Alle diese Fakten sage ich mir immer wieder zur Beruhigung vor. Vor allem den Satz: „Je schräger eine Segelyacht liegt, desto stärker wirkt der Ballast am Kiel, um sie wiederaufzurichten." Das übersetze ich mit: Eine Segelyacht kann nicht umkippen.

Von der Werft, Camper & Nicholsons, kommt die Benachrichtigung, daß die Yacht langsam fertig werde, was Peter als Startzeichen betrachtet, wohingegen die Werft die Betonung mehr auf langsam setzte. Peter rollt einen Schlafsack zusammen und fliegt nach England. Auf die Ankündigung der Sekretärin, daß Mr. Kammler aus Germany da sei, springt der erschreckte Manager, Jerry Lines, aus dem Fenster und eilt zur Mauna Kea hinunter, um zu sehen, ob überhaupt jemand daran arbeitet. Er hat es uns später selbst erzählt. Das Schiff ist mitnichten fertig, sondern tatsächlich im Prozeß des Fertigwerdens. Ein dehnbarer Begriff. Da die englische Bootsbauindustrie wieder in einer Krise steckt, hat die Werft immer erst die Aufträge von Eignern ausgeführt, die ihr dicht auf der Pelle saßen. Mr. Kammler aus Germany war weit weg. Er schrieb zwar eifrig Briefe, die auch gewissenhaft und höflich beantwortet wurden (stets adressiert an „Mr. Kammler, Esquire", was uns wahnsinnig schmeichelte), doch seine Sonderwünsche wurden erst mal auf Eis gelegt.

Peter ruft mich völlig entsetzt aus England an: „Nichts ist eingebaut. Selbst der von der Propellerwelle angetriebene Generator nicht."

„Ist ja wirklich schlimm", sage ich und hoffe, daß ich irgendwann einmal unauffällig herausbekommen werde, was das eigentlich für ein Ding ist.

Die folgenden sechs Wochen lebt Peter an Bord und ist der meistgehaßte Mann auf der Werft. Seine Briefe sind gespickt mit technischen Details. Ich glaube, er ist so glücklich wie noch nie im Leben. Er kocht für sich an Bord: sechs Wochen lang seine geliebten Baked beans.

In den Sommerferien 1969 packe ich Sextanten, Chronometer und Handpeilkompaß in die Seesäcke. Peter ruft an: „Vergiß den großen Suppentopf nicht."

Auf dem Flugplatz Berlin-Tempelhof warte ich hinter den Seesäkken, die mir bis zur Brust reichen, auf meine Mitsegler: meine Schwester Monika und Peters Navigationslehrer Alfred. Gemeinsam wollen wir die Yacht in vier Wochen von England außen herum ins Mittelmeer nach Mallorca segeln.

Alfred kommt mit Kapitänsmütze und goldbenadelter Brust. Ungeheuer nautisch sieht er aus. An ihm sind irgendwie ein 100-W-Scheinwerfer, ein Lautsprecher und seine unentbehrliche Schreibmaschine befestigt, abgesehen von zwei Seesäcken, deren Riemen sich über seiner Brust kreuzen. Monika sieht reichlich ängstlich aus, genau wie ich vermutlich. Sie ist ebenfalls Junglehrerin und will sich auf dem Wasser erholen und braun werden, haha! Sie war noch nie auf einem Boot und hat dann mehrere Jahre gebraucht, das bevorstehende Erlebnis zu verkraften.

Beim Anblick der Mauna Kea denke ich beklommen: „Wie winzig sie ist!" Doch als wir uns an Bord verholen, wird sie unter Deck immer größer. Wir schreiten gleich zur Taufe und laufen am folgenden Tag aus.

Erst eine Woche später kommen wir wieder an Land, in Vigo an der Westküste Spaniens. Inzwischen sind so einige niedliche Kleinmädchenvorstellungen zurechtgerückt worden. Habe ich anfangs wegen der Hygiene indigniert geschnaubt, als Peter vorschlägt, bei Wachwechsel solle man in das gerade frei werdende Bett (Verzeihung: Koje) gehen, so bin ich bald heilfroh, in die mollige Koje kriechen zu können. Ich bitte meinen Vorschläfer sogar ausdrücklich darum, den Schlafsack schön abzudichten, damit keine warme Luft entfleucht. Wir Mädchen sind ständig seekrank, und Alfred übernimmt das Kochen. Meist leider mit Mehlschwitzen.

Von Vigo aus geht es nonstop ins Mittelmeer, nach Marbella. Nächster Hafen ist schon Mallorca. Beim Anblick der Kathedrale von Palma macht Alfred einen Freudensprung und ruft: „Kinder, nun mach ich euch ein Spargelcremesüppchen!" Seitdem gehören für mich die Kathedrale und Spargel für immer zusammen.

Alfred und Monika mustern eilig ab. Ihr Urlaub ist vorüber. Und wenn es nach mir ginge, käme ich gleich mit. Diese ersten Segelwochen waren scheußlich, und wenn ich mir vorstelle, daß es nun für Jahre so weitergehen soll, kriege ich das heulende Elend. Aber nun kann ich nicht mehr zurück.

Endspurt in Berlin:

Mein Vater schlägt vor, uns prophylaktisch den Blinddarm entfernen zu lassen. Das Risiko einer Entzündung ist doch zu groß. Wie wir hörten, starb eine Seglerin auf einer langen Pazifikstrecke an Blinddarmentzündung. Ihr Mann mußte sie außenbords gehen lassen.

Im Dezember 1969 gehen wir deshalb beide ins Krankenhaus. Weihnachten stellt mein Vater die Bordapotheke zusammen. Ein beklemmendes Fest: Bei Gänsebraten und Heringstopf bekomme ich Alpträume von Knochensägen, Arterienklemmen und Injektionen. Ich werde nämlich für die Bordapotheke verantwortlich sein. Wir lassen unsere Blutgruppe für Blutkonserven bestimmen. Mir wird ein Weisheitszahn gezogen.

Dann die Impfungen: Pocken (2x), Tetanus (3x), Diphterie (3x), Kinderlähmung (3x), Gelbfieber, Cholera (halbjährlich), Typhus/Paratyphus/Ruhr (jährlich). Später wird noch die Malariavorsorge dazukommen. Jeder von uns macht ein Testament.

Anfang 1970 bestehe ich das zweite Staatsexamen und kündige. Jetzt fällt es mir doch sehr schwer, obwohl ich mich zwei Jahre auf diesen Augenblick vorbereitet habe.

Wir verkaufen die Autos und schließen Anfang Mai die Wohnungstür hinter uns zu. Vielleicht zum letzten Mal.

Im Flughafen von Palma de Mallorca schreiten wir siegreich hinter unserer Gepäckkavalkade her: dreizehn Gepäckstücke. Die Angelrute, die vorübergehend das Gepäckband des Flughafens blockiert hatte, habe ich schon eingerechnet. Den verdutzten spanischen Zöllnern erklären wir: „Also, dies hier sind die Wasserskier und die Hängematten. Hier eine Nerzstola und ein elektrisches Haarlockgerät. Und das sind meine beiden Perücken: eine schwarze und eine rote."

Tief atmen wir die laue, abgasverseuchte Luft Palmas. Wir sind bereit für das Abenteuer, das im April 1967 mit einem Telefongespräch begann.

Peter ist inzwischen 34 Jahre alt, und ich bin 27.

Den Sommer über erproben wir die MAUNA KEA und uns im Mittelmeer. Wir lassen in Cannes eine elektrische Ankerwinsch einbauen und holen uns Spinnaker und Besanstagsegel ab. Über Elba, Korsika und Sardinien segeln wir zurück nach Palma. In Lee von Korsika erwischt uns ein Mistral mit zeitweise 60 Knoten Wind. Dieses Erlebnis verarbeite ich in einem dramatischen Brief an die Familie, die nun natürlich noch ruhiger und gelassener unserer Weltumseglung entgegensieht.

Überhaupt: Was tun wir unseren Eltern an mit dieser Reise! Peters Vater macht sich furchtbare Sorgen und Vorwürfe: „Ich hätte doch mit der Faust auf den Tisch schlagen sollen, um Euch davon abzubringen. Aber dann hättet Ihr ein Leben lang darüber nachgegrübelt, was Ihr versäumt habt."

Mein Vater schreibt:

Hoykenkamp, den 29. Oktober 1970

Liebe Beate, lieber Peter!

Da fährt nun die eigene Tochter, wohlbehütet und verheiratet, ins Abenteuer hinein — denn das kann ja nur die Antriebsfeder sein —, und der alte Vater sitzt eingeklemmt in seine bürgerlichen Verpflichtungen weiter im Sessel am Ofen! Das ärgerliche Versäumnis meines Lebens war, daß ich mir die Flucht aus der Bürgerlichkeit insgeheim immer erträumt habe, ohne ernstlich darangegangen zu sein, diese Träume auch zu realisieren. Gewiß, ich konnte es ja gar nicht — mit Familie —, und wahrscheinlich deshalb ist diese Art von Schizophrenie auch etwas albern. Und Bürgerlichkeit macht wenigstens satt. Übersatt manchmal.

Kinder, mein Herz ist mit Euch! Ich beneide Euch! Nur überstandene und gemeinsam bestandene Gefahr kann letzte Lebensfreude geben und zusammenschweißen. Einer für den anderen. Stunden können komprimiert das Leben bedeuten.

Dennoch wäre ich ruhiger, wenn ich mit an Bord sein könnte, einfach, weil die Wachen dann weniger anstrengend wären. Denn das erscheint mir als die größte Belastungsprobe. Schiff und Mannschaft sind ja in Ordnung und inzwischen wohl genügend trainiert.

Morgen beginnt der Kursus zur Erlangung des BK-Scheins, an dem ich teilnehmen werde. Wenn ich dann mit Kursdreiecken hantieren werde, bin ich Euch vielleicht näher.

Euer Abenteuer wird gut ausgehen. Wie sollte es auch anders sein, so wohlvorbereitet, wie es angegangen worden ist.

Mast- und Spierenbruch und immer eine Handbreit Wasser unterm Kiel!

Herzlichst Euer Vater

Peter zensiert jetzt meine Briefe mit dem Rotstift und streicht überall zwei Windstärken ab, wenn meine Phantasie mit mir durchgeht. Das ödet mich an. Ich erlebe nun mal alles viel dramatischer als er mit seinem trockenen, analytischen Verstand. Dafür liest jeder meine Briefe gern. Peter kann glänzende Betriebsanleitungen für Maschinenteile verfassen.

Einige notwendige Anmerkungen zur Seekrankheit: Peter ist absolut seefest. Ich bin es nicht. Meine Erfahrungswerte kann ich hier weitergeben: Leberwurst am Morgen des Auslaufens ist ein Killer, auch Kaffee ist nicht ratsam. Tee mit Knäckebrot oder Porridge dagegen sind magenfreundlich. Dennoch überkommt es mich regelmäßig die beiden ersten Tage nach dem Auslaufen, auch dann, wenn ich Medikamente einnehme. Später erdulde ich das Ganze gelassen als einen Bestandteil der christlichen Seefahrt, doch jetzt, am Anfang, bin ich sehr unglücklich darüber. Peter hat irgendwo gelesen, schon eine Woche vor dem Auslaufen müsse man seine Ernährung auf fettlose Kost umstellen. Er schlägt mir sehr ernsthaft vor, in dieser Zeit nur von Zwieback und Haferflocken zu existieren. Ich bin beinahe sprachlos vor Entrüstung: „Irgendwas mußt du mich schließlich essen lassen!"

Im Oktober ist es Zeit, über den Atlantik zu gehen. Der Abschied von Palma fällt uns schwer, denn wir haben dort mehr Freunde, als wir ahnen. Die spanischen Bootsleute des Club Nautico kommen und wünschen uns eine gute Fahrt. Der 72jährige Toni überprüft noch einmal alles und rüttelt mit ernstem Gesicht am Mast und den Wanten. Er wird für uns beten.

Der alte Don Juan bringt fünf Kilo Galetas, olivenölhaltige Küchlein, die unbegrenzt haltbar und vielleicht schon von der Armada mitgeführt worden sind. Ich bekomme den leicht ranzigen Geschmack dieses Gebäcks schnell über, doch Peter ißt sich im Verlauf eines Jahres tapfer hindurch und meint, man könne sich direkt daran gewöhnen. Ich meine, man muß schon eine ausgesprochene Vorliebe für Hundekeks haben, um diesen Galetas etwas abgewinnen zu können.

Anker auf! Die Blasmusike setzt ein, die begeisterte Menge läßt uns hochleben: Die Kammlers fahren um die Welt! Indes: Das muß meine Phantasie mir vorgegaukelt haben. Der einsame spanische Angler konzentriert sich ungerührt auf seine Angelrute und läßt mich ganz allein das Boot vom schmutzigen Kai der Tankstelle abdrücken. Und so fahren wir los. Zum letzten Mal muß ich beim Anblick der Kathedrale an ein Spargelcremesüppchen denken, aber ein angedicktes.

Über Ibiza und Malaga segeln wir nach Gibraltar. Ich soll von Malaga nach Gibraltar navigieren. Ich bin deshalb ungeheuer aufgeregt, peile jedes Objekt an Land, wälze das Leuchtfeuerverzeichnis und mache auch alles richtig, bis auf einen winzigen Schönheitsfehler: Mir entgeht, daß der Eingang zum Hafen von Gibraltar auf der Atlantikseite ist, und setze unseren Kurs wohlgemut direkt übers Land in den Hafen ab. Den B-Schein hätte ich wohl doch nicht für diese Leistung bekommen.

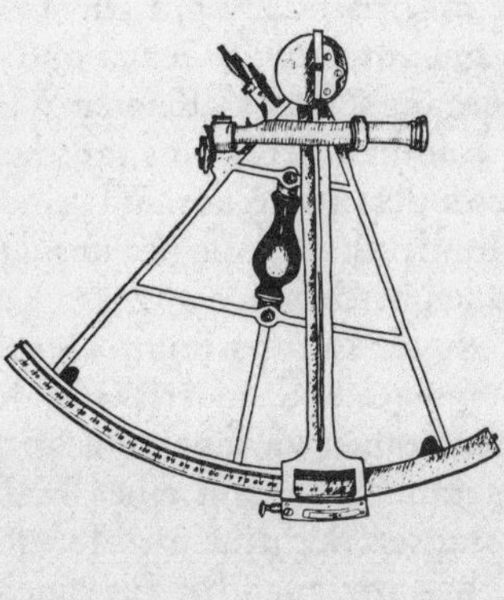

Sextant um 1770 von Jesse Ramsden

MÜHSAMER ATLANTIK

Gibraltar — Madeira — Kanarische Inseln — Kapverdische Inseln — Atlantiküberquerung: Die Höflichkeit geht zum Teufel

Wir haben es wieder einmal geschafft, einen Hafen bei Nacht anzusteuern! Europa Point liegt vor uns mit seiner verwirrenden Palette der roten und weißen Lichter.

Eigentlich wollten wir am frühen Morgen in Gibraltar einlaufen, doch der immer mehr aufbrisende Wind schiebt uns schneller als geplant. Das Besanstagsegel unterstützt Genua und Groß sehr wirkungsvoll. Wir haben nur Seegang 2 und 15 Knoten Wind. Ideale Bedingungen. Die Segel stehen voll und ziehen uns rauschend vorwärts. Nachts sehen sie auch noch besonders riesig aus. Wir sind beide wach und genießen diesen starken Eindruck. Bislang hat uns das Mittelmeer ja nicht gerade viele Seglerfreuden beschert.

Um 3.45 Uhr runden wir Europa Point. Der Atlantik hat uns wieder. Wir bergen das Stagsegel und steuern Gibraltar-Hafen nach Sicht an. Der Wind ist ausgesprochen variabel und wechselt zwischen 0 und 15 Knoten. Als wir gerade mitten in einer Halse sind, werden wir plötzlich durch einen starken Suchscheinwerfer geblendet. Ein 30 Meter langes Motorboot, das wir zunächst für einen Fischer hielten, hat sich uns bis auf 50 Meter genähert und beschnuppert uns ausgiebig. Offenbar Zöllner auf der Suche nach Schmugglern. Wir haben alle Hände voll zu tun, um die Segel dichtzukriegen, denn plötzlich fällt der Wind von der Seite ein. Der helle Scheinwerfer blendet uns sehr. Dann erlischt er und das Zollboot nimmt Kurs auf die Hafeneinfahrt.

Unsere Augen müssen sich erst langsam wieder an die roten und grünen Feuer der Einfahrt gewöhnen, die uns jetzt wie trübe Funzeln vorkommen. Doch welch eine Vielzahl von Lichtern und Hafenbecken! Wir finden einen „Parkplatz“ in dem Becken für die Zerstörer. Der letzte Platz! Wir gehen längsseits an die Pier. Ich stehe auf dem Vordeck, Vorleine wurfbereit in der Hand. Es ist 4.45 Uhr und natürlich kein Mensch in Sicht, der das Ende auffangen könnte. Mir wird in Sekundenschnelle klar, daß ich die Sache wohl allein befummeln muß. Nur leider: Die Oberkante des Kais liegt zwei Meter über unserem Deck! Wir haben nämlich gerade Niedrigwasser. In rasantem Alleingang werfe ich zuerst mein Herz hoch auf die ölige Kaimauer, und dann folgt irgendwie alles Übrige nach. Das Ende wird am Poller belegt, schnell noch die Achterleine aufgefangen, dann die beiden Springs. Die Crew hockt oben und zieht Bilanz: abgebrochene Fingernägel, aufgeschürfte Knie. Das Schiff aber liegt sicher.

Peter schaltet die Maschine aus und muß dann herbeieilen, um seine plötzlich völlig erschlaffte und hilflose Frau aufs Deck herunterzuholen. Ehrensache, daß Lappalien wie Fingernägel und Schrammen nicht erwähnt werden. „Befehl ausgeführt, Boot vertäut!“ „Gut gemacht!“ kommt die Anerkennung. Ich stakse zitterig in den Salon und schenke zwei ganz steife Wodka-Tonik ein. Auf den Skipper, der soeben ein gekonntes Anlegemanöver gefahren ist, und auf den Atlantik, der da große Segeltage bringen möge!

Am nächsten Morgen verholen wir in die Marina, die vor den häufig auftretenden Südwestwinden einen besseren Schutz bietet. Die Marina macht einen armseligen, trostlosen Eindruck. Und trostlos und desperat sehen auch viele Schiffe und ihre Eigner aus, die offenbar schon lange hier festliegen, wie die Bärte an den Bootsrümpfen verraten.

Gibraltar – Ausgangshafen und Endstation so vieler Seglersehnsüchte!

Die Segler kommen mit ihren Seelenverkäufern für eine Woche und bleiben aus Geldmangel für ein Jahr. Um wenigstens ein wenig Geld fürs Essen zu verdienen, arbeiten sie auf anderen Booten oder nehmen Jobs in der Marina an. Geld zur Instandsetzung des eigenen Schiffes ist aber nicht mehr drin. Und so träumen sie alle davon, eines Tages in die Karibik zu segeln, um *Charter Work* zu machen. Einige schaffen es auch noch bis zu den Kanarischen Inseln, immer schön dicht an der marokkanischen Küste entlang. Doch dort ist die Reise wirklich zu Ende. Als Proviant müssen manchmal nur Äpfel und Zwiebeln reichen. Liebe zur Seefahrt? Romantik? Oder einfach Flucht vor dem

Landleben? Bewundernswert, diese „Himmelfahrtskommandos", oder unverantwortlich leichtsinnig?

Für andere Segler wieder ist Gibraltar Wartestation. Alle, die zu spät von drüben, von jenseits des Atlantiks kommen, müssen nun den Winter über in Gibraltar bleiben, bis das Frühjahr besseres Wetter bringt und sie weiter ins Mittelmeer können. Allein schon die Vorstellung, monatelang in dieser windumtosten Einsamkeit warten zu müssen, läßt uns schaudern!

Gib — wie die Eingeweihten es nennen — enttäuscht selbst die Angelsachsen. In Prospekten nennt es sich „das Einkaufszentrum Europas", doch alle Werbung kann nicht den Eindruck verschleiern, daß Gib eine sterbende Stadt ist, durch Spanien seit Jahren vom Festland abgeschnürt. Alle Ware muß von England oder Marokko importiert werden und ist sehr teuer. Da die spanischen Arbeiter wegen der geschlossenen Grenze nicht mehr kommen können, hat Gib jetzt auch ein Gastarbeiterproblem. Die Fähre von Tanger bringt marokkanische Arbeiter herüber, die aber gering geschätzt werden und als schmutzig gelten. Kein Wunder. Wir sehen die düsteren Schuppen ohne Waschmöglichkeit, in denen sie zusammengepfercht leben. Unser Fremdenführer erstarrt, als wir ihm die Frage stellen, ob denn *er* unter diesen Bedingungen noch sauber bleiben könne.

Einkäufe fürs Schiff lassen uns schier verzweifeln. Wir werden bereitwillig von Geschäft zu Geschäft verwiesen und machen jeden Tag unsere Runde, um z. B. eine Butterdose aus Plastik oder eine 12-V-Glühlampe zu bekommen.

Doch Charles Rodriguez macht fast alles wieder gut! Charles ist bei den Fahrtenseglern bekannt und geschätzt. Seit 1886 ist die Familie Rodriguez *by appointment of her majesty the Queen* und *by appointment of King Leka I of Albania* als Schiffsmakler tätig. Charly hatte unsere elektrische Ankerwinsch und das Trysegel treulich bewahrt, die wir an seine Adresse hatten schicken lassen. Außerdem brachte er uns einen wunderschönen großen Stapel Post von zu Hause. Jeder Segler, der an Gibraltar vorbeikommt, kann unbesorgt als Postadresse „Charles Rodriguez, Yacht Services, Gibraltar" angeben. Schon am Tage nach dem Einlaufen wird ein rundlicher Herr mit langem, schwarzem Haar und speziell für ihn angefertigten Lederstiefeln an Bord kommen. Er wird sich freundlich, aber bestimmt weigern, sich jener zu entledigen, nimmt aber gerne einen Drink an.

„Sag mal, Charly, was hat das eigentlich mit König Leka von Albanien auf deiner Visitenkarte zu bedeuten?" Charly legt die Hand dorthin, wo er sein Herz vermutet, etwas unterhalb der Kette mit dem

Haifischzahn und dem Silberkreuz: „Sag ehrlich, sieht es nicht gut aus?"

Der König lebt in Madrid im Exil. Er ist mit Charly befreundet.

Peter baut die alte Ankerwinsch aus, die Öl verliert, und installiert die neue. Und dann sind wir eigentlich soweit, uns auf den Atlantik hinauszuwagen, gen Madeira. Einzig der Levante hält uns noch in Gibraltar fest. Er weht mit 40 Knoten aus Ost und stellt sich immer dann ein, wenn über dem spanischen Festland ein Hoch liegt, während über Nordafrika tiefer Druck herrscht. Wir sitzen elf Tage fest, bis der Levante endlich nachläßt. Wir hocken im Schiff, hören den Regen aufs Deck pladdern und den Wind in den Wanten sirren. Fallen schlagen gegen Alumasten. Wir sind ungeheuer nervös und können nur noch mit Ohrkügelchen schlafen. Ich habe eine schreckliche Angst davor, raus in den Atlantik zu gehen. Vielleicht kommen wir nie wieder? Mich plagen Angstvorstellungen, daß ich etwas Wichtiges vergessen haben könnte. Immerhin haben wir 527 Seemeilen vor uns bis Madeira, unsere bislang längste Reisestrecke.

Der Kontakt mit anderen Yachtleuten vertreibt meine Ängste nicht, im Gegenteil. Ich habe das Pech, stets an Frauen zu geraten, die entsetzlich routinierte Seglerinnen zu sein scheinen, blasiert Bücher zitieren, mit Ortsnamen herumjonglieren und mich immer mehr verunsichern. Sie treiben mich soweit, daß ich wie ein Derwisch durch Gibraltar zirkuliere auf der Jagd nach Schlagsahne in Dosen, ohne die man sich angeblich nicht hinauswagen darf.

Peter kann mir jetzt auch nicht helfen. Der muß mit seinen eigenen Problemen fertig werden. Theoretisch hat er sich ungeheuer gebildet durch Lehrgänge und Literatur. Doch nun soll er seine Kenntnisse in die Praxis umsetzen. Von ihm hängt schließlich alles ab. So sitzen wir, jeder mit sich allein, in unseren Winkeln unter Deck und sehnen das Ende dieser Warterei herbei. Endlich, am 29. Oktober, lautet der Wetterbericht günstig. Ich gehe schnell noch einmal in die Stadt, um Frischproviant einzukaufen, während Peter an Bord alles zum Auslaufen vorbereitet.

Der Wind pfeift wieder steif vom Felsen herunter und wirft Regenschauer an meine vom Minirock entblößten, bibbernden Knie. Der Fußmarsch die öden, leeren Kais entlang in die Stadt scheint endlos zu sein. Da kommen mir über die Autobrücke drei Gestalten entgegen, die, immer größer werdend, die ganze Fahrbahn ausfüllen. Für mich bleibt da gar kein Platz mehr. Ein Gefühl der Unsicherheit und Hilflosigkeit überfällt mich. Die dunklen Gestalten sehen alles andere als vertrauenerweckend aus. Vermutlich Marokkaner. Weglaufen wäre zwecklos. Das hätte eher eine aufforderne Wirkung auf die Typen. War es Blücher, der da sagte: „Druff und durch!“? Ich packe meinen Taschenknirps fester, meine einzige Waffe. Da ist auch schon der erste bei mir und kneift mich im Vorübergehen in den Po. Der zweite hat bereits zangenartig gekrümmten Daumen und Zeigefinger an meinem viel zu entblößten Schenkel, als ich ihm eine schallende Ohrfeige donnere. Mit englisch-deutschen Flüchen und erhobenem Regenschirm dringe ich auf den dritten ein, der gar nichts getan hat und völlig verblüfft etwas stammelt. „Ist mir schietegal, you Mistkerl, take off your bloody hands! Verschwinde!“ und stampfe auf. Die Helden ziehen in eiligem Trab ab.

Da stehen Container, hinter denen ich mich verstecke. „Bist doch selbst schuld, mit so ’nem Minirock durchs Hafengelände zu stiefeln. Hast Glück gehabt, daß die drei so harmlos waren.“

Als meine Knie sich beruhigt haben, laufe ich zum Schiff zurück und ziehe einen Maxirock an — jenen aus Wildleder, da kann man nicht durchkneifen.

Leinen los! Die Stunde ist günstig, das Hochwasser noch zwei Stunden entfernt, so daß wir mit ablaufendem Wasser aus der Straße herauskommen werden. Frohgemut — der Wetterbericht der Gibraltar Royal Air Force hat das Wetter als fair bezeichnet — setzen wir Genua und Groß. Doch so einfach entkommt man Gibraltar und seinen tückischen Fallböen nicht. Gerade haben wir die Segel oben, als eine Bö von der entgegengesetzten Seite heranfegt. Das Boot legt sich so stark über, daß das Wasser ins Cockpit schießt, durch die Fockwinsch abgelenkt. Zweimal nasse Füße. Das fängt gut an. Groß runter, Genua runter, Fock II hoch. Ganz bescheiden schummeln wir uns dann aus der Bucht heraus, bis wir den eigentlichen Ostwind haben. Nun kann das Groß wieder hoch, und mit achterlichem Wind laufen wir ab.

Gegen 14.00 Uhr stehen wir schon am Westausgang der Straße von Gibraltar. Der Wind legt immer mehr zu, mittlerweile sind es bereits 35 Knoten, also 8 Beaufort. Uns wird klar, daß wir zuviel Zeug oben haben, denn wir kreuzen gerade die Schifffahrtslinie Kap Sao Vicente — Gibraltar. Wir wollen so platt vorm Laken manövrierfähig bleiben, und eine Halse könnte uns den Mast kosten. Doch der Wind preßt das Großsegel so fest an die Wanten, daß es nicht herunterkommt. Peter geht vorsichtig ein wenig höher an den Wind, während ich in Ölzeug, die Leine des Sicherheitsgurtes hinter mir herschleifend, mit Händen und Zähnen das Groß herunterzerre.

Ein Inferno. Fock und Groß schlagen ohrenbetäubend, die Wellen schäumen an der Bordwand hoch. In diesen wenigen Sekunden reißen drei Segeltaschen aus, und die Latten brechen. Bei der Fock öffnen sich durch das Schlagen die beiden untersten Stagreiter. Dann habe ich das Groß schlecht und recht versorgt, und Peter fällt wieder ab. Wir wollen nun auch noch die Stagreiter an der Fock anklammern und gehen beide in Ölzeug und mit Sicherheitsgurten an Deck. Ich stehe am Fockfall und fiere es ein wenig, doch der Druck auf das Segel ist zu groß: Die Reiter lassen sich nicht anklammern. „Fock wieder hoch!" schreit Peter. In diesem Augenblick geschieht der erste und einzige Unfall an Bord: Meine Hand wird in die Fallwinsch gezogen. Zum Glück lasse ich sofort los. Die Fock rauscht herunter. Peter schickt mich ins Cockpit und setzt das Segel allein.

Ich sichte meine Wunden: Alle Fingerspitzen der rechten Hand sind gequetscht, an Daumen und kleinem Finger blutende Abschürfungen. Das Blut nimmt sich auf der Fock und dem Ölzeug sehr dramatisch aus. Ich hocke im Cockpit und verarbeite meinen Schock: „Ob ich wohl die Fingernägel verlieren werde?" (keinen einzigen!) und überlege, ob die englische Wetterbezeichnung *fair* noch eine andere Auslegung zuläßt. Mit 6 Knoten rauschen wir dann dahin, nur mit der Fock II, und obwohl wir Seegang 5, also grobe See haben, paßt und schmiegt sich MAUNA KEA den Wellen weich an. Die Sicht wird erschwert durch den grau verhangenen Himmel und die hohen Wellen, in denen die vollbeladenen Tanker und Frachter, die pausenlos in beiden Richtungen an uns vorbeiziehen, sehr schwer auszumachen sind. Sie liegen so tief im Wasser, daß nur die Aufbauten an Bug und Heck zu sehen sind. Unser Ausguck ist also ständig besetzt. Trotzdem ist es spannend und aufregend, und in den folgenden Nächten wünschen wir uns oft ein paar Schiffe, um unsere Nachtwachen zu beleben.

An Bord ist die innere Ruhe wieder eingekehrt, auch meine „Seebeine" haben sich bewährt, unterstützt durch eine Tablette gegen Reisekrankheit. Nachdem wir die Straße verlassen haben, flaut der Wind ab.

Der nächste Tag bringt Flaute und Sonne, ein Tag also wie geschaffen zum Segelflicken. Skip sägt aus Sperrholz neue Segellatten, während ich mich mit Eric Hiscocks Werk „Segeln in Küstengewässern" an Deck begebe und an Hand der Fotografien von Segelnähten tief in die Materie eindringe. So tief, daß Skip nach einigen Stunden ebenfalls herangezogen werden muß. Er wird zum Experten für Zick-Zack-Stiche, ich für Bootsmannsnähte. Hinderlich sind meine geschwollenen Fingerspitzen. So sitzen wir für sieben Stunden im Schneidersitz an Deck, bis das Werk vollbracht ist. Es ist wahrlich gelungen, wie der Segelmacher in Funchal auf Madeira später anerkennend erklärt. Sicherheitshalber lassen wir von ihm noch deftige Flicken auf das Segel setzen. Eigentlich wollten wir unsere elektrische Nähmaschine mit an Bord nehmen, doch das Terylene ist so dick und rutschig, daß es von der Maschine nicht transportiert wird. Nun verzehre ich mich nach einer altmodischen Handnähmaschine mit Zick-Zack-Stich. Unsere Recherchen waren aber leider überall erfolglos.

Die Nachtwachen absolvieren wir erstmalig im 3-Stunden-Rhythmus. Wir ziehen diese Einteilung der 6-Stunden-Wache vor, die wir noch im Mittelmeer gegangen sind. Jeder von uns hat in der Nacht also zweimal Wache. Wir fangen um 20.00 Uhr an, und um 8.00 Uhr ist die letzte Wache zu Ende. Da wir auf diesem Törn kaum Seegang haben, können wir tatsächlich in den Freiwachen schlafen und fühlen uns verhältnismäßig frisch. Am Tage legt sich jeder noch ein-, zweimal hin. Manchmal gelingt es, ein wenig Schlaf nachzuholen. Tagsüber haben wir keine feste Wacheinteilung, weil ohnehin einer von uns meist an Deck ist.

Eines Nachts bekomme ich während meiner Wache einen Todesschrecken. Ich sitze verschlafen im Cockpit. Wegen der Wolkendecke kein Mond, keine Sterne. An Bord selbstverständlich auch kein Licht, bis auf den schwachen rötlichen Schein der Kompaßbeleuchtung und die Positionslichter. Plötzlich dicht neben MAUNA KEA ein Prusten und Schnauben, das sich verdächtig nach Walen anhört! Sofort leuchte ich mit der Taschenlampe und sehe gerade noch zwei Riesenschatten in den Wellen untertauchen. Den Rest der Wache bin ich ziemlich nervös. Ein Glück, daß wir zu diesem Zeitpunkt noch nichts von den Walen wissen, die im Pazifik eine Segelyacht leckgeschlagen haben. Wale sind im Atlantik keine Seltenheit. Die Fischer von Madeira jagen und harpunieren sie von winzigen Ruderbooten aus.

Die Tage und Nächte verlaufen geruhsam: leichter Wind, Seegang 3. Spinnaker und Stagsegel ziehen uns gleichmäßig vorwärts. Ich verliere langsam meinen Argwohn gegen den Spinnaker und freunde mich mit diesem heiklen Gerät an. Zwischendurch immer wieder mal eine Flaute. Dann startet Peter mit bitterbösem Gesicht die Maschine. Er rechnet: Von Palma bis hierher sind wir fast die Hälfte der Strecke unter Motor gelaufen! Also ist die MAUNA KEA doch nur ein Motorsegler?! Manchmal gibt es Gewitterwolken, Blitze und Regen. Den Wetterbericht hören wir über Casablanca-Radio in französischer Sprache. Peter schickt seinem Vater in Berlin über die Küstenstation ein Telegramm zum Geburtstag. Leider ist es nie angekommen.

Eines Nachmittags beobachten wir eine seltsame Erscheinung: In etwa 300 Meter Entfernung sehen wir querab eine kreisrunde Stelle im

Wasser, die aussieht, als wenn das Wasser brodelt und dampft. Ich denke an einen Fischschwarm oder gar an ein Seebeben, Peter hat Visionen von einer Wasserhose. Das Biest kommt näher und näher. Was tut man bloß in solchen Fällen? Dann klärt sich die Situation: ein Wolkenbruch! Sind wir aber erleichtert! Langweilig ist es wahrhaftig nicht auf See!

Je mehr wir uns Madeira nähern, um so häufiger besuchen uns kleine, exotische Vögel. Winzige Kerlchen mit roten Kehlen. Obwohl sie viele Stunden auf den Schoten sitzen, bleiben sie doch mißtrauisch und weisen jeden Annäherungsversuch ab. An unserem sechsten Tag auf See peile ich um Mitternacht das Leuchtfeuer von Porto Santo. Um 4.00 Uhr schiften wir Spinnakerbaum, Groß und Besan. Ich verfalle darob in großes Wehklagen, denn das ist eine verflixte Arbeit im Dunkeln, noch dazu mit den Sicherheitsgurten, deren Leinen sich in allen Schoten verfangen und hinter jede Klampe haken. Peter hatte eine sehr eindrucksvolle Premiere mit dem Sicherheitsgurt: Statt unter der Fackschot durchzuziehen, stieg er darüber hinweg. Als er dann die Fock hochzog, hing er selbst mit dran. Schnell von Begriff, folgerte er: „Da stimmt was nicht!" Um 6.15 Uhr setzt Peter noch das Besanstagsegel, um jeden Lufthauch auszunutzen. Ab 10.30 Uhr können wir auf Sicht steuern und segeln unter Groß Besan und Spinnaker an Madeiras tropisch bewachsenen Steilhängen entlang. Wir sind dankbar für diesen „grünen Smaragd im blauen Ozean", wie die alten Seefahrer die Insel genannt haben.

In Lee der Insel wird der Wind ungleichmäßig und nimmt zu. Der Spinnaker wird unruhig. Gerade als wir ihn bergen wollen, bricht der Wirbelschäkel an der Umlenkrolle für die Spinnakerschot. Die Schot wird nur noch durch die Relingsstütze gehalten. „Die Reling! Mach schnell!" Schothorn am Spinnakerbaum ausklinken (dabei hebe ich mich aus meinen Schuhen), Fall fieren und den Spinnaker in Lee hereinziehen geht in Sekundenschnelle. Das Segel ist trocken geblieben und wird sofort durchs Vorluk versenkt, damit wir das Vordeck fürs Ankermanöver klarbekommen. Um 14.30 Uhr werfen wir im Hafen von Funchal Anker. Das portugiesische Lotsenboot übernimmt freundlicherweise unseren Heckanker und bringt ihn für uns aus. Wir brauchen ihn, weil der Platz zum Schwojen nicht ausreicht.

In Funchal macht sich Peter gleich daran, mit dem umgedrehten Staubsauger unser Beiboot aufzublasen, und hängt den 3-PS-Seagull-Außenborder an, den wir in Gibraltar gekauft hatten. Die Probefahrt verläuft zur allgemeinen Zufriedenheit. Wegen der Wellen im relativ ungeschützten Hafen ist ein Landgang allerdings stets ein Erlebnis: Von zehn Eiern bringen wir nur eins heil an Bord. Eine anteilnehmende Zuschauermenge ist uns bei unseren Landemanövern die grün-glitschige Kaimauer hinauf immer gewiß.

Und dann kommt der Regen.

Unsere Clubkameraden Karin und Horst entern pudelnaß die MAUNA KEA, um mit uns nach Teneriffa zu segeln. Sie bringen viel Post und Nachrichten von zu Hause mit und, oh Wonne!, eine riesengroße Salami. Sie haben auch Badesachen im Gepäck, doch die können sie leider nur eine viertel Stunde benutzen, wie sich später herausstellen wird.

Trotz des Regens absolvieren wir eine Inselrundfahrt und nehmen an allen Touristengaudis teil, wie etwa der Schlittenfahrt auf den abschüssigen, mit Basaltmosaik gepflasterten Straßen. Schroffe Berge im Norden, schwarzer Tannenwald, überall plätschert Wasser in dem ausgeklügelten Bewässerungssystem der Terrassenfelder. Vor Nässe dampfende Täler. Oberhalb der Baumgrenze dichter, kalter Nebel. Felsklippen, die jäh und steil ins Meer abstürzen, mit duftendem Eukalyptus und majestätischen Sandelholzbäumen bewachsen. Unwirkliche Stille über den von Blumen umsäumten Straßen. Eine schöne Insel, wahrlich ein Smaragd. Aber auch eine arme Insel, so arm. Bettelnde Kinder und Alte. Obwohl es die Regierung verboten hat, verstohlenes, zahnloses Flehen und Heischen in Funchal aus dunklen Torwegen heraus. Hartnäckige, schmutzige Kinderhände zerren im Landesinneren an unserer Kleidung, schrille Stimmen plärren: „*Money, money.*“ Eine Plage, die uns selbst dann noch verfolgt, als wir im Wagen fliehen. Eine Not, die an unserem Gewissen zerrt. Was können wir dafür? Was können wir schon tun? Wir sind Touristen, wir haben Urlaub.

Unser Taxifahrer, der gebrochen Englisch spricht, nimmt im Vorüberfahren an jeder Kirche mit einer stillen, selbstverständlichen Gebärde die Mütze ab. Er führt uns in einen privaten Orchideengarten. Die Besitzer, ein altes Ehepaar, laden uns in ihren Weinkeller ein. Dort steht eine uralte Weinpresse. In dem dunklen Gewölbe hängt der süßlich-vergorene Geruch der Trauben. Der Boden ist getränkt von Madeirawein.

Als die alte Dame hört, daß wir mit einer Yacht gekommen sind, verkündet sie entschlossen, sie werde uns morgen nachmittag an Bord besuchen. Erst zum Friseur, dann aufs Boot. Alles Zureden ihres Mannes kann sie nicht davon abbringen. Wir fahren leicht beunruhigt zurück. Was sollen wir machen, wenn sie wirklich kommt?

Peter und Horst verziehen sich sicherheitshalber auf ein Nachbarschiff und überlassen Karin und mir die Verantwortung für die alte Dame. Und tatsächlich ruft es vom Kai herüber. Da steht die füllige Gestalt, frisch onduliert, in engem Schneiderkostüm und hochhackigen Schuhen, einen sehr bedepperten Mann neben sich. Wir rudern hinüber. Er unternimmt einen letzten, vergeblichen Versuch, sie von ihrem Vorhaben abzubringen. Sie hat Angst, das sieht man deutlich, dennoch ist die Neugier stärker. „Hier, halte mal!“ Sie drückt dem verdutzten Mann die Handtasche in die Hand und tastet sich die schleimigen Kaistufen zum tanzenden Beiboot hinunter, in dem sie sicher landet, wenn auch ein Strumpf dabei draufgeht. „Ich will die Yacht doch wirklich sehen!“ Das klingt wie eine Beschwörung. Mit erhobenem Kinn und fest zusammengepreßten Lippen läßt sie ihr Ziel nicht aus den Augen und klettert couragiert über die Badeleiter an Bord. Plötzlich riecht es stark nach nassen Höschen. Wir zeigen ihr die MAUNA KEA. Unsere gefütterten Schlafsäcke finden ihren Beifall, aber dann wird sie unruhig. Wir bringen sie an Land zurück zu ihrem recht kleinlaut mit der Handtasche dastehenden Mann. Wie Admiral Nelson schreitet sie die Stufen am Kai hoch. Sie hat die Yacht gesehen! Eine tapfere alte Dame. Sie hat die Schlacht gewonnen.

Als wir erleichtert an Bord zurückrudern, tauchen auf dem Nachbarboot zwei Köpfe im Cockpit auf: „Psst, ist sie weg?“ Noch mehr Helden.

Mit Feuereifer rüsten wir vier, um in See gehen zu können. Karin und ich kaufen im Supermercado solche Mengen Lebensmittel, daß eine ältere deutsche Touristin ausruft: „Mädchen, für wen hortet *ihr* denn?“ Wir rechnen mit drei bis fünf Tagen für die 290 Seemeilen nach Teneriffa.

Am 12. November um 11.00 Uhr laufen wir bei Windstille aus Funchal aus. Im Wetterbericht der portugiesischen Lotsenstation wird uns Nordostwind Stärke 3 bis 7 verheißen. Durchaus zutreffend, wie wir später erleben müssen. Die Sonne scheint bei totaler Flaute. Deshalb nehmen wir die Gelegenheit wahr, stoppen die Maschine und jumpen alle über Bord. Unser erstes Bad im Atlantik! Danach machen Karin und ich uns an das „Bräunungsgeschäft“ und legen uns dick eingefettet aufs Deck. „Ohne Segel ist es auch mal gemütlich, findest du nicht?“ — „Wenn bloß die Männer nicht solchen Wirbel machen würden!“

Inzwischen sind wir aus dem Windschatten von Madeira heraus. Aus der Flaute werden erst 15, dann 25 Knoten. Wind aus Nordost. Peter jubiliert. Wir Frauen sind mürrisch. „Schade, nun ist's vorbei mit der Gemütlichkeit.“

Wir setzen Genua, Großsegel und Besan. Es wird kalt. Wir ziehen Ölzeug an und wissen noch nicht, daß wir bis Teneriffa darin ausharren müssen. Ich bin gern auf das Schlimmste vorbereitet und schnalle mir deshalb zusätzlich den Sicherheitsgurt um. Für unsere Gäste ist es natürlich ungemein beruhigend, wie ich klirrend durchs Cockpit schwanke. Peter wählt diesen Zeitpunkt, um die Sicherheitseinrichtungen unseres Bootes zu erläutern.

Zum ersten Mal sind wir so schnell, daß der an die Propellerwelle angeschlossene Generator bis zu 14 Ampere lädt. Statt auf den Geschwindigkeitsmesser starren wir nun erfreut auf das Amperemeter. Aber sonst ist es alles andere als gemütlich an Bord! Der Appetit leidet sehr. Die Nahrungsmittel aus Madeira werden geschont, statt dessen greifen wir auf eine Dose Baked beans zurück. Bei solchem Seegang verzichten wir Frauen gern darauf, unsere Kochkünste unter Beweis zu stellen. Unser Etmal beträgt an diesem Tag 155 Seemeilen; das ist bisher unsere Spitzenleistung.

Gegen Mittag des folgenden Tages sichtet Karin an Steuerbord voraus die unbewohnten und unbeleuchteten portugiesischen Salvage-Inseln, öde, verlorene Felsbrocken, an denen die Altantikwellen hochbranden. Selbst ein Schiffbrüchiger würde beim Anblick dieser schäumenden Wogen zurückschrecken. In diesem Augenblick zieht hinter uns eine schwarze Wand auf, und eine Regenbö peitscht los. Wir bergen sofort das Großsegel. Die Inseln aber sind hinter der Regenwand wie ausgelöscht, als habe es sie nie gegeben.

Diese erschreckende Erfahrung müssen wir bei der Ansteuerung des Hafens von Santa Cruz de Tenerife im ersten Morgendämmern des 14. November noch einmal machen. Wir sind nur noch 2 Seemeilen von Land entfernt und können sogar schon die Scheinwerfer der Autos auf der Uferpromenade erkennen, als dieses tröstliche Bild durch den Regen gelöscht wird. Das nächste, das aus dem grauen Vorhang fast über uns auftaucht, ist dann ein vor Anker liegender Tanker. Um 9.00 Uhr gehen wir an der amerikanischen Yacht Xtabay längsseits. Dann nehmen wir tüchtig einen zur Brust und rechnen aus, daß wir die 288 Seemeilen in 44 Stunden geschafft haben. Unsere Gäste haben ihre Feuertaufe erhalten. Wir pellen uns aus dem Ölzeug, und Horst erklärt, er habe das Gefühl, er „müffe". Karin: „Ich glaube, das tun wir alle!" Was uns jetzt fehlt, ist erstens eine Dusche, zweitens ein deftiges Frühstück und drittens ganz viel Schlaf.

Wenige Tage später laufen die Amerikaner Herta und Charles mit Albatroz in Santa Cruz ein. Sie kommen von Madeira und waren fünf Tage mit Maschine unterwegs, bei ständigem Regen und Flaute.

Unser Liegeplatz ist sehr unruhig, deshalb verholen wir am nächsten Tag in den neuerbauten Fischereihafen und machen längsseits der amerikanischen Yacht BONBELLE fest. Es gibt ein herzliches Wiedersehen mit „unserem“ Pete, den wir in Gibraltar sechs Tage lang als Gast in unserer Achterkajüte beherbergt hatten, als er auf die BONBELLE wartete. Hier ist es wirklich ruhig, man kann sogar Wasserski laufen. Das nutzen wir weidlich aus, dazu eingeladen von den Leuten der CAMALOT und der BONBELLE.

Im Fischereihafen wird emsig gerüstet, um den Sprung über den großen Teich zu wagen. Hier sind die echten Fahrtensegler. Viele gehen jedes Jahr zweimal über den Atlantik, um Charterfahrten zu machen. Verglichen mit ihnen sind wir hoffnungslose Neulinge. Ihre Nonchalance fehlt uns (noch) gänzlich. Dennoch werden wir kameradschaftlich in die große Gemeinschaft der Fahrtensegler aufgenommen. Hier liegen amerikanische, englische, französische und deutsche Yachten. Sofort werden wir über die besten Einkaufsmöglichkeiten in Santa Cruz informiert, über die Autobusverbindungen, Ladenschlußzeiten, die Wäscherei und die Möglichkeiten, Wasser und Treibstoff zu fassen. Es ist schön, dieser internationalen Kameradschaft zu begegnen. Einige Yachten haben wir unterwegs schon einmal getroffen. Man hilft sich gegenseitig, wo man kann. Und abends kommen wir dann alle zusammen, und die Luft wird dick vom Pfeifenqualm und dem tollsten Seemannsgarn. Ob die Story von Allan, Skipper der englischen WIBBLE WOBBLE, auch Seemannsgarn ist? Wir glauben ihm, denn auch andere Segler berichten von Piraten vor der marokkanischen Küste und von spurlos verschwundenen Yachten.

Die WIBBLE WOBBLE segelte von Gibraltar kommend unter der marokkanischen Küste. Mitten am Tage, bei sehr guten Sichtverhältnissen, steuert ein marokkanisches Fischerboot direkt auf die Yacht zu, offensichtlich um sie zu rammen. Allan schickt seine Frau Sue nach der Pistole und gibt Warnschüsse in die Luft ab. Ohne Erfolg. Der Fischer kommt immer näher. Man kann schon die Mannschaft an Deck erkennen. Da schießt Allan gezielt auf das Boot. Die Piraten drehen ab. Aufgeregt meldet Allan den Vorfall über Casablanca-Radio. Der Funker fragt: „Ist jemand verletzt?“ — „Zum Glück nicht.“ — „Ist Ihr Boot beschädigt?“ — „Nein.“ — „Worüber beklagen Sie sich denn eigentlich?“

Peter und ich sehen uns an. Eine Waffe haben wir nicht. Wer denkt schon an Piraten! Das gehört doch in eine andere Zeit. Aber: es gibt sie! Wir brauchen unbedingt Waffen zur Abschreckung. In Spanien ist es zum Glück einfach, Waffen zu kaufen. Wir stauen eine doppelläufige

Schrotflinte und eine Pistole an Bord und hoffen, daß wir sie nie gebrauchen werden.

Wir mieten uns ein Auto und bringen Karin und Horst nach Puerto de la Cruz in ihr Apartment. Dort hüpfen wir alle in die Badewanne und werden wieder zu Menschen. Nur gut, daß wir noch nicht wissen, daß dieses Bad für acht Monate reichen muß! Abends dann zu „Fisch-Fiete", wo es langentbehrte Köstlichkeiten gibt: Matjesfilets in Schmand mit Bratkartoffeln und hinterher rote Grütze mit Sahne. Das schmeckt uns wie bei Muttern, haben wir doch seit Monaten immer nur Gambas, Paellas und Fischsuppen bekommen.

Auf dem deutschen Konsulat in Santa Cruz versuchen wir in Erfahrung zu bringen, ob es auf den Kapverdischen Inseln, unserer nächsten Station, einen Konsul oder zumindest einen Wahlkonsul gibt, an den wir die Post für uns dirigieren können. Doch man zeigt sich beklagenswert schlecht informiert und nicht interessiert. Der deutsche Beamte muß von uns aufgeklärt werden, wo diese Inseln liegen und welcher Nationalität sie sind. Danach kann er uns noch immer nicht behilflich sein, denn eine Liste der deutschen Konsulate im Ausland hat er nicht. So finden wir uns damit ab, Weihnachten nichts von zu Hause zu hören.

Unsere Reisevorbereitungen sind fast abgeschlossen. Ich habe Riesenmengen von Proviant gekauft und Konserven für etwa sechs Monate (in der Karibik ist alles doppelt so teuer!) im Salon unter den Sitzpolstern gestaut. Das Angebot an guten Konserven ist heute derart vielfältig, daß das Kochen an Bord überhaupt kein Problem mehr bedeutet. Ich verzichte darauf, einen detaillierten Speiseplan aufzustellen und danach die Einkäufe einzurichten, sondern kaufe nach Gutdünken. Bisher hat es uns noch nie an etwas gefehlt. Gemüse und Schalenobst halten sich ein bis zwei Wochen, so daß wir die ersten vierzehn Tage immer mit Salaten und Frischobst versorgt sind. Erst dann greifen wir auf Konserven zurück und schlucken täglich zusätzlich eine Vitaminpille. Das Essen aus Büchsen bürgt für uns angesichts seiner Vielfalt wirklich keine Schrecken. Nur auf Frischfleisch müssen wir verzichten, da wir keine Tiefkühltruhe, sondern nur einen Eisschrank an Bord haben. Als Ersatz nehmen wir Corned beef, Frühstücksfleisch, Würstchen und andere Fleischkonserven.

Der Frage der Eierversorgung wird in der einschlägigen Segelliteratur immer besondere Aufmerksamkeit geschenkt. Hiscock empfiehlt, zwei Tage alte Eier mit Vaseline einzureiben. Sie sollen sich so für mehre Monate halten. Die Erfahrung der Hiscocks ist gewiß wertvoll, doch bei einer Atlantiküberquerung braucht man sie zum Glück noch nicht anzuwenden. Denn Eier halten sich unkonserviert ebenfalls drei bis vier Wochen, länger ist man sowieso nicht auf See. Es soll ja Leute geben, die mit 360 Eiern in der Toilette, alle wohlversiegelt, über den Atlantik segeln. Das, wozu man die Toilette eigentlich benutzt, geschieht an Deck, freihändig im „Zahnhang" zwischen den Wanten.

Das einzige echte Problem bei Langstrecken ist die Brotversorgung, sofern man wie wir keinen Backofen hat. Dennoch will ich alles versuchen und mache mich daran, mit Trockenhefe im Kochtopf mein erstes Brot zu „backen". Nach eineinhalb Stunden ist etwas Pizzaähnliches entstanden, am Boden schwarz verkohlt, innen noch klitschig. Schmecken tut das Brot ausgezeichnet, doch es rechtfertigt nicht diesen Aufwand an Zeit und Petroleum. Also probieren wir etwas anderes. Wir kaufen die langen spanischen Weißbrote, schneiden sie in dicke Stücke und lassen sie in einer Hängematte an der Sonne knochentrokken werden. Anschließend lagern wir sie auf Leinentüchern ausgebreitet in einer Vorschiffskoje. Zum Frühstück weiche ich einige Stücke mit Wasser auf und röste sie dann auf dem Grillrost. Solange sie warm sind, könnte man sie beinahe mit Brötchen verwechseln, doch wehe, sie werden wieder kalt: sie sind wieder hart wie Stein!

CAMALOT und XTABAY werfen die Leinen los, drehen noch eine Ehrenrunde im Hafen und laufen aus nach Westindien. Die zurückbleibenden Yachtleute verabschieden sie mit lautem Tuten der Nebelhörner. Wir haben alle dasselbe Ziel. Es wird auch für uns Zeit. Seit Tagen haben wir Südwestwind, wir brauchen aber den Nordost. Die Seekarten werden hervorgeholt. Wir greifen die Strecke ab, die vor uns liegt: 730 Seemeilen bis zu den Kapverdischen Inseln, also etwa neun Tage. Wir wollen nicht direkt von Teneriffa nach Barbados wie die großen Charteryachten, weil wir nur zu zweit an Bord sind. Von den Kapverden aus aber verkürzt sich die Segelzeit nach Barbados um eine Woche. Also eine Woche weniger ununterbrochene Nachtwachen. Das ist für uns ausschlaggebend. Hinzu kommt, daß der Nordostpassat meist erst südlich von Teneriffa einsetzt, so daß man ohnehin fast bis auf 100 Seemeilen an die Kapverden heransegeln muß, ehe man vor dem Wind auf dem 18. und 20. Breitengrad nach Westen gehen kann.

Fisch-Fiete kommt noch mal mit seiner Frau vorbei. Sie bringen Kiefernzweige: unser Weihnachtsbaum für die erste Weihnacht auf See. Doch gleich hinter Teneriffa lassen wir sie über Bord gehen, aus Angst, am Weihnachtsabend zu traurig zu werden.

Am 28. November fährt Peter zum Flughafen Teneriffa und holt sich den Wetterbericht. „Sehr leichter Südwind, später auf Westnordwest drehend." In Lee der Insel müssen wir wahrscheinlich sowieso mit

Maschine laufen. Wenn wir dann von der Insel frei sind, kann sich der Westnordwest schon eingestellt haben. Um 11.00 Uhr werfen wir die Leinen los, winken unseren Freunden — „Auf Wiedersehen in Westindien“ — und gehen auf Fahrt.

Vorher müssen wir „nur“ noch Wasser nehmen. Deshalb fahren wir in den Tankerhafen. Leider ist Niedrigwasser und die ölige Pier somit mehrere Meter über unserem Deck. Peter fragt auf spanisch, ob wir Wasser bekommen können. *„Si!“* bejaht der Señor und nimmt unsere Leinen wahr. Die Fender hängen schon draußen. Gleich sammeln sich einige spanische Festmacher-Experten, die mit seinen Knoten nicht zufrieden sind, und jeder probiert, uns besser hinzulegen. Da zerrt der eine uns mit dem Bug ganz dicht an die Mauer, der andere läßt hinten die Leinen nach. Wir rennen nur immer von vorn nach achtern und schreien: *„Poco, poco, hombre!“* Endlich lassen sie ab, und wir sehen blutenden Herzens, wie unsere schönen Fender die schwarz-ölige Pier auf und ab rutschen. Wir sind ängstlich bemüht, das Schiff mit den Händen abzuhalten.

Während dieses Manövers sind die freundlichen Herren plötzlich verschwunden. Wir warten. Vielleicht ist schon Siesta-Zeit? Wir sind regelrecht verdammt zum Warten, denn die Pier ist so hoch, daß man nicht hochklettern kann. Plötzlich oben großes Palaver. Da sind sie wieder, und aufgeregt wird uns bedeutet, wir müssen sofort weg, die PALOMA käme gerade, ein Küstenfrachter. Unter Aufbietung aller uns innewohnenden Beherrschung nehmen wir unsere Leinen zurück, schwarz und eklig, und dampfen mit angeknacksten Nerven in den Handelshafen.

Hier ist die Pier nicht so hoch und schmutzig. Peter fragt wie gehabt, abermals ist die Antwort *„Si!“*. Also gehen wir längsseits. Hilfsbereit, wie die Spanier wirklich alle sind, werden unsere Festmacher wieder aufgefangen, Fender rausgehängt. Wir wischen mit schmutzigen Händen den Schweiß vom Gesicht und atmen auf: Das ging ja gut! Doch: Wo bleibt der Mann mit dem Wasserschlauch? Als Peter nochmals fragt, ist die Antwort: *„Agua, no!“* Wir sollen auf die andere Seite des Handelshafens, da gebe es ganz bestimmt welches. Ich bin dem Weinen nahe, Peter schwebt unter dem Cockpitdach. Dort drüben dann zum dritten Mal längsseits gehen, *„Agua, si!“*, aber erst im Büro beantragen, und dann noch einmal eine dreiviertel Stunde Wartezeit. Um 13.45 Uhr endlich legen wir ab, als ein Polizist der Guardia Civil mit seinem unentbehrlichen Notizbuch den Bleistift zückt und herüberruft, woher wir kommen, wohin wir wollen. Doch nun kann uns nichts mehr aufhalten! „Nach Amerika!“ schreien wir zurück und tuckern los.

Mit Maschine geht es an Teneriffas Küste entlang. Der Wind bleibt flau. In der zweiten Nacht brist es auf. 25 Knoten Wind bei Seegang 4. Mich trifft der Seegang völlig unvorbereitet. Doch Dienst ist Dienst, es ist keiner da, der mir die Wachen abnehmen kann, und Peter muß ja schließlich auch mal schlafen. So erreiche ich einen moralischen Tiefpunkt, als ich wieder einmal über der Reling hänge. Probleme mit der Figur habe ich nicht, dafür sorgen schon die Götter des Windes und der Wellen. Peter ist inzwischen Meisterkoch für Haferschleimsüppchen und Pfefferminztee.

Die Laune an Bord bleibt denkbar schlecht, auch dann noch, als ich mich wieder vom Krankenlager erhebe. Denn was wir in den folgenden drei Tagen erleben, ist so unangenehm und ungemütlich, daß nur ein Masochist es schön finden kann. Kochen und Essen ein artistisches Kunststück, Schlafen, ach, Schlaf gibt es nicht! Die Crew führt in Hörweite des Kapitäns Selbstgespräche wie: „Das soll nun Passatsegeln sein! Alles Lüge!“ Wie Ironie erscheint mir die Schilderung von Moitessier, dem die Zeit im Passat geruhsam verging; der eine Tag schob den nächsten unmerklich vor sich her. Wir haben ganz untypisches Wetter: zuviel Wind, folglich auch zuviel Wellen, bedeckter Himmel, Kälte. Und obwohl wir stetig nach Süden segeln und schon in Höhe der Sahara sind, vermummen wir uns nachts mit Pudelmütze, Schals und Ölzeug.

In der vierten Nacht finden wir den ersten Fliegenden Fisch an Deck — von da an geht's bergauf! Es wird milder, auch nachts haben wir nun 24 Grad. Der Wind nimmt ab und pendelt sich auf 8 bis 20 Knoten ein. Wir setzen den Spinnaker und liegen an Deck in der Sonne. Wir blicken hinauf in den roten Ballon, vor dem blauen Himmel, und die Crew, äußerst wetterwendisch, rekelt sich und meint, von ihr aus könne es noch lange so weitergehen, nun habe sie es nicht mehr so eilig, an Land zu kommen. Die Nachtwachen sind schön unter den leuchtenden Sternen, und gegen Morgen steht die strahlende Venus am Himmel. Die Sterne geben uns ein Gefühl der Vertrautheit und vertreiben die Einsamkeit.

Während der ganzen Zeit navigieren wir äußerst sorgfältig, weil die Ansteuerung der Kapverdischen Inseln ihre Tücken hat. Von der Sahara weht über 200 Seemeilen der feine gelbe Staub durch die Luft herüber und verursacht starke Sichteinschränkungen. Es kann geschehen, daß man noch den freien Horizont um sich wähnt, während die Gipfel der Inseln sich bereits über einem aus dem Dunst erheben. Am Abend vor dem Einlaufen, als wir unseren Standort am nötigsten brauchen, fällt die elektrische Selbststeuerung aus, und der Chronomeer bleibt stehen (Batterieklemmen korrodiert). Es sind die kleinen Pannen, die dem Seglerleben erst die rechte Würze verleihen. Peter will gerade die Sternenhöhen nehmen und braucht unbedingt die genaue Zeit! Ich springe in die Bresche und halte das Schiff unter Spinnaker auf Kurs. Peter schießt inzwischen einige Sterne und benutzt die Armbanduhr zum Festlegen der Zeiten. Diese Werte berichtigt er später nach einem Radiozeitsignal. Doch erst muß ich erlöst werden. Peter macht sich also mit den abenteuerlichsten Geräten an die Innereien der Selbststeuerung, darunter einem Hammer, einer Drahtbürste, Wattestäbchen und Spiritus. Nach zwei Stunden ist der Fehler ausgebügelt: Ein Relais im Stromkreis des Rudermotors hatte versagt. Dann nimmt er die Mütze ab und entschuldigt sich bei der Crew für die während der letzten Stunden gefallenen unchristlichen Bemerkungen.

Am 5. Dezember, am frühen Morgen des siebten Tages, laufen wir ohne Kurskorrektur in die Straße von São Vicente ein, die nur 3 Seemeilen breit ist. Die Kapverdischen Inseln ragen still und unberührt aus dem Dunst auf. Wir fühlen uns als ihre Entdecker und Eroberer. Kein Lebenszeichen an den schroffen Ufern. Wir sind ganz allein mit der Natur. Voller Schwung klaren wir das Deck auf und freuen uns auf den Landfall.

Porto Grande auf São Vicente ist Verwaltungshauptstadt für die Kapverden, obwohl sie zu den „häßlichen“ Inseln gehört: sie hat kein Wasser. Nur auf einer oder zwei Inseln dieser Gruppe gibt es Trinkwasser. Die Nachbarinseln müssen von Tankschiffen beliefert werden. Seit Jahren hat es nicht mehr geregnet. Auf São Vicente wächst kein Grashalm, kein Unkraut. Was von der Dürre verschont bleibt, wird unter Saharastaub begraben. Skorpione und Nackthalsgeier gibt es hier. Seit Georg Forster vor 200 Jahren auf seiner Weltumseglung mit Kapitän Cook auf den Kapverden anlegte, hat sich kaum etwas geändert. Forsters Schilderung von den kläglichen Lebensbedingungen der Eingeborenen trifft auch heute noch zu.

Zur Zeit der Kohlenschiffe war São Vicente der Welt viertgrößter Kohleumschlagplatz. Die Ozeanriesen auf der Südamerikaroute bunkerten hier ihre Kohle. Seit der Umstellung auf Öl ließ die portugiesische Regierung São Vicente fallen. Die Piers zur Kohleverladung liegen in Trümmern. Nun versucht man, langsam wieder ins Geschäft zu kommen. Wenn auch bereits zwei Ölgesellschaften Bunkeröl gelagert haben, sind die Kapverden für die Berufsschiffahrt dennoch wenig attraktiv: Es gibt nicht den geringsten Service, weder hinsichtlich der

Verproviantierung noch für die Beschaffung von Ersatzteilen. Dem Vernehmen nach plant ein deutsches Reiseunternehmen auf einer der „grünen" Inseln ein großes Touristenzentrum. Die „häßlichen" Inseln könnten dann als Zulieferer dienen, und für die Eingeborenen würden Arbeitsplätze geschaffen. Die Arbeitslosigkeit und die damit einhergehende Armut ist hoffnungslos. Über die Hälfte der kapverdischen Eingeborenen wandert nach Amerika, Afrika oder Portugal aus.

Die weiße Oberschicht besteht nur aus einigen portugiesischen und sieben englischen Familien. Dann kommt die große Masse der Farbigen, die elend und hoffnungslos dahinvegetiert. Wegen der unbeschreiblichen Armut fürchten wir uns schließlich schon vor dem Landgang.

Die Diebstahlsgefahr ist groß. Deshalb hieven wir jede Nacht mit Ankerwinsch und Großfall das Beiboot aufs Cockpitdach. Bei Landgängen legen wir es meist an die bewachte Pier einer Ölgesellschaft, 2,50 Escudos (ungefähr 50 Pfennig) für den Wächter auf der Pier, noch einmal 2,50 esc. für den Torwächter, dann sind wir auf der „Straße der Hoffnungslosigkeit", wie ich sie getauft habe. Sie führt vorbei am Fischmarkt, der schwarz von Fliegen ist, an der Wasserstelle, wo die Frauen ihr Wasser kaufen, das sie in Ölfässern auf dem Kopf nach Hause tragen, vorbei am „Strand", wo die Alten im Staub hocken, Lumpen, Kisten, Kinder und Hunde um sich, kurz: ihre Habe. Auch nachts schlafen sie hier, auf einem Stück Pappe, oder sie kauern sich in einem Hauseingang zusammen. An den Häuserecken lungern Männer und Halbwüchsige, stets bereit, sich einige Escudos zu verdienen.

Dann sind wir aufatmend in der „Stadt", auf der einzigen gepflasterten Straße von Porto Grande. Zurück bleiben die Kinder mit ihren Schuhbürsten, halb verhungert um „*Money*" bettelnd. Um nicht in zu enge Berührung mit dem Volk zu kommen, fährt die Oberschicht immer im Auto. Die Stadt besteht aus dem prächtigen Gouverneurspalast, einem Hotel, zwei Kinos, einem Gefängnis und dem Korso. Unser Einkaufsbummel verläuft bis auf Brot negativ. Obst und Gemüse gibt es kaum; die Paprikaschoten sind klein wie Pflaumen, Tomaten haben die Größe von Kirschen.

In Porto Grande lebt eine Deutsche, Ingrid, die mit einem kapverdischen Ingenieur verheiratet ist. Ihr Mann Amierto ließ sich zu uns an Bord rudern und lud uns zu einer Inselrundfahrt ein. Er ist bei einer portugiesischen Fischkonservenfabrik angestellt und gleichzeitig stellvertretender Direktor des Elektrizitätswerkes. Ihm verdanken wir den Einblick in die soziale und ökonomische Situation der Kapverdischen Inseln. Fortan brauchen wir bei Landgängen nicht mehr die staubige Straße entlangzuwandern; vielmehr erwartet Ingrid uns mit dem Wagen an der Mole. Dort mieten wir für 2,50 esc. einen „Wachmann" für unser Beiboot. Der Wachmann setzt sich ins Boot hinein, glühend beneidet von seinen übrigen Genossen, und wartet selbst für Stunden auf unsere Rückkehr. Ingrid, die auf der Plantage ihrer Eltern in Angola aufgewachsen ist, spricht natürlich fließend Portugiesisch und ist bei unseren Einkäufen eine große Hilfe. Wir fahren von Kramladen zu Kramladen, um z. B. eine Zahnbürste zu bekommen.

Im Seehandbuch wird vor Typhus- und Ruhrerkrankungen auf diesen Inseln gewarnt. Trotz Schluckimpfung gegen Typhus/Paratyphus/Ruhr liege ich für drei Tage mit hohem Fieber und schmerzhaften Brechdurchfällen in der Koje. Zum ersten Mal wird unser Medizinbuch herangezogen. Obgleich wir selbst zum Zähneputzen abgekochtes Wasser benutzen, kann man sich vor einer Infektion dennoch nicht schützen: Der Passat wirbelt ständig Schmutz und Staub durch die Luft.

Am dritten Tag will ich aber unbedingt gesund sein, denn wir sind auf dem deutschen Fischerei-Forschungsschiff WALTER HERWIG eingeladen. Es gibt Eisbein mit Sauerkraut und Erbspüree und Dortmunder Bier. Für mich nicht gerade die geeignete Schonkost, doch wann bietet sich schon die Gelegenheit zu einem so schmackhaften Menü! Der Kapitän schwört auf wollene Leibbinden und schenkt uns zwei gegen Durchfälle. Der Schiffsarzt heißt unsere bisherige Behandlung gut. Er warnt uns außerdem vor den Parasiten, von denen die meisten Fische hier befallen sind. Also verzichten wir auf den Fischfang.

Inzwischen sind alte Bekannte aus Teneriffa eingelaufen: die WIBBLE WOBBLE, eine Swan 36, und die amerikanische RAINBOW, ein norwegischer Gaffelschoner von 13,10 Meter Länge. Wir wollen alle so schnell wie möglich über den Altantik. Doch vorher muß noch die Weihnachtspost erledigt werden. Und so sitze ich bei 28 Grad an Deck und versuche in Weihnachtsstimmung zu kommen. Eine leichte Brise umweht mich, die Wäsche baumelt zwischen den Wanten.

Plötzlich ändert sich das bislang sonnige, angenehme Wetter. Die Nachbarinsel Santo Antão, die nur 3 Seemeilen entfernt ist, verschwindet hinter einem Vorhang aus Dunst und Sand. Der Passat pfeift mit Fallböen bis zu 50 Knoten von den Bergen. Die Einheimischen reagieren gelassen: Das ist das normale Wetter auf diesen gesegneten Inseln. Deshalb ist auch jedes Haus von einer hohen Mauer als Schutz gegen den Wind und den Saharasand umgeben. Trotzdem werden die schlaffen, traurigen Kohlpflänzchen, die Ingrid aus Deutschland kommen ließ, unter einer dicken Sandschicht begraben.

Was nur hält die Menschen auf diesen Inseln? Warum geht Amierto nicht nach Luanda in Angola zurück? Weil seine Mutter und Geschwister hier wohnen? Kann selbst dieser öde, verbrannte Fels Heimat sein? Ist es nicht vielmehr ein erbarmungsloses und hoffnungsloses Dort-hin-ein-geboren-Sein? Ein Jahr später schreibt Ingrid uns einen Brief, der uns in seiner Einfachheit und Eindringlichkeit sehr beschäftigt:

S. Vicente, 9. 9. 71

Liebe Beate, lieber Peter,

Von hier gibt es nicht viel zu schreiben, nur daß es kein Gaz, kein Fleisch, keine Eier, keine Kartoffeln und nichts gibt. Es ist schlim für mich wegen die Mahlzeiten, hauptsächlich für die Kinder. Bruno hat seit einen Monat keinen Stück Fleisch mehr gegessen. Ich kann keinen Fisch mehr sehen.

P. S.: Haben Sie viel wegen meine Deutsch gelacht? Na, ich kann mich vorstehlen.

Grüße Euere Ingrid

Auch unser Proviant ist kläglich: Bananen und Kohl. São Vicente ist von den Nachbarinseln abgeschnitten. In der Straße von São Vicente herrscht ein derartiger Seegang, daß selbst die Wasserschiffe nicht auslaufen.

Ja, hätte ich in Teneriffa doch mehr Eier gekauft! Aber wer konnte das schon ahnen. Zur Sicherheit bringen wir noch den Heckanker aus und warten ab. Unruhige Tage und Nächte, mit schlechtem Schlaf und bis zum Äußersten angespannten Nerven. Dieselbe Situation wie in Gibraltar: warten. Nur diesmal liegt Barbados vor dem Bug, 2060 Seemeilen entfernt. An Land wollen wir nicht mehr, weil wir bei der Fahrt im Beiboot völlig naß werden und der Staub an Land in Mund und Augen weht. Seit zehn Wochen sind wir unterwegs. Es wird Zeit, daß wir nun den Atlantik hinter uns bringen.

Als der Wind endlich abflaut, sind wir sofort bereit. Die portugiesische Marinestation meldet für das Gebiet um die Inseln für die nächsten 24 Stunden ruhigeres Wetter. Wir gehen am 17. Dezember ankerauf, fassen noch einmal Wasser und machen uns unausgeschlafen auf den Weg.

Nie wieder über den Atlantik! Das schwöre ich mir, als wir unsere Nase aus dem geschützten Hafen in die Straße von São Vicente rausstrecken. Ohne jede Schonfrist sehen wir uns den höchsten Wellenbergen gegenüber, die wir je erlebt haben. Seegang 6, dazu 35 Knoten Wind, in Fallböen noch stärker. Vorsichtig setzen wir nur Fock II und Besan, die uns noch eine Geschwindigkeit von 7 Knoten verleihen. Zeitweise surfen wir die Wellenberge hinunter. „Ich habe Angst!" – „Mir ist es auch unheimlich." Fünf Stunden später hat der Wind uns fast ganz verlassen, und Kreuzseen beuteln uns. Nach uns laufen WIBBLE WOBBLE und die RAINBOW aus. Wir haben Radiokontakt mit ihnen. In dieser Nacht taucht zwischen den Wellenbergen noch einmal das Topplicht der WIBBLE WOBBLE auf. Dann sind wir allein auf dieser Wasserwüste.

In der ersten Nacht gehen wir noch keine Wachen. Wir sind viel zu aufgeregt, um schlafen zu können. Doch unaufhaltsam gleiten wir in unsere gewohnte Bordroutine. Die ersten drei Tage nach dem Auslaufen sind die schwersten. Ich denke dann stets: „Das halte ich nicht durch!" Doch dann geht es tatsächlich immer besser. Wir legen uns nachts zunächst mittschiffs in den Salon, weil hier noch der ruhigste Platz an Bord ist. Nach der vierten Nacht schlafe ich unter jeder Bedingung und wache nicht einmal davon auf, daß Peter auf meinen Füßen sitzt und das Zeitzeichen nimmt oder sich über Radiotelefon mit WIBBLE WOBBLE unterhält. Wenn wir mal „nur noch" Seegang 4 haben, versuchen wir auch, in der Achterkajüte zur Ruhe zu kommen, doch bald wird die See wieder gröber, und wir ziehen zurück in den Salon. So geistert die Freiwache dann klagend mit ihrer Schlummerrolle durch das Schiff, um endlich ein stilles Plätzchen zu finden.

Wieder bin ich seekrank. Das trifft mich diesmal ganz besonders:

Tagebuch 18. Dezember 1970

»Gestern abend gab es Pellkartoffeln mit Quark, das esse ich irrsinnig gern. Habe alles mit sehr viel Liebe zubereitet, verzog mich zum Essen aber schon ins Cockpit (böses Zeichen).

Schaufelte gerade noch die halbe Portion in mich rein, als ich auch schon über der Reling hing und unter Tränen wütete: ›Wie ich Segeln hasse!‹ Peter, den diese Geräusche während seines Mahles störten, hielt mich fest und tröstete. Er wußte, wie bitter mich dieser Verlust traf, was ihn aber nicht daran hinderte, hinunter in den Salon zu steigen und die Riesenschüssel mit Quark ratzekahl leerzuessen. Ich glaube, er hat sie sogar noch ausgeleckt.«

Seekrankheit vereitelt auch die Bestrebungen Peters, mich in die astronomische Navigation einzuführen. Wir versuchen es immer wieder. Peter nimmt am Kartentisch Platz, ich ihm zur Seite. Er greift zu einer Apfelsine, die er mit dem Kugelschreiber in Längen- und Breitengrade einteilt. „Hier oben stehen wir." Zur Sicherheit fertigt er noch eine Skizze an. Ich bekomme einen Schluckauf und habe einen Schweißausbruch. „Entschuldige mal einen Augenblick", und schon hänge ich wieder draußen über der Reling.

Sobald sich meine Augen auf Dinge dicht vor mir konzentrieren müssen, wird mir übel. Ob Peter, der noch nie im Leben seekrank war, sich überhaupt vorstellen kann, wie ich mich fühle?

Erst im Herbst 1971 kam ich über das Apfelsinenstadium hinaus, und das auch nur, weil wir damals sehr leichten Seegang hatten. Außerdem übte ich dann mit einem Plastiksextanten, der nicht soviel wog wie unser Plath-Sextant. Ich hatte sogar ein wundervolles Erfolgserlebnis, als einmal die Position des Skippers nicht stimmte, sondern meine richtig war. Werde ich wohl nie vergessen.

Meine neuerworbene Fertigkeit gebe ich sofort triumphierend nach Hause durch. Meine Großmutter, mit sicherem Instinkt für die Stimmung an Bord, antwortet mir:

Weihnachten 1971

Meine lieben Enkelkinder!

Alles, was Du schriebst, Beatchen, hat mich sehr interessiert, z. B. die Bestimmung der Position. Die Rivalität fördert das Lernen doch sehr. Aber selbst wenn Du mit der Note 1 abschlössest bei der Prüfung, wäre es mir kein Trost im Ernstfall. Dazu sind die Naturgewalten, denen Du kleiner David gegenüberstehst, zu groß.

Aber wenn Dein Herrlichster von allen, meine Kleine, mal ein Wehwehchen hätte, und Du müßtest ihn vertreten, und Du könntest es – wie würdest Du wachsen ihm gegenüber an diesem seinem sterblichsten Punkt. Es wäre ein Seemannsknoten für Dich am dicksten Tauende Eures Bootes. Aber lieber nicht. Lieber soll er kregel und munter bleiben.

Genug für heute. Ich wünsche Euch eine schöne Reise.

In Liebe Eure alte Oma

Soweit ist es bei unserer Atlantiküberquerung leider noch nicht. Ich schlage mich weiterhin mit der Seekrankheit und dem Gefühl herum, ein Versager zu sein. Immer wieder passieren mir ärgerliche Schnitzer mit den Segeln. Das macht mich ganz krank vor Wut. Ich habe eben noch nicht begriffen, daß die Konzentrationsfähigkeit durch konstanten Schlafmangel erheblich nachläßt.

Jede Atlantiküberquerung ist anders. Manchmal hat man nur ganz wenig Wind. Wir haben ganz viel Wind, deshalb kommen wir auch schon nach zwei Wochen in Barbados an. Das macht sich gut fürs Rekordbuch, doch es ist entsetzlich unbequem an Bord.

Tagebuch

»Bin wirklich übler Laune wegen der Schaukelei. Peter ist ganz unglücklich und versichert mir, das Wetter sei völlig untypisch. Man ist schon bedient, wenn man sich morgens an den wackelnden, schaukelnden Tisch setzt. Selbst Peter wird es dann zuviel. Nachts kollert man in der Koje herum und ist beim Aufwachen völlig verkrampft, weil man sich so verkeilt hat. Stoße düstere Worte hervor: ›Nochmal kriegst du mich nicht über den Atlantik!‹«

Gerade will ich mir meinen heißgeliebten Grießbrei mit Sauerkirschen kochen, um mir was Gutes zu tun, da geschieht etwas, an das wir schon gar nicht mehr geglaubt haben: Die Wäscheklammer, mit der unsere Schleppangel an der Reling festgeklammert ist, macht schnapp! Ein Fisch, eine appetitliche Dorade! Das müssen wir filmen. Regieanweisungen: „Langsam einholen!" Der Fisch kämpft. „Mach schnell, sonst ist sie weg!" Ich sause hinunter, um alle Schlachte-Utensilien zu holen, und halte sie Peter hin. „Mach du das mal", sagt mein Kapitän, „ich filme." Da merke ich, daß er sich vor dem Fisch ekelt.

„Dein Großvater würde sich im Grabe herumdrehen", sage ich gar nicht fein. „Dritte Generation einer Fleischerfamilie, phh!"

Ich lege vor der Kamera mit Lederhandschuhen los. Den Fischkopf barmherzig in eine Papierserviette einhüllen. Mit dem Hammer den Fisch betäuben. Das Rückgrat mit einem Beil durchhacken. Blut, überall Blut auf dem Achterdeck. Das Schiff rollt dabei wie verrückt. Nachdem die Dorade ausgenommen und zerlegt und auch alles Blut weggespült ist, kommt Peter eilfertig mit der Zitronenpresse und beträufelt seinen Fisch. Das gibt zwei leckere Mahlzeiten, und Peter ist mit knapper Not dem Grießbrei entronnen.

Wir hatten uns an Land so sehr auf ein enges Beieinandersein gefreut. Nun sprechen wir aber kaum noch miteinander. Nur beim Frühstück haben wir Plauderstunde. Wir sind so stumpf und gleichgültig geworden.

Ich sehe scheußlich aus. Meine Haare sind zu einer „Portierszwiebel" zusammengerollt, weswegen Peter mich mit „Guten Morgen, Frau Meier" begrüßt. Er überrascht mich dabei, wie ich zum Wachwechsel in meine wundervoll molligen, schinkenbeuteligen langen Unterhosen steige. „Was hast du denn an?"

„Mein Gott, wir gehen hier nicht zu einer Schönheitskonkurrenz!" Schlabbernde Cordhosen, dicke Pullover, Wollschal und Pudelmütze, Ölzeug, darüber der Sicherheitsgurt — das macht mich zu einer unbeholfenen Walze. Im Spiegel erschrecke ich vor fettigen Haarsträhnen, schwarzen Ringen unter den Augen, Falten der Erschöpfung um Augen und Mund. Werde ich jemals wieder hübsch aussehen? Welchen Preis zahle ich dafür, daß ich über den Atlantik segle! Etwas bitter muß ich an eine Freundin denken, die sagte: „Ich würde dann mal einen anderen Lippenstift nehmen, damit mein Mann Abwechslung hat." Das ist mir doch jetzt völlig schnuppe und wurscht, ob mein Mann mich anguckt. Es gäbe ja sogar noch die zwei Perücken für diesen Zweck. Das hatten wir uns wirklich anders vorgestellt, mehr unter dem Motto: heiße Liebe in der Tropennacht.

Das enge Aufeinanderhocken und der Schlafmangel machen sich immer stärker bemerkbar. Anfangs bitten wir noch höflich darum, vorbeigelassen zu werden. Dann heißt es: „Mach mal Platz!", und schließlich gibt es nur noch einen Schubs in die Rippen.

Wir machen uns viel Arbeit mit den Segeln und haben es deshalb oft unnötig schwer. Fast jede Nacht müssen wir zweimal die Segel schiften, meist in meiner Freiwache (oder bilde ich mir das ein?). „Mach schnell, schon wieder zwanzig Minuten Schlaf weniger für mich." Nun ist es mit uns tatsächlich so weit gekommen, daß wir uns gegenseitig den Schlaf aufrechnen. Wie eklig kann man denn eigentlich noch werden?

Die einzige Abwechslung sind die Gespräche mit Wibble Wobble und Rainbow zu festgelegten Zeiten. Anfangs sind noch alle sehr seemännisch und förmlich-korrekt, doch bald entwickelt sich ein Herren-Kaffeekränzchen, dem Peter immer freudiger entgegensieht. Er kann es kaum abwarten und schaltet den Sender schon eine halbe Stunde vorher ein, völlig unempfindlich gegen die atmosphärischen Störungen, von denen mir die Ohren dröhnen. Ich lasse spitze Bemerkungen über die Klatschsucht los. Die Herren tauschen ihre Positionen aus, sie schnacken über Wind und Beseglung und tratschen auch Allgemeines wie: „Ich glaube, es gibt nur noch *eine* Art, sich unbequemer als mit einem Segelboot fortzubewegen: mit einem Planwagen!" Manchmal werden auch gnädig die Frauen an den Apparat gelassen. Uns fällt dann aber nichts anderes ein, als über das Kochen zu reden. Typisch weiblich.

Das Kochen ist zwar mühsam, aber man kann sich ja auch viel Zeit dazu nehmen. Wir frühstücken gegen 9.00 Uhr. Dabei fülle ich gleich die Thermoskanne mit Kaffee oder Tee. Mittags gibt es einen kleinen kalten Imbiß, vielleicht Thunfisch- oder Obstsalat. Um 17.00 Uhr bereite ich die einzige warme Mahlzeit des Tages zu, denn das Anheizen des Petroleumkochers ist nicht so einfach bei dem Seegang. Ich entwickle beim Kochen mehr Phantasie als an Land. Der Speisenplan wird in den ersten Tagen davon bestimmt, was von unseren Frischvorräten weg muß. Ich serviere sogar gefüllte Kohlrouladen! Das habe ich an Land wegen der damit verbundenen Arbeit noch nie geschafft. Ist der Frischproviant verbraucht, lasse ich mich von unseren Konserven inspirieren. Ein Bohnen-Käse-Salat vielleicht? Oder ein Sauerkrautsalat? Dazu gibt es eine Vitaminpille. Nach der Hauptmahlzeit übernimmt Peter das Abwaschen, ich trockne ab. Wir benutzen Süßwasser, auch morgens zum Waschen, da wir bereits übersehen können, daß wir auf jeden Fall noch mit einer großen Wasserreserve in Barbados ankommen werden.

Tagebuch 19. Dezember 1970, zweiter Tag auf See

»Sind immer in Radiokontakt mit WIBBLE WOBBLE und RAINBOW; das muntert ungeheuer auf. Man fühlt sich doch nicht so ganz verlassen. Peter ist der einzige, der regelmäßig die Position bestimmt; die anderen sind sehr unsicher. Wie wichtig die genaue Position ist, erwies sich heute. Allan von der WIBBLE WOBBLE ist in der vergangenen Nacht vom halsenden Großbaum getroffen worden. Er hing bewußtlos mit dem Oberkörper außenbords. Seine Frau Sue war auf Freiwache. Von einer inneren Unruhe getrieben, kam sie ins Cockpit und zog Allan wieder ins Schiff. Er trug keinen Sicherheitsgurt.

Wenn Allan über Bord gegangen wäre, hätten wir auf Grund seiner letzten Positionsmeldung zumindest die WIBBLE WOBBLE finden und Sue mit den beiden kleinen Kindern geleiten können. Für Allan aber hätte es keine Hilfe in diesem wüsten Meer gegeben.«

20. Dezember 1970, dritter Tag

»Die aufregenden Dinge passieren meist während meiner Freiwache. Ich bekomme nie meine vollen drei Stunden Schlaf. Ich wache von einem Wasserschwall auf, der vom Cockpit in den Salon stürzt. So aus dem Schlaf gerissen, glaube ich, das Ende ist da: Nun werde ich wohl unsere Rettungsinsel von innen kennenlernen. Nachdem wir alles aufgewischt haben, lege ich mich wieder hin, um erneut aufzuwachen, als Peter verzweifelt versucht, im Dunkeln unter dem Kartentisch einen Fliegenden Fisch einzufangen, der ihm aber immer wieder durch die Hände glibbert. Der Fisch zappelt, eine blaue, schleimige Spur hinterlassend, durch das ganze Schiff und verströmt einen unangenehmen, intensiven Geruch. Überall kleben seine harten, scharfkantigen Schuppen. Erst in der größten Not könnte ich mich überwinden, diese Biester zu essen!

Nachdem ich erneut aufgeklart habe, kann ich gleich auf Wache bleiben.«

21. Dezember 1970, vierter Tag

»Während der Nachtwachen wälze ich große Pläne für das Weihnachtsmenü. Es soll drei Gänge haben — doch wie koche ich das am besten auf nur zwei Flammen?

Ich singe mir halblaut alle alten Weihnachtslieder und Choräle vor und entdecke, wie schön doch eigentlich der Choral ist: ›Es kommt ein Schiff, geladen . . .‹ Ich singe ihn sogar meinem völlig verschlafenen Peter um 5.00 Uhr zum Wachwechsel vor. Er gibt zu: ›Der Junge muß Ahnung vom Segeln haben.‹ Ich denke daran, wie hektisch und bis zum Überdruß mit Weihnachtsatmosphäre aufgeladen diese Zeit im vergangenen Jahr war! Vor allem in der Schule. Weihnacht, Weihe Nacht. Bis es Lehrern und Kindern zum Hals heraushing. Friede auf Erden. Werden wir das je schaffen? Lange habe ich nicht mehr daran gedacht. War wohl zu beschäftigt mit Weihnachtsgeschenken.«

Ich frage Peter beim Frühstück, womit er sich während der Nachtwachen munterhält. Zuerst ist er sehr verblüfft, doch dann fällt es ihm wieder ein. Er denkt über Verbesserungen an unserem Schiff nach, eigentlich sogar an einen Neubau, der mehr auf unsere Bedürfnisse zugeschnitten ist. Ich ahne: Er kommt nicht mehr los von Booten. Und ich? Kann ich mich anpassen?

Am Weihnachtstag verzichten wir auf alle Sentimentalitäten. Wir genießen unser Festmahl (mit drei Gängen) und gönnen uns ein Gläschen Sherry. Zufrieden lehnen wir in den Polstern, vor allem auch, weil wir gerade die Hälfte der Gesamtstrecke hinter uns haben.

Dann geht die normale Bordroutine weiter: Abwaschen, Sterne schießen, Wache. Wenn die Wolkenbildung es zuläßt, nimmt Peter in der Dämmerung fünf oder sechs Sternenhöhen. Ich selbst beobachte dabei den Chronometer und notiere auf sein Zeichen hin die sekundengenaue Zeit. Peter ist jetzt schon sehr geübt, und die Sterne folgen im Abstand von einer Minute. Doch anfangs mußte ich für zehn Minuten und länger immer wieder den Sekunden- und Minutenzeiger des Chronometers verfolgen, um ja nicht im entscheidenden Augenblick zu schlafen — dann wären einige unheilige Bemerkungen fällig gewesen! Oft

wird mir so übel dabei, daß ich nach dem letzten Stern wie eine Rakete ins Cockpit hinausschieße.
Peter rechnet eine halbe Stunde und ruft dann aus: „Nun wollen wir mal sehen, wo wir sind!“ Genießerisch wird der geographische Standort in die Seekarte eingetragen und die auf dem Log angezeigte gesegelte Strecke mit der geographischen Distanz verglichen. Stimmen beide überein, so erwartet der Skipper große Bewunderung und Lob von der Crew.

Ist der Himmel zur Zeit der Dämmerung zu bewölkt, wird die Standortbestimmung in der darauffolgenden Morgendämmerung durchgeführt. Klappt auch das nicht, benutzen wir die Sonne. Peter sitzt dann für Stunden mit dem Sextanten an Deck und lauert auf den Augenblick, an dem sie sich einmal zeigt. Zur Übung nimmt er auch Mond- und Venusstandlinien in Verbindung mit der Sonne.

Die Heilige Nacht ist besonders gewürzt:

Tagebuch 25. Dezember 1970, achter Tag

»Schlechte Nacht! Während meiner ersten Wache Regen, Regen. Schnell alle Luken und Schotten schließen, Ölzeug anziehen. Wind nahm so schnell zu, daß ich Peter weckte. Warteten das Ende des Regens ab, dann wieder Wind aus Nordost. Also raus und schiften. Zweite Wache ebenfalls mies. Himmel völlig mit dunklen Wolken bedeckt. Manchmal tröpfelte es. Also durchs Schiff, alles schließen . . . Wind flaut ab, wird wieder stärker. Ändert ständig die Richtung. Aus Angst vor einer Halse stehe ich dreieinhalb Stunden da, die Arme auf die Achterkajüte gestützt, und starre zur Nationalen hoch, um die Windänderungen mitzubekommen. Dauernde Ruderkorrekturen. Alles ist feucht und klamm: Fußboden im Salon, Polster, Bettzeug. Eklig! Nachdem wieder ein Regenguß vorüber war, trug ich stolz ins Logbuch ein: ›Regenbö um 3.30 Uhr abgewettert!‹ Ich habe mich dann sehr geschämt, als Peter mir erklärte, daß ›abwettern‹ mehr bedeute als Ölzeug anziehen und Luken schließen. ›Einen Sturm wettert man ab, indem man die Segelflächen verkleinert oder sogar vor Topp und Takel treibt.‹

Peter konnte es nicht lassen, immer wieder zu sagen: ›Mm, Maus hat abgewettert!‹ Das wird wohl in unseren Sprachschatz eingehen.«

Unsere automatische Steuerung leistet Schwerarbeit; die Batteriespannung sinkt, und die Relais „schnattern“ unheildrohend bei den Kurskorrekturen. Einige Male setzt sie sogar aus. Das Schreckgespenst vor Augen, den Rest der Strecke von Hand steuern zu müssen, läßt uns immer besorgter und fürsorglicher um die Automatik herumstreichen. Sie hat inzwischen den Namen „George“ erhalten, wie alle braven Selbststeueranlagen in Flugzeugen und Schiffen. Es steht schon fest, daß wir so schnell wie möglich zusätzlich noch eine Windfahnen-Selbststeueranlage einbauen, weil es immer schwieriger werden wird, Ersatzteile für die Elektronik zu bekommen, je weiter wir uns von Europa entfernen.

Tagebuch 26. Dezember 1970, neunter Tag

»Gerade mit WIBBLE WOBBLE gesprochen. Feuer an Bord! Einige Kabel müssen aneinandergescheuert sein und sich selbst entzündet haben. Allan saß im Salon, als die Sitzbank unter ihm ganz heiß wurde. Tom von der RAINBOW lachte meckernd dazu: ›Klassischer Fall von Hot pants, was?‹ Allan konnte das Feuer mit dem Feuerlöscher erstikken. Das feine weiße Pulver ist nun gleichmäßig in der ganzen WIBBLE WOBBLE verteilt. Arme Sue! Die Kinder fanden es dufte: Weiße Weihnacht! Ich sang für sie ›*Sing a song of Christmas . . .*‹. Die kleine Sarah hat sich gefreut.«

Das Wetter will sich nicht ändern. Es wird zwar wärmer und feucht-schwül, doch der Himmel bleibt grau.

Tagebuch 27. Dezember 1970, zehnter Tag

»In der Morgendämmerung enthüllt sich mir ein grandioses Bild: der erste Schöpfungstag! Wilde Wellenberge türmen sich dunkelgrauschwarz vor bleifarbenem Himmel. Schwefelige Wolkenstriche. Unendlich einsam, trostlos. Kein Horizont. Wasser und Wolken verschmelzen. Ein Eindruck überirdischer Stille, trotz der brüllenden Wassermassen. Ich lese in der Genesis nach:

›Im Anfang schuf Gott den Himmel und die Erde, die Erde war aber eine Wüstenei und Öde, und Finsternis lag über dem Urmeer, und der Geist Gottes schwebte über der Wasserfläche.‹ (Urgeschichte 1,1)

So beschrieben die Alten die Schöpfung der Welt. Ob sie wohl Seefahrer waren?«

Bei einem unserer *rolly polly*-Frühstücke tröstet Peter mich mit einer verlockenden Aussicht: Auf Barbados gibt es ein „Hilton“. Dort wollen wir am Silvesterabend in weißem Smoking und langem Abendkleid soupieren. Diese Ankündigung belebt mich ungeheuer. Mal wieder Lippenstift und Parfum benutzen! Das gibt mir einen tollen Aufschwung und Stoff für die Nachtwachen.

Dann kommt auch ein sonniger Tag, und alle Müdigkeit und schlechte Laune sind vergessen.

Tagebuch 28. Dezember 1970, elfter Tag

»Lag an Deck im Halbschatten der gewaltig sich blähenden Segel. Stampfende weiße Rosse schnoben an der Bordwand vorbei. Das Schiff zitterte vor Anspannung. Der Himmel war mit dunklen Kumuluswolken bedeckt. Das Wasser sieht sofort düster und gefährlich aus. Wild heben sich die weißen Schaumkronen davon ab. Ich lag da und mußte mir erst ausdrücklich ins Gedächtnis rufen, daß wir mitten auf dem Atlantik sind. Ich bin keineswegs unruhig oder bedrückt und fühle mich auch nicht verloren. Leider sieht es so aus, als wenn das Wetter wieder umschlägt. Wir haben gerade mit der WIBBLE WOBBLE und RAINBOW die Positionen verglichen. Seit einigen Tagen stimmt Allans Navigation. Selbst über das Radiotelefon bekommt man mit, wie erleichtert er darüber ist. Er hat sich herzlich für den Unterricht bedankt, den Peter ihm auf den Kapverden gegeben hat. Jetzt triezt Allan seinerseits den armen Tom, ob er denn einen blassen Schimmer von seiner Position habe. Tom schwimmt mit seinem Pi-mal-Schnauze-System jeden Tag an anderen, unmöglichen Orten herum. Hätte er doch nur rechtzeitig gesagt, daß er nicht navigieren kann!«

29. Dezember 1970, zwölfter Tag

»Es sieht ganz so aus, als ob wir Silvester auf Barbados ankommen werden. Mann, bin ich froh! Wenn nur ›George‹ bis dahin mitmacht. Peter hat mir das Sternbild des Orion gezeigt Wenn man lange genug hinsieht, ist Rigel wirklich blau, und die Beteigeuze blinzelt rötlich. Jetzt bin ich nachts wenigstens nicht mehr allein mit meinen Ängsten.

Über den Horizont hinken ständig bucklige Riesen; ich höre Stimmen, Lachen und Musik. Ich rieche sogar Zigarrenrauch. Manchmal mag ich nicht den Kopf zur Seite drehen, weil ich weiß, daß dort etwas Schleimiges, Schwarzes seine Saugnäpfe nach mir ausstreckt. Das ist Schlafmangel, ich weiß.«

30. Dezember 1970, 13. Tag

»Heute 30 Grad bei 98% relativer Luftfeuchtigkeit. Man wagt sich gar nicht an Deck in dieser feuchten Hitze. Der Wind ist schwach: nur 10 Knoten. Peter meint, wir sollten den Spinnaker setzen. Soviel Arbeit!

Sue und ich wollen auf Barbados zum Friseur gehen. Man ist völlig verklebt und verschwitzt.

Essen tun wir kaum noch. Zu warm. Selbst die Baked beans stehen nicht mehr hoch im Kurs; sie sind noch nicht einmal erwähnt worden. Erstaunlich, hatte Peter mir doch auf Teneriffa im Supermarkt zehn Dosen davon in den Korb geschmuggelt, als er sich unbeobachtet fühlte. Er freute sich auf dem Heimweg diebisch darüber und konnte es einfach nicht für sich behalten. Was er aber nicht gemerkt hatte: Fünf Dosen habe ich heimlich ins Regal zurückgestellt.

Einzig die eiserne Ration gegen den ›grausamen Nüchternschmerz‹ findet nach wie vor regen Zuspruch. Der Nüchternschmerz kann einen auf Nachtwachen ganz plötzlich anfallen und führt, laut Peter, nach zwei bis drei Wochen unweigerlich zum Tode. Um diesem vorzubeugen, liegen also immer so einige Schokolädchen, Kekse, Knäckebrote und Obst bereit, schön in Reichweite.

Wir haben abends dann doch noch den Spinnaker gesetzt. Mit nur 4,5 Knoten Fahrt würden wir zwanzig Stunden bis Barbados brauchen. Das ist zu lange. Wir können es plötzlich nicht mehr aushalten. Nachts weckt Peter mich: Spinnaker, Groß und Besan schiften! In der nächsten Freiwache weckt er mich wieder: Spinnaker bergen, zuviel Wind! Dafür die Genua ausbaumen.

Ich habe das dauernde An- und Ausziehen so satt!

31. Dezember 1970, 14. Tag, 2.50 Uhr

»Wir sichten den Widerschein der Lichter von Barbados. Peter ist sehr nervös. Ich bin plötzlich so ungeheuer müde. Die Augen fallen einfach zu. Ich lege mich angezogen in den Salon. In dieser letzten Nacht müssen wir noch öfter an Deck und die Segel schiften. Peter wird wieder naß dabei. Um 6.00 Uhr weckt er mich: noch 5 Seemeilen! Die Wellen werden flacher. Wir sind in Lee der Insel. Im Morgenlicht liegt sie vor uns: grüne, sanfte Hänge, Palmen, weiße Sandstrände. Menschen laufen am Strand entlang. Eine milde Brise trägt den warmen Geruch von frischem Gras herüber. Schippern mit 2 Knoten dahin. Kein Wind, keine Wellen nach vierzehn Tagen Achterbahn. Um nichts in der Welt jetzt den Motor an! Laufen unter Segeln in die Carlysle Bay bei Bridgetown ein. Peter strahlt, und ich muß weinen.«

Da sind ja alte Bekannte aus Gibraltar! Die Amerikaner Bill und Marcy von der TALISMAN kommen im Beiboot längsseits und fragen, ob sie uns etwas aus der Stadt mitbringen können. „Ja, Brot und Eier bitte!“ Sie leihen uns westindisches Geld, denn die Banken sind bis Montag geschlossen. Außerdem müssen wir an Bord bleiben, bis die Einwanderungsbehörden uns abgefertigt haben. Mike von unserem Schwesterschiff CUZCO lädt uns für den Silvesterabend zum Barbecue am Strand ein. Die CUZCO brauchte von São Vicente bis Barbados drei Wochen, eine Zeit, die normal ist für eine Yacht unserer Länge. Doch wir sind so erschöpft, daß wir die Einladung ausschlagen; wir wollen endlich einmal eine Nacht durchschlafen.

WIBBLE WOBBLE trifft nachmittags ein; sie ist die letzten beiden Tage mit Maschine gelaufen. RAINBOW kommt nie in Barbados an. Nachdem wir die Küstenwache alarmiert haben, wird sie in St. Lucia aufgefunden, einer Insel weiter nordwestlich. Schiff und Mannschaft sind unversehrt. Glück gehabt, Tom!

Fliegende Fische

INSELN UNTER DEM WINDE

Barbados: Gelobtes Land — Bequia: Seglers Ruh — Eine Fahrt mit der Friendship Rose — Die französischen Antillen — Auf den zweiten Blick

Da sind wir nun endlich am Ziel aller Anstrengungen: Barbados in Westindien (und mitnichten Amerika, wie ich prahlerisch dem Polizisten auf Teneriffa beim Auslaufen zugerufen hatte). Nun wollen wir nach dem Einklarieren schnell an Land; vom Wasser haben wir erst mal genug. Peter bläst mit dem Staubsauger das Beiboot auf, eine Arbeit, die immerhin an die zwei Stunden dauert und gewürzt wird durch kräftige Flüche und gequetschte Finger beim Einpassen der Bodenbretter in die abgeschlaffte Gummihülle. Der Außenborder krönt dann das Werk.

Ich mache mich mit Genuß landfein. Auch Peter muß sich schmükken, trotz lauten Wehklagens.

Wie wir nun mit unserem Beiboot an die Küste herantuckern, stellt sich eindringlich die Frage: Wo sollen wir landen? Es gibt nur zwei Anlegestege: Der eine gehört zum „Holiday Inn", der andere zum „Hilton". Bei beiden ist das Anlegen verboten, wie wir von unseren Seglerfreunden erfahren haben. Verzweifelte Yachtleute, die dennoch dort festgemacht hatten, mußten bei der Rückkehr feststellen, daß ein freundlicher Zeitgenosse ihr Boot einfach abgeschnitten hatte, so daß es auf Nimmerwiedersehen aufs Meer hinausgetrieben war. Ein empfindlicher Verlust: Wo soll man ausgerechnet hier ein neues herbekommen? So mehrmals geschehen auf dem gelobten Barbados. Wir treffen sogar noch einen der Leidtragenden an.

Wir wollen unser Beiboot behalten, also müssen wir wohl oder übel am Strand landen. Je näher wir kommen, desto stärker aber wird der Schwell! Zum Wellenreiten dürfte er wohl nicht ausreichen, doch für uns mit dem wackligen Boot kann er recht gefährlich werden. Indes, was hilft's: Wir reiten auf der Welle, stauchen mit dem Boot auf den Strand, springen raus, reißen es den Strand hoch. Ach, viel zu langsam! Eine Superwelle ergießt sich donnernd über uns; wie begossene Pudel stehen wir da.

Bitterer Gedanke des vergnügungssüchtigen Smutje: „Abendessen in vollem Glanz im ‚Hilton' fällt also ins Wasser!" Barbados hat 1966 seine Unabhängigkeit von England erlangt. Einige Bürger scheinen sich nicht so recht an die Unabhängigkeit gewöhnt zu haben und spielen nun ihre Macht gegenüber den Weißen aus. Die Einwohner von Barbados sind Abkömmlinge der Negersklaven, die aus Afrika herübergeschafft wurden, um Zuckerrohr zu pflanzen und zu schneiden. Wir müssen einige Episoden mit Uniformträgern (Zollbeamten, Hafenbehörden, Polizisten) erleben, die uns ratlos zurücklassen, denn daß man uns gegenüber Rassenvorurteile haben könnte, nur weil wir weiß sind, verunsichert uns doch sehr. *„Black is beautiful"*, raunt mir ein Postbeamter zu, als ich mich nicht mit ihm verabreden will. Peter steht dabei dicht neben mir. Doch das ist nicht der Grund für meine Absage. Der Schwarze liefert uns das Schlüsselwort für das neue Selbstwertgefühl der Menschen von Barbados. Das drückt sich dann manchmal in übersteigertem, kindischem Verhalten aus.

Da ist zum Beispiel die Story mit den beiden Polizisten, die in ihrer adretten Uniform geruhsam beieinanderstehen, als Peter und ich, auf der Suche nach einer Holzhandlung, uns ihnen ratsuchend nähern. Da stürzen sie sich plötzlich in eine intensive Unterhaltung und scheinen uns gar nicht wahrzunehmen. Nun, wir sind geduldig und warten neben ihnen, denn auf keinen Fall wollen wir „Herrenallüren" zeigen. Von der Unterhaltung verstehen wir kein Wort. Die Eingeborenensprache hat sich hier sehr weit von unserem Schulenglisch entfernt. Vielleicht ist es ja wirklich etwas Dringendes, was die beiden zu besprechen haben. Nach fünf Minuten aber wird es uns doch zu bunt. Brüsk drehen wir uns um und gehen, ohne auch nur eine Gelegenheit erhalten zu haben, um die Auskunft zu bitten. Und wie ich zurückblicke, muß ich sehen, daß die beiden Geschäftigen sich nun nichts mehr zu erzählen haben, sondern uns nachstarren und in Gelächter ausbrechen.

Unsere Frustrationen spülen wir an Bord mit Mount Gay Rum herunter, dem dunklen, aromatischen Produkt der Insel. Wir haben davon in einer bauchigen, dicken Glasflasche eine Gallone gekauft (das sind ungefähr viereinhalb Liter). Die Flasche prangt prall im Schapp und wird vorm Versiegen eiligst wieder aufgefüllt.

Ansonsten haben wir die Nase voll von Barbados. Deshalb stocken wir unseren Proviant auf (wieder gibt es Schwierigkeiten mit den Eiern) und lichten den Anker, um nach Bequia in der Inselgruppe der Grenadinen zu segeln.

Die 80 Seemeilen nach Bequia machen uns sehr zu schaffen. Wir bilden uns sogar ein, daß wir noch nie so hohe und unregelmäßige Wellen erlebt haben. Der Wind ist recht kräftig. Diese Nacht scheint kein Ende zu nehmen. Seekrank bin ich auch schon wieder. Um 8.00 Uhr laufen wir in die Admirality Bay von Bequia ein mit ihren einsamen, weißen Sandstränden unter hohen Kokospalmen und den märchenhaften Korallenriffen in türkisblauem Wasser. Als wir ins Beiboot steigen — wir haben zwischen Bananenstauden am Strand das magische Wort „Bar" gelesen —, stellen wir fest, daß uns bei dem wilden Ritt von Barbados nach hier ein Bodenbrett verlorengegangen ist. Wir hatten das Boot diesmal nachgeschleppt, statt es zusammengerollt ins Cockpit zu stauen. Dafür haben sich unter den anderen Bodenbrettern zwei Fliegende Fische gefangen. Zum Glück ragt eine Flosse hervor, sonst wären wir erst einige Tage später — dann aber nachdrücklich — auf unseren Fang aufmerksam geworden.

In der Bar des Hotels „Frangipani", nach dem Frangipanibaum benannt, strecken wir die Beine mit einem Seufzer tiefsten Behagens in der Morgensonne aus. Dicht über uns rauschen die Bananenblätter. Kokosnüsse liegen herum. Kolibris und kleine schwarze Vögel mit ungelenken, großen Füßen umschwirren uns. Wir kippen unseren ersten *Planter's Punch* auf nüchternen Magen. Danach taufen wir den breitfüßigen Vogel „Anton mit den großen Hufen", denn er erinnert Peter ungemein an ein Trabrennpferd in Berlin.

Wir ziehen Bilanz: 2060 Seemeilen in 14 Tagen. Durchschnittsgeschwindigkeit 6 Knoten. Größtes Etmal 168 Seemeilen. Eine alltägliche, normale Atlantiküberquerung. Eine sportliche Leistung. Aber hat es sich gelohnt? Müssen wir dafür unsere Eheringe zurückgeben? Wir sind bedrückt, und jeder von uns versucht, nachdem die erste Erschöpfung gewichen ist, das Gefühl der Enttäuschung zu analysieren. Warum sind wir nicht stolz auf diese Aufgabe, die wir doch gemeinsam bewältigt haben? Aber sind wir denn gemeinsam über den Atlantik gesegelt? Wie kann es geschehen, daß auf so engem Raum zwei Menschen doch einsam sein können?

Zum ersten Mal, seit wir Palma verlassen haben, fühlen wir uns frei und gelöst, denn der Atlantik liegt hinter uns. Wir hatten uns beide davor gefürchtet, und das führte zu Verkrampfungen und Ungeduld, zu Grobheit und zu Aggressionen. Keiner war gewillt, seine Unsicherheit vor dem anderen zuzugeben; vielmehr wollte jeder auf seinem Gebiet vollkommen sein. Peters Hang zur Perfektion hat mich oft zur Raserei getrieben. Ihm ging es ebenso, wenn ich zuviel Theater mit dem Essenkochen machte. Statt uns auszusprechen, haben wir alles in uns hineingefressen und uns immer mehr voneinander isoliert. Wir haben alles viel zu tragisch genommen, am meisten uns selbst. Ein bißchen Selbstironie täte uns gut.

Wir müssen öfter versuchen, uns in den anderen hineinzuversetzen, statt fassungslos davorzustehen. Peter sagt mir, ich müsse endlich meine massiven Minderwertigkeitskomplexe wegen meiner seglerischen Fähigkeiten abbauen. Ich machte doch meine Sache sehr gut. Kein Grund, mich von jedem einschüchtern zu lassen. „Vielleicht solltest du mich häufiger loben. Die Mannschaft arbeitet dann freudiger", sage ich. Vor allem müssen wir uns für die Zukunft merken, daß ein ungeduldiges und ruppiges Wort auf See auf Schlafmangel zurückzuführen ist. Das sollte man nicht so tragisch nehmen, denn es tut dem Grobian ja doch gleich wieder leid. Laß ihm die Chance, sich wenig später dafür zu entschuldigen.

Wie sich nun herausstellt, waren wir beide entsetzt über die Gleichgültigkeit dem Partner gegenüber. Selbst wenn ich Brigitte Bardot gewesen wäre, hätte sich nichts abgespielt. Wenn man das weiß, ist es ein Grund mehr, sich auf die Hafentage zu freuen. Auch meine Panik wegen meines Aussehens war unbegründet. Zwei Nächte durchschlafen, und alles ist in Ordnung. Doch diese Erfahrungen mußte ich erst mal sammeln. In Zukunft ist wichtig, daß wir nach einem langen Seetörn so schnell wie möglich vom Schiff weg und unter Leute kommen. Man braucht einfach Ablenkung und andere Menschen, um wieder zueinander zu finden.

Nach dem zweiten Pflanzer-Punsch träumen wir bereits vom Pazifik und den „Glücklichen Inseln", auch ich, die ich nie, nie wieder auf ein Schiff wollte.

Auf Bequia ruhen wir uns so richtig genießerisch von unserer Atlantiküberquerung aus. Die Tage reihen sich heiter und harmonisch. Wir liegen im Schatten des Sonnensegels in den Hängematten, lesen und träumen. An Deck hören wir abends Zikaden schrillen und Dorfköter kläffen. Aus der anglikanischen Kirche schallt entschlossener Gesang. Die Luft ist schwer vom Duft der Frangipani und Bougainvillea, von Hibiskus und Oleander. Die Sterne glühen zum Greifen nahe vom weichen, dunklen Himmel. Wir suchen Sternbilder. Wir baden und schnorcheln, und ich lerne die heitere, gelassene Welt unter Wasser kennen. Es ist so ruhig und friedlich – ich kann mir kaum vorstellen, daß hier irgendwo Haie und Barracudas lauern, und das gar nicht mal so weit weg.

Auf Bequia hören wir zum ersten Mal den Ruf *„Hi Skip, hi Mom!"* der Negerjungen, die mit ihren Booten herausgerudert kommen, um uns Früchte und Fische zu verkaufen. Dieser Ruf wird uns von nun an durch Britisch-Westindien begleiten. Ich wage mich langsam an die einheimische Kost heran und kaufe Papayas, Brotfrüchte, Mangos, Yams und Limes. Natürlich werde ich anfangs furchtbar betrogen. Der Einheitspreis, den man mir abverlangt, beträgt immer einen Dollar, aber einen Britisch-Westindien-Dollar. Das sind zwei Mark. Bis mich andere Segler über die Preise aufklären. Nun handle und feilsche ich schon routinierter und lasse mir auch keine unreifen Bananen und Papayas mehr andrehen.

Mit erwachender Spannkraft planen wir unser erstes Barbecue, für das wir seit dem Mittelmeer schon die Holzkohle mitführen. Die selbstgeschossenen Fische rösten wir über einem Kokosfeuer am Strand. Danach rudert mein Kapitän mich durch die samtweiche Nacht nach Hause, weil wir die romantische Stille nicht durch das Tuckern unseres Außenborders entweihen wollen. Glühwürmchen flimmern, Zikaden zirpen, die Brandung flüstert, ich kratze träumerisch an meinen Mükkenstichen. Die Riemen quietschen jämmerlich in den Dollen.

Eines Morgens wachen wir vom Rasseln einer Ankerkette direkt neben uns auf. Die WIBBLE WOBBLE! Wir sind von nun an ständig zusammen. Für Allan und Sue ist es eine willkommene Ablenkung, sich wieder mit Erwachsenen unterhalten zu können, statt sich ausschließlich den Kindern widmen zu müssen. Auf Teneriffa noch meinte Allan, es sei gleichermaßen wunderbar für Kinder wie für Eltern, ständig beieinander zu sein. Auf Bequia, zwei Monate später, ist sein Enthusiasmus schon merklich gedämpft. Sie tun uns leid, deshalb bieten wir uns für einen Abend als Babysitter an. Sue lebt auf: Seit acht Monaten, seit sie von England losgesegelt sind, waren sie nie ohne Kinder an Land. Als wir unseren Dienst auf der WIBBLE antreten, erwarten Allan und Sue uns schon, ganz verändert in der guten Kleidung. Aus dem Vorschiff hören wir ein dumpfes, rhythmisches Klopfen. „Was ist das?" „Ach, das ist Sarah. Sie schlägt vor dem Einschlafen ihren Kopf an die Wand." Während meines Studiums habe ich gelernt, daß das ein Zeichen von Hospitalismus ist. Seelische Verwahrlosung und Vernachlässigung von Heim- und Waisenkindern kann sich auf diese Weise äußern.

Das bloße Zusammensein mit den Eltern scheint bei Kindern nicht automatisch ein Gefühl der Geborgenheit und das Wissen um die elterliche Zuneigung hervorzurufen. Um so weniger, je gereizter und überforderter die Eltern sind. An Bord werden Kleinkinder zum Hemmschuh für die Eltern. Obwohl Allan und Sue sich sehr intensiv um die dreijährige Sarah und den gerade eineinhalbjährigen Richard kümmern, ist das offenbar nicht genug. Die Kleinen bekommen auch keine Gelegenheit, soziale Verhaltensweisen im Umgang mit anderen Kindern zu erlernen. Sie werden an Bord zu dressierten Miniaturerwachsenen herangezogen. Ein rührendes, auf den ersten Blick auch drolliges Gemisch aus Kindlichkeit und Vernunft bildet sich heraus. Wie niedlich, wenn Little Richard im Cockpit auftaucht, splitterfasernackt. Nur den Sicherheitsgurt hat er sich angelegt. Er sagt: „*Mammy, I am ready for sea.*" Wenn die WIBBLE-Kinder sich aber an Land mit anderen Kindern treffen, sind sie scheu und verlegen. Sie haben es nicht gelernt, zu spielen.

Peter und ich wissen nun ganz sicher, daß wir während unserer Reise auf Kinder verzichten werden. Es ist dem Kind gegenüber einfach nicht fair.

Anders ist es mit älteren Kindern von zehn, zwölf Jahren an. Diese haben Freude am Abenteuer und können es auch gedanklich verarbeiten. Die Eltern werden dabei zu Partnern und Freunden. Ich denke da an die beiden Jungen vom amerikanischen Schoner PRUDENCE. Der Zwölf- und der Vierzehnjährige konnten das Boot allein segeln und waren stolz darauf. Ich werde nie vergessen, wie die PRUDENCE im Morgenrot eines neuen Tages hinter uns im Pazifik auftauchte, als schwarzer Schattenriß gegen die Sonne. Die beiden Jungen waren auf Wache und setzten alles Zeug, sogar die Toppsegel, um uns einzuholen.

Langsam wird die Hausfrau in mir unruhig: Unsere Frischvorräte gehen zu Ende. Wir fahren mit einer langen Einkaufsliste ins Harbour House, den einzigen Kolonialwarenladen der Insel. Doch unsere Ausbeute ist mager: Wir bekommen nur Brot. Alles andere wie Tomaten, Eier, Fleisch, Mineralwasser gibt es nicht. Das gibt es nie, wie wir nach mehreren Tagen bestürzt feststellen. Die Kassiererin des Harbour House sagt: „Mineralwasser haben wir schon seit Weihnachten nicht mehr. Ich weiß auch nicht, was mit der Fabrik los ist", und lacht fröhlich auf. Aber ich könne ihr eine Bestellung aufgeben für den Inselschoner, der täglich zur Verwaltungsinsel St. Vincent führe. Der würde mir alles bringen. Also schreibe ich auf eine braune Tüte „1 Kilo Tomaten", schaue sie zweifelnd an und frage: „Gibt es auch Petersilie?" Ja, ich solle nur alle meine Wünsche aufschreiben. Also: „1 Kilo Tomaten, 1 Bund Petersilie..." Sie faltet die Tüte bedächtig und verwahrt sie unterm Tresen. „Warum nur gibt es keine Eier?" überlegen wir. Wo doch so viele Hühner und Hähne die ganze Nacht hindurch auf Bequia gackern und krähen. „Und warum nur keine Tomaten, Paprika, Gurken?" Wo doch die Natur so fruchtbar ist, so verschwenderisch in ihrer Fülle.

Am folgenden Tag passe ich das Einlaufen des Inselschoners ab und gehe wieder ins Harbour House. Nein, es sei nichts mitgekommen. Aber ich solle doch noch mal eine Bestellung aufgeben. Also schreibe ich auf eine braune Tüte: „1 Kilo Tomaten, 1 Bund Petersilie..." Natürlich kommt wieder nichts mit. Aus purer Neugier, um zu sehen, wie lange das Spielchen geht, schreiben wir noch an zwei weiteren Tagen immer wieder dieselbe Bestellung auf eine braune Tüte. Jedesmal wird sie sorgsam gefaltet unterm Tresen verwahrt. Doch ohne Erfolg. Nun langt es uns wirklich, da müssen wir wohl selber mal mit dem Schoner nach St. Vincent fahren!

Wir stehen im Morgengrauen auf. Die Hähne krähen, das Glöckchen der kleinen katholischen Kirche bimmelt zur Frühmesse, aromatischer Duft der Holzkohlenfeuer, die Sterne verblassen. An der Pier liegt unser Schoner, die FRIENDSHIP ROSE. Sie soll um 6.00 Uhr auslaufen. Nach und nach versammelt sich fast das ganze Dorf an der Pier, mitsamt der Hunde; sogar ein paar Hühner sind dabei. Die Reisenden tragen ihren besten Staat, schließlich will man in der Hauptstadt einen guten Eindruck machen. Da sind die jungen Mädchen in ihren ausgewaschenen, prallen Kleidern, mit herunterhängendem Saum, geplatzter Naht, gesprengtem Reißverschluß. Um so mehr Aufmerksamkeit aber wurde der Haartracht geschenkt. Das mit Zuckerwasser gebändigte störrische Kraushaar steht in unzähligen Zöpfchen vom Kopf ab oder ringelt sich in Seidenpapier zu zierlichen Löckchen. Die Männer balancieren selbstbewußt die abenteuerlichsten Hutkreationen auf dem Schädel, darunter sogar Kapotthütchen mit vergilbten, ausgefransten Schleiern, ganz offensichtlich die milde Gabe einer guten christlichen Seele.

Endlich läßt man uns auf den Schoner. Mit eineinhalb Stunden Verspätung löst die FRIENDSHIP ROSE sich unter schrecklichen Geräuschen von der Pier. Ein Hund, der sich mit Herrchen an Bord geschlichen hat, wird noch schnell an Land befördert, letzte Bestellzettelchen werden herübergereicht und sorgsam unterm Kopftuch eingerollt. Scherzworte und Lachen, dann sind wir unterwegs. Nun wird es manchem doch recht bange, und allenthalben werden verstohlen Flaschen mit giftgrüner Flüssigkeit gegen Seekrankheit an den Mund gesetzt.

10 Seemeilen bis St. Vincent, das ist ein unangenehmer Weg nach Norden, gegen Strömung und Wind. Hier in den Kleinen Antillen treffen der Südäquatorialstrom und der Nordäquatorialstrom aufeinander. Das gibt eine üble See. Der Matrose zieht das alte Gaffelsegel hoch. Der Wind faßt voll hinein, die FRIENDSHIP ROSE legt sich auf die Seite und stampft gegen die Wellen an. Unser Steuermann, ein alter, hagerer Kahlkopf (ein wenig Yul Brynner) im langen schwarzen Ölmantel, verbreitet Gelassenheit um sich. Er scheint den Weg im Schlaf zu kennen, denn die Fensterchen, durch die er sich nach draußen orientieren könnte, werden durch die sorglosen Passagiere verdeckt. Ebenso der Kompaß, auf dem sich ein Jüngling mit Sonnenbrille und knallengen, gestreiften Hosen niedergelassen hat. Aus der Backentasche ragt martialisch ein Eisenkamm hervor, mit dem der Afro-Look immer wieder energisch aufgerichtet wird. Ab und an lüftet „Stramme Hose" sich ein wenig ab, Yul Brynner tut einen Blick auf die Kompaßrose, dann dürfen sich die Streifen wieder niederlassen.

Neben uns auf der harten Bank thront eine füllige Negerin, die wie eine Glucke ihre halbwüchsige Tochter beaufsichtigt. Damit ihr auch nichts entgeht, hat die Mammy sich dem Mädchen gegenüber hingesetzt. Der arme weiche Wackelpudding muß sich nun mit ergebener Leidensmiene unausgesetzt Ermahnungen anhören: „Sitz gerade! Zerdrück deinen Rock nicht! Dein Haar steht ab." Zwischendurch schiebt Mammy immer wieder mal das kleine Fenster hinter uns auf und spuckt zielsicher an meinem linken Ohr vorbei.

Nun wird es wirklich ernst. Eine Regenbö peitscht los und vertreibt fast alle Passagiere von den Decksbänken. Gischt sprüht über die FRIENDSHIP ROSE. Wir sind im Deckshaus wie die Heringe gestapelt, ich bin auf Peters Schoß gelandet. Die ersten Opfer der Seekrankheit wischen sich den Schweiß vom Nacken, Augen rollen kläglich, Ächzen und Jammern, es riecht säuerlich. Ungerührt der Mann im schwarzen Mantel am Ruder. Gelassen teilt er nach prüfendem Rundblick weiße Emailleschüsseln aus. Hastig gehen sie von Hand zu Hand, auch an unseren Nasen vorbei. In ihnen die giftgrüne Flüssigkeit. „Wackelpudding" bleibt ebenfalls nicht verschont. Als die Arme sich über das Bekken beugt, ertönt Mammies entsetzter Ruf: „Vorsicht, deine Bluse!"

Wir sind nicht die einzigen Weißen an Bord. Ein älteres Ehepaar fährt mit, das wir sofort als „typische Kolonial-Engländer“ einstufen. Zu ihm möchte man „Körnel“ sagen, und sie ist so ganz Lady mit ihrem weißgepuderten, faltigen Gesicht und rotgemaltem Herzmündchen. Anscheinend ungerührt sitzen sie trotz des Regens draußen, kaum daß sie mit weißbehandschuhter Hand die Krempe ihres violetten Sonnenhutes ein wenig ins Gesicht zieht, um die silbrigen Löckchen zu schützen. Seine Hände sind über dem Silberknauf des Spazierstockes verschränkt.

Nach eineinhalb bangen Stunden laufen wir in St. Vincent ein. Alle springen auf, schütteln sich, drängen und hasten zum Ausgang. Das erste Lachen. Der Körnel entfaltet ein riesiges weißes Taschentuch, trocknet sich den Schnauzbart, knurrt militärisch kurz: „Scheußlicher Trip!“ und stapft von dannen, ihm zur Seite violett Flatterndes. Zurück bleibt der Kahlschädelige im schwarzglänzenden Öltuch und sammelt gelassen grün Erbrochenes in weißen Schüsseln.

Wir sind angenehm überrascht von St. Vincent, denn drei große Supermärkte bieten all die Genüsse, auf die wir so lange verzichten mußten. Unsere Einkäufe werden in Kisten zu unserem Schoner gebracht.

Die Rückfahrt ist heiter und sonnig, denn wenn man „runtersegelt“, also nach Süden, hat man ja mitlaufende See. An Deck der FRIENDSHIP ROSE steht nun ein kleiner Jeep, der mit vereinten Kräften und unter lautstarker Beihilfe aller an Bord gehievt worden ist. Während der Fahrt sitzen Jünglinge mit ihren kichernden Auserwählten darin und geben ganz furchtbar an. Auf Bequia empfängt uns das ganze Dorf. Hunde und Kinder rennen die Pier entlang. Befriedigt kehren wir mit unseren Einkäufen an Bord der MAUNA KEA zurück.

Doch seit diesem Tage bohrt in mir die Frage: Warum ließ mich die Kassiererin jeden Tag Bestellungen schreiben? Wollte sie mich beruhigen? Oder loswerden? Oder sich einen Spaß machen? Ich werde es nie erfahren. Wahrscheinlich aber lagern unter ihrem Tresen vier säuberlich gefaltete braune Tüten, auf denen geschrieben steht: „1 Kilo Tomaten, 1 Bund Petersilie ...“

Gut verproviantiert und seelisch aufgerichtet bummeln wir während der folgenden vier Monate gemächlich durch die Kleinen Antillen von Grenada nach Antigua. Wir sind nur noch am Tage unterwegs, denn nachts segelt keiner in diesem mit Untiefen gespickten, gefährlichen Revier. Darüber hinaus warnt der „Segelführer für die Kleinen Antillen“ vor allzu großem Vertrauen in die auf der Karte eingezeichneten Leuchtfeuer. Da steht dann zum Beispiel: „Carriacou — ein Kerosinlicht, das aber während des Karnevals und der Feiertage oft nicht brennt." Oder: „Harbour reef — o. k., solange die Batterien nicht leer sind. In diesem Fall kann es für eine Woche oder auch länger ausbleiben."

Nach vielen geruhsamen Aufenthalten unterwegs kommen wir auf Grenada an, der südlichen Verwaltungsinsel, die der Gruppe der Grenadinen ihren Namen gegeben hat. Grenada ist die Gewürzinsel und führt stolz eine Muskatnuß in der Fahne. Auf Grenada werden wir nachdrücklich an die große Welt draußen erinnert, die wir so völlig vergessen hatten ohne deutsche Zeitungen und Nachrichten. Wegen des siebenwöchigen Poststreiks in England wird keine Post angenommen und befördert. Einige Briefe an uns gehen verloren. Grenada ist wieder Sammelpunkt für Jachtleute. Und immer wieder drehen sich die Gespräche um Wind, Wetter, Boote — und um die Südsee, von der wir alle träumen.

So landschaftlich schön die Grenadinen auch sein mögen, wir fühlen uns dennoch nicht wohl hier. Die zum Teil unverhohlene Feindseligkeit den Weißen gegenüber verleidet uns alles. Wegen der akuten Diebstahlsgefahr wagen wir nicht, das Boot längere Zeit allein zu lassen. Wenn wir unser Dingi an Land vertäuen, um einzukaufen, wissen wir nicht, ob wir es bei der Rückkehr noch vorfinden. Die Einheimischen schlagen aus dieser begründeten Furcht kräftig Kapital und bieten sich als Wachmann an. Tarif: 1 BW (sprich Biwi, gleich zwei Mark). Wenn man das nicht zahlen will, sagt der Neger: „Es wird dir leid tun, Mistah!" Und dann zahlt man doch. Einen Dollar wollte auch ein kleiner Negerjunge von uns und rieb sich dramatisch den Magen: *„Hi Skip, hi Mom,* ich bin *so* hungrig! Ich will mir ein Eis kaufen!"

Wir wollen nicht länger bleiben. Wir beschließen, nach Norden zu segeln, nach Martinique, wo wir vielleicht freundlicher empfangen werden.

Unsere Reise nach Norden ist sehr anstrengend. Wir müssen jeden Morgen früh aufstehen, oft um 4.00 oder 5.00 Uhr, um die Strecke bis zur nächsten Insel und zum nächsten sicheren Ankergrund gegen Strom und Wind auch noch bei Tageslicht zu schaffen. Nach 16.00 Uhr sollte man schon vor Anker liegen, weil man sonst wegen der niedrigstehenden Sonne die Korallenriffe im Wasser nicht mehr sehen kann. Nun sind die Untiefen zwar auf den Seekarten verzeichnet, doch die Karten der Britischen Admiralität stammen oft aus dem Jahre 1889 oder von noch früher. Korallenriffe aber wachsen mit den Jahren. Auch unser Tiefenmesser ist keine absolut verläßliche Hilfe: Ehe er die Gefahr anzeigt, sitzt man schon auf dem Riff. Zahlreiche Wracks mahnen uns zu größter Vorsicht.

Auf unserem Weg sehen wir die ganze Armut der Britisch-Westindischen Inseln. Die Kinder, die zu uns herausschwimmen, haben aufgetriebene Bäuche und knotige Knie. Sie betteln um Schokolade, Kekse, Geld. Die Kleidung besteht oft nur aus Fetzen, auch bei den Erwachsenen. Da hängt eine ganze Brust aus einem Riß in der Bluse, die Schulternaht wird durch eine Riesensicherheitsnadel zusammengehalten. Träge und gleichgültig schlurfen die Einheimischen in zwei verschiedenen Schuhen vorbei, bei denen meist Schnallen und Senkel fehlen. Und über ihnen wiegen sich die schlanken Kokospalmen, die Brotfruchtbäume, die Bananen. Wenn eine Nuß herunterfällt, hebt man sie wohl auf, doch würde man nie von sich aus etwas anpflanzen. Die verschwenderische Natur der Karibik versorgt die Menschen auch so, warum sollte man da noch arbeiten? Ein paar Bataten, ein bißchen Yams, das reicht schon aus.

Louis, ein junger Lehrer und Laienprediger von Canouan, erzählt uns ein bißchen über die Lebensaussichten seiner Schüler. Canouan ist eine recht große Insel, doch ohne Elektrizität, ohne Straßen. Es gibt sowieso nur einen Jeep auf der Insel. Louis unterrichtet die Jungen ein wenig in Navigation und Mathematik, „weil sie ja alle Fischer werden". Die Mädchen bekommen Unterricht im Kochen und in der Säuglingspflege, denn „sie werden ja alle Hausfrauen werden". Drei Jahre gehen die Kinder zur Schule. Auf die Frage hin: „Wie viele von deiner Insel sind in den vergangenen zehn Jahren zur Universität nach Barbados gegangen?" muß Louis lange nachdenken. „Zwei, glaube ich", zögert er. Canouan fällt angenehm aus dem Gesamtbild, das wir über Britisch-Westindien gewinnen. Auch hier schwimmen die Kinder zu uns heraus, aber sie fragen nach Büchern und Zeitschriften. Wir trauen unseren Ohren nicht, aber es ist den Kindern wirklich ernst damit.

Die Dörfer mit den windschiefen, kläglichen Hütten, die sich am Strand zusammendrängen, sind unsäglich schmutzig. Ich stumpfe langsam ab gegen den Anblick der Kakerlaken. Durch große Sorgfalt verhindern wir, sie an Bord einzuschleppen. Sie sind eine Gratisgabe der Supermärkte. In den Toilettenpapierrollen sitzen sie, in den umgebogenen Ecken der Milchtüten, im Knäckebrot. Jede Packung und Schachtel wird von uns auseinandergenommen, bevor sie an Bord kommt. Ganz sicher vor ihnen sind wir aber nie, denn sie fliegen auch übers Wasser.

Doch andere unwillkommene Gäste beherbergen wir jetzt auf der Mauna Kea: *weevils* oder Rüsselkäfer, Kornkäfer, wie ich dem Lexikon entnehme. Sie sind nicht ganz so eklig groß wie Kakerlaken, dennoch ist es ein Schock, sie im Mehl, im Zucker, in allen Fächern vorzufinden. Jeden Monat wälze ich sämtliche Vorräte um und „entlause". Nur so kann ich die Plage kontrollieren. Langsam habe ich Fata Morganas von hygienischen, wohlausgestatteten Supermärkten.

Auf St. Lucia machen wir eine Pause.

Hier erzählt uns Beverly aus dem Lebens ihres farbigen Dienstmädchens Judy. Judy ist 22 Jahre alt und Mutter von vier Kindern, doch nicht verheiratet. Heiraten will sie den Mann auch nicht, denn: „Er ist ein Trinker!" Sie weiß genau, daß sie ihn dann miternähren müßte, und sie hat schon Mühe, sich und ihre Kinder durchzubringen. Der westindische Mann verspürt keine Verpflichtungen seinen Kindern gegenüber. Auf den überwiegend katholischen Inseln wird selten geheiratet, weil eine Scheidung später unmöglich ist. So tut man sich für einige Zeit zusammen, hat jedes Jahr ein Kind, als Beweis der Manneskraft, und geht dann wieder auseinander. Nach dem vierten Kind redet Beverly ihrer Judy ins Gewissen. Gewiß doch, Judy will ja nun auch keine Kinder mehr, doch wie soll sie das verhindern? Die Pille verbietet sich von selbst wegen des Aberglaubens und der Unfähigkeit der Westindierin, sie regelmäßig einzunehmen. Also soll eine Spirale die Lösung bringen. Es dauert einen Monat, bis Beverly Judy endlich dazu überredet hat. Judy kommt strahlend vom Arzt zurück: „Es hat überhaupt nicht weh getan!" Doch schon wenige Tage später schlurft eine düster verhangene Judy ins Haus. „Der Mann will die Spirale nicht. Die Spirale soll raus." Sie störe ihn beim Liebesgenuß. Doch Judy möchte sie eigentlich gern behalten. Beverly rät, dem Arzt die Situation zu erklären. Zurück kommt Judy geschwebt, mit den weißen Zähnen lachend: „*He cut the thread!*" Er hat den Faden durchgeschnitten. Familienplanung in Westindien.

Aus der Furcht vor einem zweiten Kuba vor der Haustür Amerikas werden jedes Jahr von England, Amerika und Kanada Unmengen von Geld in die Britisch-Westindischen Inseln gepumpt. Man bemüht sich, die Einwohner zur Mündigkeit zu erziehen. Intelligenten Kindern stehen alle Bildungsmöglichkeiten offen. Die farbige oberste Gesellschaftsschicht von St. Lucia hat in Oxford und Cambridge studiert, reist nach Europa und Amerika, ist interessiert an Fragen der Ökonomie und Politik und bewandert in allen geistigen Bereichen. Wie nun verhält sich der arme Neger auf der Straße seinem arrivierten Landsmann gegenüber? Müßte er nicht stolz sein: „Der hat es geschafft, der wird uns weiterbringen!" Nein, im Gegenteil, er haßt ihn und spuckt ihn sogar an, wenn sich die Gelegenheit dazu bietet. Königin Elizabeth II. schlug einen Bürger von St. Lucia zum Ritter wegen seiner Verdienste um den Bananenexport, der einzigen Erwerbsquelle der Inseln. Doch keine Dankbarkeit regt sich in seinen Landsleuten. Das Problem Britisch-Westindiens stellt sich nicht als *Rassen*problem, sondern als *Klassen*problem dar. Man neidet den eigenen Landsleuten und den Weißen den Erfolg. Daß viel Arbeit und Anstrengung damit verbunden sein könnten, wollen die ausgemergelten Rumtrinker auf den Holzveranden der verkommenen Kneipen nicht einsehen.

Britisch-Westindien hat noch einen langen Weg vor sich, und es ist abzusehen, daß das Erwachen bitter sein wird. Schon stehen viele der prächtigen Hotels selbst während der Saison leer, weil kaum ein Tourist zum zweiten Mal kommt nach den Erfahrungen mit den *local people*. Schon sind unter der Hand auf Barbados, Grenada, St. Vincent die schönsten Wassergrundstücke zu haben. Der weiße Rückzug aus diesen ehemals paradiesischen Inseln hat begonnen.

Nur 30 Seemeilen weiter nördlich betreten wir eine neue Welt: die französischen Antillen. Gerade rechtzeitig zum Karneval fällt der Anker in der großzügigen Bucht von Fort de France auf Martinique. Der Karneval hat viele Yachten und — leider — auch Passagierdampfer angezogen, die nun alle auf Reede liegen. Die Passagiere werden in Barkassen an Land und wieder zurückgebracht. Um Zeit zu sparen, brausen die Barkassen mit weißschäumender Bugwelle durch das ankernde Feld der Yachten hindurch. Unbarmherzig werden wir durchgebeutelt; Gläser und Geschirr fallen vom Tisch, wobei sogar ein Plastikteller zerbricht. Das ist ein empfindlicher Verlust für uns, da unsere Teller wegen der Halterungen genormte Maße haben. Nun müssen wir für die nächsten Jahre mit fünf Tellern auskommen. Aber sagt nicht Peter immer dozierend: „Durch das Bordleben schrumpft man zurück auf die lebensnotwendigen Dinge.“

Doch ein Stachel bleibt in uns zurück, denn es sind die Barkassen der deutschen Dampfer, die sich stets am rücksichtslosesten verhalten. Alle Segler atmen deshalb erleichtert auf, als „die Deutschen“ wieder auslaufen. Uns ist das sehr peinlich, weil wir die einzige deutsche Segelyacht hier sind. Doch das sind nur Randerscheinungen. Wir konzentrieren uns lieber auf Martinique.

Wir freuen uns schon seit zwei Monaten auf die Genüsse, die uns hier erwarten: französischer Käse und Weißbrot, Obst und Gemüse in Hülle und Fülle, Schlemmerlokale mit Schnecken, Austern, Muscheln. Doch es kommt anders. Die Arbeiter des Elektrizitätswerkes streiken für drei Tage. Alle Kühltruhen von Fort de France stehen still, die Restaurants sind geschlossen. So öffne ich also die wohl 99. Dose Corned beef und versuche, etwas daraus zu zaubern, das mich nicht an Corned beef erinnert. (Ich konnte den Geschmack noch nie ausstehen.) Nach intensiven Bemühungen benenne ich das Resultat etwa „Serbisches Reisfleisch“ oder auch schlicht „Buletten“. Ich kann aber mit noch viel mehr leckeren Varianten aufwarten, deren exotische Namen Peter immer mit großem Mißtrauen erfüllen. Doch wenn er dann die vertraute leere Dose über Bord fliegen sieht, ist er beruhigt und setzt sich zum Mahle. Er wenigstens hat eine gleichbleibende Zuneigung für Corned beef.

Rechtzeitig vor Beginn der vier tollen Tage haben die Arbeiter des E-Werkes ein Einsehen. Fort de France funkelt und strahlt plötzlich auf, die Kühltruhen schalten sich mit leisem Summen ein, und alle Hausfrauen stürzen in die Geschäfte, um für die Feiertage zu hamstern. Jeden Nachmittag gibt es um das Denkmal der Joséphine Beauharnais herum, auf der „Savanne“, die Karnevalsumzüge, die den deutschen Umzügen sehr ähnlich sind. Jeder Tag steht unter einem anderen Motto. Folkloregruppen tanzen und singen, historische Darstellungen rollen auf Lastwagen vorbei, die *Steelbands* hämmern immer wieder dieselben Sambas und Calypsos, so daß man nichts anderes mehr denken kann.

Ein Tag ist den Kindern gewidmet: *„Les diables rouges“* (die roten Teufel). Die Teufelchen stecken in roten Anzügen mit roten Kapuzen. Am Achtersteven puschelt ein weißes Schwänzchen. Selbst die Kleinsten wiegen und tanzen im Sambarhythmus mit. Diese Menschen haben die Musik wirklich im Blut, und wir bewundern einmütig die Grazie, Anmut und Schönheit der Kreolen. Ein anderes Karnevalsmotto: *„Les mariages bizarres“* (die seltsamen Hochzeiten). Dieser Tag bietet die Rüpelszenen. Spaßmacher beschmieren aus Nachttöpfen das aufkreischende Publikum mit brauner Soße. Es ziehen Hochzeitszüge mit hochschwangeren Bräuten vorbei, die auf der Straße niederkommen. Die Bräute werden von Männern dargestellt, die Bräutigame von ganz kleinen, schmächtigen Mädchen — Anspielung auf die „Machtverhältnisse“ in manchen Ehen.

Der Aschermittwoch, der vierte Tag, ist der Höhepunkt des Karnevals auf Martinique. An diesem Tag sind alle, auch die Zuschauer, in Schwarz-Weiß gekleidet und tragen teilweise schwarze Augenmasken. Wir wurden vor Zwischenfällen gewarnt, da der seit drei Tagen genossene weiße Rum, die Anonymität der Masken und Black-Power-Parolen zusammenkommen könnten. Doch wir haben keine unliebsamen Erlebnisse gehabt und auch von keinen gehört. Am Abend strömen alle am Hafen zusammen, um die Puppe des „Königs Karneval" *(le roi Vaval)* auf einem riesigen Scheiterhaufen zu verbrennen. Danach zieht man in die Nachtclubs und Bars, um weiterzufeiern.

Inzwischen haben wir sehr nette Leute kennengelernt, die uns ins „Tam Tam" mitnehmen, einen Nachtclub ohne Klimaanlage, stockdunkel und gerammelt voll. Mächtige Verstärker hämmern Samba und Calypso. Die *Steelband* spielt ohne Pause zwei Stunden hintereinander. Uns rinnt der Schweiß: Das ist ja Schwerstarbeit! Man tanzt wie rasend, nur mit den Hüften. Schließlich gebe ich auf. Doch sieh mal einer an! „Was denn, schon müde?" fragt mein Kapitän und schaukelt mit Chantal vorbei, die ihn ungeniert ihren „schönen Peter" nennt. Im Morgengrauen wanken wir barfuß, mit wehen Füßen und steifem Rücken zur Pier. Da wartet ganz einsam unser Beiboot auf uns. Wie immer sind wir die letzten, die zurück an Bord gehen.

Unsere Freunde nehmen uns auf in ihr gastliches Leben. Sie sind alle in unserem Alter und überströmend herzlich. Wir sind „in" auf Martinique. So schön das auch ist, so kommen wir doch kaum noch zum Schlafen, erst recht nicht zum Arbeiten. Morgens um sieben fliegt Jean schnell eine Schleife über der MAUNA KEA, bevor er die Bananenplantagen mit DDT bestäubt. Wir stürzen an Deck und winken mit den Bettüchern. Da hupt es an der Pier: Chantal, die ins Büro fährt. Werner ruft und wedelt mit einem Brief für uns. Bei Henry kann ich unsere Wäsche in die Waschmaschine stecken, Lys leiht uns ihr Auto für eine Woche. Wir pendeln eigentlich ständig mit unserem Beiboot zwischen der MAUNA KEA und der Pier hin und her.

Eines Morgens müssen wir feststellen, daß man unser Dingi samt Motor gestohlen hat. Eigentlich sind wir ganz erleichtert darüber, nun einen guten Grund zu haben, uns ein anständiges Beiboot zu kaufen. Der Beibootfrage hatten wir nämlich viel zu wenig Beachtung geschenkt.

Doch leider sind wir noch nicht so schlau, folgende Überlegungen zu berücksichtigen:

- Das Beiboot muß für den Notfall sofort einsatzbereit sein.
- Wegen der Korallenriffe und muschelbewachsenen Piers sollte es aus stabilem Material sein.
- Der Motor darf nicht zu schwer und sperrig sein, weil er für längere Segelstrecken abgehängt und im Schiff gestaut werden muß.

Wir lassen aus Frankreich ein Zodiac Mark I einfliegen und hängen einen 25-PS-Johnson daran, um Wasserski laufen zu können. Peter entwickelt in den kommenden Jahren einen ganz eigenen Schimpfwörterkatalog, eigens reserviert für die erbaulichen Stunden, die er damit verbringt, das Boot mit immer neuen Flicken zu verpflastern. Das Gewicht des Motors übersteigt fast unsere Kräfte, so daß wir schließlich einen 9-PS-Chrysler kaufen. Damit uns das kostbare Boot nicht wieder gestohlen wird, ziehen wir es jede Nacht mit dem Großfall bis zur Reling hoch und binden es dort fest. An der Pier schließen wir Motor und Dingi mit einem Kabel und einem Sicherheitsschloß an. Wir werden deswegen etwas belächelt, doch jedem vergeht das Lachen, wenn er selbst in unsere Lage kommt. Der Kapitän einer großen Charteryacht setzt sein Beiboot sogar unter Strom, weil er schon zwei verloren hat.

Zu allem Unglück haben wir unsere Martiniquer Freunde für den Morgen nach dem Diebstahl zu einer Segelfahrt eingeladen: zwölf Personen. Wir müssen rückwärts an die Pier manövrieren und übernehmen dann: Kinder, Picknickkörbe, Badetücher, Tortenschachteln. Ich stehe strategisch äußerst ungünstig direkt neben dem Besan und blockiere somit unserem Besucherstrom den weiteren Zugang aufs Schiff, denn bei mir staut sich alles, weil man sich ja nach französischer Art liebevoll mit Küßchen begrüßt und mit *„Bonjour, Béatrice, ça va bien?“* Wie geht's? Bis Peter, der die ganze Zeit mit Maschine gegen den Schwell kämpft, gequält aufschreit, wir sollen uns doch mal beeilen, verdammt noch mal. Weitere Begrüßungsarien werden also auf später verschoben, doch dann um so gründlicher vollzogen. Auch Peter widmet sich diesem schönen Brauch mit sichtlicher Freude.

Peter hat gerade zum dritten Mal unser Pumpklo auseinandergenommen, um endgültig die letzten Schlüpfergummireste eines modernen Wegwerfhöschens herauszupolken, das eine Freundin entschlossen wie durch einen Fleischwolf durchdrehen wollte. Wir verweisen deshalb energisch auf die Bedienungsanleitung über dem Klo, die Peter schon am Vortage entworfen hat, auf französisch, zwölf Punkte umfassend, mit viel Rotstift unterstrichen. Die Toilette ist ja das Verletzlichste und geht stets zuerst kaputt, wenn Landsleute an Bord kommen. Man frage nur einmal die Mannschaften von Charteryachten nach ihrer Hauptbeschäftigung! Ganze Kloologien entrollen sich da.

Wir wundern uns, daß unsere Freunde mit Ablauf des Tages immer blasser und stiller werden und schließlich sogar in der Bucht, in der wir ankern, an Land schwimmen, um dort Henrys Wochenendhaus zu besichtigen.

Viel später erst gesteht Jean uns, daß angesichts unserer zwölf Gebote ein jeder so eingeschüchtert war, daß er es einfach nicht wagte, die Toilette zu benutzen.

Doch abgesehen davon ist unsere Segelpartie ein voller Erfolg, und jeder bedankt sich beim Von-Bord-Gehen überschwenglich mit Küßchen rechts und links. Bis Peter, der die ganze Zeit wiederum mit Maschine gegen den Schwell kämpft, abermals gequält aufschreit. Doch in dieser Beziehung sind unsere Freunde unerbittlich. Soviel Zeit muß einfach sein!

Das Leben auf Martinique erscheint uns zunächst paradiesisch und sorglos. Der Lebensstandard der weißen Bevölkerung ist sehr hoch, denn Martinique ist offiziell ein Distrikt von Paris und gehört also zur Europäischen Gemeinschaft. Flüge nach Frankreich gelten als Inlandsflug und sind sehr billig. Deshalb fliegt die Martiniquerin fast jeden Monat nach Paris, um Freunde zu besuchen und sich *à la mode* zu kleiden. Rassenvorurteile scheint es nicht zu geben. Allmählich erst erkennen wir die gesellschaftliche Schichtung. Die angesehensten Bürger sind die weißen, adligen Familien, die als erste in den Kolonien waren. Sie leben in einer selbstgewählten *splendid isolation.* Dann kommen die *Cosmopolitains.* Das sind die Weißen aus Frankreich, will sagen aus Paris, denn nur wer in Paris lebt, gilt etwas. Für das Opfer, „in den Kolonien" arbeiten zu müssen, zahlt ihnen der französische Staat 40% mehr Gehalt als den eingeborenen Martiniquern, die die gleiche Arbeit leisten, und gewährt ihnen alle zwei Jahre einen sechswöchigen kostenlosen Aufenthalt in Frankreich mit ihrer ganzen Familie, zu der oft mehr als sechs Kinder gehören. Kein Wunder, daß die echten Martiniquer immer wieder durch Streiks die Gleichstellung zu erzwingen suchen. Es kommt zu Unruhen in Fort de France. Auf Demonstrationen fordern die Separatisten die Unabhängigkeit. Aus Frankreich wird dann sofort eine Spezialbrigade eingeflogen, die bald wieder Ordnung schafft. Die Separatisten verlangen aber nicht ganz uneigennützig die Trennung von Frankreich. So mancher rechnet mit einem hohen Regierungsposten im unabhängigen Martinique.

Den größten Teil der Bevölkerung machen die Mischlinge aus, ehemalige Sklaven, die sich durch die Jahrhunderte mit den Franzosen und Indern vermischt haben. Es entstand ein heiterer, überaus schöner Menschentyp. Wenn man – unter der Hand – Rassenvorurteile hat, dann nur den Indern gegenüber, die ein wenig verächtlich Kulis genannt werden. Denn als der Elsässer Schoelcher, dessen Name auf Martinique sehr verehrt wird, die Sklaverei der Neger auf dieser Insel abschaffte, brachte man als billige Arbeitskräfte die Inder, die Kulis, hierher. Doch im öffentlichen Leben gibt es keine Rassenvorurteile;

man findet in hohen Positionen Menschen aller Hautfarben. Diese Gleichheit wird gefördert durch das ausgezeichnete Bildungssystem. Mit vier Jahren schon kommen die Kinder in eine Art Vorschule und können mit fünf Jahren bereits lesen und schreiben. Das Studium in Frankreich ist kostenlos, ebenso wie die Heimflüge der Studenten. Gegen allzu großen Kindersegen schützt sich die französische Regierung seit mehr als einem Jahrzehnt durch die kostenlose Vergabe der Pille. Im Mutterland war sie seinerzeit noch verboten. Bei den begüterten Familien gilt es deshalb als schick, viele Kinder zu haben — man kann es sich halt leisten.

Auf Martinique erwarten wir ungeduldig meine Eltern, die für vier Wochen zu uns an Bord kommen wollen. Nach Tagen aufgeregten Wartens, weil das Personal der Air France in Frankreich streikt, verstauen sie dann endlich ihre Plünnen in der Achterkajüte.

Wir segeln mit ihnen nach Norden. Der erste Aufenthalt ist auf der landschaftlich sehr ursprünglichen und wilden Insel Dominica. Unter Leitung eines Führers machen wir mit dem Jeep eine Safari durch dichten Dschungel zu atemberaubenden Wasserfällen.

Weiter segeln wir zu den Iles des Saintes. Hier sind zahlreiche entscheidende Seeschlachten um den endgültigen Besitz der karibischen Inseln ausgetragen worden. Das Kriegsglück war aber sehr wechselhaft und hing mehr von Wind und Flaute ab als vom kriegerischen Einsatz. So wechselten viele der Inseln immer wieder die Oberhoheit, bis die Einwohner wohl selbst nicht mehr wußten, welcher Nationalität sie gerade waren. In ihrer Sprache drückt sich das im *patois* aus, einem Gemisch aus englischen und französischen Wörtern. „Bitte" zum Beispiel heißt *s'il vous please.* Und jede Insel hat noch dazu ein eigenes *patois.* Nur die Iles des Saintes machen eine Ausnahme. Hier hat sich das reine Französisch erhalten. Es macht mir viel Spaß, meiner Familie die erschröcklichen Begebenheiten der Seeschlachten wiederzuerzählen, die ich im Segelführer nachlese. Besonders schön ist, daß immer die Kommentare beider Seiten, der Sieger und Verlierer, zitiert werden, und so mancher Held wird plötzlich ganz menschlich.

Gerade dümpeln wir in der „berüchtigten Kalmenzone von Guadeloupe", die früher oft über Sieg oder Niederlage entschieden hat. Aber wir sind besser dran: Peter startet die Maschine.

Die Dörfer auf den französischen Inseln sind sauber und freundlich. Auf dem asphaltierten Marktplatz spielt man unter schattigen Bäumen Boule oder genießt auf Sitzbänken die Abendbrise. Ein Lautsprecher sorgt für das Abendkonzert. Immer wieder sehen wir zu unserer Überraschung in den Holzhäusern moderne Tiefkühltruhen, mit Joghurt und Eiskrem gefüllt. Hier werden wir nicht angebettelt und angepöbelt. Der Ausdruck und die Bewegungen der Einheimischen sind fröhlich, lebhaft und elastisch. Nichts mehr von dem mürrischen, stumpfen Schlappen und Schlurfen der britischen Westindies! Das modernste Gebäude im Dorf ist immer die Schule. Im Gegensatz zu Dominica, wo die Kinder in einer windschiefen Bretterbaracke auf Holzpfählen auf der Erde sitzen; als Tafel dient ein ausgefranstes Holzbrett.

Wir segeln weiter nach Antigua, zur Abwechslung wieder eine englische Insel. Dorthin haben wir vor einigen Monaten Post und Ersatzteile aus England beordert. Es ist aber nichts für uns da. Doch English Harbour auf Antigua ist so schön, daß wir trotzdem zufrieden sind. Es ist ein äußerst geschützter Naturhafen mit einer sehr schmalen, versteckten Einfahrt. Das Hafenbecken verbreitert sich dann zu einer stillen Lagune. So bot sich English Harbour als Flottenstützpunkt geradezu an. Admiral Nelson ließ die Lagune vor 200 Jahren zur Schiffswerft ausbauen. Zum Bau der Häuser benutzte er die Ziegelsteine, die von den Schiffen aus England als Ballast gefahren wurden. Diese historischen Anlagen sind mit den alten Ziegeln wiederaufgebaut worden, so daß wir uns wie verzaubert vorkommen. Und dieses Gefühl trügt nicht, denn English Harbour ist nicht Antigua! Den Landzugang nach English Harbour bewacht ein Schlagbaum mit einem schläfrigen, dikken Neger, der barsch die Negermammies zurücktreibt, die in den Hafen schlüpfen wollen, um den amerikanischen Chartergästen ihre handgefertigten Schmuckstücke zu verkaufen. English Harbour ist eine winzige weiße Bastion. Hier wohnen auf dem kargen, verbrannten Stückchen Land (auf Antigua regnet es sehr selten) ausschließlich Weiße, die das Hotel, den (sehr schlechten) Einkaufsladen und die Charteragentur für die Yachten leiten. Wer hier länger leben muß, begreift schnell, warum English Harbour von Eingeweihten *little hell* (kleine Hölle) genannt wird. Nach einer Woche reizt uns diese künstlich heile Welt nicht mehr, und wir bummeln gemütlich zurück nach Martinique.

Auf Antigua verabschieden wir uns von der WIBBLE WOBBLE. Allan plante, nach Neuseeland zu segeln und dort seßhaft zu werden. Aber Sue macht nicht mehr mit: Die Kinder und das Schiff zusammen sind zu viel für sie. Allan ist unschlüssig, was er tun wird. Die Yacht auf einem Frachter nach Neuseeland bringen? Zurück nach England segeln? „Ach, zum Teufel“, sagt er, „wir werden uns schon irgendwo wiedersehen! Geht ihr weiter in die Südsee?“

Er tut uns ein bißchen leid, aber keiner kann vor seiner Verantwortung davonlaufen.

Beim Einlaufen in die Bucht von Fort de France kommt uns schon das Motorboot der Einwanderungsbehörde entgegen. „Hallo, MAUNA KEA, schön, daß ihr da seid!" begrüßt uns der Beamte und begleitet uns bis zu unserem Ankerplatz. Uns ist, als wenn wir nach Hause kämen.

Langsam müssen wir uns nach einem hurrikansicheren Hafen umsehen, denn Ende April geht die Segelsaison in der Karibik zu Ende. Wir lassen die MAUNA KEA in einer Marina auf St. Lucia.

Weil manche aber den Hals vom Segeln nicht vollbekommen, heuern wir auf der amerikanischen Charteryacht CAMALOT an und segeln über die Azoren nach Gibraltar. In unseren Seesäcken bringe ich beschämt die Perücken, die Nerzstola und das Haarlockgerät zurück nach Europa. Überflüssiger Ballast, den ich nie gebraucht habe.

Nach einem Sommer in Deutschland geht es im Herbst 1971 mit der CAMALOT wieder in die Karibik.

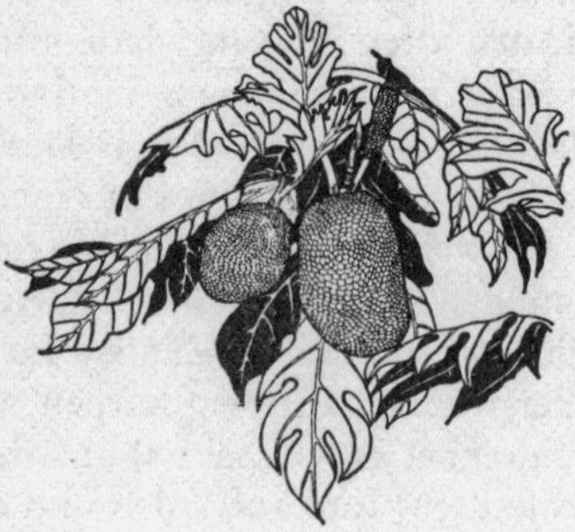

Die Brotfrucht

KARIBISCHES KALEIDOSKOP

Lustiges Treiben an Bord — Meine Klagemauer — Curaçao — Auf Hemingways Spuren — San Blas, die Islas Muletas — Im Beiboot zu einem Cuna-Dorf

Als wir die Masten der MAUNA KEA sehen, fällt uns ein Stein vom Herzen. Sie schwimmt noch! Auch unter Deck ist alles in Ordnung. Keine Kakerlaken haben sich eingeschlichen, keine Katastrophen sind geschehen. Das Schiff ist nur unsäglich schmutzig und vernachlässigt. Für vierzehn Tage schuften wir in der brütenden Hitze, um sauberzumachen, den Inhalt unserer dreizehn Gepäckstücke einzustauen und MAUNA KEA seeklar zu machen. Peter ersetzt alle Drahtfallen durch Nirosta, spannt die Wanten, schert Fallen und Schoten ein. Jeden Tag muß ich ihn mehrmals mit der Winsch in den Mast hochleiern. Er entschwebt auf dem Bootsmannsstuhl, die randvoll mit Werkzeug gefüllte Pütz um den Hals. Alle fünf Minuten ruft er mich an Deck, weil er höher oder tiefer will. Ich werde schon ganz wütend über die dauernden Unterbrechungen. Wenn ich ihn aber endlich vorsichtig wieder heruntergelassen habe, atme ich doch erleichtert auf. Der Mast ist 12 Meter hoch, und das Leben meines Käptens hängt von mir ab. In solchen Augenblicken verhandle ich gern über eine Aufstockung meines Taschengeldes.

Dann kommt der Ölwechsel im Motor und den beiden Getrieben. Das bedeutet, daß ich nicht mehr durch das Cockpit gehen kann, da beide Bodenklappen offenstehen, sondern durch das Vorderluk ein- und ausschlüpfen muß. Doch das ist das kleinere Übel, wie mir sofort klar wird, als ich Peters Kommentare aus dem Maschinenraum höre. Drei

Tage verbringt er dort unten im Öl, in unmöglichen Stellungen, bekommt einen steifen Hals und verflucht aus tiefster Seele alle Bootsbauer: „Die müssen doch wohl Kompott im Gehirn haben — eine Schraube an dieser Stelle anzubringen!"

Das Zusammensetzen und Anbringen unserer neuen Windfahnen-Selbststeueranlage dauert ebenfalls mehrere Tage. Nun bin ich diejenige, die in Kauerstellung in der Achterpiek hockt und mit dem Schraubenschlüssel die Muttern kontert, die Peter von außen anzieht. „Jetzt die rechts unten! Paß doch auf, wo ist denn rechts unten!"

Die Hitze und die Arbeit machen uns mürrisch und gereizt. In meinem Tagebuch, das ich „meine Klagemauer" nenne, mache ich meinem Herzen Luft.

Tagebuch 11. Dezember 1971

»Wir machen uns an die Instandsetzung des Schiffes für die Fahrt durch den Panamakanal. Zunächst stille Freude beim Arbeiten, was sich aber schnell gibt. Beim Auftauchen der ersten Schwierigkeiten geht's schon los mit ›Scheiße!‹. Und wieder schwitzen, trinken, schwitzen. Kein Lufthauch! Haben gerade gegessen. 19.00 Uhr und immer noch 31 Grad.

Peter ist mal wieder ausgesprochen kapriziös, wenn's ans Essen geht. Gestern, als er im Lagerraum der Marina die Windsteuerung zusammensetzte: ›Muß das jetzt sein? Können wir nicht in zwei Stunden essen?‹ Ich: ›Würde es dir denn in zwei Stunden besser passen?‹ Er ehrlich: ›Nein.‹ Da haben wir beide noch gelacht.

Heute hat er sich sehr geärgert. Über die festgefressenen Reißverschlüsse der Cockpitvorhänge. Als ich mich in meine Küchenecke stelle, schwant ihm Böses. Vorsichtig kündet er an: ›Ich habe aber sehr wenig Hunger heute.‹ Etwas später: ›Was gibt's denn?‹ Ich beiläufig: ›Grüne-Bohnen-Eintopf.‹ Mein Lieblingsessen. Wir setzen uns zum Mahle.

Beim ersten Kellenschlag ringelt sich die Scheibe Schinken um Peters Löffel. Sein Gesicht ist vor Ekel verzogen. Vorsichtig werden die Kartoffelstückchen im Topf umschifft. Nur noch eine halbe Kelle Brühe, doch beileibe nicht mehr! Ich nehme mir zweimal. Mein Graf verweigert. Wie üblich.

Er fühlt sich als Märtyrer, weil er zum Essen gezwungen werden soll. Ich bausche die ganze Sache mal wieder auf. Wie immer, wenn's ums Essen geht. Er hat nun mal weniger Hunger als andere Leute! Er möchte den Mann sehen, der sich das gefallen läßt.

Warum lege ich eigentlich solchen Wert darauf, daß er meinen Gerichten zuspricht? Wohl Eitelkeit. Immerhin verbringe ich schon ein, zwei Tage vorher einige Zeit mit dem Kalkulieren des Speisenzettels. Das ist sehr schwierig, essen wir doch so wenig, daß selbst die kleinen Konservenbüchsen zu viel für uns sind. Ich muß also jeden ›Rohstoff‹ wie z. B. Corned beef zweimal verwenden, natürlich immer in abgewandelter Form.

Auf St. Lucia ist die Essensfrage vollends zur Doktorarbeit ausgeartet. Kein Fleisch, kein Fisch, kein Obst, kein Gemüse, kein Käse, keine Wurst (kann man hier sowieso vergessen!). Wenn man Glück hat, ergattert man manchmal Eier, Milch, Brot. Also nur Konserven und Vitaminpillen. Nachdem ich nun über Tage jongliert habe, um doch noch ein wenig Abwechslung ins Programm zu kriegen, stellen sich Mylord hin und wollen nicht essen.

›Peter hat seine Bohnen nicht gegessen, schreibt sie jetzt in ihre Klagemauer‹, äfft Peter.

Jawohl, das schreibe ich jetzt!«

15. Dezember 1971

»Peter kann nicht schlafen und wälzt sich dauernd herum. Er verbohrt sich in Gedanken in die Arbeit und die Probleme, die wir zu bewältigen haben werden. Ein großes Stück Wasser liegt vor uns. Wie in guten alten Zeiten in Berlin, wenn im Geschäft Ärger war. Er hat das alte Gefängnis für ein neues eingetauscht. Das alte war aber bequemer! Hier haben wir im Augenblick eine Mangelernährung und schuften wie die Galeerensklaven. Wir werden braun dabei, und ich kriege Hitzepickel, schmerzende Füße, kaputte Hände. ›Habt ihr's gut!‹ seufzen nun alle daheim im winterlichen Deutschland.«

22. Dezember 1971

»Die Hausfrau Beate hat sich für einige Minuten von Bord entfernt und unvorsichtigerweise ihr strahlend gelbes neues Schwammtuch offen herumliegen lassen, das sie sonst entschlossen vor dem begehrlichen Zugriff des Skippers verteidigt. Ein Bild des Jammers bietet sich ihr beim Zurückkommen: Da schwimmt etwas Schwarzes in einer trüben Brühe im Spülbecken. Ihre düstere Drohung, die sie mutig durchs Oberlicht hinaufschickt: ›Komm mir bloß nicht vor die Augen! Warum hast du nicht gleich meinen Waschlappen genommen?‹ wird beantwortet: ›Du hast Sorgen!‹ Und ganz beiläufig: ›Kannst du mir mal ein Pflaster geben?‹

Da hat der Übeltäter sich im dramaturgisch günstigsten Augenblick am Anker die halbe Fingerkuppe abgequetscht und schweißt mächtig vor sich hin. Sofort verwandelt Hausfrau Beate sich in Florence Nightingale. Sie umflattert ihn fürsorglich und kommt sich sehr schlecht vor, ihren armen Peter so ausgezankt zu haben. Dieser aber ist es zufrieden.

Die Abgrenzung meines Bereiches an Bord fällt mir wirklich schwer. Dauernd werden Putzlappen für allerlei ölige Verrichtungen benötigt. Und obwohl wir doch einen großen Vorrat an Putzlappen haben, muß es im Notfall mein Fensterleder, Schwammtuch oder Küchenhandtuch sein. Das liegt dann nämlich gerade so schön griffbereit da.

Dasselbe Theater mit meinem Tomatenmesser. Es ist lächerlich! Obgleich Peter 280 Kilogramm Werkzeug als Luftfracht nach England hatte kommen lassen und seitdem ein steter Strom von Werkzeug und Ersatzteilen an Bord fließt, muß es im Ernstfall mein Tomatenmesser sein, um verklebte Farbdosen aufzustemmen, Kabelisolierungen durchzuschneiden und Tampen abzusäbeln. Mein armes Messerchen ist mittlerweile völlig verbogen.

Apropos Ersatzteile: Da wird nichts weggeschmissen, selbst wenn es völlig kaputt ist. Man könnte es ja noch mal brauchen ... Aber wehe, wenn ich zitternd einen Obstkorb an Bord einschmuggle und gefällig darin eine Ananas und Bananen dekoriere, um ein wenig Schmuck in die Nüchternheit unter Deck zu bringen! Dann heißt es gleich: ›Der Obstkorb kommt mir nicht auf den Kartentisch!‹ Egal, wo ich dann mein schönes Arrangement parke, es wird mit vernehmlichem Seufzen zur Seite geräumt. Ich habe langsam auch schon die Lust daran verloren.«

Endlich sind wir soweit und laufen aus nach Martinique. MAUNA KEA ist unbeholfen und unbeweglich wie ein alter, dicker Waschtrog durch die langen Bärte und Muscheln geworden, die sie in den sechs Hafenmonaten am Rumpf angesetzt hat. Wir quälen uns nur schwerfällig vorwärts. Das Wetter ist scheußlich: Regen- und Windböen, bewegte See. Ich bin sofort seekrank, lege mich in den Salon und verschlafe den ganzen Tag. Peter ärgert sich allein mit der Windsteueranlage herum, die immer wieder aus dem Kurs läuft. Das ist eine bittere Pille. Die elektrische Steuerung bleibt auch nicht besser auf Kurs. Die Bedingungen sind offenbar zu ungünstig. Wir haben das Windruder „James" genannt, in der Hoffnung, es möge ebenso still und unauffällig seinen Dienst versehen wie ein englischer Butler. Wir schaffen es gerade noch vor Einbruch der Dunkelheit, in eine geschützte Bucht von Martinique einzulaufen. Ein absoluter Anti-Tag.

Wir hatten unseren deutschen Freund auf Martinique gebeten, uns in Monsieur Grants Schiffswerft zum Aufslippen anzumelden. Zusätzlich hatten wir uns schriftlich von Deutschland aus avisiert. Doch nun zeigt M. Grant sich völlig überrascht und überrumpelt. Nur nach langem Zureden läßt er sich zögernd dazu herbei, uns über Weihnachten auf den Slip zu nehmen. Am Abend des 22. Dezember sind wir auf dem Trockenen und haben uns damit abgefunden, den Heiligen Abend oben auf dem Slipwagen zu verbringen. Und dabei können wir noch froh sein, daß M. Grant uns überhaupt genommen hat.

Das Leben auf dem Slip ist immer ausgesprochen unbequem. Man kann die Schiffstoilette natürlich nicht benutzen. Es darf aber auch kein Wasser aus den anderen Abflüssen wie Waschbecken usw. abfließen. Der Bootsrumpf muß völlig trocken sein, wenn er gestrichen wird. Das bedeutet, daß man sich in Schüsseln oder Eimern wäscht, das Wasser dort sammelt und dann außenbords gießt. Jede Werft verfügt über eine Toilette, die mehr oder minder ansprechend ist und nur durch einen längeren Fußmarsch erreicht werden kann. Das Gelände ist voll mit Gerümpel und Ratten. Ich bekomme vor lauter Angst meist Verstopfung oder (noch schlimmer) das Gegenteil. M. Grant hat sogar zwei Toiletten. Die eine funktioniert so, wie wir es gewöhnt sind. Peter benutzt sie. Doch ich entdecke leider nur die andere, die, typisch südfranzösisch, aus einem Loch in der Erde besteht, für das man sich sehnlichst einen Trichter wünscht, und zwei Haltegriffen. Erst nach zwei Tagen, als wir gesprächsweise die sanitären Verhältnisse vergleichen, eröffnet sich mir wieder nordeuropäische Hygiene. M. Grant hat auch eine Dusche, die wir nur mit beklommenen Blicken zu dem bewohnten Wespennest unter dem Wellblechdach hinauf benutzen. Der Fußboden ist das Reich der Sandflöhe. Wie auf jedem Slip gibt es auch hier Heerscharen von Mücken, die sich blutrünstig auf mich stürzen.

Am Abend des ersten Tages auf dem Slip löffeln wir erschöpft ein spätes Mahl, als das Schiff plötzlich wild zu poltern und zu rumpeln beginnt! Teller und Gläser rutschen vom Tisch. Mein Gott! Peter fliegt mit einer Taschenlampe die Leiter hinunter, die an der Bordwand lehnt. Er prüft die Räder des Slipwagens, doch die sind vorschriftsmäßig mit Eisenstangen blockiert. Es kann also nichts passieren. Wir können uns nur vorstellen, daß die Räder des Wagens vielleicht ein wenig die schiefe Ebene zum Wasser hinuntergerutscht sind. Da es von nun an ruhig bleibt, gehen wir bald schlafen. Am nächsten Morgen erfahren wir, daß wir ein Erdbeben der Stärke 4 überstanden haben. Noch ein Grund mehr, alles daranzusetzen, um bloß schnell wieder ins Wasser zu kommen!

Als wir doch noch rechtzeitig zum Heiligen Abend im Wasser sind, atmen wir erleichtert auf: Am Vormittag des 24. Dezember kommen wir vom Slip.

Peter reserviert sofort telefonisch zwei Plätze im schönsten Martiniquer Hotel, dem „Baquoa", und wir fahren gleich in die Bucht hinüber, um vor dem Hotel zu ankern. Schnell die große Gala noch ein bißchen lüften, die Hände waschen, dann sausen wir mit dem Dingi an den Hotelsteg. Dort vollzieht sich die Metamorphose, die mich immer wieder fasziniert: Peter krempelt die Smokinghosen herunter, zieht Seidensocken und Lackschuhe an. Ich gürte den Maxirock über die Hot pants, streife hochhackige Samtsandalen über. Dann sind wir bereit für Aperitif, Folklore-Show und Dinner unter dem leuchtenden Sternenhimmel. Die Drinks sind stark, die Show ist gut, die Weinbergschnekken scheinen noch lebendig zu sein und hopsen mir vom Teller. Vergessen die Schufterei; unsere zerschundenen Finger verdeckt gnädig die Nacht. Beseligt tanzen wir genau unter dem Sternbild des Orion, das sich plötzlich am Himmel dreht, als ich hinaufsehe. Weihnachten 1971. Wie verschieden doch vom vergangenen Jahr, allein auf dem Atlantik! Und wo werden wir das kommende feiern? „Wohl in Australien!" meint Peter und schlürft weltmännisch seinen Champagner.

Am zweiten Feiertag steht auf unserem Ankergrund vor dem Hotel so starker Schwell, daß wir abends noch schnell rüber in die Bucht von Fort de France wollen, um ruhig schlafen zu können. Dabei geschieht das Unglück: Wir laufen auf ein Riff! „Skipper, se sitt op Schiet!" Die MAUNA KEA holpert furchterregend über die Korallen, kommt aber aus eigener Kraft frei. Peter taucht am nächsten Morgen und entdeckt einige Schrammen im Kunststoff unten am Kiel. Stellenweise ist die Unterwasserfarbe abgekratzt. So ein Ärger! Die Schrammen sind nicht bedrohlich, doch weil mit der Zeit Wasser in die Fasern eindringen und das Material schwächen kann, müssen sie unbedingt mit Polyesterkitt verspachtelt werden. Und dann muß neu gestrichen werden. Also noch einmal „Variationen über ein bekanntes Thema"! Noch einmal auf den Slip! Auf Martinique können wir lange warten, bis wir wieder einen Termin bekommen. Wir müssen es also auf Curaçao oder in Panama versuchen.

Noch eine Enttäuschung erleben wir. Auf den langen Vorwindstrecken hat unser Großsegel immer an den Wanten aufgelegen, so daß sich die Nähte durchgescheuert haben. Wir wollen es statt dessen mit zwei Vorsegeln versuchen, die gleichzeitig nach rechts und links ausgebaumt werden. Also eine Abwandlung der Passatsegel. Nach vielem Herumlaufen gelingt es Peter, zwei Aluminiumbäume zu kaufen. Jeder ist 6 Meter lang. Doch als wir sie bei Windstärke 6 in der Bucht ausprobieren wollen, schlagen sie gefährlich hin und her, und unsere Kräfte reichen nicht aus, um die Segel gleichzeitig zu setzen. Ich denke an das dauernde Schiften auf unserer Atlantiküberquerung und habe Angst, daß es nun für die nächsten Jahre so weitergehen wird.

Wir sind deprimiert. Fort de France gefällt uns auch nicht mehr. Es regnet häufig, und es ist verhältnismäßig kühl. Die Reede ist sehr unruhig. Dauernd laufen Passagierdampfer ein, so daß wir uns bei dem Geschaukel wie auf See vorkommen. Dazu ein starker Wind, der uns nervös und gereizt macht. Beim Frühstück im Salon wehen uns sogar die Brötchenkrümel vom Teller. Immer häufiger sehen wir aufs Meer, das vor der Bucht auf uns wartet, und lichten viel früher als vorgesehen den Anker, um nach Curaçao zu gehen.

Ein strahlender Tag, als wir am 6. Januar 1972 endgültig zum letzten Mal aus der Bucht von Fort de France auslaufen. Uns ist ganz feierlich zumute: Panama und der Pazifik liegen voraus.

Die Wellen rauschen von achtern an MAUNA KEAS Bordwänden vorbei. Unsichtbare Trompeten füllen meine Ohren mit den forschen Klängen des amerikanischen Marinemarsches *Anchors aweigh*. Unsere Nationale flattert am Besanmast. Spiele, Spielmann! Rösser tänzeln. Die Ritter reiten aus der Burg. Wir ziehen dem Abenteuer entgegen.

Das Auslaufen ist immer wieder schön, es ist immer wieder ein neuer Anfang. Alles, was einem nicht gefällt, läßt man einfach hinter sich zurück. Wir sind guter Laune und freuen uns darüber, mal wieder allein zu sein. Es stimmt nicht, daß man dem entschwindenden Land elegisch und sehnsüchtig nachtrauert und sich in Gedanken noch daran klammert. Wir haben uns eigentlich schon seelisch gelöst, wenn wir in den letzten beiden Tagen vor dem Auslaufen den Proviant kaufen und die unmittelbaren Vorbereitungen für die See treffen. Auf See erholen wir uns von den Anstrengungen der Hafentage, aber auch nur, wenn das Wetter es zuläßt.

Die Fahrt nach Curaçao verläuft ohne Zwischenfälle. Der Wind ist steif und bläst mit 20 bis 25 Knoten. Es regnet häufig, die See ist bewegt. Wir schätzen die Wellenhöhe auf 4 Meter. Trotz der schweren See arbeitet „James“ perfekt und zuverlässig. Das Schöne ist, daß er geräuschlos seinen Dienst versieht, während „George“ bei jeder Ruderkorrektur erbärmlich jammert und zetert. Dazu verbraucht „James“ keine Energie, wir schonen also unsere Batterien. Wir machen sehr schnelle Fahrt, fast immer 6 bis 7 Knoten. Unser größtes Etmal auf dieser Reise beträgt 141 Seemeilen, so daß wir die 460 Seemeilen nach Curaçao in 4½ Tagen zurücklegen.

Am 9. Januar laufen wir nördlich der Insel Bonaire auf Curaçao zu. Ich sitze gerade im Cockpit und löffle aus einer roten Plastikschüssel grüne Bohnen, zu denen ich mir sehnlichst das Hammelfleisch herbeiwünsche. Statt dessen muß mal wieder das bewährte Corned beef mit viel Knoblauch und Tomaten herhalten. Bonaire und grüne Bohnen — das wird für mich zusammengehören.

Bonaire — eine kahle, unwirtliche Insel. Der Name läßt jedoch vermuten, daß es dort zumindest gute Luft gibt. Wahrscheinlich hat ein fiebergeschwächter Venezolaner euphorisch diesen Namen geprägt, nachdem er den Sümpfen des Festlandes entronnen war. Zur Malariavorsorge nehmen wir von nun an Tabletten. Erst nach Verlassen des Panamakanals wollen wir damit aufhören.

Um 23.00 Uhr steuern wir nach Sicht das Leuchtfeuer Curaçao an. Die Insel scheint rot zu brennen und zu glühen; der Widerschein der Ölraffinerien ist von weither auszumachen. Peter ruft über Radiotelefon Curaçao-Radio, um uns für 1.00 Uhr anzumelden, damit die Brükke für uns geöffnet wird. Ich wußte ja gar nicht, daß der Kanal, der nach Willemstad hineinführt, durch eine Brücke versperrt ist! Curaçao-Radio bestätigt und will uns einen Lotsen schicken. Donnerwetter, ein Lotse ganz für uns allein! Diese Ehre ist uns noch nie widerfahren. Peter ruft deshalb vorsichtig an, was der Lotse denn kosten solle. Große Verwirrung bei Curaçao-Radio, die Verbindung bricht ab. Hartnäckig ruft Peter wieder. Man will einfach nicht verstehen und läßt ihn 30 Minuten am Telefonhörer warten. Dann geben wir auf. Kurz vor 1.00 Uhr sind wir vor der Brücke und drehen in der Dünung vor dem Kanal unsere Warteschleifen. Die Brücke ist ungefähr 200 Meter lang und schwimmt auf etwa 20 Pontons. Ich hatte mir eigentlich eine vorsintflutliche Zugbrücke à la Arles vorgestellt, wohl wegen Vincent van Gogh, dem Holländer. Denn Curaçao ist eine holländische Insel. Während wir auf den Lotsen warten, haben wir Muße, die hellerleuchtete Häuserzeile beiderseits des Kanals zu bewundern. Wirklich wie ein Stück aus dem mittelalterlichen Holland! Die Häuser sind wundervoll bemalt, und teilweise ragen noch alte Lastkräne aus den Bodenluken heraus. Alles ist sauber und gepflegt.

Plötzlich eine Bewegung unter der Brücke: der Lotse. Mit einem winzigen, holzschuhähnlichen Motorboot flitzt er auf uns zu. Und wenn ich mir einen stattlichen Lotsen in strahlendem Weiß (Hans Albers und Hafenkonzert) vorgestellt hatte, so trägt die Wirklichkeit einen schmierigen Overall. Der Lotse manövriert seinen „rasenden

Pantoffel" rückwärts an uns heran und überreicht uns ein Formular. Das müssen wir zunächst einmal ausfüllen, eher wird die Brücke nicht geöffnet. Was die aber auch alles wissen wollen so spät in der Nacht! Wieviel Rettungsringe wir an Bord mitführen, welche Farbe das Deck hat und vieles andere mehr. Zum Schluß wird noch eine Zeichnung des Schiffes verlangt, doch die schenke ich mir. Wir wollen endlich schlafen! Später aber sehen wir den Grund für die Neugier der Hafenbehörden ein: In einem Seenotfall wissen die Leute vom Rettungsdienst wenigstens, wie das Boot aussieht, nach dem sie von ihrem Hubschrauber aus suchen.

Als alle Formalitäten erledigt sind, zeigen die Ampeln beiderseits der Brücke Rot für den Verkehr. Einige Fußgänger rennen noch schnell zum anderen Ende. Dann gibt der Brückenwärter Gas, der Motor heult auf, und der Propeller am äußeren Ponton schiebt das ganze schlenkrige Gebilde aus dem Weg, samt Brückenhaus und Brückenwärter. Wir folgen dem Lotsen, der uns einen Liegeplatz längsseits an der Kanalmauer zuweist. Von Geld ist nicht die Rede — so vornehm und teuer sieht der Lotse ja auch nicht aus.

Wir sichern die Mauna Kea sorgfältig mit Vor- und Achterleine und bringen zwei Springs aus. Unsere Fender haben wir schon unterwegs aufgepumpt. Es wird uns sofort demonstriert, wie nötig sie sind: Die Bug- und Heckwelle eines riesigen Tankers werfen uns klatschend gegen die Mauer. Die Leinen ächzen und stöhnen, die Fender kreischen und quietschen, das ölige, schwarze Kanalwasser schwappt zwischen Mäuer und Boot hoch und ergießt sich über das Deck. Scheußlich-hilfloses Gefühl! Man kann nur immer wieder kontrollieren, ob die Leinen halten und die Fender richtig sitzen. Ungefähr alle fünf Minuten fährt ein Öltanker, ein Passagierdampfer oder eine Lotsenbarkasse vorbei. Alle mit demselben schrecklichen Effekt. Da war es auf See doch geruhsamer! Peter tut kein Auge zu. Er stürzt, stets von neuem alarmiert, hinaus. Ich aber bin so erschöpft, daß ich mir Wachskügelchen in die Ohren stopfe und trotz des Infernos noch einschlafe.

Am nächsten Morgen geht Peter zum Hafenkapitän, um sich nach einer Werft oder einem Slip zu erkundigen. Sollte gerade keiner frei sein, wollen wir sofort weiter nach Panama, um nur nicht länger als notwendig in diesem Kanal zu bleiben. Der Hafenkapitän ist ungeheuer hilfsbereit. Am Nachmittag erfahren wir, dank seiner Bemühungen, daß wir im privaten Yachtklub Curaçaos auf den Slip können. Der Slipwagen jedoch ist gerade kaputt, die Reparatur soll aber nur drei Tage dauern. Der Club liegt in Spanish Water. Da die Einfahrt wegen der Riffe und Untiefen sehr schwierig ist, müssen wir bis zum nächsten Morgen warten. Also noch eine Nacht im Kanal! Sie ist wie gehabt. Wir stehen um 5.00 Uhr mit Kopfschmerzen auf, Peter hat noch dazu vor Nervosität und Schlafmangel Magenkrämpfe. *Yachting is fun!*

Um 11.00 Uhr schon ankern wir in dem unbewegten Wasser von Spanish Water. Die Bucht ist sehr tief und zerlappt, mit vielen kleinen Inseln. Die Landschaft wird von den großen Öltanks beherrscht. Noch zwei Segelyachten ankern hier; ansonsten ist kein Mensch zu sehen. Hier werden wir uns ausruhen können. Wenn nur der Wind nicht wäre! Curaçao, die „Insel unter dem Winde". Das Seehandbuch bemerkt dazu poetisch: „Das ganze Jahr hindurch streicht der Passat über die Insel." Ich würde besser sagen: heult und zerrt er an der Insel. Fast jeden Tag zeigt unser Windmesser Stärke 6 bis 7 an, doch zum Glück ist der Ankergrund gut und das Wasser ruhig. Dennoch sind wir sehr überdreht und können überhaupt nicht schlafen. Zum ersten Mal im Leben nehmen wir ein mildes Einschlafmittel.

Die Reparatur am Slipwagen schleppt sich nur zögernd voran. Die drei Tage sind längst verstrichen. Zu offen dürfen wir unsere Ungeduld nicht zeigen, denn wir sind Gäste des Clubs und überhaupt erst die zweite ausländische Yacht, die auf den Slip gelassen wird. Die erzwungene Wartezeit füllen wir mit Arbeit aus. Ich schreibe für das „Spandauer Volksblatt" in Berlin meine Karibik-Eindrücke nieder. Peter bringt indessen eine Wantenleiter an, die zur Saling hochführt. Wir werden sie im Pazifik brauchen, wenn wir zwischen den Riffen hindurchfinden wollen. Von dort oben, noch dazu mit einer Polaroid-Sonnenbrille, hat man den besten Überblick. Ich muß Peter alle 20 Minuten etwas höher leiern, denn so lange braucht er, um eine Stufe anzubringen. Dadurch werde ich beim Schreiben immer wieder aus dem Konzept gebracht. Dann bastelt Peter aus Tauwerk viele Püschemüscher, die um die Wanten gebunden werden, um das Aufscheuern der Segel zu verhindern. Erst später erfahren wir, daß Püschemüscher, wie wir sie getauft haben, seemännisch Tausendfüße oder Schamfilings heißen. Für uns bleiben sie aber Püschemüscher, das klingt viel netter.

In Spanish Water kommen wir dazu, alle Schönheitsarbeiten auszuführen: Wir schmirgeln und ölen das Teak an Deck. Auch das Teak im Schiff wird geölt, der Fußboden neu lackiert, die Polster gereinigt. Wir sind nun wirklich mit der Arbeit auf dem laufenden. Die MAUNA KEA sah noch nie so gut aus. Darüber vergehen zwei Wochen. Noch immer sind wir nicht auf dem Slip! Doch die Clubmitglieder sind von überströmender Herzlichkeit. Der Vizepräsident lädt uns sogar für einen Sonntag auf seine Motoryacht zum Hochseefischen ein.

Um 5.00 Uhr läßt Señor Roland Peret Gentil, kurz Rolli, die zwei je 250 PS starken Motoren seiner MARIA aufheulen. Das ist für uns das Zeichen, daß es nun gleich losgehen soll auf die Jagd nach Königsfisch, Marlin und Dorade. Die Clubmitglieder sind alle Frühaufsteher. Geschäftig werden Kühlboxen mit Getränken und Ködern an Bord der Motoryachten verladen. In der Clubbar nimmt man noch schnell ein kleines Frühstück zu sich, etwa Eier mit Schinken, dazu Kaffee. Für die Hochseejagd braucht man Kraft! Damit der Kräftenachschub auch auf See gewährleistet ist, muß Jorge, der Portugiese, Stapel von Butterbroten schmieren. Der Club vibriert zu dieser frühen Stunde vor Vitalität. Scherzhafte Bemerkungen fallen, dröhnendes Lachen klingt auf, der Duft von Kaffee, Schinken und den dicken, dunklen Zigarren mischt sich angenehm. Langsam beleben sich die Farben, die Sonne taucht hinter einem Hügel auf.

Rolli schiebt den Teller von sich. Sein Vetter Talli, der sicherlich einen ebenso eindrucksvollen offiziellen Namen hat, spült den letzten Bissen mit Kaffee hinunter. Benjamin, genannt Ben, schiebt eine neue Zigarre nach. Nun wären wir eigentlich soweit. Die Selbstsicherheit und Aktivität dieser großen, schweren Männer schüchtert uns zwei Leichtgewichtler regelrecht ein. Mit Hilfe von karierten Hemden und Segelkappen mit Augenschirm versuchen wir, uns so unauffällig wie möglich in die Szene einzupassen. Ben überreicht mir mit lateinamerikanischer Grandezza – überraschend bei seiner Statur – eine Kappe des Curaçao Yacht Clubs und beschwört mich: „Bring uns Glück, Lady!“ Ich will mir Mühe geben.

Die Motoren der MARIA sind nun richtig aufgewärmt. Wir auch. Langsam löst sich die 40-Fuß-Yacht vom Steg. Rolli steuert sie von der luftigen Höhe der Flybridge aus. Als wir aus der Einfahrt heraus sind, übergibt er an mich, um das Sprechfunkgerät zu überprüfen. Er ruft den Yachtclub, und Jorge bestätigt ihm von dort. Aus Sicherheitsgründen verfügt jede Yacht über ein solches Gerät, mit dem sie Verbindung zum Club und zu den anderen Yachten hält. Es bleibt deshalb die ganze Zeit eingeschaltet. Schade, daß wir die Scherze und Bemerkungen auf Papiamento nicht verstehen! Das Papiamento ist eine sehr schnelle, temperamentvolle Mischung aus Spanisch, Portugiesisch, Holländisch und Englisch. Diesen schweren, deftigen Männern würde man viel eher das behäbige Holländisch zutrauen, das sie natürlich auch sprechen. Es ist die Amtssprache auf Curaçao. Mit uns unterhalten sie sich auf englisch.

Wir sind aus der Landabdeckung heraus und rennen gegen die hohen Seen an. Es schaukelt ganz gewaltig. Ich sehe zu, daß ich möglichst schnell und unauffällig von der Flybridge herunterkomme. Ich hätte wohl doch lieber zwei Pillen gegen Seekrankheit nehmen sollen statt der einen. Inzwischen haben Ben und Talli die Ausleger mit den Angelruten vorbereitet. Ben unterweist Peter in der Kunst, den Köder richtig am Haken zu befestigen. Dazu nimmt er sogar die Zigarre aus dem Mund. Er wählt lange in der Eisbox, bis er einen Fisch gefunden hat, der ihm ganz genau zusagt. Die Köderfische kommen tiefgefroren aus Florida und kosten pro Stück 1,25 Dollar. Ben streicht liebevoll über den glibberigen Fischleib, wäscht ihn sorgfältig und preßt mit dem Daumen am Leib entlang, so daß sich der Darm entleert. Dann sucht er ein passendes Stück Draht. „Einen Köder zuzubereiten", sagt Ben, „ist eine ganz besondere Sache!" Beiläufig beißt er die hervorquellenden Fischaugen ab und spuckt sie zur Seite. „Komm ein bißchen näher", sagt er zu Peter, „Talli braucht das nicht zu sehen!" Und nun zeigt Ben ihm noch dazu alle Tricks und Geheimnisse, um die man beim Befestigen eines Köders wissen sollte.

Ich suche mir einen stillen Winkel auf dem sonnenwarmen Deck unter der Brücke und nehme die Stimmung in mich auf. „Hemingway" muß ich denken, wenn ich Bens kräftige Figur sehe, die dichten, weißen Haare und Augenbrauen, die dunklen, lebendigen Augen.

Rolli ist sauer. Eine andere Yacht hat schon einen blauen Marlin gefangen, wir aber haben noch nicht einmal einen Fisch gesehen. Rolli fährt hin und her, versucht diese Richtung und jene. Plötzlich ruft er aufgeregt etwas auf Papiamento von der Brücke. Viele Vögel auf dem Wasser! Fisch! Da kommt Leben in Talli und Ben. Sie schnallen sich gepolsterte Gürtel um, aus denen vorn ein Stück Metallrohr herausragt. Dort wird die Angelrute eingestemmt. Mein verdutzter Peter bekommt von Ben auch noch einen Gurt verpaßt. Dann stehen die drei in atemloser Spannung nebeneinander am Heck des Bootes, die Ruten in die Gürtel gestemmt, mit gespreizten Beinen. Die Motoren dröhnen, Seevögel kreischen, tauchen in die Wellen, streiten und zanken. Regungslos, geduckt die Männer unter der Sonne. Und nun fangen alle drei zur selben Zeit an, in rasender Eile die Leinen aufzuwinden. Die Trommeln sirren, die Ruten biegen sich zum Wasser, die Rücken wölben sich, die Beine stemmen, die Daumen der linken Hand klinken die Trommel ein und aus, der rechte Arm kurbelt, kurbelt die Leine auf, der linke Daumen läßt gehen. Da, ein Bruch in dieser Bewegung! Ben und Talli richten sich auf. Sie haben ihren Fisch vom Haken verloren. Nur Peter klinkt und kurbelt die Leine, stemmt die Beine, der Nacken schwillt vor Anstrengung. Ben gibt ihm halblaute Anweisungen: „Nicht zu schnell, Amigo, laß ihm Zeit! Er muß den Haken ganz schlucken! So ist's gut, Chico! Ja, gib ihm Leine! Und nun hol ein!" Da sieht man den Fisch springen: eine Dorade. Golden glänzend, kämpft sie gegen Peter um ihr Leben. Peter tropft der Schweiß von der Stirn, mischt sich mit dem salzigen Spray, das Hemd klebt ihm am Rücken. Der Kampf dauert 15 Minuten, dann zappelt, zuckt und schnellt sich die 50 Pfund schwere und 1,50 Meter lange Dorade auf dem Deck hin und her. Talli erschlägt sie mit einer Keule.

Zittrig lehnt Peter an der Bordwand. Männerlachen dröhnt auf. „Amigo, da hast du eine Zigarre!" Ben steckt ihm eine in den Mund. Da steht mein Peter, schmal gegen diese Hühnen, mit stolz herausgereckter Brust und einer martialischen, schwarzen Zigarre im Mund! Die Atempause ist kurz, es geht gleich weiter. Ben hat einen Biß. Der Kampf beginnt von neuem. Doch Ben hat edleres Wild am Haken: einen weißen Marlin. Der Marlin ist der König der Fische, er kämpft hart und lange. Bens Marlin schnellt sich aus dem Wasser, spreizt die wundervolle Rückenflosse und tanzt auf der Schwanzflosse auf den Wellenkämmen. Sein weißer Leib leuchtet gegen das blaue Wasser. So anmutig und graziös, so herrlich sieht das Tier aus. Ich muß an die kleine Seejungfrau von Hans Christian Andersen denken. Ich vergesse, daß dies ein Kampf ums Überleben ist. Als es dem Marlin gelingt, sich loszureißen, bin ich froh. Ihm bleibt das elende Ende auf den Decksplanken der MARIA erspart. Ben aber ist sehr enttäuscht, und ich zeige meine Freude lieber nicht.

Inzwischen ist es Mittag. Wir haben alle einen Mordshunger und fallen über die Butterbrote her. Talli schneidet etwas von der Dorade ab, putzt Gemüse und setzt in einem zerbeulten Kochtopf eine Fischsuppe auf, die bald verführerisch duftet. Wir liegen faul an Deck, den Kopf auf der Persenning, mit der Peters Dorade zugedeckt ist. Fischschuppen und Fischblut kleben überall, es riecht nach Salzluft und Fisch. Einige Riesenkakerlaken rennen aktiv herum. Auf dem Rückweg ziehen die Männer ohne sonderlichen Enthusiasmus die Fischleinen hinterher. Wieder hat Peter einen Biß. Wieder eine Dorade. Doch diese ist kleiner als die erste. Auch sie wird siegreich eingebracht und unter die Persenning gesteckt. Wir kehren heim nach Spanish Water mit zwei Doraden, die der einzige Anfänger an Bord gefangen hat.

Auf den Clubstegen geht es hoch her. So langsam sind alle Yachten zurück. Der Fang wird verglichen, jeder Fisch, jeder Biß noch einmal durchgesprochen. Die Frauen sind nun auch gekommen, sonntäglich fein, um die Strecke zu begutachten. Kinder spielen. Heute hat Abieto alle übertroffen. Er hat einen blauen Marlin gefangen, einen sehr seltenen Fisch. Sein Marlin wird gewogen und bringt es auf 261 Pfund.

Abietos Name wird nun auch auf einer (echt) goldenen Tafel im Club aushängen.

Abends wird im Club gefeiert, der Fang begossen und ein letztes Mal diskutiert. Auch Peters Doraden finden freundliche Anerkennung. Doch bald lassen die Rhythmen der Merengue, des südamerikanischen Tanzes, alles andere vergessen. Meine Hemingway-Männer, die kräftigen, dicken, muskulösen, beweisen nun ihr südamerikanisches Blut und zeigen sich als Tänzer, von denen deutsche Frauen nur träumen können . . .

So nette Leute, und dennoch! Ein Gefühl des Unbehagens will uns nicht verlassen. Im Club begegnen wir zum ersten Mal unverhohlenen Rassenvorurteilen. Wir lernen, daß der Club „weiß" ist. Das erstaunt uns, denn wir sehen hier Menschen aller Hautfarben. Doch nein, die dunkelbraune Haut ist ehrenwert. Man ist stolz auf sein südamerikanisches und indianisches Blut und verteidigt den Club und einige Restaurants entschlossen gegen alles, was „farbig" ist, als da sind: Neger, Inder, Pakistani. Für Europäer sind diese Unterschiede und Nuancen unmöglich zu erkennen und zu begreifen. In Westindien gab es auch Rassenvorurteile, doch wurden sie nicht so deutlich zur Schau getragen. Das ist dort mittlerweile zu gefährlich geworden. Anders auf Curaçao. Der „weiße Herr" hat die Zügel noch fest in der Hand und führt ein Leben wie zur Zeit vor der Sklavenbefreiung. Hier kann man noch mit Behagen sagen: „Wir mögen die Neger nicht!"

Allerdings hat auch hier die Götterdämmerung schon begonnen, wenn man es auch nicht zugeben will. 1967 gab es einen Negeraufstand, bei dem einige der alten Prachtbauten am Kanal in Flammen aufgingen. Der Aufstand wurde mit eiserner Hand erstickt. Mit feinem Lächeln wird uns versichert: „Sie (die Neger) haben es begriffen!" Vorsichtshalber aber schafften sich die Weißen scharfe Schäferhunde an und bauten hohe Zäune um ihre prächtigen Anwesen. Und einige geben Curaçao nur noch fünf bis zehn Jahre. Sie rechnen damit, die Insel über Nacht verlassen zu müssen. Deshalb werden Vermögen ins Ausland transferiert, nach Südamerika und Europa. Doch solange die gute alte Zeit andauert, lebt man im alten Stil weiter, schimpft über die „faulen Nigger", fügt aber, vielleicht mit Rücksicht auf uns, hinzu: „Natürlich ist das keine Diskriminierung". Was ist es denn dann?

Die Neger Curaçaos haben eine beachtliche Entwicklung hinter sich. 1634 wurde die Insel von den Holländern übernommen und zu einem Zentrum des Sklavenhandels ausgebaut. Mit schwarzer Haut wurden riesige Vermögen angehäuft. Doch die holländischen Sklavenhändler und Pflanzer begutachteten ihre „Ware" nicht nur nach merkantilen, sondern auch nach ästhetischen Gesichtspunkten. Sie behielten die beste „Ware“ für sich. Auffällig ist daher noch heute die Schönheit der Farbigen auf Curaçao. Als die holländische Ölgesellschaft Shell sich entschloß, auf Curaçao und Aruba Raffinerien für das Öl aus dem Golf von Maracaibo zu bauen, begann für die Neger der Aufschwung. Viele fanden Arbeit bei Shell. So hat der Farbige auf Curaçao und Aruba den höchsten Lebensstandard der Westindischen Inseln. Unser erster Eindruck von Curaçao war denn auch: Noch nie haben wir so viele Neger in amerikanischen Straßenkreuzern gesehen. Doch Geld allein ist nicht das Entscheidende. Solange Menschen die Mündigkeit verweigert wird, wird es keine Ruhe geben. Es scheint keinen Ausweg zu geben. Verstaatlichung der Raffinerien und Einzug der Vermögen stehen wie Menetekel an der Wand.

Wir profitieren von dieser Situation, wenn auch mit großem Unbehagen. Als Weiße bekommen wir jede Unterstützung. Doch wir können es kaum erwarten, diese Insel hinter uns zu lassen. Deshalb bereiten wir alles vor, damit wir auslaufen können, sobald wir vom Slip herunter sind. Wir wollen uns schon hier für den Pazifik verproviantieren, denn in Panama soll alles noch teurer sein. Bis Tahiti gibt es dann kaum noch Möglichkeiten einzukaufen, und auf Tahiti selbst soll man astronomisch hohe Preise zahlen müssen. Ich stelle also Proviantlisten auf, angesichts derer Peter es freilich mit der Angst zu tun bekommt. Er beschränkt meine Kaufwut wegen des Gewichts auf 200 Konserven. Methodisch überprüfe ich die Supermärkte und vergleiche Preise und Qualität. Curaçao ist ein Einkaufsparadies (abgesehen von den Preisen); es wird amerikanische und europäische Ware angeboten. Wir entdecken Konserven mit Chilibohnen und Chilifleisch, die wir sonst nirgendwo gefunden haben. Doch Mexiko und Südamerika sind nahe. Chili wird zum echten Hit auf MAUNA KEA. Ich mache Probekäufe, um das beste Corned beef herauszufinden. Da wir beide unmöglich fünf Büchsen auf einmal bewältigen können, laden wir unsere Nachbarn von der amerikanischen und holländischen Yacht zum Probeessen ein. Das Corned beef gibt sich an diesem Abend als italienische Paste mit Spaghetti und Parmesan.

Die Konserven werden nach einem Gewichtsplan im Salon und in der Achterkajüte unter den Kojen gestaut, um das Schiff richtig auszutrimmen.

Dann endlich können wir auf den Slip. Schon nach zwei Tagen sind wir wieder im Wasser und brauchen nur noch einen Tag, um Frischproviant wie Obst, Gemüse, Brot einzukaufen. Dazu gehen wir zum „Schwimmenden Markt“ in Willemstad. Der Markt schwimmt wirklich. Die Markthändler kommen aus Venezuela mit ihren Lastkähnen herübergesegelt, legen längsseits am Kai an und bauen gleich dort ihre Stände auf. Sie sprechen nur Spanisch. Wegen ihrer längeren Haltbarkeit kaufe ich hauptsächlich Zitrusfrüchte. Die Schale reibe ich mit Vaseline ein, um sie vor dem Austrocknen zu schützen. Zum ersten Mal auch konserviere ich hundert Eier mit Vaseline und wickle jedes einzeln in Zeitungspapier. Schon nach kurzem vermischen sich an meinen Händen Vaseline, Hühnermist und Druckerschwärze zu einer ansehnlichen Schmiere. Auf den beiden Vorschiffskojen richte ich mir meinen „Schwimmenden Markt" ein. Obst und Gemüse sind luftig in offenen Pappkartons aufbewahrt, die getrockneten Weißbrotscheiben lagern auf Leinentüchern.

Dem Hafenkapitän haben wir es zu verdanken, daß die Seenotrettungsstaffel der Königlich Niederländischen Marine unsere Rettungsinsel überprüft. Sie soll eigentlich jedes Jahr nachgesehen werden, wozu sie eigens nach England zu schicken ist. Glauben die Hersteller, daß ein Segler sich niemals von England entfernt? Wir haben unser Floß nun schon seit drei Jahren, es wird also höchste Zeit. Wir wollen ja nicht erst im Notfall herausfinden, ob die Insel sich automatisch aufbläst oder nicht. Sie hätte sich zwar aufgeblasen, stellen die Mariner fest, aber sie wäre nicht mehr dicht gewesen. Die Taschenlampen-Batterien, die das Floß enthält, sind ausgelaufen und haben an einigen Stellen das Gummimaterial beschädigt. Diesmal lassen wir die Batterien gleich draußen. Nun erfahren wir auch endlich, was unser Rettungsfloß an Ausrüstung enthält. Es ist wenig! Dennoch, meint der Leutnant der Staffel, hätten wir eine gute Chance in unserer Insel, weil sie auch über ein Dach als Sonnenschutz verfügt. Es ist aber klar, daß wir unbedingt noch einen Seesack mit Notausrüstung packen müssen. Wenn ich an all die Notfälle denke, die uns zustoßen könnten!

An unserem letzten Abend auf Curaçao schleppt Abieto eine Bananenstaude an Bord, dazu einen giftig-roten „Rachenputzer", ein einheimisches Produkt, das wir bei großer Kälte zu uns nehmen sollen. Für mich bringt er ein Stück bunten Stoffs, damit ich auch noch an ihn denke, wenn die Bananen aufgegessen sind. Oh, diese lateinamerikanischen Männer! Ihre Komplimente und Aufmerksamkeiten taten einer braven Seglerfrau doch recht wohl!

Am 4. Februar laufen wir endlich aus, um nun die Karibik hinter uns zu lassen. Doch vorher wollen wir uns auf den San-Blas-Inseln noch ein wenig erholen und unsere Nerven stärken für den Panamakanal.

Tagebuch 7. Februar 1971

»Vergangene Nacht waren ungeheuer viele Fliegende Fische unterwegs. Peter ganz lyrisch: ›Sie sehen aus wie die Seelen Verstorbener, wie sie grün phosphoreszierend durch die Nacht fliegen.‹ Ich betrachte sie mehr als Frischproviant, beobachte ungerührt ihr Todeszappeln auf den Seitendecks und sammle sie hocherfreut in einer Pütz: ›Die essen wir morgen.‹

Heute morgen aber, auf nüchternen Magen, denke ich: ›O Gott, die alten stinkigen Fische!‹ Peter macht sich noch einen Spaß daraus, mich aufzuziehen: ›Na, wann ißt du denn deine Fische?‹ Daraus schließe ich messerscharf, daß er keine anrühren wird. Dennoch suche ich mir die sechs größten aus und mache mich daran, sie zu schuppen und auszunehmen. Vorsichtshalber bin ich nackt dabei, denn es ist wirklich eine Schweinerei. Die harten, scharfkantigen Schuppen fliegen im Cockpit herum und kleben mir bald überall am Körper. Ich stinke wie ein Fischweib und kann nur mühsam meinen Ekel beherrschen. Aber als ich sie mit Zitrone beträufle, hören sie auf zu stinken und sind plötzlich sehr appetitlich. Wir essen sie gebraten mit Apfelmeerrettich, und sie sind köstlich. Findet sogar Peter.«

Wir brauchen fünf Tage für die 655 Seemeilen zu den San-Blas-Inseln. Die beiden ersten Tage sind wie aus dem Bilderbuch. Am dritten Tag erleben wir eine Passatstörung, eine sogenannte *Easterly Wave*, mit Windstärke 7 bis 8 und 3 bis 4 Meter hohen Wellen. Zum Glück hält diese Störung nur für 24 Stunden an. Am Abend des vierten Tages liegen wir beigedreht in einem Sicherheitsabstand zur Panamaischen Küste und warten auf das Tageslicht. Es ist zu riskant, sich nachts zwischen die unbeleuchteten Inseln und Riffe zu wagen.

Am Morgen des 9. Februar steuern wir zwischen den Riffen hindurch auf die Insel Porvenir zum Einklarieren zu. Peter steht oben auf der Wantenleiter, ich bin am Ruder. Peter ruft herunter: „Zehn Grad nach links!“ Jawohl, wir sagen „links“ und „rechts“ statt Backbord und Steuerbord. Sicherheit geht vor Tradition. Im Panamakanal liegt schließlich ein Wrack, weil der Rudergänger Bb und Stb verwechselt hatte. Auch in der amerikanischen Kriegsmarine sagt man „rechts“ und „links“.

Die San-Blas-Inseln werden durch lange Korallenriffe geschützt, gegen die eine weiße Brandung schäumt. Das Wasser zwischen den Inseln jedoch ist fast unbewegt und leuchtet unter der Sonne in den strahlendsten Grünblautönungen. Wir sehen ganz deutlich den weißen Sandboden unter uns, aus dem die braunen und roten Korallenbäume mit ihren vielen Ästen zur Wasseroberfläche emporwachsen. Die Morgensonne malt zitternde goldene Kringel auf die türkisfarbenen Wellen. Bunte Korallenfische spritzen erschreckt von dem Lärm unserer Maschine und dem bedrohlichen Schatten des Bootsrumpfes vor dem Bug auseinander. Rasselnd rauscht die Ankerkette in Lee von Porvenir in das glasklare Wasser.

Die panamaische Flagge am Flaggenmast vor dem einzigen Gebäude auf dem Inselchen kündet von seiner Bedeutung: Porvenir ist eine der beiden Verwaltungsinseln der Islas Muletas. Sie ist nur am Tage bewohnt. Jeden Abend steigt die Verwaltung in Gestalt eines Indianers in ihr „Dienstkanu“ und paddelt gemächlich zur Nachbarinsel hinüber, auf der sich unter Kokospalmen einige Hütten ducken.

Unzählige Inselchen gibt es hier, und sie ähneln sich alle. Sie ragen nur wenige Zentimeter aus dem Wasser und werden bei Sturm bisweilen überspült. Viele sind unbewohnt, und aus dem Boden aus Muschelkies und Korallensand ragt manchmal nur eine einzige Kokospalme — wie auf Witzzeichnungen. Auf anderen Inseln wieder drängen sich die palmblattgedeckten Hütten der Cuna-Indianer zu einem Dorf zusammen.

Nach dem Einklarieren suchen wir uns unsere Trauminsel, wo wir für ein paar Tage vor Anker gehen. Wir glauben uns schon in der Südsee.

In der Abendkühle sitzen wir an Deck. Wellen wispern an den Bordwänden. In gleichmäßiger Wiederkehr rauscht die Brandung. Ein Pelikan klatscht wie ein Stein ins Wasser. Fische springen „pitsch, pitsch“ und hinterlassen Ringe, die sich nach allen Seiten ausbreiten. Die Silhouette eines Einbaums gleitet vorbei. Das eingerollte Segel hängt am Mast. Der Indianer stakt das Kanu mit einer langen Stange. In einer roten Dunstschicht versinkt die Sonne hinter dem panamaischen Festland. Dunkel stehen die Berge gegen die sich schnell verändernde Dämmerung. Violett läuft über die Bergkämme, wird immer fahler. Ein schmaler Streifen schwachen Blaus, dann ist die Nacht da. Silbern blinken Sterne auf. Sie wiegen sich im Wasser. Das Kreuz des Südens steht über dem Besan.

Stille Tage. Wir schnorcheln und schwimmen, wir suchen Muscheln am Strand. Ein Sanddollar ist der Anfang unserer Muschelkollektion. Unsere einzige, angenehme Pflicht besteht in diesen Tagen darin, uns durch Abietos Bananenberg aus Curaçao hindurchzuessen. Da die Früchte an einer Staude fast alle zur selben Zeit reifen, essen wir gegen die Zeit. Wir scheinen jedoch tauglich für die Südsee: Sie sind uns immer noch nicht über.

Tagebuch 12. Februar 1971

»Es schien zunächst ein guter Tag zu werden. Ich wollte nach dem Frühstück in aller Ruhe die Liste der Ausrüstung unserer Notseesäcke tippen. Nach dem Abwaschen und Aufräumen setze ich mich wohlgemut in unseren sauberen, gemütlichen Salon an den Kartentisch und fange an. Ich lasse mich auch nicht durch Peter stören, der zum hundertsten Mal den Kocher auseinandernimmt. Es stinkt gemein nach Petroleum, die Flammen schlagen aus dem Brenner und schwärzen die hölzernen Griffleiste und den Plastikhimmel. Das irritiert mich doch, und ich halte mich mit dem Feuerlöscher bereit. In mäßiger Geruhsamkeit gelingt es mir, den Papierkram zu beenden. Peter ist auch fertig mit dem Kocher.

Nun will er die beiden Echolote überprüfen, die ungenau anzeigen. Gerade hier in den Riffen aber müssen wir uns auf sie verlassen können. Leider kommt man schlecht heran. Das eine ist unten im Getränkefach, das andere im Kartoffel- und Zwiebelschapp. Alles ausräumen!

In wenigen Minuten sieht unsere saubere Kajüte wie nach einem mittleren Erdbeben aus: Die Sitzpolster sind herausgenommen, überall stehen Bierflaschen, Limonade- und Alkoholflaschen, Schüsseln mit Zwiebeln und Kartoffeln herum. Eine Kakerlake wird dabei entdeckt und vergast. Beim Herausziehen der Echolote sprudelt eine gehörige Menge Salzwasser ins Schiff und läuft gleich durch alle Fächer hindurch über den Fußboden. Also auch noch das Fach mit dem Chronometer, Fernglas usw. ausräumen, auswischen, trocknen.

Ich werde immer mürrischer: mein schöner geruhsamer Sonntag ist futsch. Das lasse ich laut werden, und prompt hält Peter mich für ›launisch‹. Jetzt bin ich richtig in Fahrt. Ich stoße gegen ein Sitzpolster, das gegen eine Batterie Limonadenflaschen fällt, die nun auch alle mit Geklirr umkippen, wobei eine zerbricht. Schweigend räumt ein Mustergatte die Scherben beiseite und wischt auf. Nun bin ich vollends ins Unrecht gesetzt.

Im möchte mal einen Tag erleben, an dem ich nicht mit dem Kopf unter einem Sitzpolster stecke, räume, ordne, umschichte, in Töpfchen und Behälter umfülle!

Nun hat Peter alles wieder eingeräumt, wie ich durchs Luk sehe. Ich sitze nämlich an Deck, während ich dies zu Papier bringe. Geschäftig wieselt er durchs Schiff und straft mich mit Nichtachtung. Er weiß ja, daß ich nur Klagelieder in dieses Heft schreibe.

Na, ich werde zur Tagesordnung übergehen und wieder einige Bananen vor dem Verderben retten.«

Manchmal kommen in buntbemalten Einbäumen Indianer vorbei. Die Männer lächeln und winken, die Frauen ziehen scheu den farbigen Schal vors Gesicht. Wir sind sehr neugierig darauf, sie von nahem zu sehen. Von anderen Seglern haben wir schon viel über die Cuna-Indianerinnen und ihre prächtigen Handarbeiten gehört

Eines Tages überwinden einige Indianerinnen ihre Scheu und paddeln in einem Einbaum zu uns heraus. Ihre kleinen Kinder haben sie als Dolmetscher mitgebracht. In der Schule wird die Amtssprache, Spanisch, gelehrt. Sie wollen uns ihre Handarbeiten, die Molas, verkaufen. Wir können uns kaum auf die Molas konzentrieren, weil die Frauen selbst einen so starken, fremdartigen Reiz ausstrahlen. Sie sind sehr klein und zierlich, von dunkler Hautfarbe und haben große, mandelförmige Augen. Ein schwarzer Kohlestrich zeichnet den langen, geraden Nasenrücken nach. Durch die Nase ist ein Goldring gezogen. Ein rot-gelber Schal bedeckt das tiefschwarze Haar. Sie tragen eine Bluse, deren Vorder- und Rückenteil aus den rechteckigen, bunten Molas besteht. Um die Hüften gewickelt ist ein buntes Stück Stoff, das bis zu den Waden reicht. Arme und Knöchel sind mit blauen, roten und gelben Perlenschnüren verziert, die zu breiten Manschetten zusammengefaßt sind. Um den Hals tragen sie stolz ihren Reichtum: silberne 25-Cent-Stücke.

Immer neue Molas zeigen uns die Frauen, immer mit neuen Mustern. Es sind umgekehrte Applikationsarbeiten. In ein Stück Stoff ist ein Muster geschnitten, das mit bunten Stoffstücken unterlegt wird. Die Stofflagen sind mit winzigen Stichen aneinandergenäht. Man braucht gute Augen für diese Arbeit, deshalb können die Frauen nur bis zum 35. Lebensjahr die wirklich feinen Molas herstellen. Das Anfertigen einer Doppelmola dauert ungefähr 50 Stunden. Für diese Fleißarbeit verlangen die Indianerinnen bis jetzt nur 5 US-Dollar, doch das wird sich mit dem Eindringen des Tourismus bald ändern. Die Molas haben einen sehr dekorativen Reiz. Ihre Muster sind teilweise überliefert. Die Indianerinnen nehmen aber auch Motive aus ihrer Umgebung als Vorlage, z. B. bunte Etiketten von Konservendosen oder Reklamebilder aus einer alten Zeitschrift.

Wir möchten die Frauen brennend gern fotografieren. Als sie jedoch den Fotoapparat sehen, machen sie böse Gesichter. Ein kleines Mädchen dolmetscht, daß ein Foto 25 Cent koste. Das zahlen wir auch. Aber als wir die Kamera zücken, drehen sie sich schnell um, so daß wir nur ihre Rücken auf dem Film haben. Glauben sie immer noch, daß der Fotoapparat ihre Seele einfängt? Den Seelen der Kinder scheint er übrigens nicht zu schaden: sie blicken unbekümmert in die Kamera.

Die San-Blas-Inseln erstrecken sich ungefähr in einer Länge von 200 Meilen vor Panamas Küste. Das Gebiet der Cunas reicht vom Kontinentalsockel bis zur Spitze der dschungelbewachsenen Berge einige Meilen landeinwärts. Die Berge sind eine Wasserscheide. Schon als Kolumbus hier landete, bewohnten die Cunas diesen Küstenstrich. Das San-Blas-Gebiet wird von den Indianern autonom verwaltet. Sie sind sich ihrer Rechte durchaus bewußt und wahren sie gegenüber jedem Eindringling. Sie schlossen ihr Gebiet lange Zeit sogar völlig gegen die Außenwelt ab und verboten jede fremde Niederlassung. Es ist noch nicht lange her, daß eine große amerikanische Gesellschaft richtiggehend aus dem Land gejagt wurde. Jeder Gummizapfer, der von Norden kommt, um an den Gummibäumen in der Intendencia San Blas zu arbeiten, braucht einen Paß von den Indianern. Dennoch gewinnt die Außenwelt langsam an Einfluß. Schon haben einige Hotels ihre Strohdach- und Bambushütten auf den Inseln errichtet. Die kleinen Maschinen mit den Gästen landen auf dem winzigen Landestreifen am Rio Cidra. Die Indianer verlassen nun auch häufiger ihr Gebiet und arbeiten in der Panamakanalzone für die Amerikaner. Deshalb sprechen die Männer vielfach gebrochen Englisch. Die Frauen aber werden vor fremden Einflüssen soweit wie möglich abgeschirmt. Wenn auch manche Frau eine Arbeitsstelle auf dem Festland hat, so muß sie doch über Nacht ins Dorf zurückkehren. Andernfalls droht ihr der Ausschluß aus der Dorfgemeinschaft. Eine Rassenmischung gibt es nicht. Das Blut der Cunas ist rein erhalten.

Die Cunas kennen kein Privateigentum. Nur die Kokospalmen gehören bestimmten Familien und werden weitervererbt. Die Dorfgemeinschaft verteilt gemeinsam die Arbeiten. Für jeweils drei Monate werden Männergruppen reihum mit der Arbeit an der Kopra, mit dem Fischfang und dem Anbau von Mais und Maniok am Festland beauftragt. Die Frauen und Kinder fahren fast täglich in ihren *„cayucas“* (Kanus) zum Festland hinüber, um in den Flüssen zu waschen und Wasser zu holen.

Ein bedeutender Einschnitt im Leben eines jeden Cuna-Mädchens: Einen Tag lang wird dem schreienden, zappelnden, sich heftig wehrenden Geschöpf, das offenbar gar nicht darauf vorbereitet ist, immer wieder kaltes Wasser über den Kopf gegossen. Dann werden die herrlichen, üppigen Haare zu einem Herrenschnitt gestutzt, der Haartracht der heiratsfähigen, erwachsenen Frau. Von nun an muß die Indianerin ihren Kopf immer mit einem Schal bedecken.

Wir möchten gern mehr über die Cunas wissen und besuchen ein Dorf. Peter steuert vorsichtig zwischen den Riffen hindurch, die sich bräunlich unter dem grünen Wasser abzeichnen. Hier und da ragen als Wegmarken Äste über die Wasseroberfläche. An Fischreusen aus Bambus vorbei fahren wir in den winzigen Hafen von Cidras Village. An der mit Knüppeln befestigten Pier wird gerade ein Küstenschoner entladen. Die Säcke, Kisten und Güter werden einzeln an Land getragen. Nach dem Festmachen des Beibootes stehen wir etwas befangen auf der Pier. Ich fühle, daß es besser gewesen wäre, statt der Shorts einen langen Rock anzuziehen. Zögernd gehen wir ins Dorf. Gleich am Dorfeingang steht eine Bretterbaracke: der Kaufladen. Offenbar auch der Versammlungsort der Männer. Sie sind sehr klein, so an die 1,50 Meter. Wir kommen uns wie Riesen gegen sie vor. Für unsere Begriffe sind sie häßlich mit dem unverhältnismäßig großen, kantigen Kopf, der auf kurzem Hals zwischen die Schultern gesteckt zu sein scheint. Ihr Brustkorb wölbt sich etwas nach vorn. Sie erinnern an geschnitzte Holzfiguren. Ihre Kleidung ist zweckmäßig und keineswegs farbig oder schön: einfache Hemden zu billigen langen Hosen. Die zu kurzen Hosenbeine machen das Ganze noch unglücklicher. Nur an Festtagen legen die Männer ihr Sonntagshemd an, das mit Molas bestickt ist.

Keiner scheint sich für uns Gringos zu interessieren. Deshalb folgen wir dem Weg quer über den Basketballplatz, auf dem einige Halbwüchsige ganz ins Training vertieft sind. Am Holzbau der Schule vorbei kommen wir ins Dorf. Der breite Weg aus grauem, gestampftem Lehm wird dicht an dicht von den übermannshohen Hütten gesäumt. Dazwischen sieht man hin und wieder bunte Farben aufblitzen: Eine Frau in ihrer bunten Kleidung huscht über den Weg und verschwindet im dunklen Eingang der nächsten Hütte. Die rechteckigen Hütten haben luftdurchlässige geflochtene Wände und sind mit Schilf gedeckt. Keine Gärten, nur vereinzelt ein kümmerlicher Baum. Gesamteindruck: farblos und trist. Grau der Lehmboden, grau die Hütten mit schwarzen, schmalen Türöffnungen. Dennoch ist alles sauber. Nicht das kleinste bißchen Unrat ist auf dem Weg oder um die Hütten zu finden.

Mittlerweile haben wir Publikum: Halbnackte Kinder folgen uns und wagen sich langsam näher. Einige tasten scheu nach unserer Haut. Wir lächeln sie an und fragen: „Mola? Mola?" Darauf vertrauend, daß auf diese Weise die Kunde von unseren Kaufabsichten schnellstmöglich den Weg in die Hütten finden wird. Einige Kinder stieben auch sofort davon. Zwischen den Hütten hindurch sehe ich zwei Mädchen im Freien an Molas arbeiten. Entschlossen gehen wir auf sie zu und grüßen auf spanisch. Sofort taucht ein alter, zahnloser Mann als Beschützer und Dolmetscher auf. Den Mädchen fließen die herrlichen, glatten Haare offen den Rücken hinunter und umrahmen die weichen Gesichtszüge. Sie sind also noch unverheiratet. Langsam verlieren sie ihre Scheu, als wir ihre Arbeiten bewundern, und sehen uns lächelnd aus großen, schwarzen Augen an. Die eine sitzt in einer Hängematte und hütet ein winzig kleines Baby. Sie reden im Cuna-Dialekt auf den alten Mann ein. Er dolmetscht in gebrochenem Englisch. Sie möchten gern meinen Namen wissen. „Beata" wiederholen sie mehrmals und lassen das Wort nachklingen.

Die Kinder stehen um uns herum und passen ganz genau auf. Auf einer Mola ist ein Elefant zu sehen, über den sie sich sehr freuen: „Elefante, elefante!" Wir kaufen eine Doppelmola. Peter zählt einem der Mädchen 20 silberne Vierteldollar in die Hand, die wir uns auf Curaçao eigens für die San-Blas-Inseln besorgt hatten. Die indianische Schönheit gibt die Münzen an den alten Mann weiter, der sie sorgfältig, Stück für Stück, noch einmal nachzählt. Dann nickt er. Alles hat seine Richtigkeit. Er gibt dem Mädchen das Geld zurück, und damit ist der Handel perfekt.

Wir gehen weiter. Da prallen wir erschrocken zurück: ein Mondkind! Das kleine Mädchen taumelt mit blödem Stammeln an uns vorbei. Seine Haut ist krankhaft weiß, das Haar rötlich. Die Cunas glauben, die Albinos seien unter dem Einfluß des Mondes gezeugt. Sicherlich ist in der selbstgewählten Isolierung der Cunas die Ursache für das gehäufte Vorkommen von Albinos zu finden.

Die Kunde von den Silbermünzen hat die Runde gemacht. Aus jeder Hütte werden Molas herausgehalten, oder sie sind über den Zaun gehängt. Selten läßt sich die Künstlerin selbst einmal sehen. Dennoch werden wir durch das Geflecht der Wände aus glänzenden, schwarzen Augen genau beobachtet, und hinter den Wänden tuschelt und wispert es aufgeregt. Als wieder ein brauner, schlanker Arm eine Mola herausstreckt, kann ich einen Blick in die Hütte werfen, während ich scheinbar den Stoff prüfe: Ein dämmriger Raum mit gestampftem Lehmboden. Niedrige Stühle um die Feuerstelle in der Erde. Hängematten zwischen Holzpfosten. Kleidungsstücke baumeln über Schnüren. Der weißemaillierte Kochtopf auf der Erde scheint der einzige moderne Gegenstand zu sein. Doch da hören wir westliche Musik. Ein Halbwüchsiger schaukelt in einer Hängematte, drückt versunken ein Transistorradio an sein Ohr und lauscht der Hitparade.

Es fällt uns schwer, bei der Vielfalt der Motive die schönsten Molas herauszufinden. Bei jedem Kauf zählt Peter der Indianerin gravitätisch die Vierteldollar in die Hand. Jedesmal zählt die Frau langsam und sorgfältig nach, wiegt das Geld in der Hand, überlegt lange ... und manchmal gibt sie es zurück, nimmt brüsk die Mola wieder an sich und verschwindet in der Hütte. Da gibt es kein Handeln und Feilschen. Selbst der Ehemann kann die Frau dann nicht umstimmen, die eine ganz bestimmte Vorstellung vom Wert ihrer Arbeit hat.

Schließlich haben wir keine Silbermünzen mehr und gehen zum Beiboot zurück. Es wird auch höchste Zeit; die Sonne steht schon tief über dem Wasser. Langsam fahren wir aus dem Hafen. Der Rauch von Kokosfeuern weht aromatisch aus den Hütten herüber. In den letzten Strahlen der Abendsonne sitzen die beiden Cuna-Mädchen, bunte Farbflecke, auf einer Bank am Wasser und arbeiten an den Molas. Sie winken.

Ein Stück von Cidras Village nehmen wir mit an Bord. In der dämmrigen Kajüte leuchten die Teufelsfratzen auf den Molas. Ein zarter Duft von Kokosfeuern steigt aus ihnen auf.

Wir verlassen dieses Paradies.

In den frühen Morgenstunden des 16. Februar tauchen aus dem Dunst die Leuchtfeuer von Colón und Cristóbal vor uns auf. Wir sehen sie mit gemischten Gefühlen.

Mola von den San-Blas-Inseln

AM KREUZWEG DER WELT

Landgänge in Balboa: Beim Schiffshändler. Ein Tomatenkauf beim Chinesen — Leben am Ende der Welt

Panamakanal: Kreuzweg und Nadelöhr der Welt, überaus gründlich verwaltet von der amerikanischen Kanalgesellschaft, deren Bürokratie der deutschen fast ebenbürtig sein soll. In Seglerkreisen raunt man sich entsetzliche Mär zu von Ersticken in Papierkrieg und undurchschaubaren Kompetenzen, von kilometerlangen Fußmärschen die hitzebrütenden Kais und Straßen entlang von Behörde zu Behörde (nachzulesen auch bei Eric Hiscock). Man berichtet uns von selbstherrlichen Lotsen, die an Bord kommen mit der Bemerkung: „Ich hasse Yachten!" und nicht ohne einen gehörigen Vorrat an Eiswürfeln und Whisky losfahren, und von Schiffen, die in Schleusenkammern wild herumwirbeln. Auch das Straßenpflaster soll nicht sicher sein; wurde doch angeblich der Einhandsegler Rollo Gebhardt hier vor einigen Jahren am hellichten Tage ausgeraubt, wie man so hört.

Deshalb wollen wir so schnell wie möglich durch den Kanal kommen, um all die Widerwärtigkeiten hinter uns zu haben.

Mit deutscher Gründlichkeit und Verbissenheit stürzen wir uns auf die vor uns liegende Aufgabe. Zum Ausfüllen der sechsfachen Formulare nehmen wir unsere Reiseschreibmaschine und Kohlepapier mit. Ich ziehe wegen der psychologischen Wirkung einen Minirock an. Was letzlich geholfen hat, ist nicht mit Sicherheit festzustellen, aber wir brauchen nur zwei Formulare auszufüllen. Dafür hätten wir die Maschine wirklich nicht mitzuschleppen brauchen! Die Beamten sind jedoch ungeheuer beeindruckt, als ich die Maschine in Stellung bringe, bereit für den großen Papierkrieg. Wir werden ausgesprochen zuvorkommend behandelt. Man verspricht uns für den Nachmittag einen Vermesser und für den nächsten Morgen schon unseren Lotsen.

Der Vermesser mißt den Rauminhalt der MAUNA KEA, nach dem der Preis für das Durchschleusen berechnet wird. Er entledigt sich seiner Aufgabe mit äußerster Gründlichkeit: Er braucht zwei Stunden dafür. Ein freundlicher, stiller Hüne, der sich in grauen Wollsocken wie eine Riesenmolluske geduldig auch in die kleinsten Gelasse an Bord einfüllt. Sein Zollstock tastet ihm behutsam als langer, zitternder Fühler voraus.

Laut Vorschrift müssen beim Durchschleusen einer Yacht mindestens fünf Mann an Bord sein. Vier Mann braucht man zum Bedienen der Leinen in den Schleusenkammern, der fünfte steht am Ruder. Man kann von der Kanalgesellschaft Leute dafür anheuern, doch wohl kaum eine Yacht braucht darauf zurückzugreifen. Ehrensache, daß sich die Segler untereinander aushelfen. Peter saust deshalb mit dem Beiboot zum Yachtclub und kommt zwei Stunden später mit unserer Hilfsmannschaft zurück. Sie bleiben gleich an Bord und essen und übernachten bei uns, weil der Lotse schon um 4.30 Uhr kommen soll.

Am nächsten Morgen rauscht der Lotse bereits vor der Zeit in seiner Barkasse heran und springt über. Nach einem Blick auf unsere nagelneuen 25-mm-Nylonleinen hellt sich sein Gesicht merklich auf. Mit einem forschen „Na, denn zieht mal den Haken raus!" beginnt das Abenteuer der Durchschleusung. Unser Aufenthalt in Colón hat also nur einen Tag gedauert, und damit haben wir bestimmt einen Rekord aufgestellt.

Hinter einem dicken Frachter schieben wir uns in die erste Schleusenkammer, zwischen die hoch aufragenden, glitschigen Mauern. Von oben kommen die vier Wurfleinen geflogen, an denen wir unsere Leinen festmachen. Die Schleusentore schließen sich lautlos. Das Wasser steigt schnell. Wir holen sofort die Leinen ein, sobald sie lose kommen. Walter, der Lotse, unterstützt dabei mit der Maschine, obwohl das gar nicht zu seinen Aufgaben gehört. In wenigen Minuten sind wir oben. Die Tore weit vorn öffnen sich. Der Frachter vor uns wird von schweren Loks vorwärtsgezogen. Wir fahren mit eigener Kraft in die nächste Kammer. Auf dem Rand der Kammer gehen die vier Männer der Kanalgesellschaft mit den Leinen mit und legen sie über die Poller. Nun kennen wir die Prozedur schon und sind ruhig und gelassen.

Wir werden durch insgesamt drei Kammern geschleust, bis wir auf das Niveau des Kanals heraufgehoben sind. Ich steige danach in die

Kajüte hinunter und brutzle ein Riesenfrühstück für sechs Personen, denn der Lotse erwartet ebenfalls Frühstück und ein kaltes Mittagessen.

Unser Walter steht in der Badehose am Ruder. Ihm macht die Fahrt großen Spaß. Er bedauert nur, daß er seine Frau nicht mitgebracht hat. Selbst zum Frühstück will er sich nicht ablösen lassen, sondern balanciert seinen Teller auf dem Ruder und ißt im Stehen. Er fragt nicht nach Eiswürfeln für seinen Drink, er trinkt eigentlich überhaupt nichts. Statt dessen erzählt er uns Geschichten über den Kanal.

Wir haben also wieder einmal bewiesen bekommen, daß man sich nicht so schnell ins Bockshorn jagen lassen soll. Die Kanalgesellschaft jedenfalls ist besser als ihr Ruf.

Der Kanal besteht zu zwei Dritteln aus einem großen Süßwassersee, dem Gatunsee, der durch den Stau des Chagres River entstanden ist. Ich hatte eine enge, gerade Wasserstraße erwartet, ähnlich dem Suezkanal. Statt dessen bietet sich uns ein unerwartet liebliches Bild. Die Wassermassen des gestauten Flusses füllen alle Bergtäler, so daß nur die höchsten Hügel als grüne, idyllische Inseln herausragen. Man könnte sich auf dem Wannsee glauben. Nur die Vegetation ist anders. Dichter, verfilzter Urwald mit Lianen und Orchideen, sumpfige Gebiete, in denen die gefräßigen blauen und roten Libellen wie kleine Jets durcheinanderschießen. In stillen Seitenbuchten laufen „Jesusvögel" über das Wasser. Die Indianer nennen sie so, weil sie scheinbar wie einstmals Jesus übers Wasser wandeln. In Wirklichkeit aber laufen sie über Ried, das dicht unter der Wasseroberfläche wächst.

Die Entstehungsgeschichte des Kanals ist wirr und turbulent. Schon die Spanier erkennen Anfang 1500 die Bedeutung des Isthmus, der zwei Ozeane trennt, und forschen nach Verkehrswegen über die Landenge. Der Goldrausch, der 1849 in Kalifornien ausbricht, beschleunigt den Bau der ersten Eisenbahnlinie vom Atlantik zum Pazifik. Sie wird 1855 von der American Railway Company fertiggestellt. Der Kanal folgt genau ihrem Verlauf.

Ermutigt durch die Erschließung des Landes durch die Eisenbahn fordern starke französische Interessen den Bau eines Kanals über den Isthmus, der den Seeweg von Europa nach Asien um 1000 bis 2000 Meilen verkürzt. Schiffe, die von der Atlantikseite der Vereinigten Staaten zur Pazifikküste wollen, sparen den Weg um Kap Hoorn und somit 8000 Meilen.

Die Franzosen gründen die Panama-Kanal-Gesellschaft und beauftragen 1879 den berühmten Erbauer des Suezkanals, Ferdinand de Lesseps, mit der Leitung des Projekts. Doch schon zehn Jahre später bricht die Gesellschaft unter der Last von Rechtsstreitigkeiten und aus Geldmangel zusammen. Frankreich wird von einem Bankskandal erschüttert. Lesseps scheitert an der hohen Zahl von Todesfällen bei seinen Arbeitern. Die Arbeiten am Kanal kommen praktisch zum Erliegen.

Die französischen Offiziellen erkennen, daß sie nur eine Chance haben, etwas von ihren Investitionen zurückzubekommen: aushalten, bis die Vereinigten Staaten dafür interessiert werden können, die Kontrolle über das Projekt zu übernehmen. Die französischen Aktivitäten beschränken sich daher auf technische Studien und minimale Ausgrabungen, um die Konzession nicht an den Staat von Kolumbien zu verlieren, zu dessen Gebiet Panama zu jener Zeit noch gehört.

Im Jahre 1903, nur drei Tage nach der Unabhängigkeitserklärung der Republik Panama, unterzeichnen die USA den Kanalvertrag. Für 40 Millionen Dollar erhalten sie die gesamte französische Ausrüstung und das Recht, auf panamaischem Gebiet einen Streifen Land zu kontrollieren und einen Kanal zu bauen. Unter dem Druck der öffentlichen Meinung und ohne ausreichende Vorbereitung stürzt sich die amerikanische Kommission 1904 auf die Aufgabe. Schon zwölf Monate später tritt sie zurück. Auch die folgende Kommission resigniert nach einem Jahr.

Im Jahre 1906 endlich beauftragt der amerikanische Präsident Roosevelt den einzigen für dieses Projekt berufenen Mann Amerikas: den großen Eisenbahn-Erbauer John F. Stevens. Dieser rettet den Kanal vor dem drohenden Untergang. Schon 1914 wird er eröffnet. Stevens ist der eigentliche Architekt des Kanals, dessen Erbauung auch heute noch als eine der größten Ingenieurstaten der Welt gilt.

Nichts erinnert uns an die wirre Entstehungsgeschichte dieses Wunderwerkes menschlicher Erfindungsgabe und menschlichen Willens, als wir bei strahlendem Sonnenschein um die kleinen Inseln im Kanal herumkurven. Die amerikanischen Angestellten der Kanalgesellschaft können sich für eine symbolische Monatsmiete von einem Dollar eine ganze Insel mieten. Es ist ihnen jedoch untersagt, solide Gebäude mit festen Wänden darauf zu errichten. Sie dürfen nur palmblattgedeckte Wochenendhütten bauen, die den Indianerbohéos gleichen. Auf diese Weise bleibt der Charakter der Landschaft gewahrt.

Das einzige, was stört, sind die Tanker und Frachter (für die der Kanal ja gebaut wurde), wenn sie jäh hinter einer Biegung auftauchen. Für die Supertanker unserer Zeit ist die Wasserstraße ohnehin zu flach und zu schmal. Die technische Entwicklung hat die Wirklichkeit weit hinter sich gelassen. Im letzten Drittel des Kanals kommen wir in die

Seekarten für entlegene Stecknadelköpfe in den Weltmeeren. Werden wir jemals dort ankommen? Werden die exotischen Namen eine Bedeutung für uns gewinnen?

In Martinique auf dem Slip, zwischen Gerümpel und Ratten.

Und alle, alle werden sie zur selben Zeit reif . . .

Galapagosinseln – Schildkröteninseln.

Das Wasser steigt. Peter und Larry holen die Leinen steif. Gleich wird sich das Tor der Schleusenkammer öffnen: Das Tor zum Pazifik ...

Ein Berliner und zwei kleine Seelöwen.

Das Postfaß – Nachrichtenstation für Fahrtensegler aller Nationen.

Durchstiche. Hier ist der Wasserweg wirklich eng, und zu beiden Seiten ragen die Felswände hoch. Erdbewegungen und Sprengungen riesenhaften Ausmaßes waren erforderlich, um nicht noch einen weiteren Satz Schleusen bauen zu müssen. Vor mehr als anderthalb Jahren riß sich hier an den Felsen ein Tanker die Seite auf und sank. Folge eines falsch verstandenen Lotsenkommandos! Alle Versuche, das Wrack zu heben, waren bisher erfolglos. Noch immer quillt Öl aus den verrostenden Tanks.

Gegen Mittag erreichen wir die Schleusen zum Abstieg auf Pazifikhöhe. Das Schleusen verläuft ruhig und undramatisch, so daß wir uns beinahe so gelassen geben können wie der Pelikan, der sich mit uns durchschleusen läßt. Als ich den Fotoapparat zücke, um diesen faulen, bequemen Vogel zu fotografieren, der auf solch einfache, billige Weise zum Pazifik reist, besinnt er sich unwillig auf seine Flügel und hebt klatschend vom Wasser ab. Vermutlich reist er inkognito.

Nach der letzten Schleuse fahren wir unter der „Brücke der zwei Amerikas" hindurch in den Pazifik. Wir haben in acht Stunden 39 Seemeilen zurückgelegt, um vom Atlantik in den Pazifik zu kommen. Die Alternative: der Weg um Kap Hoorn, der Monate dauert.

Nur unwillig läßt Walter vom Ruder ab und springt bei 4 Knoten Fahrt auf die heranpreschende Lotsenbarkasse. Wir machen an einer Muring des Balboa Yacht Clubs fest, die Peter uns schon telefonisch von der anderen Seite des Kanals aus gesichert hat. Zehn Tage dürfen wir hier bleiben, dann müssen wir Platz machen für die nächsten Yachten, die sich alle in dieser Jahreszeit am „Kreuzweg der Welt" treffen. Die einen gehen in die Karibik und in den Atlantik. Die anderen ziehen nach Westen, der Sonne nach.

Nach einigen Drinks fährt unsere Mannschaft mit dem Zug zurück nach Colón. Auf Wiedersehen irgendwann im Pazifik!

Wir trauen unseren Augen nicht, als eines Tages an der Muring vor uns eine deutsche Fahrtenyacht liegt: die THALASSA aus München. Wir winken uns sofort erfreut zu, doch ein Zusammenkommen wird zunächst durch die Bestimmungen der Kanalgesellschaft erschwert, die wegen des starken Gezeitenstroms den Gebrauch des eigenen Dingis untersagen. Statt dessen bietet der Yachtclub einen Zubringerdienst an, der abhängt von Windrichtung, Tageszeit und von der Hörbereitschaft des Panamaer an der Pinne.

Landgänge entbehren nicht einer gewissen Komik. Das Ganze vollzieht sich folgendermaßen: Peter fragt, wieweit ich angezogen bin.

Wenn ich melde, daß es noch etwa zehn Minuten dauert, greift er zum Nebelhorn und tutet nach der Barkasse. Während er nun an Deck steht, wird sein Tuten ständig klagender, unterbrochen von spitzen, zornigen Stakkati. Unten im Salon überlege ich immer kopfloser, ob ich auch alles bei mir habe: Geld, Stadtplan, Einkaufsliste, Briefe, Einkaufstaschen, Papiere. Dann bin ich soweit und warte mit Peter. Wir wechseln uns nun mit dem Tuten ab. Wo steckt der Bursche bloß?

Das Areal des Clubs ist sehr groß und leider haben wir heute auch noch Gegenwind. Oder ist es Siesta-Zeit? Außerdem kann der Amigo uns über dem Dröhnen seines luftgekühlten Lister-Diesels sowieso nicht hören. Inzwischen trillert, pfeift, schmettert und blökt es auch von allen Nachbaryachten, da man unsere Verzweiflung deutlich mitbekommt. Jeder greift zu irgendeinem Gerät, mit dem man Krach machen kann: Trillerpfeife, Conch (Schneckenart), Glocke, Gong, auch eine Trompete steigt schmetternd ein. Endlich, nach 35 Minuten, kommt die Barkasse. Hochrot vor Zorn, Hitze, Ungeduld springen wir hinein. Der Panamaer an der Pinne verzieht keine Miene. Er ist das schon gewohnt. Und schließlich kann er ja nichts dafür.

Oft jumpen die Yachtleute, die einmalige Nähe der Barkasse nutzend, nur notdürftig bekleidet an Bord, ein Kleiderbündel an sich gepreßt. Gut, wenn sie an alles gedacht haben. Sonst ist es wie beim „Mensch, ärgere dich nicht“: Sie dürfen wieder zurück und noch mal von vorn anfangen.

Endlich kommen wir mit Bobby und Karla Schenk von der THALASSA zusammen und öffnen die erste gemeinsame Flasche lauen Bieres. Es tut richtig gut, sich mal wieder auf deutsch auszusprechen. Im Augenblick sind wir sehr besorgt wegen des Regierungsumsturzes in Ekuador. Wird die neue Militärjunta uns die Einreise nach Galapagos gestatten?

Zum Einkaufen müssen wir mit dem Bus nach Panama City fahren, denn der Yachtklub liegt in Balboa, auf dem Gebiet der Kanalgesellschaft. Es gibt dort zwar die großen amerikanischen PX-Läden, doch die sind nur den Amerikanern bei der Kanalgesellschaft zugänglich.

Die Stadt Balboa und auch die panamaische Währung (1 Balboa = 1 US-Dollar) sind nach dem Spanier Vasco Nuñez de Balboa benannt worden, der 1513 als erster durch die Landenge von Panama an die Westküste gelangte, wo er am Golf von Darién eine Siedlung gründete. Der Spanier watete bis zu den Knien in die salzigen Fluten des Pazifiks hinein und nahm für seinen König formell Besitz von dem großen Meer, das er Südsee nannte, und von allen Ländern und Reichtümern, die darin liegen könnten. Anschließend hielt er am Strand einen Gottesdienst ab und schnitzte in die Bäume am Ufer seinen Namen ein. Er fand ein klägliches Ende.

Neben der Stadt Balboa wurde Panama City gegründet, heute die Hauptstadt des Landes. Politisch und ökonomisch befinden wir uns im Herzen Panamas. Die bedeutendsten Verkehrsadern (Kanal, Eisenbahn, Straßen, Fluglinien) verbinden von hier aus die beiden Ozeane. 40% der arbeitenden Bevölkerung Panamas sind in der Kanalzone beschäftigt (Stand von 1965, Encyclopaedia Britannica).

Panama City hat sich zu einer geschäftigen, lauten Stadt entwickelt. Im Zentrum ballen sich die Warenhäuser, Banken, *Duty-free Shops*, die Leuchtreklamen und Verkehrsampeln. Hupende Autos schieben sich Stoßstange an Stoßstange vorwärts. Die Stände der Lotterieverkäuferinnen sind von Menschentrauben umlagert. Auf den Gehwegen drängen sich weißhäutige Touristen und dunkle Panamaer. Vereinzelt kommt ein Grüppchen von Cuna-Indianerinnen vorbei. Verlorene, zierliche Püppchen in ihren molabestickten Gewändern. Winzige Füßchen trippeln über den Asphalt, warten an den Ampeln.

Wir steigen in ein Taxi um und fahren weiter zum Schiffshändler. Peter hat eine große Einkaufsliste zusammengestellt. Er verschwindet mit dem Verkäufer hinter staubigen Regalen. Ich muß zusehen, wie ich die Zeit totschlage. Anfangs sehe ich mir gewissenhaft die Auslagen an. Vielleicht kann ich noch ein nützliches Utensil für meine Küche entdecken. Doch bald erlahmen meine Füße, und ich suche nach einer passenden Sitzgelegenheit. An den Toilettenbecken gehe ich vorüber, das wäre dann doch unwürdig, aber Taurollen, Stapel von Fußmatten und Luftmatratzen sind mir willkommen. Ich lasse mich aufatmend auf einer Taurolle nieder, den Blick zur Kasse, und rüste mich mit viel Geduld.

Im Hintergrund des dämmrigen Ladens ist viel Bewegung. Dort eilen die Verkäufer hin und her. Ich höre Peters Stimme mal auf spanisch, dann wieder auf englisch. Ab und an gerät er in mein Blickfeld, mit flatternder Einkaufsliste, hinter sich nun schon drei Verkäufer und den Manager, der immer am besten Englisch versteht. Schon tauchen sie wieder unter im Dickicht der Regale.

Inzwischen habe ich Gesellschaft bekommen. Laufburschen machen sich in meiner Nähe zu schaffen, jagen mit Flederwischen den Staub von Ventilen und Schäkeln und zählen Schrauben in Einmachgläser. Neugierig starren glänzende schwarze Augen durch die Regale hinweg die Gringa an. Ich sehe hoch zum fliegenbeschmutzten Ventilator, der mit trägen Flügeln die abgestandene, staubig-stickige Luft umwälzt.

Da, der Manager! Peter ihm dicht auf den Fersen! Sie eilen zum Telefon. Mit einem imponierenden spanischen Wortschwall scheucht der Manager das Magazin hoch. Die Laufburschen werden von mir abgezogen und dorthin geschickt. Nach dieser eindrucksvollen Show wendet sich der Panamaer mit strahlendem Lächeln zu mir: *„Un momentito, Señora!“*

Aber so schnell geht es heute leider nicht ab. Bald bin ich wieder allein. Es ist ganz still. Der Ventilator schwirrt, Fliegen summsen. Die Taurolle drückt. Wo sind sie denn alle? Bin ich ganz allein hier? Mein Gott, ist das stickig! In meinem Kopf beginnt der Schmerz zu ticken. Meine Kehle ist ganz ausgedörrt. Beschwörend richte ich meinen Blick zur Kasse. Nun komm doch endlich, Peter!

Ah, da ist ja noch der Kassierer. Er bohrt hingebungsvoll mit einem Zahnstocher in den Zähnen und betrachtet aufmerksam das Ergebnis. Ein Schweißtropfen rinnt mir kitzelnd den Rücken hinunter. Jetzt etwas Kaltes trinken!

Ich habe alle Hoffnung aufgegeben, als Peter plötzlich an der Kasse steht und für einige Meter Schnur und drei Schäkel zahlt. Lendenlahm humple ich hinüber und kann mir die unfeine Bemerkung nicht verkneifen: „Viel ist das ja gerade nicht.“ Peter entgeht meine Ironie völlig. „Nein, aber ich habe die Adresse, wo wir das Übrige bekommen werden.“

Nach dem schummrigen Laden überfällt uns unvermittelt die pralle, gleißende Mittagshitze der Straße. Ich, hoffnungsvoll: „Fahren wir jetzt nach Hause?“
Doch nein, jetzt noch zur neuen Adresse.

„Du brauchtest ja nur dazusitzen und zu warten“, sagt Peter und winkt ein Taxi heran. „Wir könnten ja eigentlich hinlaufen, aber ... na ja.“

Ein verbeultes Taxi stoppt mit kreischenden Bremsen. Wir klettern hinten auf die schwarzen Plastiksitze, die von der Sonne bis zum Schmelzpunkt erhitzt sind. Der Fahrer haut wortlos den Gang hinein, die Reifen radieren auf dem weichen Asphalt.

„Calle Miguele“, sagt Peter.

Der Fahrer steigt auf die Bremse. Wir landen in seinem Nacken. „Kenne ich nicht!“ sagt er gereizt. Einen Stadtplan hat er nicht.

Peter weiß sofort einen Ausweg. Er hat die Telefonnummer des Ladens und wird dort anrufen und sich den Weg beschreiben lassen. Wir jagen zur nächsten Telefonzelle. Peter springt heraus. Ich habe wieder den besseren Teil: warten. Der Fahrer schwitzt auch und wischt sich den Nacken. Aus den aufgerissenen Sitzen quillt die Polsterung, Zigarettenstummel auf dem Boden. Es stinkt: Schweiß, Staub, abgestandener Zigarettenqualm, heißer Kunststoff und Benzin. Peter trabt heran und instruiert den Fahrer in schnellem Spanisch.

Das Taxi hetzt los, stürzt sich in den Autostrom, bockt über Kreuzungen, hackt und würgt seinen Weg vorwärts. Der Fahrer hängt aus dem Fenster und macht seiner schlechten Laune in farbigen Beschimpfungen Luft. Nirgendwo ein Straßenname. Wieder landen wir fast auf dem Fahrer. „Die Straße gibt es nicht!“ sagt er streitsüchtig. Peter ist noch lange nicht entmutigt. Er läuft zur Tankstelle hinüber.

Der Fahrer klopft sich eine Zigarette aus dem verbeulten Päckchen in seiner Hemdtasche und spuckt aggressiv Tabakkrümel gegen die Scheibe. In meinem Kopf hämmert der Schmerz inzwischen wie rasend.

Peter kommt mit der guten Nachricht zurück, daß wir uns schon in der Calle Miguele befinden und der Schiffshändler gleich um die Ecke sei. Der Motor kreischt auf, der Wagen springt mit einem Satz vorwärts.

„Du, Peter, was wollen wir eigentlich dort kaufen?“

„Ankerlaterne.“

„Was, die alte ist doch noch so schön!“

„Hat keine Fresnelsche Linse.“ Deutlicher Unmut bei Peter.

Aha, das ist natürlich etwas anderes. Was wohl eine Fresnelsche Linse sein mag? Es sieht gar nicht so aus, als ob wir je zu einer solchen kommen sollten. Kein Schiffshändler!

Mit endgültiger Gebärde dreht der Fahrer den Zündschlüssel herum. Der Motor erstirbt. Der Fahrer lehnt sich zurück, schließt die Augen. Verrückte Gringos!

Peters übernatürliche Energie! Er springt heraus und läuft in die nächste Toreinfahrt. Winkt uns mit strahlendem Gesicht hinein. Am Ziel!

Ein Hinterhof mit herumliegenden Motorteilen. Ein dicker Chinese watschelt aus dem Büro. Der Schiffshändler! Jubilate!

Selbst der Fahrer läßt sich eine Rührung anmerken. Der Chinese verbeugt sich feierlich. Eine Ankerlaterne, ja, eine Ankerlaterne. Ach, Señor, eine Ankerlaterne haben wir nicht. Aber er könne uns die Adresse von einem anderen Schiffshändler . . .

Energisch verwahrt Peter den Zettel in seiner Hemdtasche. Munter sagt mein Mann zu mir: „So, jetzt noch auf den Markt und Obst und Gemüse einkaufen, und dann nach Hause“, und ist sehr erstaunt, als ich glatt verweigere.

An Bord wabern uns milde 34 Grad entgegen. Ich schleudere die Schuhe von den Füßen, reiße mir die verklebten Sachen vom Leib. Runter unter die Dusche! Dann was trinken.

Danach versichere ich Peter, daß ich nie mehr mit ihm zusammen Einkäufe fürs Schiff machen werde.

Eine Ankerlaterne mit Fresnelscher Linse haben wir übrigens bis heute noch nicht.

Viel später frage ich Peter beiläufig, was eine Fresnelsche Linse eigentlich sei. Er antwortet mir wie folgt: „Eine Fresnellinse bricht die Lichtstrahlen derart, daß sie in eine Ebene konzentriert werden. Dadurch erhöht sich die Tragweite."

Während ich dies niederschreibe, beschwert mein Mann sich über meine subjektiven Schilderungen: „Ich hoffe nur, daß einige der männlichen Leser meinen Standpunkt verstehen werden. Ich habe es nämlich auch nicht leicht." Und er droht mir, sich ebenfalls hinzusetzen und eine Gegendarstellung zu schreiben: „Jetzt rede ich!"

Als die Vereinigten Staaten den Kanalvertrag unterzeichneten, hatten sie in erster Linie die strategische Bedeutung dieses Gebietes im Auge. Sie sicherten sich deshalb alle Rechte der Kontrolle über den Kanal selbst und seine nähere Umgebung. Die Kanalzone – ein Landstreifen von je 5 Meilen beiderseits der Wasserstraße – wird ihnen vom Freistaat Panama abgetreten. Sie untersteht einer nordamerikanischen Militärverwaltung.

Die Angestellten dieser militärischen Dienststellen führen ein Leben in sterilen Wohnvierteln hinter hohen Drahtzäunen. Beim Betreten oder Verlassen ihres Ghettos werden sie von Militärposten kontrolliert. Das ist mühsam. Es gibt auch kaum eine Motivation für sie, die Zone zu verlassen. Hinter dem Drahtzaun haben sie eine perfekte saubere Welt aufgebaut mit modernem Postamt, dem Bund Christlicher Junger Männer, der Hochschule und vielen Clubs. Der Rasen ist makellos grün, die Gebäude sind blendend weiß, alles blitzt und funkelt.

Bill Pankost arbeitet seit fünfzehn Jahren in der Zone im *Communication System.* Genauer will er sich nicht ausdrücken. Er wohnt mit seiner Familie in Curundu hinter dem Drahtzaun in einem von der Regierung bezahlten Bungalow. „*Curundu, that's nowhere*", (das ist am Ende der Welt) sagt seine Frau bitter. In Curundu fing sie an, Bier zu trinken, viel Bier, wie alle anderen auch.

Wenn die Pankosts abends Gäste zu sich einladen, die außerhalb der Zone wohnen, müssen sie mit dem Auto einige Meilen zum Wachhäuschen fahren, um die Leute abzuholen. Kein Unbefugter ist berechtigt, die Wohnviertel hinter dem Drahtzaun allein zu betreten. So konzentriert sich das Leben auf die Gesellschaft innerhalb des Zauns. Jeder kennt jeden, weiß alles von jedem, haßt jeden. Ein neues Gesicht ist die Sensation. Nur im Balboa Yacht Club gibt es immer neue Gesichter, die Segler. Wenn die Yachten dann nach zwei Wochen wieder auslaufen, werden sie von sehnsüchtigen Seufzern begleitet.

Auch die Pankosts leiden unter der Isolierung. Sie haben eine Insel im Kanal gemietet und verbringen jedes Wochenende draußen im Gatunsee – im Gegensatz zu vielen anderen aus der Zone, die noch nie auf dem See waren. Es interessiert sie nicht. Sie fahren auch nicht nach Panama City hinein. Sie sind seit zehn Jahren in der Kanalzone, sprechen aber immer noch kein Spanisch. Der junge Larry Pankost ist eine Ausnahme. Er fühlt sich wohl bei seinen panamaischen Freunden und spricht ihre Sprache. Das hat ihn möglicherweise davor bewahrt, zu stehlen, zu trinken, zu haschen, wie es so viele seiner Mitschüler tun, vielleicht aus Protest, sicher aber aus Langeweile über die perfekte Welt, in der sie aufwachsen.

Larry streift mit seinem Indianerfreund Sebastio für Tage durch den Dschungel, um an einem Eingeborenenfest teilzunehmen. Er ißt ihr Essen, sitzt an ihren Feuern und hat viel von der indianischen Gleichmut angenommen. Er wird es vielleicht später schwer haben, sich in einer leistungsorientierten Umwelt zu behaupten. Das kümmert Larry nicht, denn gerade paddelt Sebastio aufgeregt in seinem *cayuca* heran: „He, *loco* (Dummkopf), ich habe ein Alligatornest gefunden."

Die Hauptperson bei den Pankosts ist Tequila, der drei Monate alte pechschwarze Kater. Er ist mit der Pipette aufgezogen worden und wird von allen angebetet. Nun wird eine neue Pflegemutter für Tequila gesucht, weil in diesem Jahr alle Pankosts in die Staaten fahren. Die Familie kommt und begutachtet die MAUNA KEA, ob sie Tequila ein angemessenes Zuhause bieten könne. Schiff und Crew bestehen den Test, und so mustert ein winziges Fellbündel, aus dem es kläglich miaut, auf der MAUNA KEA an. Peter, Bill und Larry schleppen Tequilas Gepäck: Spielsachen, Futter, Sandkiste, Reservesand, Katzenbuch, Geburts- und Impfurkunde.

Unsere Zeit im Yachtclub läuft ab. Wir fahren ein letztes Mal nach Panama City. Peter macht die Runde bei den Behörden zum Ausklarieren. Ich frage mich zum Markt durch.

Die Markthalle ist ein riesiges grünes Gebäude mit offenen Wänden, aus denen die Stände noch in die angrenzenden Straßen hinausquellen. Es ist einfach märchenhaft: rotglänzende Pyramiden praller Tomaten, grüne Paprikaschoten, violette Auberginen, frischer weißer Lauch. Petersilie wuchert wild in stolzen Bündeln, goldene Zitronen, Orangenberge. Die dicken Pampelmusen blähen sich. Ketten von getrockneten Chilischoten, gebündelte Maiskolben. Säcke mit Bohnen und Linsen, geräucherte Speckseiten, gerösteter Kaffee. Eier in Pappbehältern aufgetürmt, Bananenstauden, Äpfel, halbierte, blutrote Wassermelonen, Kürbisse. In der Luft eine einmalige Duftsymphonie: Sellerie, Obst, Kaffee, die Dünste einer Garküche und geheimnisvolle Gerüche vom staubigen Kräuterstand in der Ecke mit seinen getrockneten Wurzeln und Pülverchen gegen Liebeskummer, Unfruchtbarkeit und den bösen Blick.

Ein unbeschreibliches Stimmengewirr summt und braust, spanische Stakkati rattern den letzten Tratsch, die neuesten Witze. Über den Stimmenchor erhebt sich in regelmäßigen Intervallen der Ruf des Vogelhändlers: „*Hablan y cantan! Dicen Papa y Mama!*" Sie sprechen und sie singen. Sie sagen Papa und Mama.

Ich scheine hier die einzige Gringa zu sein. Weiße Frauen ziehen wohl die hygienischen Supermärkte vor. Dennoch habe ich nicht das Gefühl, ein unerwünschter Eindringling zu sein. Ich werde nicht belästigt und auch nicht verhöhnt, wie es mir in Westindien mit den Marktmammies geschah mit ihrem ironischen: „Hi, Darling!" Gegen ein feuriges Kompliment aber, im Vorübergehen ins Ohr geraunt, hat wohl keine Frau etwas einzuwenden.

Die Panamaer begegnen Fremden mit einer selbstverständlichen Höflichkeit und Aufmerksamkeit. Sie hegen keine Rassenvorurteile, da ihr Volk sich aus Cuna- und Choco-Indianern, Europäern und ehemaligen Negersklaven zusammensetzt, wobei das Negroide eindeutig überwiegt.

Ich halte bei einem besonders einladenden Gemüsestand. Er gehört einem Chinesen mit rundem, bleichem Gesicht und einem ulkigen, schwarzgescheitelten Haarschopf. Ich frage auf spanisch nach drei Kilo Tomaten. Der Chinese verbeugt sich, lächelt und zischt vor sich hin. Und wartet. Hat mich wohl gar nicht verstanden. Ich zeige also auf die Tomaten und wiederhole auf englisch. Der Chinese kichert, zischt, nimmt eine Tomate, legt sie in die Waagschale, guckt mich an, lächelt verschmitzt und wartet. Oh, nun wird es schwierig. Französisch bringt mich bestimmt nicht weiter, und Chinesisch kann ich nicht. Also Zeichensprache.

Mit weit ausholenden Bewegungen deute ich an, daß ich mehr will. Chinamann zischt, lächelt, legt noch eine Tomate in die Schale, legt den Kopf zur Seite, wartet. Für die folgenden Minuten bieten wir ein lebhaftes Bild: Ich schwinge meine Arme wie Windmühlenflügel, wie Baggerschaufeln, scharre, raffe, nicke aufmunternd, begeistert, entzückt. Chinamann macht Bückling, zischzisch, noch eine Tomate, kichert, guckt, noch eine Tomate dazu. Nun wird er kühner. Mit Falsettlachen häuft er jetzt mit vollen Händen die Tomaten auf die Schale. Mein Lachreiz wird immer unkontrollierbarer, genährt durch sein Gikkern und Gackern und Zischen.

Schon längst kam der Handel um uns herum zum Stillstand. Anfeuernde Bemerkungen auf spanisch von allen Seiten. Gelächter. Chinamann zischt lauter. Da taucht von irgendwo Chinafrau schüchtern auf, verbeugt sich dankbar, zischelt und lächelt.

Wir haben die drei Kilo zusammen. Weitere Einkäufe halte ich hier aber nicht mehr durch, das machen meine Lachmuskeln nicht mit. Nach einem letzten gemeinsamen Ausbruch herzhaften Kicherns verabschiede ich mich mit höflichem Zischzisch.

Tequila tatzt spielerisch nach den Spinnakerschoten, als wir am 22. Februar auf den Pazifik auslaufen. Peter setzt den Spinnaker ganz allein, während ich am Ruder stehe. Die Pankosts umkreisen uns im Motorboot mit unserer Filmkamera, um den großen Moment festzuhalten. Endlich kriecht die abgebündelte rote Spinnakerraupe hoch, entfaltet sich – und bläht sich zu einer ganz gemeinen „Tüte“ auf. Und Landsmann Bobby sieht alles im Fernglas . . .

Ist es Schamröte, der Widerschein des roten Ballons, oder ist es die sinkende Sonne, in die wir hineinsegeln?

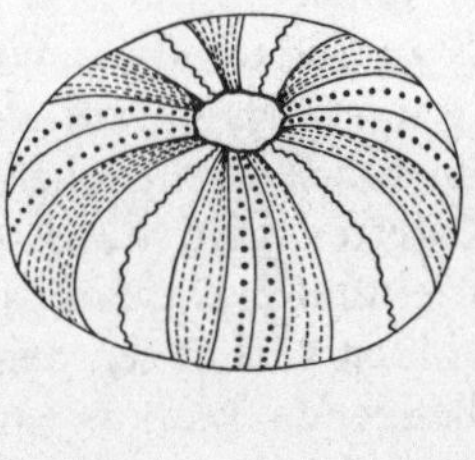

Das Seeigelskelett

DIE GALAPAGOSINSELN

Zu den Verzauberten Inseln rechts abbiegen — Der Hafenkapitän und sein Assistent — Tierleben — Klatsch auf Galapagos

Die Lehrmeinungen über den günstigsten Kurs zu den Galapagosinseln gehen weit auseinander. Viele Segler machen eine Wissenschaft daraus. Doch an den berüchtigten Doldrums, der Flautenzone am Äquator, kommt keiner vorbei. Es kann geschehen, daß man Tage und Wochen in diesem Kalmengürtel dümpelt und auf Wind wartet, noch dazu ohne einen genauen Standort zu haben, weil der verhangene Himmel jede Positionsbestimmung unmöglich macht. Ein unberechenbarer Strom bringt das Schiff dabei weit vom Kurs ab. So entstehen Abweichungen in der Navigation, die sich die abergläubischen Seeleute früherer Jahrhunderte nur mit Zauberei erklären konnten. Die spanischen und portugiesischen Seefahrer nannten die Galapagosinseln deshalb *Islas Encantadas,* Verzauberte Inseln.

Heute weiß man, daß an Südamerikas Westküste der kalte Humboldtstrom nach Norden setzt, bis er auf den warmen Äquatorialstrom trifft. Beim Zusammenfließen entstehen dann diese unberechenbaren Strömungen. Das Wetter wird durch den Zusammenstoß von kalter und warmer Luft beeinflußt. Die Sicht ist durch Nebel stark behindert. Schwere Regenwolken verhängen den Himmel. Es kommt zu heftigen Gewittern. Tiefhängende Wolken saugen das Meerwasser zu Wasserhosen hoch. Der Wind ist unstet. Kurz, die Fahrt zu den Verzauberten Inseln kann ausgesprochen mühsam und unangenehm werden.

Wir aber können die Galapagosinseln eigentlich gar nicht verfehlen, denn hat uns nicht der hilfreiche Sekretär auf dem ekuadorianischen Konsulat auf einer Landkarte den Weg gezeigt? An der Küste Südamerikas hinunterfahren, bis zur Höhe der Hauptstadt Quito, dann nach rechts abbiegen. Ganz einfach!

Es gibt kein Patentrezept für den kürzesten Weg durch die Doldrums, denn die Wetterverhältnisse sind nicht vorauszusehen. Man braucht halt eine gehörige Portion Glück. Und Fortuna lächelt uns. Wir gehen zunächst bis fast an den Äquator heran und dann nach Westsüdwest. Das ist zwar ein Umweg von 250 Seemeilen, doch diese Taktik zahlt sich aus: Wir erreichen die Inseln schon nach achteinhalb Tagen, während die australische Yacht „Cetonia“ auf dem direkten Weg vierzehn Tage braucht. Ich bin davon überzeugt, daß wir vielleicht nur 48 Stunden später auch auf unserer Route völlig veränderte Bedingungen vorgefunden hätten.

Tagelang ziehen wir unter dem roten Spinnaker, unter Großsegel und Besan gleichmäßig voran. Heitere und sonnige Tage. Das Wetterleuchten am Horizont kommt nie zu uns. Selbst die schwarze Wassersäule, die sich rasend schnell nähert, knickt zwei Seemeilen vor uns ab und fällt zusammen.

Der Vollmond neigt sich zum Horizont. Riesendelphine springen über seine silberne Bahn. Ihre metallisch glänzenden Leiber schnellen in die Höhe, drehen sich im Sprung, scheinen für zeitlose Augenblicke zu schweben, ehe sie mit lautem Klatschen auf das Wasser zurückfallen. Sie befreien sich so von Parasiten. Glucksende Wellen an den Bordwänden, sanftes Rauschen des Kielwassers, eintöniges Flappen und Ächzen der Segel und Schoten. Der Wind flötet zwei Töne auf dem Großbaum; endlos und schwermütig wehen sie davon. Passatsegeln.

Rotgoldene Riesenquallen leuchten geheimnisvoll aus der Tiefe. Unser Kielwasser kräuselt sich silbrig. Meeresleuchten auch im Toilettenbecken.

Würde ich unsere Fahrt zu den verzauberten Inseln malen, nähme ich goldenes Rot für die Sonnenuntergänge, Violett für das träge atmende Wasser und ein samtenes Blau für den Nachthimmel. Darauf gehörten silberne Sterne, auch wenn es kitschig ist. Die Natur wirkt fast theatralisch auf uns blasierte Stadtmenschen; sie ist so schön, daß uns die Tränen kommen.

Wir haben viel Spaß mit Tequila. Nur die Wacheinteilung begreift der Kater nicht. Er hopst immer der Freiwache auf den Bauch und beißt ihr in die Zehen, statt den Wachhabenden aufzumuntern, wie wir uns das eigentlich gedacht hatten. Tequila ist fasziniert von den phosphoreszierenden Fliegenden Fischen, die nachts über die Wellenkämme springen. Eines Morgens findet er dann einen Fliegenden Fisch an Deck. Ein winziger Babyfisch, gerade so lang wie ein Finger. Tequila fängt an, ganz hinten in der Kehle zu purren, wird gespannt vor Aufmerksamkeit, macht einen Satz und verschluckt das Fischlein, quer.

Tequilas grenzenlose Neugierde und sein unbezähmbarer Spieltrieb aber werden sehr oft zum Problem. Zum Beispiel wenn wir den Spinnaker herunternehmen. Wir lassen ihn dann immer gleich durch das Vorderluk fallen, damit er aus dem Wege ist und der Wind sich nicht noch einmal hineinsetzt. Man stelle sich Meter um Meter eines köstlich roten, hauchdünnen, sündhaft teuren Nylonmaterials vor, das auf wunderbare Weise seidig raschelnd ins Vorschiff hineingleitet und ein kleines Katerchen direkt auffordert, mit spitzen Krallen hineinzuspringen und sich auszutoben. Seitdem sperren wir Tequila jedesmal beim Segelwechsel in einen Schrank. Zum Glück ist er so begeistert von den Schrankinspektionen, daß er keine Eile hat, herauszukommen. Wir geben uns aber auch Mühe und bieten ihm jedesmal einen anderen Schrank an. Tequilas Rang an Bord ist klar: Er ist der Superkargo. Das war früher der Vertreter der Handelskompanie, der die wertvolle Fracht auf den Schiffen begleitete und dafür verantwortlich war, daß sie unbeschadet an ihrem Bestimmungsort ankam.

Am 3. März 1972 überqueren wir den Äquator. Wir halten eine richtige Taufzeremonie ab, die „Neptun persönlich" mit Dosenschlagsahne vornimmt.

„Auf der südlichen Halbkugel", doziert Peter, „drehen sich alle Tiefdrucksysteme im Uhrzeigersinn. Du kannst ja gleich mal in der Toilette ausprobieren, in welche Richtung das Wasser abfließt."

Am Tag nach der Taufe werden die Segel immer schlaffer und fallen schließlich ganz ein. Flaute, Dünung. Die Bäume schlagen wie wild, die Segel knallen. Wir nehmen sie herunter und holen die Schoten dicht. Nun ist es ruhig. Bisher haben wir noch nie eine Flaute erlebt. So sind wir regelrecht neugierig, wie es wohl weitergehen wird. Das Wasser glänzt ölig. Unter der trägen Oberfläche läuft eine lange Dünung, die sich wie die Brust eines Schläfers gleichmäßig hebt und senkt. Die untergehende Sonne taucht ein in die Ölschicht, und Wasser und Himmel erglühen in intensivem Rotblau. Kein Horizont. Wasser und Luft verschmelzen zu einer feurigen Glut mit violetten Streifen. Um das Schiff herum schwimmen kleine rote Krabben, geschäftig seitlich rudernd; wir schaukeln sachte auf und ab. Eine ungeheuer friedliche Stimmung kommt über uns. Wir sitzen andächtig im Cockpit und trinken Rum mit Orangensaft.

Neun Stunden später schon flüstert in winzigen Rippeln ein kleiner Lufthauch übers Wasser. Die Flaute ist vorüber.

„Du, Peter, das stimmt aber gar nicht mit deinen Systemen", beschwere ich mich, „jetzt läuft das Wasser nämlich linksherum ab."

Schließlich entdecken wir des Rätsels Lösung: Wir sind während der Flaute wieder über den Äquator auf die nördliche Halbkugel getrieben.

Segeln im Pazifik ist doch viel angenehmer als im Atlantik. Die Dünung rollt in langen, sanften Hügeln heran, die das Schiff sacht heben und senken. Nachts ist es schön warm. Wir fühlen die Weite und Leere dieses Meeres, in dem gleich winzigen Stecknadelköpfen die Inseln aus dem Wasser ragen. Wir gehen zwar noch unsere Nachtwachen, doch in entschärfter Form. Der Wachhabende kontrolliert nur alle halbe Stunde Segel und Kurs und hält Ausschau nach anderen Schiffen. Aber wir rechnen nicht damit, jemandem zu begegnen. Die Galapagosinseln liegen weit außerhalb jeder Schiffahrtsroute.

Ich gehe die Nachtwachen gerne, eingehüllt in die weiche Nacht, sanft gewiegt von unserem Schiff. Die Gedanken schweifen vage durch Zeit und Raum: Kindheitserinnerungen, die Namen längst vergessener Spielgefährten, Gesichter meiner Lehrer. Ich führe lange Gespräche mit ihnen und bin jetzt weise und gerecht. Ich denke auch an die unrühmlichen Episoden, an Erlebnisse, die man immer verdrängt und betäubt mit neuen Eindrücken. Jetzt habe ich den Mut, mir meine Schwächen einzugestehen. Hier draußen, auf der Weite des Meeres, unter der Klarheit und Ewigkeit des Sternenhimmels, kann ich nicht vor mir selbst davonlaufen. Ich bin wie ein Kristall, in dem die Sterne jede Trübung erhellen. Man sollte immer wieder aufs Meer hinausgehen zur Selbstbesinnung und Selbstfindung. An Land, in der Stadt, deckt lärmende Hektik jeden Ansatz zur Selbstkritik zu.

Ich denke gern an meinen Großvater mütterlicherseits, den Käpp'n. Manchmal fühle ich, daß er da oben irgendwo zwischen den Sternen mit Kursdreiecken hantiert und unseren Kurs nachprüft. Kuddel Diersch, zu früh verstorben, wie stolz wärst du auf deine Enkelin! Mit jeder Faser deines Herzens wärst du bei uns, denn deine große Liebe und Sehnsucht gehörten der See.

Sein Schicksal liest sich wie aus einem Buch von Jack London. Das Leben meines Großvaters beginnt mit vierzehn Jahren, als er sich vor dem unerträglichen Zwang des Berliner Gymnasiums und seines Vormunds auf einen russischen Frachter als blinder Passagier flüchtet. Es ist das Jahr 1906. Das Leben ist hart für ihn. Doch er bleibt dabei. Von der Handelsmarine wechselt er zur Kriegsmarine über. Sein Schiff, die

BRESLAU, dampft unter dem Namen MIDILLI ins Mittelmeer, an den verblüfften Engländern in Gibraltar vorbei.

In den Dardanellenkämpfen 1915 reißt eine Granate dem Leichtmatrosen Kurt Diersch das rechte Bein ab. Er ist 23 Jahre alt. Es ist vorbei mit der christlichen Seefahrt.

Aufbau einer Karriere an Land: Eintritt in das Postministerium in Berlin. Jedes Wochenende aber und in jedem Urlaub geht es raus aufs Wasser. Anfangs im Faltboot, dann im Ruderboot, schließlich mit dem eigenen Kielschwerter.

Durch die Kanäle segelt er mit Frau und Tochter in die Ostsee. Später sind auch die Freunde seiner Tochter dabei, darunter mein Vater.

Kuddel Diersch läßt sich von den jungen Leuten gern Käpp'n nennen. Er steckt voller Seemannsgeschichten und voller Lieder, die alle von der See erzählen. Er lehrt meine Mutter das Samoalied *„Good bye, my felleni . . .“*, das von einer samoanischen Königin vertont worden ist.

Er wählt mit seiner Frau den Freitod, als die Russen in Berlin einmarschieren.

Ich habe keine Erinnerung an meinen Großvater, ich war erst zwei Jahre alt. Doch jetzt, da ich selbst auf See bin, verstehe ich ihn und die Tragik seines Schicksals.

Die alten Seefahrer glauben, daß die Seelen ihrer verstorbenen Kameraden in den weißen Albatrossen am Kap Hoorn weiterleben. Ich aber weiß, daß der Käpp'n bei uns ist, da oben zwischen Orion und Sirius, und mit mir Wache geht.

Langsam muß ich mich daranmachen, die ekuadorianische Gastflagge zu nähen. Da es in Panama keine gab, habe ich mir den Stoff mitgenommen. Sie ist einfach zu nähen: waagerechte Streifen in Gelb, Blau und Rot. Plötzlich überläuft es mich siedend heiß: In welcher Reihenfolge muß ich die Streifen zusammenfügen? Ich weiß nur noch, daß oben Gelb ist, genauso breit wie Blau und Rot zusammen. Doch was kommt unter Gelb? Blau oder Rot? Es fällt mir nicht ein. Wir sehen in Lloyds Schiffahrtsregister nach, im Nautischen Almanach, überall. Die südamerikanischen Flaggen sind abgebildet, indes: ausgerechnet Ekuador fehlt. Wenn man ohne Gastflagge in die Galapagosinseln einläuft, kann es eine Geldstrafe bis zu 15 US-Dollar geben.

Peter hängt sich also ans Radiotelefon und ruft in den Äther: „CETONIA, CETONIA, bitte kommen!“ Theo ist nur einen Tag vor uns ausgelaufen, und wir haben Radiokontakt zu festgesetzten Zeiten verabredet. Doch CETONIA schweigt. Es bleibt mir deshalb nichts anderes übrig, als provisorisch zwei Gastflaggen zusammenzunähen. Wenn wir dann einlaufen, müssen wir schnell mit dem Fernglas gucken, wie die Flagge vor dem offiziellen Gebäude im Hafen aussieht.

Am 6. März hebt sich plötzlich der Dunstschleier vom Horizont und enthüllt die Islas Encantadas. Wir sind nur noch zehn Seemeilen von ihnen entfernt. Verzauberte Inseln! Im Dunkeln tasten wir uns mit Maschine in die Wreck Bay auf der Insel San Cristobal hinein. Maschine aus! Kette stop nach 30 Fuß! Sanftes Rauschen der Brandung. Zikaden. Fern und verloren bellt ein Hund. Ein Esel schreit. Am Ufer dukken sich spärlich glimmende Lichter. Galapagosinseln, Schildkröteninseln, die Verzauberten Inseln, Herman Melvilles „Aschenhaufen des Pazifiks“ warten auf uns.

Wir setzen uns gerade ganz prosaisch zu unseren Bratkartoffeln nieder, als trotz der späten Stunde eine Barkasse längsseits rauscht. Die Marinevertreter der ekuadorianischen Regierung steigen in ihrem goldglänzenden Pomp über: Eduardo, der Hafenkapitän, und Marco, sein Assistent.

Bei Eduardos Anblick bin ich froh, mir schon das Portierszwiebelchen ausgekämmt zu haben und im roten Bikini zu sein. Eduardo sieht wirklich toll aus! Wie aus einer Operette: scharfgeschnittenes, kühnes Profil, feurige Augen und ein bereitwilliges Lächeln im dunklen Gesicht, das jeden Zahnarzt auf immer entmutigen würde. Manieren hat er wie ein spanischer Grande.

Wir sind bemüht, alle Formen der Höflichkeit einzuhalten, denn gerade die südamerikanischen Hafenbehörden sind äußerst empfindlich und unberechenbar, wie wir von vielen Seglern gehört haben. Tequila springt Eduardo sofort auf seine blütenweiße Uniform und fängt an zu schnurren. Da kann Eduardo nicht widerstehen. Wir bieten den Herren gekühlte Drinks an (eine Aufmerksamkeit für Hafenbehörden: kurz vor dem Einlaufen stellen wir unseren Eisschrank an) und machen auf spanisch höfliche Konversation. Marco allerdings beschränkt sich auf düstere Blicke über meinen Bikini hin, was mich ganz nervös macht.

Nachdem der Form Genüge getan ist, zeigen wir die Papiere. Ich hole die beiden Gastflaggen heraus und frage, welche nun die richtige sei. Es macht wohl einen guten Eindruck, daß wir uns soviel Gedanken um die Farben des Landes Ekuador gemacht haben. Wir atmen auf. Die Armee ist hoffnungslos unterbezahlt, und jeder Offizier versucht, so viel Geld als möglich aus seinem Posten herauszuschinden.

Bei uns unterdrücken sie sichtlich ihr Profitdenken, denn die Atmosphäre an Bord wird immer gemütlicher. Wir spielen ein Tonband mit spanischer und lateinamerikanischer Musik, und beide Herren schmettern die Lieder begeistert mit. Selbstverständlich hat Eduardo auch eine fabelhafte Stimme. Das gewisse Timbre ...

Sie klettern von Bord, nicht ohne uns zu einem Hummeressen am nächsten Abend in der Offiziersmesse eingeladen zu haben. Sie würden ein Boot vorbeischicken.

„Also ich weiß gar nicht, was die immer über die Behörden auf den Galapagosinseln erzählen! Die sind doch reizend! Und Eduardo sieht wirklich Klasse aus."

„Mein Fall ist er gerade nicht", meint Peter säuerlich, „der wäre mir zu schmierig. Aber er ist mindestens zehn Zentimeter zu klein." Das sehr befriedigt.

Vom Hummeressen in der Offiziersmesse ist mir eigentlich nur eine schleppende Unterhaltung auf spanisch in Erinnerung, während der ich die Truppenverschiebungen der Kakerlaken an den Wänden scharf im Auge behalte. Objektiv betrachtet sind sie direkt Ziergegenstände mit ihren großen kupfernen Flügeldecken. Doch bei Kakerlaken hakt es bei mir aus.

Drei Tage später wollen wir von San Cristobal weiter zu den anderen Inseln und bitten Marco, die Pässe fertigzumachen. „Ja, ja", hält der uns hin, „viel Arbeit". Er bestellt Peter für den nächsten Morgen in sein Büro.

Kaum ist Peter im Beiboot an Land gesaust, als plötzlich Marco in seiner Barkasse hinter den ankernden Yachten auftaucht und bei der MAUNA KEA längsseits geht. „*Señora!*"

Ich bin gerade beim Abwaschen und komme harmlos an Deck und versuche in meinem gebrochenen Spanisch, Marco klarzumachen, daß mein Mann bei ihm im Büro auf unsere Pässe warte. Irgendwas muß mit Marcos Augen passiert sein. Sie schielen so eigenartig. Er seufzt. Mehrmals. Ganz tief. Ausgerechnet heute habe ich meinen tollsten Bikini an: braune Schantungseide mit Wildlederfransen. Ich komme mir vor wie Doris Day bei einer Truppenbetreuung. Die armen Burschen sind für zwei Jahre in diese Einöde versetzt. Marco hat es bös erwischt. Niemals waren meine Spanischkenntnisse besser als bei seiner Liebeserklärung. Der tiefe Diesel der Barkasse tuckert die ganze Zeit dazu, und der Indio an der Pinne grinst idiotisch über alle Zahnstummel. Ein rhythmisches Pfeifen erhebt sich über das dunkle Brummen des Motors und drängt sich in Marcos leidenschaftliche Sätze. „Marco, mein Mann, mi esposo, wartet en su oficina!" Marco schüttelt den Kopf: „*Mucho trabajo.*" Viel Arbeit. Nach einem letzten, glutvollen „*Adios*" löst er sich widerstrebend von der Relingsstütze.

Ich muß gestehen, ich fühle mich sehr geschmeichelt. Man muß bei diesen Burschen natürlich Abstriche machen, sie übertreiben immer, aber trotzdem!

Mein selbstzufriedenes Grinsen verberge ich aber lieber vor Peter, der rotglühend vor Wut mit den Pässen zurückkommt. „Dieser Marco! War natürlich nicht in seinem Büro. Ich habe eine Stunde gewartet. Dann hat es mir gelangt, und ich bin zu Eduardo gegangen und habe ihn offiziell gefragt, was er gegen uns hat. Seit zwei Tagen verweigere man uns die Ausreise. Eduardo hat sofort gespurt und Ordonanzen losgeschickt, um Marco zu suchen. Ein Matrose mußte sogar mit der Bootsmannspfeife Signale trillern. Dann ist Marco von irgendwoher gemütlich in der Barkasse angefahren gekommen. Weiß der Himmel, wo der sich rumgetrieben hatte."

„Hauptsache, wir haben die Papiere." Aber das Weibchen in mir kann nicht still sein. „Sag mal, du kannst doch Spanisch. Was heißt eigentlich *un cuerpo de la Miss Mundo*?"

„Ein Körper wie Miss Welt. Wie kommst du denn darauf?"

„Och, Marco war hier."

„Jetzt wird mir alles klar. Der hat mich doch planmäßig von Bord gelockt, um bei dir Süßholz zu raspeln, der Liebeskasper. Und ich warte wie ein Idiot auf ihn! So eine Frechheit!"

„Ich fand's ganz nett. Wann kriegt man das schon mal zu hören."

„Wenn du denkst, daß ich jetzt meinerseits anfange, dir Komplimente auf Bestellung zu machen, dann hast du dich getäuscht. So was muß spontan kommen."

„Sag ich ja!"

Als wir auslaufen, macht Peter auf dem Kartentisch Ordnung und heftet alle Quittungen ab. Und fängt schallend an zu lachen. „Weißt du, was eine Stunde Süßholzraspeln mit dir kostet? 46 Cent. Hat Marco mir doch 46 Cent für ‚Überstunden' abgeknöpft, hihi. So was, haha!"

„Ich weiß gar nicht ,was daran so komisch ist." Im Innern denke ich aber doch, daß Marco es ruhig hätte teurer machen können.

Alles in allem sind wir aber doch sehr glimpflich davongekommen. Das Team Eduardo-Marco schröpft die Yachten, wo es nur kann. Erspart bleibt mir auch Marcos „Spezialgriff": Um einer Dame aus dem Beiboot zu helfen, greife man ihr mit beiden Händen von hinten voll um je eine Brust und hebe sie an solchen fürsorglich an Land. Kitty von der BEBINKA bekommt diese galante Aufmerksamkeit zu spüren. Sie ist sprachlos: „Scott, hast du das gesehen!" Scott hat jedoch überhaupt nichts mitbekommen.

Marcos „Spezialgriff" ist seitdem fest in unseren Gesängen verankert.

Tagebuch, Plaza Island, 9. März 1972

»Ankern in einem versunkenen Krater. Seelöwen spielen Tag und Nacht um uns herum. Ich muß an Rabelais denken: ›Und ribbelten gar oft vergnüglich ihren Speck aneinander.‹ Sie schubbern ihre pelzigen Leiber an den Bordwänden, blasen durch die Abflußventile ins Schiff hinein, schnaufen und blubbern. Sie spielen mit dem Dingi und versuchen immer wieder hereinzuspringen. Müssen mit Ohrkugeln schlafen, weil die Robben sich soviel zu erzählen haben. Das bölkt und meckert, bellt und blökt, rülpst, gurgelt und hustet die ganze Nacht.

Am Morgen bietet sich uns ein Bild übergroßer Zufriedenheit: Ein Seelöwe hat es geschafft, unser Beiboot zu entern! Diese selige Miene! Die dicke Wurst lagert sich wohlig aufschnaufend recht bequem. Eine Vorderflosse beschattet die Augen. Die langen schwarzen Hinterflossen ragen wie Schuhe aus dem Boot. Seinen Namen hat er deshalb sofort weg: Charly Chaplin. Er guckt anfangs etwas indigniert, als ich zu ihm ins Dingi klettere, und rafft seine Speckfalten zimperlich zur Seite. Ich benehme mich möglichst seelöwisch, spreize die Flossen, verdrehe den Hals und erzähle ihm die ganze Zeit, was für ein hübscher Seelöwe er sei. Er lauscht mit sanften, feuchten Augen. Schließlich stützt er sich auf die Vorderflossen, biegt den Kopf weit zurück und wölbt die glatte, pralle Brust. Mit behutsamer Stimme antwortet er wie folgt: ›Ök, ök.‹ Und schnuppert an meinen Zehen.

Peter muß meine Sonnenbrille wieder heraufholen, die gut sichtbar in acht Meter Tiefe unter dem Schiff liegt. Er taucht mit Preßluftflaschen danach, von neugierigen Seelöwenweibchen umspielt. Ich rudere hinterher. Charly wuchtet sich zu mir ins Beiboot, das Statussymbol, welches er sich da errungen hat, offen genießend.

10. März 1972

»Wir teilen uns die Bucht mit einem schwarzen Manta, der vor Sonnenuntergang flügelklatschend auf Jagd geht. Eine Wasserschildkröte steckt ihren Schlangenkopf neugierig an die Oberfläche. Riesige Delphine. Das Wasser spritzt und scheint zu kochen: Schulen von Thun und Doraden. Vor der Bucht die Zickzackflossen der Haie. Pelikane, die wie Steine ins Wasser platschen. Fregattvögel und Tölpel, die lautlos und elegant wie Turmspringer eintauchen.«

12. März 1972, Barrington Island

»Peter kommt ganz erfüllt von einem Landgang zurück. ›Da waren so kleine Vögel, eine Art schlanker Spatzen, die sind richtig mit mir gekommen und haben auf mich gewartet.‹ Die berühmten Darwin-Finken? Es gibt 20 verschiedene Arten davon.«

13. März 1972

»Heute von einem Iguana (Leguan) in den Finger gebissen worden. Hat ganz schön geblutet und weh getan. Meine Schuld, ich hatte ihm ein zu kleines Stück Brot gereicht. Wir sind im Beiboot zu den Iguanas gefahren. Bestimmt 50 bis 60 Seelöwenbabys begleiten uns. Alle machen zur selben Zeit ›Männchen‹, um uns anzusehen. Dann schwimmen sie auf dem Rücken vor dem Boot her, die prallen, hellen Bäuchlein uns zugewandt, mit blanken, neugierigen Augen, Schnurrbärte keck aufgestellt, die Öhrchen abgespreizt. Sie haben ganz niedliche Ohren, die wie Menschenohren geformt sind. Beim Schwimmen aber legen sie sie an.

Als wir an der kleinen Landzunge festmachen, stehlen die Babys Peter immer wieder übermütig die Leinen, sobald er sich umdreht, und hoppeln mit uns an Land, wo die Iguanas wie kleine vorweltliche Drachen uns schon mit aufgesperrten Mäulern erwarten. Sobald sie einen Außenbordmotor hören, kommen sie auf ihren krummen Dackelbeinchen eilfertig zur Anlegestelle: Fütterung.

Die Leguane sind nicht besonders ansprechend mit ihren schuppigen Hautfetzen, die wie bei einem Sonnenbrand herunterhängen. Außerdem stinken sie ziemlich. Wie sich jemand die als Haustiere halten kann, ist mir unbegreiflich. Doch die Oma Angermeyer in Academy Bay nimmt sie sogar mit ins Bett. Gegen den Scharm der Seelöwenbabys kommen die Iguanas jedenfalls nicht an.«

14. März 1972

»Gestern einen nervösen Zusammenbruch gehabt. Tequila, die Fliegen und diese Hitze! Beim Saubermachen hat ›Techen‹ seine Nase wie üblich überall dazwischengesteckt, hat Handfeger und Handtuch gejagt, meine Fußknöchel zerkratzt und zerbissen und schließlich das getrocknete Brot von der Vorschiffskoje geholt und durchs ganze Schiff gekrümelt. Verhauen. Anschließend fetzt er mit wilden Krallen Peters Unterwäsche und Socken aus dem Schrank. Wieder verhauen. Hat die Angelschnur von der Trommel gerollt und zerbissen. Tequila muß schleunigst erwachsener und ruhiger werden. Ich denke oft an Muttis Brief: ›Macht es Euch nicht selber noch schwerer.‹

Ich könnte immer nur weinen, wie unser adrettes, sauberes Schiff nun aussieht: überall Tequilas Spielsachen, der Kratzbalken, Sandkiste, die blaue Spielzeugmaus, Aluminiumbällchen, Fellbündel.

Der Katzensand aus Balboa ist alle. Gestern holte Peter eine Pütz voll Sand vom Strand und ließ sie auf dem Seitendeck stehen. Nach dem Abendessen sehen wir uns plötzlich einer wohlgeordneten Schlachtreihe von rotgelben Käfern gegenüber, die diszipliniert aus dem Eimer klettert und das Cockpit erforscht. Ein Stoßtrupp ist schon in der Achterkajüte. Wie zwei Irre haben wir sie mit Wasser weggespült.«

16. März 1972

»Wir laufen meist mit nur einem Schuh herum. Den zweiten haben wir schlagbereit in der Hand. Wir erwischen die Fliegen mühelos, da sie von den Seelöwen nur langsame Bewegungen gewöhnt sind. Aber hinterher muß man die Schweinerei wegmachen. Also lieber leben lassen! Diese Hitze! Der Gestank von den Seelöwen. Ich bin eigentlich jeden Tag krank: Durchfall, Kopfschmerzen, Hitzeallergie. Die Sonne steht zu dieser Jahreszeit genau senkrecht über uns. Kein Lufthauch.«

17. März 1972

»Heute ausgelaufen nach Academy Bay auf der Insel Santa Cruz. Charly läßt sich noch ein ganzes Stück im Beiboot nachschleppen und genießt sichtlich den Anblick der vorüberziehenden Landschaft. Schließlich befördern wir ihn gewaltsam hinaus. Vor der Bucht warten die Haie. Denen käme Charly gerade gelegen. Wie lange wohl so ein Seelöwe lebt. Ob er sich an uns erinnern wird? Wenn ich noch einmal zu diesen Verzauberten Inseln kommen sollte, dann bringe ich Charly einen schönen roten Ball mit. Das wäre ein Spaß!

In Academy Bay treffen wir auf die anderen Yachten. Die Bucht ist ziemlich ungeschützt. Wir alle haben Bug- und Heckanker draußen. Die Inseln sind im Augenblick sehr trocken. Die Zwischenregenzeit ist in diesem Jahr ausgeblieben. Wasser ist knapp. Es gibt kein Obst, kein Gemüse. Und wir hatten gehofft, hier Proviant aufstocken zu können für die 3000 Seemeilen zu den Marquesas-Inseln. Seit Panama gehen wir sehr vorsichtig mit dem Wasser um. Gus Angermeyer erlaubt Peter zwar, unsere Wasserkanister bei sich aufzufüllen, doch das Wasser ist schlecht, und wir dürfen es nicht mit dem guten Wasser im Haupttank mischen. Das Wasserholen artet zu einer Tagesbeschäftigung aus, denn es gibt keinen Anlegesteg in Academy Bay, dafür aber einen heftigen Schwell, der die Klippen hochschäumt. Man muß schon

Seiltänzer sein, um trocken an Land zu kommen. Und dann wir mit unserem Gummiboot! Es würde bei dem leisesten Landkontakt sofort von den scharfen Muschelkolonien aufgeschlitzt werden, die an den Felsen wachsen.

Peter ging mit Gus auf Nahrungssuche. Gus pflegt in seiner Kleidung den Steinzeitlook: Badehose und einen Dolch darüber. Er trägt immer einen Sack über der Schulter, für den Fall, daß ihm etwas Eßbares über den Weg laufen sollte. Peter gelang das Kunststück, Gus vierzig Eier und einige Papayas vor der Nase wegzuschnappen. Das wird nun unser Frischproviant für den langen Weg zu den Marquesas sein, falls wir nicht auf Floreana bei Frau Wittmer noch etwas auftreiben können. Es bedrückt mich sehr, daß wir so schlecht ausgerüstet sind. Bestimmt habe ich deshalb jetzt so häufig Kopfschmerzen.«

Academy Bay, 18. März 1972

»Heute waren wir in der Darwin-Forschungsstation. Brütende Mittagshitze. Die Schildkröten waren total apathisch. Langweilige Viecher. Es gibt dreizehn verschiedene Arten hier: sattelpanzrige, flachpanzrige, kuppelpanzrige . . . Die anderen habe ich vergessen. Sie werden auf der Station im Bruthaus ausgebrütet und dann auf ihre Ursprungsinsel verfrachtet. Allein vermehren sie sich nicht genug. Seit Jahrhunderten führten die Buccaneere (Seeräuber) und die Walfänger oft tausend Schildkröten auf einmal als lebenden Frischproviant in der Bilge mit. Die Tiere überlebten dort viele Monate.

Jetzt kümmert sich der ekuadorianische Staat um die Pflege und Erhaltung der Ökologie. Die ganzen Inseln sind Naturschutzgebiet. Dr. Kramer, der wissenschaftliche Leiter der Station, ein Deutscher, führt uns herum.

›Herr Dr. Kramer, wie machen die Schildkröten es eigentlich mit der Fortpflanzung?‹

›Das ist eine langwierige, fast zufällige Sache. Das Männchen kriecht dem Weibchen hinterher, bis dieses sich in einer Sackgasse festgelaufen hat. Das Ganze kann Tage dauern.‹

19. März 1972

Tequila abgemustert. Hat ein neues Zuhause bei Rolf Sievers gefunden, dem kaufmännischen Leiter der Darwin-Station. Dem Kater ergeht es an Land garantiert besser. Ich habe sehr geweint. Nie wieder ein Tier an Bord! Es ist einfach unfair dem Tier gegenüber. Wir sind gleich ausgelaufen zur Insel Floreana. Man warnte uns scherzhaft: ›Paßt auf, daß Frau Wittmer euch nicht in den Topf steckt!«

Floreana, 20. März 1972

Wir sind beim Postfaß gewesen. Es ist kaum zu erkennen unter der Last der Namensschilder und Andenken, die Yachtleute hier im Laufe der Zeit angenagelt haben. Ursprünglich war das Faß als Poststation für die Walfänger gedacht. Auslaufende Schiffe steckten ihre Post hinein, heimkehrende Schiffe beförderten sie nach Hause. Heute macht das die Familie Wittmer. Ehrfürchtig lasen wir die Namen berühmter Fahrtensegler: Eric und Susan Hiscock mit WANDERER. Drei Jahreszahlen dahinter, für zweieinhalb Weltumseglungen. Ernst-Jürgen und Elga Koch mit KAIROS. Rollo Gebhardt. Wilfried und Astrid Erdmann mit KATHENA, zwei Jahreszahlen. Jetzt steht auch unser Name dort, mit blauer Ölfarbe auf eine leere Gallonenflasche für Rum geschrieben, die wir dort angebunden haben. Wird irgendwann noch eine Jahreszahl dazukommen?«

21. März 1972

»Also, daß Frau Wittmer Kannibalin sein soll, ist ja lachhaft! Wir finden, daß sie die farbigste Gestalt unter den Siedlern auf Galapagos ist. Wie herrlich doch die alte Dame in einem Gemisch aus Kölsch und Spanisch erzählte: ›Que wunderbar! Da han isch mich de Jack an de Föß jezoje.‹ Wir haben Tränen gelacht. Aber ich muß zugeben, daß ich mir vorgenommen hatte, sehr wachsam zu sein, immer mit dem Rücken zur Wand zu sitzen und aufzupassen, ob sie Peter und mich prüfend anfaßt, wie gut wir im Fleische sind. Die sechs verschwundenen Menschen sind nun einmal eine Tatsache.«

Jetzt muß ich ein bißchen Klatsch aufarbeiten. Seit vierzig Jahren schon sind die Galapagosinseln und insbesondere die Insel Floreana, immer wieder Gegenstand des Weltinteresses gewesen. Da residierte 1932 eine zweifelhafte österreichische „Baronesse" als selbsternannte Kaiserin mit ihrem Hofstaat, bestehend aus drei Männern, auf Floreana. Zwei Jahre später war sie verschwunden — über Nacht — ebenso ihr Liebhaber. Zwei lange Jahre, in denen sie durch exzentrisches Gehabe, Neid, Mißgunst die Atmosphäre der Insel und den Frieden der Siedler zerrüttet hatte. Zurück blieben ihr Sklave, der verstoßene Liebhaber und ein Ekuadorianer, dessen spurloses Verschwinden später nicht das leiseste Interesse hervorrief. Die Familie Wittmer stand damals zum ersten Mal unter Verdacht, mit den mysteriösen Vorfällen zu tun gehabt zu haben. Gewiß ist, daß sie Zeugen tragischer menschlicher Verstrickungen wurden.

1964 verschwand eine dreiundsiebzigjährige amerikanische Touristin, spurlos. Längst hatten sich Sagen und Gerüchte um die Insel gerankt. So kämmte eine Kompanie Soldaten die Insel nach Martin Bormann durch, der sich angeblich dort verborgen halte. Auch das boshafte Geraune vom Kannibalismus kam auf.

1969 verschwand Frau Wittmers Schwiegersohn, spurlos. Die Wittmers waren es dann nachgerade schon gewöhnt, für jeden Unglücksfall und Tod auf ihrer Insel verantwortlich gemacht zu werden. Diesmal aber war es hart: einen Monat lang versuchten ekuadorianische Gefängniswärter, Geständnisse aus ihnen herauszuprügeln. Doch sie gestanden nichts. Was gab es auch da zu gestehen.

Es gibt übrigens keine giftigen oder gefährlichen wilden Tiere auf der Insel. Die Galapagosinseln sind vielmehr von einem dichten, niedrigen Dornen- und Kakteendschungel überwachsen, der auch die Felsspalten überwuchert. Nur zu leicht kann man spurlos in diesen unergründlichen Klüften verschwinden. Auf Galapagos nimmt man sich immer Wasser und feste Schuhe mit, wenn man „in den Busch" geht. Viele Menschen sind dort umgekommen, die nur eben einen Spaziergang machen wollten. Allerdings wurden ihre Überreste meist gefunden. Nur nicht auf Floreana.

Die Bucht, in der Wittmers wohnen, heißt zutreffend Black Beach. Der schwarze Lavasand ist sengend heiß. Wir rennen barfuß wie Fakire über glühende Kohlen. Frau Wittmer erwartet uns am Gatter: „Schnell, schnell, hier herein in den Schatten." Und rezitiert dann den „Osterspaziergang" von Goethe: „Vom Eise befreit . . ." Mein Gott ja, Ostern! Ganz vergessen in dieser Hitze.

Es gibt Filterkaffee und selbstgebackenen Kuchen. Das haben wir schon lange nicht mehr gehabt. Frau Wittmer besteht darauf, daß wir ihre Enkel begutachten: „Komm her, sag das Gedicht auf." Hier wird ein strenges Regiment geführt: Alle Kinder müssen Deutsch lernen. Die Enkel sind halbe Ekuadorianer, denn Frau Wittmers Tochter und Sohn sind mit Ekuadorianern verheiratet. Das heißt, der Schwiegersohn verschwand ja . . . Die Kinder sprechen Spanisch, Englisch und Deutsch. Jetzt könnten sie auch noch Französisch gebrauchen, denn Frau Wittmer hat auch Franzosen als Pensionsgäste.

Das Leben ist sehr einfach, für unsere Begriffe ärmlich. Frau Wittmer zeigt uns stolz die kleine Pension. Wir können gar nicht ermessen, unter welchen Opfern und Anstrengungen das Baumaterial vom Festland herübergeschafft wurde, was es bedeutet, alles selbst gebaut zu haben. Für Wittmers blieb die technische Entwicklung vor vierzig Jahren stehen. „Was ist eine Thermoskanne?" fragt Frau Wittmer mich. Doch technischer Fortschritt würde ihnen hier, wo man um seine Existenz ringt, auch nicht helfen. Hier wäre man froh, wenn das Versorgungsschiff von Ekuador jedes halbe Jahr auch zuverlässig alle georderte Ware bringen würde.

Unsere Geschenke werden hocherfreut und ohne falsche Ziererei angenommen: Meine abgelegte Kleidung und die Bootsstiefel passen den Kindern. Nähgarn, Nadeln und Reißverschlüsse sind ebenso willkommen wie die etwas abgestoßene Kaffeekanne und Tassen. Dann dürfen die Schwarzbrot- und Sauerkrautbüchsen natürlich nicht fehlen. Die hatten wir ja eigentlich für uns selbst gedacht, doch alle Deutschen unterwegs bringen schüchtern ihre Sehnsucht danach vor. Wir sind schließlich in ein paar Jahren wieder zu Hause; da können wir dann so viel davon essen, wie wir wollen.

Leider kann Frau Wittmer uns nicht mit Frischproviant versorgen. Sie erwartet eine Reisegruppe und muß das wenige, was sie hat, für die Gäste aufheben. Aber sie backt einen wunderbaren Kuchen für uns.

Am 23. März 1972 versinken die Verzauberten Inseln hinter uns. Ein riesiger weißer Hai schubbert sich am Servoruder unserer Windsteuerung und untersucht geduldig, ob es eßbar sei.

Epilog: Es ist erstaunlich, daß die Siedler auf den Inseln untereinander so zerstritten sind. Die Angermeyers „regieren" seit vierzig Jahren die Insel Santa Cruz. Die Wittmers ebenso lange Floreana. In dieser Zeit stauten sich Klatsch und boshafte Geschichten an. Seit neun Jahren haben sie sich nicht mehr besucht, obwohl sie alle Boote haben.

Doch Menschen, die sich auf solch entlegenen Inseln ansiedeln, sind Individualisten, die sich zu Hause nicht einordnen können oder wollen. Warum sollten sie in der Fremde plötzlich zu Gemeinschaftswesen werden? Dennoch hatte ich geglaubt, daß man sich gegenseitig mehr unterstützen würde. Eine Familie könnte z. B. die Gemüseversorgung übernehmen, eine andere die Viehzucht. Man könnte eine gemeinsame Einkaufsorder an den Balboa Yacht Club durchfunken. Jeder Fahrtensegler möchte freundlich aufgenommen werden und würde deshalb gern den Frachtdienst übernehmen. Doch zu solchen vereinten Aktionen überwinden sich die weißen Siedler der Galapagosinseln nicht.

Ich danke Herrn Dr. Joern Olshausen für das freundliche Überlassen seines Manuskripts: „Galapagos Lure and Lore".

VIEL WIND UND WENIG SCHLAF

Marquesas: Krankheiten und Kinder — Apataki: Dorfleben — Tahiti: das Herz der Südsee

Wie bei unserer Atlantiküberquerung haben wir auch auf dem 3000-Seemeilen-Törn zu den Marquesas frischen Passat, Stärke 5 bis 6 also, und kommen schon nach 22 Tagen in Hiva Oa an. Diesmal überstehen wir die Strecke in wesentlich besserer seelischer Verfassung. Das Leben an Bord aber ist wieder so ungemütlich, daß wir soviel Segel wie möglich setzen, um die Reise schnell hinter uns zu bringen.

Tagebuch 30. März 1972

»Wir sind nun schon eine Woche unterwegs. Unsere Atlantikerfahrungen haben uns doch einiges gelehrt. Wir versuchen, nicht häßlich und gereizt zueinander zu sein. Meist bin ich diejenige, die explodiert. Doch dann schäme ich mich und entschuldige mich rasch. Es ist schön, daß wir uns jetzt so gut verstehen. So ist wenigstens das in Ordnung, wenn auch sonst nichts stimmt mit diesem Pazifik.«

1. April 1972

»Ich habe gerade den Spinnaker genäht. Jeden Tag gibt es Ärger damit, aber wir brauchen ihn in diesen Seen, die uns gegenwärtig breitseits und von achtern anlaufen. Auch nachts haben wir den Spinnaker oben, wenn es nicht gerade regnet. Das bedeutet, daß man jetzt wirklich aufpassen muß. Jeden Augenblick kann etwas geschehen: Eine Tüte dreht sich ein, eine Schot hakt sich aus, eine Naht platzt auf. Bei schlechtem Wetter ist die Wache auch beschäftigt: Ölzeug an, Luken schließen ... In jeder Regenwand kann Wind sein. Die paradiesischen Wachen im Pazifik mit einer Stunde Schlaf, dann mal eben nach dem Rechten sehen — das gab es seit Galapagos für uns nicht mehr. Wir hatten bisher fünf gute Tage. Der Rest ist ungemütlich, ermüdend.

Seit wir im Pazifik sind, habe ich oft Angst, aber Peter sagt: ›Wer auf einer Reise von 3000 Seemeilen keine Angst hat, ist ein Dummkopf.‹

Wenn wir hier ›aussteigen‹ müssen, kommt das einem Todesurteil gleich. Unsere Rettungsinsel läßt sich nicht segeln, und unser Beiboot kann man in dem kleinen Floß nicht aufpumpen. Wir würden nur dahintreiben, vermutlich erst verrückt werden, dann verdursten.

In meinen Wachen habe ich oft Angstvorstellungen von der riesigen, schwarzen Hinterflosse eines Wales, die auf das Schiff niederschmettert. Manchmal auch schwillt das Brausen der Wellen immer bedrohlicher in meinem Kopf an — es kommt näher und näher. Mein Gott, ein Riesentanker, der auf uns zuhält! Grausam deutlich sehe ich den messerscharfen Stahlbug die Wellen zerschneiden. Dann schrecke ich auf und merke, daß ich für einige Minuten im Cockpit eingeschlafen war.«

3. April 1972

»Peter mußte hoch in den Mast. Bei dieser See! Der Spinnaker war runtergekommen, weil der Schäkel oben an der Rolle gebrochen war. Ich habe mich von Peter verabschiedet und ihn dann mit der Ankerwinsch hochgezogen. Ich habe furchtbare Angst um ihn. Von mir hängt es ab, ob er wieder heil landet. In diesem Augenblick setzt die Windsteuerung aus, weil das Gegengewicht zum Groß fehlt. Ich ins Cockpit, Automatik rein. Peter aus zwölf Meter Höhe: ›Genau vor Wind bleiben!‹ und gleich darauf: ›Keine Halse, keine Halse!‹ Mir stürzt der Schweiß aus den Achselhöhlen. Die Automatik läuft zu viel aus dem Ruder, so geht das nicht. Ich steuere daher selbst. ›Wenn ihm was passiert, mußt du allein weiter. Behalt die Nerven, bleib bloß ruhig.‹ Peter bleibt zwanzig Minuten oben. Ich lasse ihn Hand über Hand herunter. Als er unten ist, möchte ich ihn umarmen und ein bißchen weinen. Peter ungerührt: ›Dann laß uns mal den Spinnaker wieder hochziehen.‹ «

5. April 1972

»Wir haben gar kein gutes Wetter. Wind Stärke 5 bis 6, hohe See, oft Regen. Ich bin schon sehr abgeschlafft. Die Augenlider jucken und sind dick vom Schlafmangel. Auch die Haut juckt überall. Blutergüsse und wehe Stellen, weil wir so schlimm gebeutelt werden, wenn der Spinnaker nicht oben ist. Jeder Muskel und Knochen tut weh vom Abstützen und Anklammern. Wir verlieren an Gewicht, obwohl wir soviel wie an Land essen. Das Essen macht uns einfach keinen Spaß mehr. Man schaufelt es lustlos hinein, dazu mit verkrampftem Magen in verkrampfter Stellung. Ich bin mir endgültig darüber klargeworden, daß ich für ein faules, bequemes Leben geschaffen bin.

Jeden Tag sage ich zu Peter, wenn wir erst wieder zu Hause sind, mache ich das und das. Ich schreibe alles auf, um nichts zu vergessen. Das letzte auf meiner Liste ist: Sektfrühstück mit Hackepeter und frischen Schrippen.

Peter träumt auch: ›In Tahiti gehen wir mal wieder richtig schön aus. Nur wir beide.‹ «

6. April 1972

»Peter ist sehr melancholisch. Er nahm zum Abendbrot nur wenig Nahrung zu sich. Ich habe angeblich sein geliebtes Chilifleisch mit Tomaten verdorben. Dazu gab es auch noch die ihm so verhaßten Spaghetti. ›In Zukunft möchte ich bitte meine Hälfte der Büchse ganz unverfälscht haben. Ich esse auch gleich aus der Dose, wenn es sein muß.‹

Aber übermorgen ist Schwarzbrottag. Schwarzbrot mit Schmalz. Jeden Sonntag öffne ich eine Büchse, die jeweils 16 kleine, runde Scheiben enthält. Das reicht fürs Sonntags- und Montagsfrühstück. Wir freuen uns schon tagelang vorher darauf.«

8. April 1972

»Wir hören beim Frühstück Nachrichten. Da wird einem auch nicht besser zumute – soviel menschliches Elend, soviel Unvernunft: Präsident von Tansania ermordet, vier Todesopfer in Londonderry, Ägypten, Palästina, Bangla Desh. Uns greift das jetzt sehr an in unserem labilen Seelenzustand. Ich kann nun Moitessier verstehen, der bei der Einhandregatta um die Welt seinen ersten Preis verschenkte und abdrehte nach Tahiti.«

10. April 1972

»Wir müssen heute wieder für eine Stunde die Batterien mit der Hauptmaschine laden. Das bedeutet: kalter Eisschrank und kaltes Bier zum Abendbrot. Herrlich! Das paßt auch gut zu Bratkartoffeln, Sauerkraut und gekochtem Schinken. Sonst ist es im Eisschrank immer wärmer als im Schiff, weil er ausgeschaltet bleibt, um Strom zu sparen. Ich kann ihn dann nur als Stauraum benutzen. Er riecht natürlich sehr eindringlich. Jedesmal, wenn ich die Tür öffne, schnuppert Peter: ›Das stinkt ja ganz gemein!‹ Heute habe ich ihn angeniest, Sauerkraut habe ein Anrecht darauf, zu riechen. Und schließlich sei das ein appetitlicher Duft. So ganz bin ich freilich selbst nicht davon überzeugt.«

11. April 1972

»Wir hatten sagenhaften Wind in der vergangenen Nacht. Das Etmal von 167 Seemeilen ist bislang unser absoluter Rekord, es war aber reichlich ungemütlich. Schwarze Nacht, Mond und Sterne durch düstere Kumuli verhangen. Man sieht nur die weißen Schaumkronen. Wir können kein Luk offenlassen. Alles ist klebrigfeucht. Jetzt haben wir auch noch Schimmel im Schiff. Wir müssen an Land alles lüften und mit Essigwasser abwaschen. Ich komme nie dazu, das Ganze, das Großartige unseres jetzigen Lebens zu sehen, das Außergewöhnliche. Der ermüdende, mühsame und anstrengende Alltag macht mich fertig. Noch in keinem Buch über Weltumseglungen habe ich die Wahrheit über den Alltag an Bord gelesen. Kunststück: Die sind ja auch alle von Männern geschrieben worden.«

12. April 1972

»Beim Wachwechsel ruft Peter mir — schon in der Koje — zu: ›Setz mal den Besan, damit wir nicht noch eine Nacht hier rumgammeln!‹ Hurtig hantiere ich am Besan und höre beim Hochziehen das sattsam bekannte, verhaßte Geräusch: Naht geplatzt!

Die Morgensonne kämpft sich gerade durch die dicken Regenwolken an der Kimm. In 40 Minuten habe ich das Segel genäht und gucke dabei gehetzt über die Schulter, ob der Regen uns einholt.

Mit Besan machen wir gleich einen Knoten mehr Fahrt.«

13. April 1972

»Drei Wochen auf See. Wir freuen uns sehr aufs Land, obwohl dann die Arbeit wieder losgeht. Wir zitieren Moitessier: ›Gib mir Wind, ich geb dir Meilen.‹

Manchmal lesen wir im ›Logbuch der Kairos‹ nach, welche Bedingungen die Kochs bei ihrer Weltumseglung hatten. So ziemlich dieselben wie wir. Tröstlich. Wir haben viel Spaß an dem Buch. Mal sehen, was Elga Koch heute vor sieben Jahren gekocht hat: Trockenkartoffeln, Luncheon Meat, Dosen-Karotten. Peter mag aber keine Karotten.«

14. April 1972

»Um 8.00 Uhr sichte ich Hiva Oa. Peter steuert selbst, da ›James‹, die Windsteuerung, der Aufgabe nicht gewachsen ist. Hiva Oas schroffe, steile Krater sind vom Regen verhangen. Ich habe das Schiff aufgeklart, die verschwitzte Bettwäsche und unsere Plünnen in den übervollen Wäschesack gepreßt. Unser bislang größter Reiseabschnitt ist glücklich beendet. An Bord ist alles wohl.«

Vier Yachten liegen schon in der Bucht von Hiva Oa, heftig vor Bug- und Heckankern rollend. Uns dämmert, daß wir auch diese Nacht nicht schlafen werden. Sobald wir einklariert haben, laufen wir wieder aus, um eine geschützte Bucht zu finden.

Wir machen auf Tahuata fest. Auch hier ist der Aufenthalt keine reine Freude. Wir sind in eine Zwischenregenzeit geraten. Es regnet fast jede Stunde, und ich muß zusehen, wie ich die Berge nasser Wäsche trocken kriege.

An Land begrüßt uns überschwenglich ein hübscher junger Polynesier. Er weiß sich vor Freude kaum zu fassen, singt und gestikuliert. Die anderen stehen betreten lächelnd daneben. Langsam begreifen wir, daß der Junge der Dorftrottel ist.

Wir fragen auf französisch nach dem Laden. Die Verständigung ist mühsam, der Laden eine Enttäuschung: nur Konserven. Davon haben wir schließlich genug an Bord. Frisches Obst und Gemüse wollte ich kaufen nach den Wochen auf See. Das könne man nicht kaufen, heißt es, das bekäme man nur als Geschenk, und dann würde eine Gegengabe erwartet. Natalie, die achtzehnjährige Postmeisterin, möchte Parfum, hochhackige Schuhe und Schmuck dafür haben. In meine Schuhe kann sie ihre fleischigen Füße zum Glück nicht zwängen, trotz heftiger Bemühungen. Doch mein französisches Parfum bin ich los.

Am besten kommen wir mit Pakitete, dem Dorfgendarmen, ins Tauschgeschäft. Denn wir haben Patronen an Bord, und Pakitete hat das Schrotgewehr dazu. Waffenbesitz ist den Polynesiern zwar verboten, doch Pakitete ist schließlich das Gesetz auf Tahuata. Er geht auf die Jagd und bringt uns ein taufrisches Ziegenbein mit, an dem noch Erde und Gras kleben. Mir schmeckt es großartig, doch Peter weigert sich, davon zu kosten. Er will sich lieber einen Fisch angeln. Den ganzen Nachmittag höre ich die Trommel der Angelrute sirren, erfolglos.

Diese Ziege war ein direkter Nachkomme der Zuchtziegen, die Captain Cook hier vor 200 Jahren als Geschenk des Königs von „Beretania" aussetzte. Ich lasse mir gerade den zweiten Abend das Ziegenbein schmecken, als eine rote Wolke durch den Niedergang in den Salon wabert: Nonos, winzig kleine Stechmücken. Wir haben Angst, sie einzuatmen. Sie fallen in unsere Gläser, in unser Essen. Wir wedeln mit der linken Hand über die Teller und schaufeln mit rechts das Essen hinunter. Mir kommen die Tränen: „Die ganze Südsee kann mir gestohlen bleiben!" Die Nonos sterben tagelang in zentimeterdicken Schichten in jedem Schrank und auf dem Fußboden.

All unsere romantischen Vorstellungen von der Südsee sind erschüttert. Wo bleiben die berühmte Gastfreundschaft und die Herzlichkeit der Polynesier? Wir sind wohl nicht auf den richtigen Inseln gelandet. Die Marquesas erscheinen heute verfallen und degeneriert, verglichen mit der blühenden Kultur, die Cook vor 200 Jahren hier vorfand, Siedlungen mit 20 000 Einwohnern, heitere, schöne Menschen. Der verderbliche Einfluß der weißen Walfänger und Abenteurer zerstörte die Inseln; sie brachten Krankheiten und Kinder. Reinrassige Polynesier gibt es auf Tahuata nicht. Natalie ist Viertelchinesin, Pakitete Halbspanier. Seine Frau — mit chinesischem Blut — hütet die Enkel, die ihre Kinder bei ihr abgegeben haben. Sie führt uns stolz einen kleinen Jungen mit adrettem Scheitel vor: ein Vierteldeutscher. Sie überlegt: „Das war ein gewisser Niefel oder so ähnlich."

Die Glöckchen der drei Kirchen bimmeln zum Sonntagmorgen. Madame Pakitete springt behende wie ein junges Mädchen in duftigem, weißem Kleid den steilen, glitschigen Bergpfad hinunter. Ihre nackten Füße kennen jede Baumwurzel und jeden Stein. Wir dagegen rutschen auf dem Hosenboden hinterher, so gefährlich kommt es uns vor.

Der Kirchgang ist der Höhepunkt der Woche. Schon seit gestern sind die guten Sachen dafür gelüftet worden. Pakitete sieht ganz verändert aus in seiner gebügelten Khakiuniform und bleckt stolz seine 32 künstlichen Zähne, die er nur zu ganz besonderen Anlässen einsetzt. Pakitete: „Heute wählen wir *le oui* oder *le non.*"

Wie überall in Französisch-Polynesien wird heute über Pompidous Referendum abgestimmt: Soll England in den Gemeinsamen Markt oder nicht? In Frankreich ist die Wahl schon am Vortag abgeschlossen worden. Hier in Polynesien findet sie streng geheim in der Toilette der Post statt, wo die Wähler sich zur besseren inneren Einkehr mit den beiden Stimmzetteln „ja" und „nein" einriegeln und dann erleichtert mit nur einem Zettel wieder herauskommen.

Peter hätte eine Lebensstellung als Mechaniker auf Tahuata. Drei Tage lang versucht er, den Außenbordmotor des Dorfchefs — des *haka iki* — zu reparieren. Wir glauben, danach wären wir besser im Tauschgeschäft. Es stellt sich aber heraus, daß an dem Motor ein Teil zerbrochen ist. Ersatzteile aber gibt es nur auf Tahiti, fünf Tage mit dem Inselschoner entfernt. Der Chef ist wohl ziemlich enttäuscht von Peter und bietet ihm für seine Arbeit zögernd eine mickrige, schon halb vergammelte Bananenstaude an. Der Bäcker kommt herausgepaddelt und hält Peter ein Gewehr hin: „*Réparez!*" Der zerbrochene Lauf ist mit Bindfaden zusammengebunden. Wenn wir durch das Dorf gehen, raunt es hinter den Fenstervorhängen: „Monsieur, können Sie auch eine Nähmaschine reparieren?" Niemand auf Tahuata versteht etwas von technischen Dingen.

Ein heftiger Schwell steht am vierten Tag in die Bucht, Fallböen fegen von den hohen Kratern herunter. Wir verabschieden uns von Pakitete und von Natalies Familie und machen ein Erinnerungsfoto. Natalies Vater hängt sich dazu noch schnell eine Blume hinters Ohr. Wir hatten gedacht, daß sich jeder in der Südsee mit Blumen schmücke. Doch auf Tahuata tragen nur die Männer manchmal etwas Grünzeug hinter dem Ohr. Es scheint ihnen gleichgültig zu sein, ob es Unkraut ist. Wichtig ist wohl nur das Gefühl, daß überhaupt etwas dort steckt. Frauen haben wir nie mit Blumen gesehen.

Wir holen den Anker auf und laufen aus zu den Tuamotus oder den Flachen Inseln, wie Georg Forster sie nannte. Zu Recht, denn diese flachen Korallenatolle sind erst wenige Meilen vorher auszumachen. Und noch einen Namen haben sie sich verdient: „Schiffsfriedhof des Pazifiks". Unberechenbare Strömungen und schlechte Sichtverhältnisse sind verantwortlich für die vielen Wracks, die auf den Riffen verkommen. In Seglerkreisen wünscht man sich deshalb *Merde* für die Tuamotus.

Die meisten Yachten verzichten darauf, diese Inseln anzulaufen, und gehen direkt weiter nach Tahiti. Wir aber wollen versuchen, noch ein wenig von der alten Südsee außerhalb der Trampelpfade des weißen Mannes zu finden. Wir navigieren nach englischen Seekarten, die sich bisher als äußerst exakt erwiesen haben und auch viel billiger als die deutschen sind. Die letzte Entscheidung darüber, ob wir die Einfahrt in ein Atoll wagen werden, machen wir abhängig von den Wetterbedingungen.

Da es ja nur 800 Seemeilen bis zu den Tuamotus sind — was kann uns nach 3000 Seemeilen schon erschüttern! —, schleppen wir das Beiboot nach. Diese Überheblichkeit rächt sich prompt: In einer böigen Nacht kippt es in den Wellenbergen um und taucht sofort unter. Zum Glück sehe ich, wie das passiert, und wir können noch rechtzeitig die Segel herunternehmen und das Dingi bergen. Sonst hätten wir es verloren.

Wir laufen unter den günstigsten Bedingungen in den engen Paß nach Apataki hinein: Es ist Stillwasser. Peter hat sich mit seiner minuziösen Planungsarbeit und sorgfältigster, stündlicher Navigation wirklich den Namen „Bismarck, der starke Arm der deutschen Flotte“ verdient. So nennen ihn unsere ausländischen Yachtfreunde.

Die amerikanische Yacht PRUDENCE, die eine Stunde vor uns den Paß erreicht, gibt angesichts des wilden Stroms, der heraussteht, ihren Plan auf und segelt durch nach Tahiti. Unter Maschine und viel Herzklopfen fahren wir in die stille, türkisfarbene Lagune von Apataki.

Als die Kinder uns in die Einfahrt kommen sehen, laufen sie schreiend vor Freude aus dem Unterricht hinunter an die Pier und alarmieren damit das ganze Dorf. Alle erwarten uns an der kleinen Koprapier und nehmen unsere Leinen in Empfang. Wir sind in diesem Jahr die erste Yacht, die hier festmacht. Die Polynesier hängen uns zur Begrüßung Muschelketten um und stecken uns rote Hibiskusblüten ins Haar.

Endlich, endlich in der Südsee! Hier wiegen die Palmen sich rauschend im Passat. Weiß blinkt der Korallensand am Saume der türkisenen Lagune. Lächelnd kommen die Eingeborenen an Bord und bringen Kokosnüsse, Brot, Fische und Muscheln. Sie sind den ganzen Tag bei uns und spielen nachts die Ukulele für uns. So hatten wir uns die Südsee vorgestellt.

Und wenn die Wirklichkeit nicht so ganz mit unseren Vorstellungen übereinstimmt, versuchen wir, sie nach unserem Ideal zurechtzubiegen. Da sind die scheußlichen Bermuda-Shorts und T-Shirts der Mädchen und Frauen von Apataki. Ich scheine hier die einzige im Pareu zu sein und komme mir wie verkleidet darin vor. Wir können doch aber keine Fotos nach Hause schicken, auf denen die vielgepriesenen Südseeschönen in Bermudas agieren! Also bitte, meine Damen:

„Anita, Lea, bindet euch doch fürs Foto den Pareu um. Und tut die Zigaretten weg.“

Mir zuliebe schlingen sie sich das bunte, wadenlange Stück Stoff nachlässig um die Hüften.

Nein, so geht es nicht! Wir können das Rad der Geschichte nicht zurückdrehen, nur um uns weiterhin in romantischen Schwärmereien zu gefallen und unseren Familien zu Hause immer noch kräftig das Garn von den Südseeklischees vorzuspinnen. Liebgewordene Klischees, die wir schon so lange gehätschelt haben, zusammengesucht aus Filmen und Büchern. Ich gebe zu, daß wir ein paar Tage brauchen, um uns von tradierten Vorstellungen zu lösen, um dann unvoreingenommen die Südsee 1972 zu erleben.

Sie ist immer noch schön. Nur eben anders. Wer weiß, vielleicht haben wir auch den Marquesas-Inseln Unrecht getan, weil unsere Augen noch blind waren.

Apataki ist Frieden. Es gibt keinen Flugplatz, kein Auto. Es ist Stille auf Apataki in allen Dingen: im Donnern der Brandung, im Singen des Passats, im Algengeruch des Riffs bei Niedrigwasser, in der gleichförmigen Geruhsamkeit des Lebens. Die Tage sind kurz hier. Da gibt es immer so viel zu tun. Man muß sich zum Beispiel unterhalten. Das ist ganz wichtig auf Apataki. Mit Lea, der Postmeisterin, Anita, der Lehrerin, Juliette, der Bäckerin, dem Gendarm, mit dem ganzen Dorf. Man muß bei Ebbe auf dem Riff nach Muscheln und Austern suchen. Und mit der Harpune auf die Jagd gehen.

„Aber Pierre (so heißt Peter hier), die Haie tun doch nichts. Die sind nicht hungrig."

„Béatrice (das bin ich), sieh dir an, wie man die roten Fische röstet."

Abends, bevor die Nacht über das Atoll kommt, spielen wir alle bei Anitas Tante Tischtennis. Und jeden Tag gehen wir spazieren. Von einem Ende der Insel zum anderen. Das ist nicht weit. Ungefähr 600 Meter. Doch dafür brauchen wir jedesmal mehrere Stunden. Es gibt so viel zu sehen:

Da ist Puka, das schwarze Schweinchen, das mit den Hühnern spielt.

Wir treffen eine leere gelbe Plastikflasche, die aufrecht über den Korallenkies scharrt und zielstrebig in ein Erdloch rutscht. Die Krabbe, die sich mit dem sperrigen Gut abmüht, hat sich heute etwas ganz Unverdächtiges zur Tarnung ihrer Höhle ausgedacht.

Am Strand die rosigen Schneckenhäuschen, die plötzlich alle vom Treibgut fallen und wie auf Kommando hochbeinig fortrennen, sobald wir uns nähern. Nichts ist verschwendet hier. In die leeren Schneckenhäuser ziehen winzige Einsiedlerkrebse ein.

Das Schmatzen und Knispeln des Riffs bei Ebbe. Vielfältiges Leben winziger Kreaturen, die in den seichten, sonnenwarmen Korallentümpeln jagen, fressen, sterben. Wir hören das Riff, wir riechen es. Doch wir sehen es nicht. Sobald unser Schatten über diesen Mikrokosmos fällt, verstummt er und zieht sich in seine Schale zurück. Die leuchtend grünen, blauen und roten Muschel- und Schalentiere schließen ihre graue, kalkige Hülle. Nur ein Zickzacksaum des vielfarbenen Weichtieres quillt noch aus den Schalen hervor. Die schwarzen Seegurken stellen sich tot und dumm. Das Riff ist plötzlich stumm und langweilig.

Ich höre dem Riff gern zu und halte das Ohr ganz dicht darüber. Durchsichtige Krebslein rudern seitwärts in den seichten Pfützen, unsichtbare Tierchen trüben mit kleinen Fontänen das Wasser, dann legt sich mein Schatten schwer über das Leben.

Da sind die Friedhöfe. Verwittert und verfallen die ehemals farbigen Holzschreine mit den Muschelketten. Umgestürzte Namenstafeln, mit ungelenken Buchstaben beschrieben: polynesische, chinesische und europäische Namen. Man kann für die Toten nicht viel tun hier, wo es anstatt richtiger Erde nur ein zähes Gemisch aus Wurzeln von Kriechpflanzen, Kokosfasern und verwitterten Korallen gibt.

Wenn wir durch das Dorf gehen, sind wir nie allein. Aus jeder Hütte fragt es: „Wohin geht ihr?“ Und Lea, unsere ständige Begleiterin, sagt: „Wir gehen promenieren, Pierre, Béatrice und ich. Wir waren auf dem Riff, und nun gehen wir zur Lagune. Komm doch mit.“

Wir lernen die Namen von Pflanzen und Blumen, und ich notiere sie in meinem Notizbuch. Und langsam begreifen wir, daß dies der Geist der Südsee ist: Gelassenheit und Heiterkeit. Die Südsee 1972 ist ihrem Wesen nach doch noch wie früher, selbst wenn sich das Äußere verändert hat. Das fängt schon bei der drallen Gestalt von Lea an, die man beim besten Willen nicht mit den elfengleichen *Wahines* (Mädchen) aus Südseefilmen vergleichen kann.

Das alte Polynesien sieht man nur frühmorgens, beim Krämer, wo sich die Frauen in Wäschebüstenhalter und Pareu treffen. Auch Anita ist dabei, *directrice d'école* (Rektorin), die Zigarette im Mund. Doch sie würde nie, nie im Pareu den Unterricht abhalten, das weist sie entrüstet von sich. Man ist schließlich zivilisiert. Der Pareu gilt eben als rückständig in Polynesien, obwohl er viel luftiger ist als unsere westliche Kleidung. Anita ist am modernsten. Sie kommt ja auch aus Tahiti, wo sie von Nonnen in einem Lyzeum erzogen worden ist. Sie ist Tag und Nacht im Einsatz. Als Lehrerin bemüht sie sich um die Bildung, als Krankenschwester ist sie verantwortlich für die Gesundheit der Gemeinschaft. Eine große Verantwortung für eine 24jährige! Manchmal muß sie die ganze Nacht Krankenwache halten und am Morgen gleich wieder zur Schule. Zum Glück sind die Kinder dann besonders artig.

Anita ist nicht verheiratet und genießt ihre Unabhängigkeit. Sie tut alles, was ihr Spaß macht. Eines ihrer Hobbys war das Fallschirmspringen. Sie hat aber widerwillig von diesem Sport abgelassen, nachdem ablandige Winde mehrere Kameraden auf die Lagune hinausgetrieben hatten. Sie kamen nie zurück – zu viele Haie. Anita liebt die Geschwindigkeit und fährt auf Tahiti wie der Teufel mit ihrem Wagen. Sie quält Peter, weil sie unbedingt Wasserski laufen möchte. Sie hat ein Kind ihrer verwitweten Schwester adoptiert: „La Georgette“. Ein süßer Fratz mit chinesischen Mandelaugen und einem langen Zopf.

Wir begleiten Anita auf ihrer Krankenrunde. Sie verarztet mehrere tiefe Tropengeschwüre. Die Beine fast aller Polynesier sind von den häßlichen blauen Narben gezeichnet. Der Gendarm, ein langwieriger Fall, ist gerade mit dem Inselschoner aus Tahiti zurückgekommen. Diagnose: Nierensteine. Er hat starke Schmerzen, Schweiß glänzt auf seiner dunklen Haut. Neben dem breiten Bett mit den Messingknöpfen schwelt auf dem Sandboden der Hütte ein Kokosfeuer, zum Schutz gegen die Mücken. Auf einem zweiten Bett schläft seine kleine Tochter, versunken hingestreckt in ihrem bunten Höschen, eine Perlenkette um den Hals.

Es ist ziemlich ruhig im Dorf. Der Bürgermeister führt auf Tahiti Verhandlungen über ein Kühlhaus, das auf der Pier gebaut werden soll. Ein großer Fortschritt, denn dann kann man endlich die Fische dort einfrieren. Zur Zeit verdirbt noch viel, wenn der Inselschoner aus Tahiti sich verspätet. Das Kühlhaus bedeutet mehr Geld für Apataki. Viele Familien und fast alle jungen Leute arbeiten gerade im „Distrikt". Das sind die unzähligen kleinen, unbewohnten Inseln auf dem Ringriff von Apataki, wo es Schwärme von Mücken und Nonos gibt. Im Augenblick werden dort Kokosnüsse geerntet und verarbeitet. Da die Fahrt über die offene Lagune mit dem Fischerboot länger als einen Tag dauert, bleiben die Leute gleich für zwei bis drei Monate im Distrikt. Anita ist darüber gar nicht froh, denn manche ihrer Schüler drücken sich auf diese Weise vor der Schule. Die Eltern halten ohnehin nichts von der Schulpflicht und freuen sich über die zusätzliche Arbeitskraft.

Weil alle so nett zu uns sind, wollen auch wir etwas für die Gemeinschaft tun. Ich veranstalte in der Schule einen Zeichenwettbewerb für die Kinder und verteile kleine Preise. Das bringt große Aufregung nach Apataki.

Der Wettbewerb beginnt nachmittags mit ziemlicher Verspätung. Dafür aber treten die Kinder zum Zählappell frischgeschrubbt und mit noch nassem Haar an. Die Mädchen tragen Pralinenschleifen darin. Der Schulanfang ist sowieso gleitend. Da die Kinder mittags für ihre Eltern das Essen kochen müssen, kann es schon mal später werden.

Die Kinder bedanken sich schon im voraus mit Küßchen und Muschelketten bei uns — und dann geht es los. Zwei kleine Mädchen tragen Eselskappen mit der Aufschrift: „Ich darf nicht tahitisch reden." Vor Eifer sind sie ihnen tief in die Stirn gerutscht. Anita versucht auf diese Weise, ihren Schülern, die zu Hause nur polynesisch sprechen, die Amtssprache Französisch einzutrichtern. La Georgette ist in Nöten. Das kleine Stadtkind aus Tahiti weiß nicht, wie ein Fisch aussieht. Sie möchte lieber eine Blume malen. Die Kinder von Apataki aber zeichnen ganz selbstverständlich Korallenfische, Haie und Wasserschildkröten.

Im Klassenraum mit den Muschelvorhängen sehe ich Wortkarten für die Erstkläßler und all den Schulkram aufgestapelt, den es auch in deutschen Schulen gibt. Es riecht auch genauso: Kreide und nasser Schwamm. Anita muß für die Schulbehörde auf Tahiti einen Unterrichtsplan mit Lehrzielen und Stundenberichten aufstellen. Lehrerin in Polynesien zu sein ist eigentlich nicht anders als bei uns. Mit einem kleinen Unterschied: Von nebenan dröhnt die „Stimme Apatakis" in den Klassenraum: Lea sitzt über ihrem Kurzwellensender und spricht Telegramme nach Tahiti durch. Die Dörfler hören vor der Tür andächtig zu. Das Postgeheimnis kennt man hier nicht.

Anita kocht ein polynesisches Essen für uns, das sie auf Palmblättern und in Kokosschalen anrichtet. Wir sitzen auf der Erde und tunken die Finger in eine Kokosmarinade, in der sauer gekochter Mahi-Mahi-Fisch schwimmt. Aus Poe, dem süßlichen, zähen Brei der Papaya, knetet man sich Kügelchen dazu. Das Ganze wird mit dem kühlen, klaren Wasser der Trinknüsse heruntergespült. Anschließend baden wir in der Lagune. Das Abwaschen übernehmen Hunde und die schwarzen Schweinchen. So hat Polynesien noch kein Müllproblem — bis auf die Plastiksandalen, die unzerstörbar auch an die einsamsten Strände treiben, sehr zum Ärger von zivilisationsmüden Weißen wie zum Beispiel Tom Neale, der sich auf dem Suvarow-Atoll ganz weit weg von allem wähnte. Doch eine heimtückische Strömung bringt ihm immer wieder Plastiklatschen.

In den BBC-Weltnachrichten heißt es, ein Protestschiff aus Neuseeland nehme Kurs auf das Mururoa-Atoll, wo demnächst wieder Atomversuche starten werden. „Anita, was denken die Leute von Mururoa eigentlich über die Tests?"

„Oh, das ist ein großes Fest. Für zwei Wochen schlafen alle im Bunker, sehen Filme, haben gutes Essen und spielen die Ukulele. Die haben das sehr gern", sagt Anita mit kurzem Auflachen. Ich werde nicht klug aus ihr.

Später, als wir auf Tahiti im Gauguin-Museum vor einem Bild stehen, das der Künstler in den Jahren 1900 bis 1903 malte — Frauen liegen träumend auf einer Holzveranda —, sagt Anita: „Apataki am Sonntagmorgen." Ist da Bitterkeit in ihrer Stimme? Tatsächlich scheinen auf den ersten Blick in den siebzig Jahren, die seither vergangen sind, nur noch das Transistorradio und der Büstenhalter dazugekommen zu sein. Die Veränderung sitzt tiefer.

Apataki erwartet die TAHITI NUI. Der Schein der Petroleumlampe flackert rötlich über glänzende, gebündelte Fischleiber und Koprasäcke, die seit Stunden auf der Pier vor sich hinduften. Dunkle Schatten kauern auf dem Boden. Ab und an ist ein Gesicht zu erkennen. Die Frauen nehmen fröstelnd die wattierten Morgenröcke und Handtücher fester um die Schultern. Die Nachtbrise ist frisch. Bellender Husten, Räuspern, Spucken. Die Kinder spielen Kriegen um die Fische herum. Hunde schnüffeln und jaulen auf, wenn sie verjagt werden. Handtellergroße Landkrabben steigen aus ihren Löchern und laufen raschelnd über den Kies.

Neumond, bewölkter Himmel, kaum ein Stern. Schwarz stehen die Palmen auf dem Ringgriff gegen den Himmel. Da, ein gelbes Licht bewegt sich gegen die Palmen. Darunter Rot und Grün. Die Kinder schreien vor Freude: Die TAHITI NUI aus Papeete läuft ein.

Die Decks des modernen Schiffes sind erleuchtet. Die Leinen sind noch nicht belegt, da schwärmen die Leute aus Apataki schon wie die Heuschrecken an Bord. Allen voran Lea in knallroten, hautengen Jeans und im nicht minder knappen T-Shirt. Das kräuselige, schwarze Haar steht in zwei Zöpfchen vom Kopf ab. Das breite Gesicht mit der platten Nase glänzt vor Freude, und alle Zahnlücken lachen mit. Lea ist dienstlich an Bord, deshalb ihr Gepränge.

Anita springt im Trainingsanzug über die Reling und kauft eine Runde Eiskrem für ihre Schüler. Die Passagiere reichen Kinder und Gepäckbündel an Land. Unter bewundernden Rufen folgen ein Kühlschrank und ein Gasherd, obgleich es weder Strom noch Gas auf der Insel gibt. Kisten für den Krämerladen, Zementsäcke, ein Betonmischer. Die Mannschaft staut geschäftig die Fische und Koprasäcke an Bord.

Eine halbe Stunde später schon legt die TAHITI NUI wieder ab. Die Lagune bleibt schwarz und leer zurück. Die Leute von Apataki gehen schlafen. Die Hunde auch. Die MAUNA KEA ist wieder allein an der Pier. Ratten und Krabben rascheln und huschen.

Und am nächsten Tag kaut das ganze Dorf Kaugummi.

Apataki am Sonntagmorgen. Die Lagune liegt verlassen da. Die Arbeit an der Kopra ruht. Alle schlendern die Dorfstraße entlang über den weißen Korallenkies zum Fußballfeld. Frauen und Kinder lagern um das Feld herum auf der Erde und werfen gelangweilt mit Steinchen nach den Hunden. Die zwei Dorfältesten lassen sich steif auf einem Palmstrunk ein bißchen entfernt nieder. Der Älteste trägt eine ausgebleichte, gebügelte Khakiuniform. Er ist schon 63 Jahre alt. „Das ist zu alt“, meint Lea, „die passen nicht mehr zu uns.“

Mangels Masse sind auf dem Spielfeld alle Altersklassen vertreten. Der Anpfiff verzögert sich. Man hat nicht genug Leute. Inzwischen ist es einigen Spielern zu langweilig geworden. Sie entfachen am Spielfeld ein Feuer aus trocknen Palmblättern und Kokosschalen und rösten sich Brotfrüchte. Anita und Lea stellen das Tonbandgerät an. Beatmusik und polynesische Schlager. Lea sagt: „Das ist mein Bruder, der gerade singt. Er ist auf Tahiti, in Papeete."

Die Mädchen seufzen. Die Männer bolzen mit dem Fußball herum. Großes Gelächter: Daniel hat ein Eigentor geschossen.

Von fern rauscht die Brandung gegen das Riff. Der Wind raschelt in den Palmblättern. Er bringt den süßen Duft der Tiare-Blüten.

Südsee 1972: Wir meinen sie nun zu verstehen. Aus den Trümmern unserer Träume entsteht das Bild eines Polynesiens, das den Anschluß an die moderne Welt sucht. Die Menschen aber sind dieselben geblieben: großzügig und herzlich. Wir beginnen, die Strapazen der zurückliegenden Wochen zu vergessen. Aber da ...

Tagebuch, 7. Mai 1972

»Wir können nicht länger bleiben. Wieder eine Ratte an Bord! Sie lief gestern nacht über Peters Füße. Seit drei Nächten haben wir nicht mehr geschlafen. Die Ratten kommen über die Leinen an Bord. Der Paß ist so schmal, daß wir nicht vor Anker liegen können. Wir sind ihnen ausgeliefert.«

Zerschlagen und übernächtigt brechen wir auf. Abschied von Apataki mit vielen Küssen und Umarmungen. Wir werden uns bald in Tahiti wiedersehen, denn alle, alle wollen uns besuchen, wenn dort anläßlich des französischen Nationalfeiertages am 14. Juli die Pazifischen Spiele ausgetragen werden.

Und tatsächlich werden wir schon am ersten Morgen auf Tahiti den Bürgermeister von Apataki und Anitas Schwester mit mehreren Kindern an Bord haben.

Am 10. Mai 1972, an Peters 36. Geburtstag, laufen wir in Papeete, der Hauptstadt Tahitis, ein, und ich will gleich nach Hause fliegen. Jedesmal, wenn eine der blitzenden Düsen-Maschinen über uns in den blauen Himmel steigt, fange ich an zu weinen: Erschöpfung und Heimweh. Selbst Peter gibt zu, ich sähe etwas spitz aus. Und wenn ein Ehemann das bemerkt, will das etwas heißen.

Hitze und Fliegen in den Galapagos, 21 Tage auf See zu den Marquesas, dort ungeschützte Ankerplätze und Nonos, Ratten in den Tuamotus und seit fünf Monaten keine Post von zu Hause. Ich will auf Tahiti nicht an Land. Ich will nichts Neues hören und sehen. Ich will nur ein kleines Loch unter Deck, in dem ich mich ausheulen kann. Peter ist erst traurig und dann böse:

„Bitte schön, du kannst ja nach Hause. Aber du mußt dir darüber klar sein, daß das die Scheidung bedeutet. Ich will nicht ohne Frau sein."

„So, du meinst also, du findest gleich eine neue! Den Zahn kannst du dir ziehen. Inzwischen weiß ich nämlich, daß nur verdammt wenig Frauen sowas mitmachen."

„Keine Sorge, ich finde schon eine. Braucht ja nicht für immer zu sein."

„Ach, guck dich doch um auf den Junggesellen-Schiffen! Wärst du zufrieden mit der fetten Marion, die sich von Boot zu Boot durchschläft? Die ist am Tage faul. Die würde nämlich nicht so viel am Boot tun wie ich."

„Frauen an Land müssen auch arbeiten. Und an Land warst du ja auch nicht zufrieden."

„Muß eine Frau an Land jedesmal mit dem Kopf unter den Teppich kriechen, wenn sie die Konserven fürs Essen zusammensucht?"

„Du bist ganz schön undankbar. Da biete ich dir nun die ganze Welt. Ein Leben, um das dich viele beneiden. Aber du bist dauernd nur am Meckern. Das macht mir langsam auch keinen Spaß mehr."

„Was bietest du mir schon! Hitze, Kakerlaken, Corned beef, Mükken, Schuften, ewiges Schuften. Immer ist das Schiff am wichtigsten. Wir sind ja nur noch Sklaven!"

„So, nun heulst du dich wohl wieder in deinem Tagebuch aus, Titel: ‚Meine Jahre mit Captain Bligh'."

Das Bordleben verlangt einer Frau offenbar mehr ab als einem Mann. Auch auf anderen Yachten wird gestritten – mit genau unseren Argumenten. Vor diesem Hintergrund ist auch die Frage der holländischen Yachtfrau Margret in den Galapagos zu verstehen: „Magst du Yachting?" Und alle anderen Seglerinnen nicken beifällig zu meiner vorsichtigen Antwort: „Manchmal schon." Gemeinsam arbeiten wir den Kernsatz heraus: „Yachting ist das ideale Leben für einen Mann."

Frauen an Bord müssen wandelbar wie Chamäleons sein. Auf See sind wir der Koch, der Kumpel mit Cordhosen und Portierszwiebel, Wachführer und Deckshand. Wir sind eben Crew.

Im Hafen verwandeln wir uns blitzschnell wieder in Frauen zurück, in reizvolle Wesen, die den Skipper verführen sollen. Ich habe eine Sammlung von ungefähr fünfzehn Bikinis (man kann auch mit weniger auskommen), und Peter legt Protest ein, wenn ich zwei Tage hintereinander denselben trage. Ein Mann aber kann es sich erlauben, stets er selbst zu bleiben, nämlich der Master, der Schiffsführer. Dieser ist immer schön, auch in der ältesten Badehose.

Da geschieht etwas, das sich rasend schnell an der Yachtpier von Papeete herumspricht. Ein Franzose bietet uns für die MAUNA KEA einen phantastischen Preis. Er kommt an mehreren Tagen zu uns, mit aufgeschlagenem Scheckheft und aufgeschraubtem Füllfederhalter. Und beide sagen wir, Peter und ich, ohne auch nur nachzudenken oder uns abzusprechen: „Es tut uns sehr leid, Roger, aber das Boot ist nicht zu verkaufen."

Für die anderen Yachtleute ist das unverständlich, denn viele von ihnen wollen doch gerade ihr Schiff verkaufen. Wir sind uns zwar darüber im klaren, daß uns unsere Entscheidung noch oft genug reuen wird. Doch wenn man eine solche Reise macht, dann verzichtet man von vornherein bewußt auf Geld und schraubt seinen Lebensstandard freiwillig zurück. Man setzt die Werte eben anders. Die Freiheit, überhaupt eine solche Reise tun zu können, bedeutet uns mehr als Geld.

Als ich mir vorstelle, die MAUNA KEA sei verkauft, wir säßen im Flugzeug nach Europa, und alles sei vorüber, da kommt zu meiner Verwunderung ein Gefühl des Bedauerns und der Enttäuschung auf. Mir ist, als ob wir fünf Meter unter dem Gipfel des Matterhorns aufgäben. Nein, wir müssen die Reise um die Welt beenden, sonst werden wir uns für immer fragen, was hinter dem Horizont liegt, was wir versäumt haben. In diesem Augenblick schließe ich Frieden mit mir selbst und dem Bordleben. Von nun an bin ich im Einklang mit meinen Aufgaben und kämpfe nicht mehr gegen das Schiff, gegen die Umstände, gegen Peter. Auf einmal ist auch alles leichter, und ich kann endlich voll genießen.

Die Flugzeuge fliegen ohne mich.

Meine Wandlung feiern wir mit einem Dinner und Folklore-Show im Maeva-Beach-Hotel. Die Tänzerinnen warten schon auf ihren Auftritt. Schnell noch ein paar hastige Züge aus der Zigarette, dann tänzeln sie auf die Bühne vor die Kameras und Blitzlichter der Touristen. Mit ihren Händen und Armen erzählen sie die alten Sagen von verzauberten Schildkröten, vom Fischfang und vom Koprahacken. Dann tanzen sie mit den Männern den aufregenden Tamouré. Beifall rauscht auf. Uns wird heiß vor Begeisterung: ein Stück der alten Südsee! Die Mäd-

Freiheit . . .

... kann mehr bedeuten als Geld – wenn man sie hat oder sich die Freiheit nimmt. Wer sie nicht hat, dem muß Geld ein Stückchen Ersatz bieten. Denn Geld ist geprägte Freiheit, wie Dostojewski schrieb.

chen gehen hinaus. Zigarette ins Gesicht, Sturzhelm auf die lang herabwallenden Haare, rauf auf den Motorroller. Die Polynesierin fährt nach getaner Arbeit nach Hause.

An der Pier von Papeete ist Hochbetrieb angesichts des bevorstehenden Bastille-Tages am 14. Juli; die Fahrtenyachten liegen dicht gedrängt. Nach dem Essen schlendern wir immer die Pier entlang und sehen uns die Schiffe an. Dabei entdecken wir eine uralte, verrostete Yacht vom Typ der JOSHUA Bernard Moitessiers. „Die sieht ja aus, als stamme sie aus Moitessiers Zeiten", delektiert Peter sich. „Mensch, da ist ja Moitessier!"

Später kommt Bernard zu uns an Bord und zieht Peter bei der Aufhängung seines Radarreflektors zu Rate. Wir können die Ehre kaum fassen. Der erfahrene Segler, der das berüchtigte Kap Hoorn bezwungen hat, fragt um Rat.

Er ist ganz bescheiden und lebt zurückgezogen unter uns. Die einheimischen Franzosen halten nicht viel von ihm. „Ein Verrückter", urteilen sie. Für uns Segler ist er schon Legende geworden, und jeder hat sich nach seinen Büchern ein Bild von ihm zurechtgelegt. Es ist ein Schock, ihn nun zu sehen: grauer Bart, graue Haare, tiefe Furchen im Gesicht, eine ausgemergelte Gestalt. Das ist der Mann, der sich so furchtlos der See anvertraute. In mir kommt die Angst hoch: Werden auch wir einen solchen Preis zahlen müssen und gezeichnet wie er zurückkommen? Gewiß, wir nehmen nur den „einfachen" Weg um die Welt, immer nach Westen, während Moitessier den für ihn „logischen" Weg nach Osten ums Kap Hoorn segelte. Muß man der See solch einen Tribut zahlen? Bernard Moitessier ließ wohl seine Seele irgendwo da draußen, denn obgleich wir mit der Fakirgestalt sprechen, fühlen wir, daß er gar nicht bei uns ist. Seine müden Augen sind weit weg und suchen hinter dem Horizont. Er ist unruhig. Er wird wieder auslaufen und sich dem Rhythmus des Meeres anpassen auf den langen, einsamen Wegen vor dem Bug seiner JOSHUA und die letzte große Freiheit finden. Er wird wohl nicht zurückkommen. Er ist mir unheimlich: wird die See auch unsere Seelen einfangen?

Die Yachten an der Pier müssen noch mehr zusammenrücken, um Platz zu schaffen für die dreizehn Schiffe, die gerade am Tahiti Race teilgenommen haben. Als erste macht die GREYBEARD aus Kanada fest. Dreizehn Mann Besatzung. Ein Millionärsschlitten. Perfekt und häßlich. Noch mehrere von der Sorte kommen, alle aus Amerika. Man riecht das Geld. Tolle Aufregung in Papeete. Fernsehkameras surren, Reporter pfeffern Fragen, Empfangskomitees hängen Blütenleis um Heldenhälse. Daneben die Fahrtenyachten. Schmuddelig und unansehnlich. Man geniert sich richtig, seine Wäsche neben so viel Glanz aufzuhängen.

Da läuft noch einer ein: zerbeulter schwarzer Aluminiumrumpf, vier Mann Besatzung. „Das ist einer von diesen Franzosen. Hat das Rennen gewonnen", knurrt der Eigner einer der Millionärsyachten grantig zu uns herüber. Sich den Namen Eric Tabarly zu merken, übersteigt wohl seine Fähigkeiten.

Und dann erscheint plötzlich die THALASSA mit Bobby und Karla Schenk. „Dem Kater geht es gut!" brüllt Bobby zur Begrüßung herüber. Uns fällt ein Stein vom Herzen: Tequila auf den Galapagosinseln ist munter.

Langsam geht uns der ganze Rummel in Papeete auf die Nerven: Verkehrslärm, Auspuffgase, Trinkgelage auf den Nachbarbooten. Und wenn ich auch diese Typen verabscheue, die einem alles vermiesen wollen mit der Bemerkung: „Papeete ist auch nicht mehr das, was es früher war", so kann man doch nicht übersehen, daß Papeete eine Großstadt ist, mit viel Synthetischem: Plastikblumen und mit „Tahiti" beschriftete große Einsteckkämme im Haar der Mädchen. Wir sind nicht deshalb gekommen. Bis zum 14. Juli ist es noch eine Weile hin. Nur zehn Seemeilen weiter warten Paradiese auf uns: Moorea, Raiatea, Tahaa Bora-Bora.

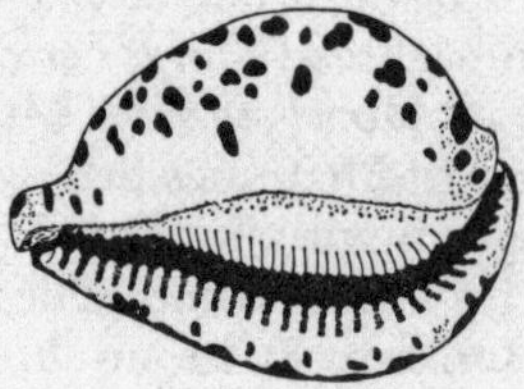

Die Tiger-Kauri

TRAUM UND WIRKLICHKEIT

Bora-Bora: die schönste Lagune der Welt — Moorea: das Tal der Tränen — Die letzten Polynesier — Käuze und Typen auf Tahiti — Tahiti und die Erstürmung der Bastille — Gigi

Bora-Bora, den 28. Mai 1972

Liebe Mutti, lieber Vati!

Heute regnet es. Da will ich mein Gewissen erleichtern und versuchen, ein wenig abzutragen von dem Berg an Erlebnissen und Gedanken, die sich in mir angesammelt haben. Vor allem will ich Dir auf Deinen Galapagos-Brief antworten, liebe Mutti, den Du vor fünf Monaten geschrieben hast und den ich heute erst erhalten habe. Larry von MORIAH *hat ihn gebracht. Larry hatte uns geholfen, die* MAUNA KEA *durch den Panamakanal zu bringen, und fühlte sich deshalb authorisiert, unsere Post aus dem Schuhkarton im „Postamt" von Academy Bay herauszuholen. Sie wandert sonst doch nur in den Papierkorb. Deshalb forstet jede vorbeikommende Yachtbesatzung den Karton durch. So haben wir* NATASHA *ein ganzes Bündel mit Briefen nach Tahiti nachgebracht. Ein Wunder, daß Ihr überhaupt meine Karten aus Galapagos bekommen habt, denn Briefmarken sind knapp in Ekuador.*

Liebe Mutti, Du schreibst von den Parzen, die ihr Garnknäuel abspulen und einen immer längeren Faden spinnen, an dem wir uns weiter und weiter von Euch entfernen. In den Fidschiinseln werden die ollen Parzen das Knäuel wieder aufrollen, denn dann haben wir die Hälfte der Welt geschafft. Wenn nicht jemand mit einer großen Schere kommt und „schnapp" den Faden abschneidet, wie bei Tobias Knopp.

An meiner Schrift wirst Du merken, daß ich nicht ganz konzentriert bin. Der Generator, dieses knatternde, stinkende Scheusal, läuft auf dem Achterdeck und macht meine Kopfschmerzen noch schlimmer. Ich rapple mich gerade wieder vom Krankenlager hoch: eine Mordserkältung mit Durchfall, Kopf- und Gliederschmerzen. Der Skipper von der amerikanischen SEATRECK *kam herüber und meinte trocken, daß ich mich in einer Woche zwar wieder glänzend fühlen würde, doch das sei keineswegs ein Grund zur Freude, denn — und hier sog er düster an seiner Pfeife — schon vier Tage später würde ich einen Rückfall erleiden. Seine Frau Donna läge gerade mit dem dritten Rückfall danieder. Die Krankheit heiße Däng-Fieber (phonetische Wiedergabe) und werde von Mücken übertragen. Deshalb wird Peter wohl verschont, denn wenn ich in der Nähe bin, kommen die Mücken lieber zu mir. Hoffentlich behält der Künder froher Botschaft nicht recht. Unter „Däng" oder „Dang" ist die Krankheit in meinem Medizinbuch nicht zu finden. Wer weiß, was der Amerikaner aus dem Wort gemacht hat. Immerhin ist es doch viel aufregender, an einer geheimnisvollen Tropenkrankheit als an ordinärer Grippe zu leiden. Da fallen mir sämtliche Abenteuerschrummen ein, die da beginnen: „Sein gelbliches, ausgemergeltes Skelett wird von Fieberkrämpfen geschüttelt, während draußen um die klägliche Hütte der Urwald wuchert, der Puma faucht und die roten Ameisen im Vormarsch sind . . ."*

Wir liegen mit dem Heck am Steg des Yachthotels „Oa-Oa". Das heißt „Lebensfreude". Der Manager, Hans, ist ein Deutscher, ein Doktor der Mathematik, der einem hochbezahlten Job in Amerika den Rücken kehrte und hier angespült wurde. Hans hat ein dickes Yachtbuch, in das wir uns eingetragen haben, und ein Kreditbuch unter der Theke. Jeder schreibt dort selbst seine Rechnung auf. Keiner kontrolliert. Alles ist lässig und entspannt. Eben „Oa-Oa".

Das Hotel besteht aus einzelnen Hütten mit Palmdächern und geflochtenen Mattenwänden. In der Versammlungshütte wird gegessen. Natürlich gibt es die für die Südsee obligatorischen Ratten in den Hütten, worüber sich eine Amerikanerin sehr beschwerte. Sie hatte auch selbst Schuld: Sie bewahrte Essen in ihrer Hütte auf. Es hat schon seinen Grund, daß in Polynesien alle Lebensbereiche säuberlich getrennt in verschiedenen Hütten untergebracht sind: Eßhaus, Kochhaus, Schlafhaus, Versammlungshaus. Die Südseeratten sehen eigentlich sehr niedlich aus. Wie pelzige, braune Maximäuse.

Bis auf eine amerikanische Filmgesellschaft ist das Hotel praktisch leer. Kein Wunder bei den stolzen Preisen. Das bescheidene „Oa-Oa" (kein Komfort, kein Swimming-pool) verlangt immerhin umgerechnet

70 DM pro Tag und Person. Das Hotel „Bora-Bora" nimmt sogar 200 DM. Die Eingeborenen sagen: „‚Bora-Bora', c'est fini." Das ist erledigt. Früher kamen noch die großen Passagierdampfer hierher, doch auch das ist seit einigen Jahren eingestellt.

Die Filmleute drehen im Auftrage der Disney-Gesellschaft einen Streifen über das Leben auf der Insel vor 300 Jahren. Schon seit acht Monaten ist das Team hier, und alle sind stumpf und mürrisch und fallen sich auf die Nerven. Wenn sie pro Tag zehn Sekunden Film im Kasten haben, sind sie froh, denn es regnet häufig, und der Himmel ist oft bedeckt. Sollte man gar nicht denken in der Südsee. Heute morgen streckte einer des Teams den Kopf zur Hütte heraus und gähnte: „Uaa, und wieder ein schöner verregneter Tag."

Die Filmleute stellen Dekorationen und Attrappen selbst her. Sie lassen von den Eingeborenen im alten Stil Segel aus Palmblättern flechten und Auslegerkanus bauen. Das ist für uns eine einmalige Gelegenheit, Kriegs- und Zeremonienkanus und Eingeborene in ihrem prächtigen Schmuck zu sehen. Denn was wir auf Tahiti bekommen, ist Abklatsch und billige Massenware. Die Frauen stellen für den Film Baströcke her. Es dauerte drei Monate, den Bast zu wässern und zu bleichen und was weiß ich noch. Ich bin überzeugt, daß die Baströcke auf Tahiti „made in Taiwan" sind.

Als wir mit Maschine in die Lagune kamen, sahen wir schon von weitem neben den Hütten des Hotels einen grauen, verwitterten „Tiki" stehen, ein Götterbild so groß wie die Statuen auf den Osterinseln. Der graue Stein sah alt und heidnisch aus, und im Zwielicht wurden die groben Gesichtszüge lebendig. Mir war richtig unbehaglich, wenn ich dort vorbeiging. Bis ich heute sehe, wie einer vom Filmteam den riesigen Tiki fröhlich pfeifend über seine Schulter wirft und damit abzieht. Der Tiki ist aus Schaumstoff. Aber so echt! Nun hockt da noch die täuschend lebendige Nachbildung eines Eingeborenen. Die Puppe soll später auf dem Riff mit einem Kanu Schiffbruch erleiden.

Gestern abend kam das Filmteam erhitzt und matt zurück. Den ganzen Tag waren sie hinter einem Schwein her, um ihm künstliche Hauer um die Schnauze zu wickeln. Das Schwein sollte ganz wild hinter einem Jungen herrennen und ein Hund hinter dem Schwein. Nun die richtige Reihenfolge herstellen! Und dann gingen die Hauer immer wieder ab! Am muntersten war abends noch der Junge. Selbst Schwein und Hund zeigten Anzeichen von Bühnenmüdigkeit.

Die Mutter des Jungen heißt Emile, wird aber allgemein Emmie genannt. Emmie ist die bekannteste oder der bekannteste Sänger von Bora-Bora und tritt abends in den Hotels auf. Emile fühlt sich ganz als

Frau, trotz seines sehr männlichen, massigen Äußeren. Er wünschte sich sehnlichst ein Kind. Da gab ihm eine kinderreiche Frau den Jungen ab. Emile adoptierte ihn. Der Junge nennt Emile Mama und findet es ganz natürlich, eine männliche Mutter zu haben. Für Polynesier ist das nichts Besonderes oder Anrüchiges. Jeder soll glücklich sein. So adoptieren unverheiratete Frauen Kinder, um nicht einsam zu sein, womit andere Frauen, die überreichlich mit Fruchtbarkeit gesegnet sind, eine Sorge weniger haben. Die Adoption ist übrigens nicht offiziell und amtlich, wird aber dennoch nicht weniger ernst genommen als bei uns. Homosexualität wird auf den Inseln ebenfalls als ganz natürlich hingenommen. Wie konnten nur christliche Missionare so blind davon überzeugt sein, daß sie diesen „armen Heiden" das Heil brachten?

Wir waren zur Wahl der Miss Bora-Bora. Sie fand im teuersten Hotel statt, das für diesen Abend völlig von Polynesiern in Besitz genommen wurde, die sich laut schwatzend auf den Treppen und im Saal drängten. Wir mußten ganz schön mit den Ellenbogen kämpfen, um überhaupt was zu sehen. Fein und vornehm sind die Polynesier nicht. Eher robust und laut für unsere Begriffe.

Peter kam grinsend von der Toilette zurück: Da kämmen sich die Mädchen ungeniert neben den Urinbecken. Die Geschlechtertrennung vor den beiden gewissen Türen ist Polynesiern unverständlich. Es ist doch alles menschlich.

Aber ich muß Euch gestehen, daß ich doch etwas verunsichert war, als Emile in der Damentoilette auftauchte, um sich mehr Papier in den Büstenhalter zu stopfen, und sich meinen Lippenstift lieh. Seither stehe ich auf bestem Fuße mit Emile (ich sollte ihn doch Emmie nennen), und er winkt mir fröhlich zu, wenn er auf dem Moped vorbeifährt in seiner ganzen massigen Pracht: Fußballeibchen und kurze Höschen, hochhakkige Schuhe, wehende schwarze Locken, schlenkernde Handtasche am Lenker.

Seit zwei Tagen rollen wir breitseits zum Wind in der Dünung. HeftigeRegengüsse mit Böen bis zu 30 Knoten. Wir haben das Sonnensegel zu spät abgenommen: Eine Öse ist ausgerissen. Gestern nacht hatten wir alles vorbereitet und waren startklar, um im Notfall, falls die Anker nicht halten, sofort auslaufen zu können. Kein angenehmer Gedanke, in der Dunkelheit losfahren zu müssen. Dazu war ein starkes Gewitter. Die SEATRECK, *die etwas entfernt vom Hotel ankert, mußte die ganze Nacht mit Maschine gegen den Wind halten, da die Anker nicht hielten (typisch amerikanisch: nur Leine statt Kette, das kann ja nicht halten!). Die Yacht drohte auf ein Riff zu treiben.*

Karibisches Barbecue. Kartoffeln und Bananen schmecken schließlich auch ganz gut.

Willkommen in Barbados! Sarah und Little Richard von der «Wibble Wobble» sind recht skeptisch.

An der Koprapier auf Apataki. Wegen der Ratten in respektvollem Abstand.

Bevor die Schule anfängt, schauen sie schnell bei uns vorbei.

Ein Flutstrom von 7 Knoten spült uns in die Arafura-See.

Mit knapper Not am Griesbrei vorbei.

Anitas Tante flicht Hüte und Matten für den Markt auf Tahiti. Puka, das Schweinchen, gehört unbedingt zur Familie.

Der Passat streicht über die Lagune und bringt den süßlich-vergorenen Geruch von Kopra.

Hurrikan «Bébé» ist nur noch 520 Meilen entfernt.

Bobby und Karla Schenk aus München überrascht «Bébé» in Fidschi.

Heißer Kakao mit Rum beim Wachwechsel wärmt bis runter in die klammen Wollsocken.

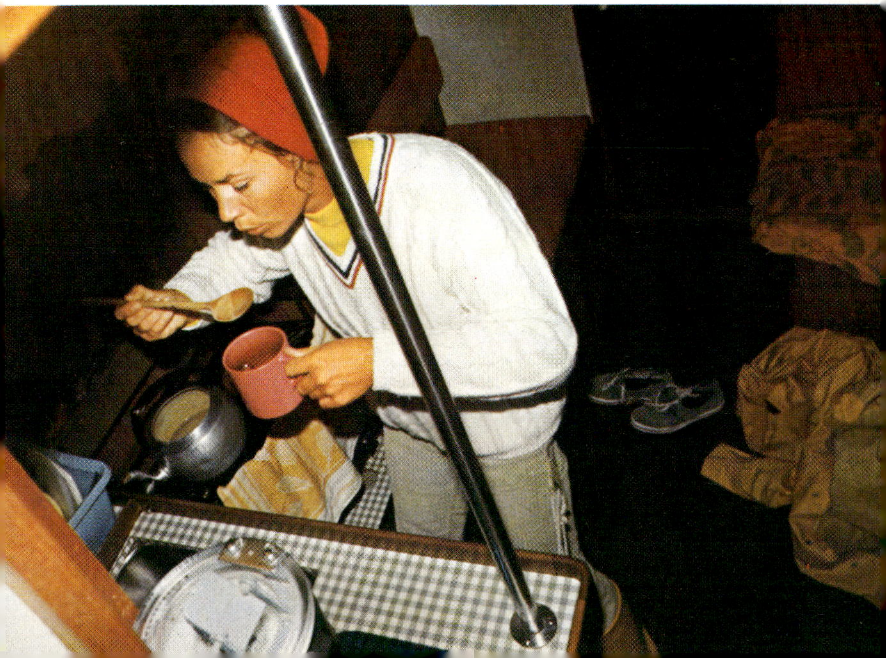

Vier Tage Wüste im Zentrum von Australien. Temperatur im Wagen: 48 Grad.

... und spüre noch immer Davids stiekelige, krüsselige Haare unter meinen Fingern ...

Wenn das Wetter besser wird, gehen wir für eine Woche hinter eine der unbewohnten Insel auf dem Ringriff, ein Motu, um mal wieder ganz allein zu sein. Ich muß auch endlich meine Artikelserie weiterschreiben. Das liegt mir schwer auf der Seele. Ist ja eigentlich jammerschade, in der schönsten Lagune der Welt unter Deck zu hocken und zu schreiben. Ich erfinde tausend Ausreden, um das vor mir herzuschieben ... wenn nicht Peter wäre, mein unerbittlicher Antreiber und Planer! Er hat sich als Junge den Namen Prometheus gewählt, der Vorausdenker. Sehr richtige Selbsteinschätzung.

Ich werde jetzt über die halsbrecherisch tanzende Gangway auf allen Vieren an Land krabbeln, um zur Post zu gehen. Irgendwann falle ich doch noch mal ins Wasser! Vorsichtshalber werde ich diesen Brief in eine Plastiktüte tun.

Viele herzliche Grüße und viel „Oa-Oa" für Euch von Eurer von Kleenex-Tüchern umflatterten Beate und auch vom Skipper Peter aus dem Klo (setzt eine neue Dichtung ein).

PS: Parahi oe! Auf Wiedersehen in zwei Jahren!

Allein in der schönsten Lagune der Welt. Die goldenen Blüten des Burau-Baumes öffnen sich am Morgen und fallen ins Wasser. Sie treiben lautlos vorbei. Das Wasser ist klar und unbewegt, so daß man nicht sagen kann, wo Luft beginnt und Wasser aufhört. Korallenfische spielen um unseren Anker in drei Meter Tiefe. Die Schatten der Fische wandern über den blassen Sandboden. Bunt ragen die Äste der Korallen empor. Am Himmel ziehen weiße Kumulustürme dahin und färben sich türkis über dem Wasser der Lagune. Auch die schneeweiße Brust des Tropenvogels färbt sich. Seine langen Schwanzfedern zittern. Der Totenvogel der Polynesier.

Abends dann donnert die Brandung dumpf gegen das Riff. Blauer Rauch steigt von einem Feuer auf dem Motu auf. Ein Vogel pfeift hohl. Stimmen kommen übers Wasser mit dem süßlich-vergorenen Geruch der Kopra. Fischer rudern vorüber. Der traurige, ferne Klang einer Conch hallt nach in der Stille. Fische weiden knispelnd im Bewuchs am Bootsrumpf.

Tagebuch 5. Juni 1972

»Moorea-Opunuu-Valley. Im ›Tal der Tränen‹. — Sind heute vom Slip gekommen. Es war ein Wettlauf mit dem Wetter und ein Kampf gegen Ratten und Mücken. Der Rumpf hatte ganze Muschelkolonien angesetzt, die wir abkratzen mußten. Wir schielten mit einem Auge ständig zum Himmel, weil die frische Unterwasserfarbe mindestens sechs Stunden trocknen muß, bevor man den zweiten Anstrich auftragen kann. Eine Verzögerung durch Regen hätte einen weiteren Tag auf dem Slip bedeutet, also auch mehr Geld. Wir haben es gerade noch geschafft: Als das Schiff vom Slipwagen sanft ins Wasser hineinglitt, fielen die ersten Tropfen.

Die Werftarbeiter waren bestimmt erleichtert, als sie unser Heck sahen, denn wir haben einen ganz schönen Wirbel wegen der Ratten gemacht, die nachts die Eisenstreben des Slipwagens hochklettern und an Bord kommen. Peter verlangte Rattenabweiser um die Stützen, die auch widerstrebend angefertigt wurden, freilich mit viel umständlichem Getue und der Bemerkung, noch keine Yacht habe sich je darüber beschwert. Abends stiegen wir dann über eine Leiter hoch, die wir anschließend umwarfen. Wir saßen unangreifbar wie in einer Burg, konnten allerdings nun nicht eher von Bord, bis die Arbeiter uns am nächsten Morgen die Leiter wieder an die Bordwand stellten. Ich dachte immer: Werden sie es auch tun?

Gegen die Mücken auf dem sumpfigen Slipgelände halfen selbst Moskitospiralen kaum. Einmal glaubte ich eine Anophelesmücke, die Überträgerin der Malaria, an der Wand sitzen zu sehen. Sicherheitshalber habe ich sie erst mal erschlagen, ehe ich mit dem Medizinbuch an die Identifizierung ging. Blinder Alarm. Trotz des übelriechenden Sprays, den ich mir auf jeden Zentimeter nackter Haut sprühte, piesackten sie mich weiter. Ich als Mücke wäre davor zurückgeschreckt. Selbst Peter wollte seinen Gute-Nacht-Kuß, bevor ich mich einnebelte.

Das Waschbecken der Werft war mit Rattenkötteln verstopft.

Nun haben wir eine geruhsame Woche im ›Tal der Tränen‹ vor uns, wie die Eingeborenen es nennen. Sie finden die Stimmung hier traurig, da die Sonne erst spät am Morgen hinter den hohen Felszacken auftaucht. Vorher sieht das Wasser schwarz und unheimlich aus, und der Tau in der dichten, tropischen Vegetation am Ufer trocknet erst gegen Mittag. Wir finden es traumhaft schön hier und sind im Augenblick die einzige Yacht. Hoffentlich bleibt das so.

Jeder Weltumsegler wird aus dem Opunuu-Valley diese Aufnahme mit nach Hause bringen: im Vordergrund die Segler, dahinter die Yacht und der berühmteste Krater Mooreas. Selbstverständlich sollte dieses Foto auch in unserer Sammlung nicht fehlen. Gewissenhaft fuhren wir in unserer polynesischen Ausrüstung mit Stativ, Kamera und Selbstauslöser an Land. Ein Glück, daß uns keiner dabei beobachtete; man kommt sich ja doch ziemlich doof vor, so mit Muschelkette und

Muschelkrone. Gerade sind wir soweit, haben die Entfernung ausgemessen und mit einer Kokosnuß Peters Standort markiert, zu dem er sich nach Betätigen des Selbstauslösers hinhechten muß, als mit quietschenden Bremsen ein Reisebus vor uns hält und Fremde uns unter Ausrufen des Entzückens durch Zeichensprache zu verstehen geben, so zu verharren, und hektisch ihre Fotoapparate abschießen. Die letzten echten Polynesier! So ein Glück!

Langsam klärt sich das Mißverständnis. Der eine Polynesier sieht mit seiner Hakennase und den blonden Locken sowieso mehr einem Wikinger ähnlich. Auch besitzen Polynesier vermutlich keine Kameras, mit denen sie sich selbst aufnehmen. Die Reisegruppe ist aus Argentinien. Peter holt aus der untersten Etage die Spanischkenntnisse hervor und erklärt, da draußen läge unser Schiff, mit dem wir von Deutschland gekommen seien. Alle drücken uns die Hand und wünschen uns viel Glück. Die Señoras sehen Peter tief in die Augen und sagen: ›*Muy linda, muy linda.*‹ Ob sie damit Peter, das Schiff oder mich meinen, bleibt offen.

Peter hat mich gerade an Deck gerufen. Das muß ich mir ansehen! Der Mond hängt unwirklich rund über den berühmten schwarzen Vulkanschroffen. Das Wasser ist wie ein Silberspiegel, der das Bild der MAUNA KEA zurückwirft. Auf dem Kocher bollern die Kartoffeln fürs Abendbrot. Peter hängt gerade die Ankerlaterne in die Wanten. Nach dem Essen werden wir noch ein wenig an Deck in der kühlen Seebrise sitzen. Wenn wir all diese Schönheit doch mitnehmen könnten!«

7. Juni 1972

»Es ist wirklich lächerlich! Da aalen wir uns in dieser wundervollen Bucht und sollten uns eigentlich um nichts Gedanken machen. Statt dessen wird unser Kopf immer schwerer, wenn wir die BBC-Weltnachrichten hören. Die Deutsche Welle wird seit einigen Tagen von einem anderen Sender überlagert. Wenn wir auch von Politik nichts mehr hören wollten, so geht sie uns im Augenblick dennoch sehr viel an, weil wir unsere weitere Reiseroute nach der Entwicklung im Nahen Osten planen müssen. Die Situation dort wird immer kritischer, denn gerade hat Israel ein libanesisches Schnellboot versenkt. Das kann Krieg bedeuten.

Wir hatten ursprünglich vor, das Rote Meer hochzusegeln und das Schiff auf einem Lastwagen durch Israel ins Mittelmeer zu bringen. Peter kennt auch schon die Adresse der israelischen Transportgesellschaft, durch die Crew einer australischen Yacht, die vor drei Jahren auf dem Landwege ins Mittelmeer gekommen ist. Dabei sind sie nur einmal beschossen worden, erwähnt einer der Jungen beiläufig. Du liebe Zeit, selbst das ist uns zuviel! Außerdem war die politische Lage vor drei Jahren wesentlich entspannter als heute.

Peter spricht immer öfter vom Kap der Guten Hoffnung und studiert Wetterkarten vom Indischen Ozean. Spätestens in Australien, in ungefähr vier Monaten, müssen wir uns über unseren weiteren Weg wegen der Seekarten klarwerden. Mir ist es nicht geheuer. Aber Peter meint, unter Umständen sei der Weg durch den Indischen Ozean sicherer als durch Israel. Auf der anderen Seite aber wird unsere Weltumseglung dadurch um viele tausend Meilen länger.

Auch der Pazifik ist im Augenblick nicht gerade friedlich. Wir hörten es ja bereits auf Apataki, daß Frankreich wieder überirdische Atombombenversuche auf dem Mururoa-Atoll angekündigt hat, provokatorisch genau zum Zeitpunkt der Internationalen Umweltschutzkonferenz. Das Atoll ist nur 900 Kilometer von uns entfernt.

Bombenattentat auf eine französische Fluglinie in Neuseeland. Daraufhin Embargo für alle neuseeländischen Erzeugnisse. Das bedeutet für uns: keine preiswerten Molkereiprodukte und kein Fleisch mehr. Nur noch die unerschwinglich teuren einheimischen oder französischen Produkte. Zwölf Eier kosten umgerechnet fünf Mark! Und das sind noch dazu Eier von einheimischen Hennen. Unbegreiflich.«

Rechtzeitig zum Bastille-Tag und den Pazifischen Spielen laufen wir wieder in Papeete ein. Die Yachtpier ist gedrängt voll, und wir ankern à la Mittelmeer: Anker werfen, Maschine rückwärts und drauflos. Und richtig, von den Nachbaryachten turnen alarmiert alle Leute zu der winzigen Lücke hin, die Peter zu unserem Liegeplatz ausersehen hat, und stehen mit Bootshaken und Fendern bereit. Jemand fragt mit New Yorker Akzent: „Müßt ihr denn unbedingt hier rein?“ Amerikanern ist es nämlich sehr unheimlich und ungewohnt, so auf Tuchfühlung zu liegen. Sie haben eben noch nicht die Parksorgen zu Wasser wie wir Europäer.

An Steuerbord ragt die WINDWAGON II aus Oregon über uns empor. Ein riesiger Trumm aus Zement. Jeder Yachtmann bleibt in stiller Schadenfreude vor dem Ungetüm stehen und kritisiert genüßlich alle Scheußlichkeiten. Es gibt nichts Intoleranteres als Yachtleute und auch keine fanatischeren Anhänger von Stahl, Holz- oder Betonbooten, von Schoner- oder Bermudarigg, von dieser elektrischen Steuerung oder jener. Das Glaubensbekenntnis hängt stets vom eigenen Schiff ab. Das ist natürlich immer das beste. Und selbst wenn wir auf jeder gemeinsamen Segelpassage mit BEBINKA Scotts beredte Klagelieder über die Lecks zwischen Deck und Rumpf schon auswendig kennen, preist er dennoch seine BEBINKA LOYAL in jedem Hafen- und Yachtbuch dankbar als das Superboot.

„Gewiß, WINDWAGON sieht von außen etwas roh aus", gibt Dick, der Eigner und Erbauer zu, „ich habe die Außenschale in acht Stunden zementiert, weil ich endlich loswollte. Wenn man darauf wartet, daß alles bis aufs I-Tüpfelchen fertig ist, dann kommt man nie weg." Er hat recht. Wir haben in brackigen Flußarmen und auf Hinterhöfen Boote gesehen, an denen seit zwanzig Jahren gebaut wird, ohne daß der Besitzer tatsächlich den Mut aufbringt, loszufahren.

Dick ist 48 Jahre alt. Er hat sich von seinen Partnern im Anwaltsbüro auszahlen lassen und kann nun endlich all das tun, wozu er Lust, doch nie Zeit hatte. „Dick, was ist denn das bloß für ein Elefantenrüssel, der da aus dem Bullauge hängt?" „Och, das ist für meine elektrische Orgel; ich wollte schon immer Orgelspielen lernen. Und damit ich sie auch unterbringen konnte, mußte ich das Schiff so groß bauen." Oft hören wir Dick, fröhlich vor sich hinpfeifend, die Orgel malträtieren.

Ein dufter Typ, dieser Dick, und ich mag ihn sogar noch lieber, als er mir anbietet, die Wäsche in seinen elektrischen Wäschetrockner zu tun. Schließlich entwaffnet Dick alle Yachtleute mit einer großen Party, zu der er und seine Tochter Roxane einladen. Es gibt keinen Alkohol, denn Dick ist Abstinenzler. Aber es gibt eine Menge zu sehen: Waschmaschine, Geschirrspülmaschine, einen Salon, der als kombiniertes Eß-Wohnzimmer im Tiroler Stil eingerichtet ist. Jeder muß anerkennen, daß WINDWAGON doch eine Menge für sich hat, und die Frauen freunden sich mit Roxane an, um ihre Wäsche in der Maschine waschen zu können.

Leider ist der WINDWAGON II ein schlimmes Ende bestimmt. Sie strandet einen Monat später auf dem Riff von Rarotonga, das auch der berühmten Segelyacht YANKEE zum Verhängnis wurde. Alle Bergungsversuche scheitern an ihrem ungeheuren Gewicht. Über die Segelfreunde legt sich ein dunkler Schatten. Da kommt eine Nachricht von Dick: „Orgel gerettet!" Wir atmen auf. Er läßt sich nicht unterkriegen. Nun sind wir sicher, daß eines Tages WINDWAGON III in Papeete einlaufen wird.

Manchmal kommt Werner zu uns. Er segelt mit Karl auf einem acht Meter langen Boot ohne Selbststeueranlage. Karl hat zu sagen an Bord. Werner ist nur „Beifahrer". Er war nämlich Fernfahrer und beurteilt alles aus dieser Sicht. Alle sechs Wochen bekommt er seinen Moralischen, wenn er an das schöne Geld und das Essen denkt, das er zu

Hause bei seiner Mutter hatte. Dann säuft er sich einen an. Aber Karl ist diesmal dahintergekommen und hat die Reservepulle mit Rum ins Wasser geschmissen. Werner weint: „Konnte er die Pulle nicht einfach verstecken? Nein, da schmeißt er das schöne Geld in den Hafen. Aber ich bin sofort in den Hungerstreik getreten."

„Mensch, Werner, mach doch keinen Mist. Wo du doch bei uns zum Essen eingeladen bist. Wie lange hungerst du denn schon?" Dem kugelrunden Werner könnte allerdings ein wenig Hungern nicht schaden. „Seit heute", sagt Werner, „ich habe gleich eine Büchse mit Ölsardinen ins Wasser geworfen." Karl lacht. „Na ja", hängt Werner kleinlaut an, „die mußte ich dann mit Schnorchel und Tauchmaske wieder raufholen."

Ölsardinen, Kartoffeln und Zwiebeln sind die Diät bei ihnen an Bord. Sie klagen ständig über Geldmangel, so daß jeder sie mal zum Essen einlädt. Doch als wir den beiden eine gutbezahlte Arbeit in Papeete bei einem Bekannten vermitteln wollen, lehnen sie ab. Kein Interesse.

Seinen Hungerstreik setzt Werner glücklicherweise bei uns nicht fort. Es gibt schließlich Sauerkraut mit Schinken und Knödeln und hinterher eine Käseplatte.

Karl ist der Kopf an Bord. Er hat nur eine bescheidene Schulbildung, gleicht mangelndes Wissen aber mit Redegabe und gewandtem Auftreten aus. Er ineressiert sich für Zoologie, am meisten für Reptilien. Sehr fesselnd unterhielt er uns mit der Geschichte, wie er am Amazonas einen der Wissenschaft angeblich unbekannten maulbrütenden Fisch entdeckte und darüber auch in Fachorganen schrieb. Karla von der THALASSA als Pharmazeutin aber entlarvt ihn schnell: „Karl, mir brauchst du das nicht zu erzählen, ich habe das nämlich studiert."

Karl schreibt auch Artikel für seine Heimatzeitung. Die bringt er gleich zur Begrüßung im Aktenordner mit, damit man weiß, mit wem man es zu tun hat. Seine Berichte strotzen von Stürmen und haushohen Wellen, und immer heult der Wind in der Takelage ... Er erlebt sogar (telepathisch) einen Hurrikan auf den Fidschiinseln, obwohl Bobby und Karla bezeugen, daß er erst zwei Wochen nach dem Hurrikan in Fidschi einlief.

Ein Aufschneider und Blender. Das ist leider nicht alles. Karl segelt unter deutscher Flagge und unterläßt nichts, den Ruf der Deutschen und der Fahrtensegler überhaupt zu untergraben. Die Eingeborenen lachen über ihn, wenn er Werner an den Strand schickt mit dem Auftrag, Kokosnüsse zu stehlen. Die kosten einen Cent pro Stück, und die Einheimischen verschenken sie freigebig. An den Kassen der

Supermärkte fehlen ihnen immer einige Cent. Anfangs läßt die Kassiererin sie großzügig gehen und ersetzt den Fehlbetrag aus ihrer eigenen Tasche. Doch dann ergeht die Anordnung, daß Ware an Yachtleute nur gegen bar abzugeben ist. Das trifft uns alle, denn man muß oft bis zu zwei Wochen warten, bis das georderte Geld von zu Hause in diesem Teil der Welt eintrifft.

Fast überall in der Welt genießen Fahrtensegler volles Vertrauen, und es wird uns eine überwältigende Gastfreundschaft entgegengebracht. In den Yachtclubs übergibt man uns die Barschlüssel, überprüft nie die Getränkerechnung, stellt uns alle Einrichtungen zur Verfügung. Da brauchen nur Leute wie Karl und Werner aufzutauchen, und wir sind alle in Verruf. Wir kommen uns zwar wie miese Denunzianten vor, aber als wir wieder einmal so freundlich auf einer Insel aufgenommen werden, warnen wir die Einwanderungsbehörden und den Yachtclub vor den beiden.

Wie Karl sich selbst einschätzt, zeigt seine Reaktion auf das Gerücht, Bobby Schenk schreibe gerade einen Artikel über Hochstapler auf See. Äußerst erregt stellt Karl den Bobby zur Rede, der davon gar nichts weiß. Jemand wollte den Karl wohl ein bißchen ärgern.

Irgendwo sind sie verschwunden. Karl fieberte den drei Meter langen Waranen auf den Komodo-Inseln bei Bali entgegen, die mit einem Happs einen halben Hirsch verschlingen. Ob so ein Waran etwa . . .?

Vielleicht aber wird in einigen Jahren in Deutschland ein kleines Boot einlaufen, den Reportern zum Wohlgefallen, denn Karl endlich wird ihnen etwas bieten. Im Gegensatz zu den anderen drögen Weltumseglern, die ihre Reise, wenn sie glücklich endet, stets als ereignislos bezeichnen und eine heilige Scheu vor Übertreibungen haben. Peter sagt immer: „Eine Weltumseglung als solche ist schon gefahrvoll genug. Man braucht sie nicht noch künstlich zu dramatisieren."

In Papeete können die Skipper endlich ungehemmt ihrer Neigung frönen, von Booten zu reden, Erfahrungen auszutauschen und andere Boote zu besichtigen. Scott macht sich schon frühmorgens auf seine Besuchsrunde und überläßt seiner Frau Kitty häusliche Dinge wie Diesel in Kanistern zu holen.

Ich kann das Gerede langsam nicht mehr hören! Endlose Kreisgespräche, die unweigerlich immer wieder bei den Vorzügen des eigenen Schiffes enden. Und schließlich, wenn man die Symptome nicht rechtzeitig deutet und vorher die Kurve kratzt, werden aus dem Kartentisch wie ein Goldschatz die Pläne für „N.B.II" (Neues Boot II) hervorgeholt, die jeder Skipper schon lange gezeichnet hat, obwohl er ja eigentlich ein vorzügliches Boot segelt. Peter macht hierbei keine Ausnahme.

Und dann die Fachausdrücke! In Englisch und Französisch. Langsam bin ich soweit, daß ich Bootsführungen in Peters Abwesenheit durchführe, egal in welcher Sprache, und mich dabei nur auf die technischen Details beschränke, zur Verblüffung der Besucher. Wer traut mir schon Sachkenntnis zu, wenn ich anfange, von unserem Generator zu erzählen, der beim Segeln von der Propellerwelle angetrieben wird, und wenn ich mit dem Tremolo der Begeisterung in der Stimme unsere höchste Amperezahl nenne! Länge, Breite, Tiefgang der MAUNA KEA, Perkins Diesel *four one o seven* (4107), Leistung bei soundsoviel Umdrehungen —, ich schnurre es wie eine Schallplatte ab.

Wenn ich genug bewiesen habe, daß ich nicht nur für Koje und Küche da bin, kann ich endlich mit den Frauen einen gemütlichen Plausch über Bikinis, die Rüsselkäfer im Mehl und die billigste Münzwäscherei abhalten. Uns Frauen geht es allen gleich. Wir leben in einer Männerwelt und tun die meiste Zeit Männerarbeit. Wir müssen Landratten aber immer wieder beweisen, wie tüchtig wir sind. Die Tatsache, daß wir nun schon halb um die Welt gesegelt sind, zählt für sie offenbar gar nicht. Da es sich meist um überhebliche Exemplare von Ignoranten handelt, macht es mir oft einen diebischen Spaß, solche Landlubber planmäßig zu verunsichern, nachdem sie ein, zwei harmlose technische Fragen abgeschossen haben. „Möchten Sie vielleicht unseren Umformer sehen? Oder hier, das ist unser Generator. Ich schmeiß' ihn mal an für Sie. Ach nein, es macht überhaupt keine Mühe. Wie schade, daß Sie schon gehen müssen." Diese Behandlung gedeihe ich nur sehr unsympathischen Typen an, die mit Schuhen an Bord kommen, gleich in alle Schränke gucken und ausrufen: „So lebt ihr also. Wie niedlich!"

Der düstere Skipper der SEATRECK auf Bora-Bora hat leider recht behalten mit seinen Prognosen über das sogenannte Däng-Fieber. Ausgerechnet zu den Pazifischen Spielen bekomme ich den zweiten Rückfall und möchte nur Ruhe, Dunkelheit und Kühle haben für meinen schmerzenden Kopf. Anita kommt jeden Tag, um uns zu den Veranstaltungen zu fahren, die weit über Papeete verstreut abgehalten werden. Sie diagnostiziert „Däng" als das Dangue-Fieber und rät zu Penizillin. Oft fährt Peter allein mit Anita, um zu filmen und zu fotografieren. Zu meinem elenden Zustand mit dem Schmerz hinter den herausquellenden Froschaugen und der Triefnase kommt das Selbstmitleid: Nie wieder im Leben werde ich vermutlich auf Tahiti sein. Und ausgerechnet jetzt versäume ich alles. Hoffentlich werden wenigstens die Filme gut, damit ich später auf Zelluloid nachvollziehen kann, was ich in natura versäume.

Von meinem Beobachtungsplatz im Cockpit aus sehe ich die Menschenmenge vorüberziehen. Eine Tanzgruppe kommt vom Wettanzen im Gouverneurspalast zurück. Die Männer tragen lange Baströcke und Schilfbänder um Kopf und Arme und suchen sich einen Weg durch den Autostrom. Einem wird das ganze Geschleuder zu lästig. Er reißt sich den Bastrock vom Leib, das Schilf dazu, und stopft alles in die nächste Abfalltonne. Zufrieden hakt er seine europäisch gekleidete, elegante Frau unter, nimmt das Söhnchen an die Hand und wandelt in Badehose nach Hause.

Peter kommt wütend zurück und schimpft über die „elende Geldschneiderei". Der Eintritt zum Pferdereiten im Pareu auf ungesattelten Pferden kostet pro Person umgerechnet 20 DM. Bei allen anderen Veranstaltungen ist es ebenso. Damit ist aber noch lange nicht gesagt, daß man sich einen guten Platz zum Filmen erkauft hat. Ich hole mir später eine Ausgabe der „France Australe", der Tageszeitung Tahitis, und finde darin die herrlichsten Momentaufnahmen vom Koprahacken und Lanzenwerfen um die Wette, vom Hutflechten und Kanufahren. So gut können Peters Aufnahmen gar nicht geworden sein, obwohl er schließlich voller Wut sogar eine Technik entwickelt, sich ohne Bezahlung hineinzumogeln.

Für die Polynesier selbst ist der Eintritt unbezahlbar. Sie müssen ein Leben lang für ein Gebiß sparen. „Falsche Ernährung", sagt mein weißer französischer Zahnarzt in Papeete, „sie essen nur Corned beef aus der Büchse, und den Fisch verkaufen sie." Das Benzin für den Außenborder der Fischerboote ist so teuer, daß die Eingeborenen selbst sich den Fisch gar nicht leisten können und ihn an die Hotels verkaufen. Eine Büchse Corned beef, aus Neuseeland importiert, ist da wesentlich billiger als der Fisch aus der Lagune vor ihrer Haustür.

Die Zahnarzthonorare sind ebenfalls zu hoch für Polynesier. Am billigsten ist das Zahnziehen. So läßt der Polynesier sich lieber alle Zähne ziehen und tröstet sich philosophisch: „Dann kann nichts mehr weh tun." Sein Schönheitsideal wird durch eine junge, zahnlose Wahine überhaupt nicht angefochten, während Peter doch hörbar schluckt, als die hübschen Mädchen ihn zahnlos anlächeln. Für den Film „Die Meuterei auf der Bounty" mit Marlon Brando mußte das amerikanische Filmteam den mitwirkenden einheimischen Mädchen erst Zahnprothesen anfertigen lassen.

Ein weiterer Grund für die Zahnlosigkeit der Südseemenschen ist der Mangel an Zahnärzten. In den Tuamotus beispielsweise gibt es überhaupt keinen Arzt. Der würde sich schön bedanken, sich nach dem Studium in Frankreich auf einem Korallenatoll niederlassen zu müssen und als Honorar Kokosnüsse zu erhalten. Gauguin-Naturen sind selten. Der Zahnarzt besucht die Atolle jedes halbe Jahr für eine Stunde. Da bleibt keine Zeit für eine differenzierte Behandlung. „Arracher! Raus damit!“ ist die Devise.

Akademiker auf Tahiti sind weiß und Franzosen. So glücklich die Rassenpolitik der französischen Regierung auf Martinique ist (Martinique ist ein Distrikt von Paris und jeder Martiniquer besitzt die französische Staatsangehörigkeit, gleich, welcher Hautfarbe), so konträr ist sie in Französisch-Polynesien. Die Weißen bilden die Oberschicht und mischen sich nicht mit den Polynesiern. Es kann aber nichts Hochnäsigeres geben als Franzosen, wenn sie sich überlegen fühlen. Wir bekommen das genauso zu spüren wie die Polynesier, denn auch wir sind ja nicht gesellschaftsfähig, sondern „hergelaufenes Pack“. So hegen die Polynesier ihrerseits keine überschwenglichen Gefühle für die Franzosen.

Peter und ich werden auf Apataki zunächst für Franzosen gehalten, weil unser Französisch besser ist als das der Polynesier. Man ist anfangs ziemlich reserviert. Englische und amerikanische Laute dagegen werden viel freundlicher aufgenommen, obwohl keiner in Französisch-Polynesien Englisch versteht.

Capitain Cook kam von seiner ersten Pazifikreise mit der Kunde von einer „noblen Gesellschaft von Heiden“ im fernen pazifischen Meer nach England zurück. Heiden, die eine Aristokratie hatten und Sklaven hielten. Der König von England war so sehr beeindruckt, daß er Cook auf seine zweite Reise Geschenke für den König dieser Inseln mitgab, um sich dessen Freundschaft — und natürlich seinen Machtanspruch — zu sichern.

Jede Erinnerung an die Zeiten, als der König von Tahiti seinem lieben Bruder im fernen „Beretania“ Grüße ausrichtete, ist vergangen. Auch der Name Cook weckt keine Legende, keine Sage. Wenn ich Anita aus der Zeit erzähle, antwortet sie desinteressiert: „Ach, ja?“ und ich höre auf.

Geschichte ist für die kleinen Polynesier die französische Revolution. Jeden Tag bringt der Schulfunk Sendungen über *La Gloire de la France*. Nichts geschieht von seiten der Franzosen, um das Selbstbewußtsein dieses Volkes zu erwecken und es zu seinen Wurzeln zurückzuführen.

Die Neuseeländer dagegen sind seit vielen Jahren bemüht, „ihren“ Maoris ein Traditionsbewußtsein zu erhalten und ihnen gleichzeitig den Weg in die moderne Welt zu ebnen. Der erste Maori, dem wir auf Tahiti in einem Restaurant begegnen, ist Flugzeugmechaniker.

Er tafelt mit seiner Bordcrew an unserem Nachbartisch. Wir kommen ins Gespräch. Sein Tischnachbar ist ein weißer Neuseeländer: der Bordstewart. Der massige Maori mit der sanften, melodischen Stimme erzählt von seinem Haus und seiner Familie in Auckland, von seinem Segelboot. „Wenn ich den Wind in meinem Haar spüre, dann bin ich frei." Die Augen leuchten aus dem dunklen Gesicht. Er verabschiedet sich mit einem vollendeten Handkuß von mir.

Undenkbar, etwa mit einem Polynesier im Restaurant zu sitzen! Die Preise sind ja sowieso viel zu hoch für sie. In einigen Diskotheken am Hafen sind sie geduldet; dort trinken sie ihr Bier. Sie werden bald sehr laut, so daß die Weißen unmerklich, mit hochgezogenen Augenbrauen, abrücken. Ihr Vorurteil ist wieder einmal bestätigt worden: Man kann diesen Burschen keine Kultur beibringen.

Nirgends wirkt sich der Einfluß des weißen Mannes verderblicher aus als in Französisch-Polynesien. Mit westlicher Überheblichkeit und sektiererischem Eifer stürzten sich ganze Schiffsladungen von Missionaren auf diese sanften, gastfreundlichen Menschen und trieben die Entsetzten unter Androhung der schlimmsten Strafen in die eilig zurechtgezimmerten Kirchlein. Von da an war alles verboten. Ihre Kleidung war zu aufreizend — am meisten wohl für die Missionare! —, so daß eine Missionarin entschlossen eine Zwangsjacke für die losen Südseeschönen entwarf, die jeden Quadratzentimeter der Haut bedeckte und praktisch nur das Gesicht freiließ. Sie erwarb sich unsterblichen Ruhm: Diese sogenannten Mother-Hubbard-Kleider werden von den Eingeborenen noch heute getragen und von Touristinnen neuerdings entzückt als Folklore-Andenken mit nach Hause genommen. Die heimische Industrie, von Franzosen geleitet, hat sich sofort auf die gesteigerte Nachfrage eingerichtet. Wir begegnen diesen Kleidern vor allem auf den Marquesas-Inseln und in Neukaledonien.

Man nahm den Polynesiern alles: Kleidung, Sitten, Kultur, und gab ihnen dafür: Religionen gleich dutzendweis, Krankheiten, Kinder, Verbote.

Es ist wahr, daß der Polynesier nicht unseren westlichen Ehrgeiz hat. Joseph ist zufrieden, wenn er mit seiner Frau und dem kleinen Sohn den Tag über im Schatten auf der Veranda liegen und dabei die Ukulele spielen kann. Oder er paddelt mit seiner Familie in den Pirogen hinüber zu einer der unbewohnten Inseln auf dem Ringriff, den Motus, wo seine Kokospalmen stehen. Dort auf dem Motu wird die Familie eine Woche lang zusammen arbeiten und leben. Die Männer klettern zwanzig, dreißig Meter die schlanken Palmstämme hoch und ernten die Nüsse. Frauen und Kinder tragen sie zusammen. Mit einem gefährlichen, macheteartigen Messer spaltet Joseph die Nüsse mit einem Hieb und hebelt das weiße Fruchtfleisch, die Kopra, heraus. Die anderen bauen niedrige Gestelle, auf denen das Fruchtfleisch auf Palmblättern zum Trocknen ausgebreitet wird – zur Freude der Ratten! Bald wird es den leicht vergorenen Geruch verströmen, der so typisch ist für die Südsee. Die faserige Schale der Nüsse wird ebenfalls zum Trocknen ausgelegt. Hieraus wird später Garn für Tauwerk und Matten gewonnen. Die Arbeit ist nicht leicht auf dem Motu, in dem stickigen, dichten Unterholz, wo kein Lüftchen sich regt, von Mückenschwärmen umsirrt. Doch abends sitzen alle um das Feuer und singen.

Das ist Josephs Leben. So könnte er auch heute noch zufrieden leben, wenn der Weiße ihm nicht seine technischen Errungenschaften gezeigt hätte. Nun ist es Josephs innigster Wunsch, nach Papeete zu gehen und ein Auto zu fahren. Wie er jemals das Geld für ein Auto beschaffen soll, weiß er nicht. Er hat ja nichts gelernt. Irgendwie bekommt er die Passage auf dem Inselfrachter nach Papeete zusammen. Die Fahrt dauert fünf Tage. Fünf Tage auf dem Deck – er ist oft krank. In Papeete stolpert er von Bord, benommen vom Lärm der Stadt. In einem Pareu trägt er seinen Besitz: geröstete Brotfrucht, Kokosnüsse und Poe, den Brei aus der Papaya. Er ist seinem Traum vom Autofahren so fern wie je. Er fragt sich durch zu der Großnichte seiner Mutter, die auf Tahiti wohnt. Jeder hat überall Verwandte. Dort kann er bleiben. Am Tage treibt er ziellos durch Papeete. Er ist krank im Herzen nach seiner Frau und seinem Sohn. Er fährt zurück.

Und kann doch das Auto nicht vergessen. Er hört von einer Möglichkeit: Er muß weit übers Meer gehen und lange wegbleiben, für ein, zwei Jahre, nach Neukaledonien in die Nickelbergwerke. Dort wird er Geld für ein Auto verdienen.

Die Frau zieht mit den Kindern zu den Eltern. Bald hält es auch sie nicht mehr: Sie will nach Tahiti und hochhackige Schuhe und Parfum haben.

Der Gendarm Pakitete in den Marquesas beispielsweise versorgt acht Enkelkinder. Die Familien zerfallen.

Und Joseph in dem roten Pulverstaub des Bergwerks, in den trostlosen Betonkarnickelställen hinter dem hohen Maschenzaun, die er sich mit vielen teilen muß, umgeben von nackten Abraumhalden, wird er noch die Ukulele spielen?

Wir können Tahiti nicht verlassen, bevor ich nicht mit höchstem Vergnügen Gigi vorgestellt habe. Das ist auch chronologisch der rechte

Zeitpunkt, begegnet doch jede Yachtcrew Gigis gigantischen Ausmaßen bei der Ankunft in Papeete und spätestens wieder beim Auslaufen. Gigi liebt es darüber hinaus, sich in seinem Dienstwagen, der ihm immer etwas zu knapp unter der Achsel zu sitzen scheint, durch langsames Auf- und Abfahren an der Pier in Erinnerung zu bringen.

Viele nutzen den Augenblick und laufen dem Wagen beschwörend hinterher: „Gigi, mein Paß, ich will auslaufen!" Entweder werden sie völlig ignoriert, oder der Chauffeur erbarmt sich, das Wort *Office* fallenzulassen. Da Gigi ein glühender Anhänger der gleitenden Arbeitszeit im Hafenmeisteramt ist und sein Büro wie die Pest meidet, ist es so gut wie aussichtslos, ihn da anzutreffen. Das müssen die Skipper nach stundenlangem, vergeblichem Warten auch feststellen und kommen zurück an Bord, wüste Beschimpfungen auf „diese Franzosen" ausstoßend.

Dabei ist Gigi gar kein Franzose. Gigi ist Polynesier mit chinesischem Einschlag. Wohl deshalb hat er diese Position errungen und kostet seine Macht genüßlich aus. Gigi ist ganz Genußmensch, und so sind mein Minirock (immer derselbe, aber immer andere Hafenbehörden) und meine sorgfältige Aufmachung beim Einklarieren nicht verfehlt.

Grundsätzlich ziehen Peter und ich uns bei Behördengängen in fremden Ländern gut an, erst recht, wenn wir um die Erlaubnis bitten, die Gastfreundschaft des Landes für einige Zeit genießen zu dürfen. Da gibt es aber auch andere Auffassungen, die da meinen, jeder Einwanderungsbeamte müsse doch mit offenen Armen einen zerlumpten Freibeuter der Meere mit getrockneten Salzwasserringen am Po empfangen. Nicht so Gigi!

Seine Patrouillenfahrten an der Pier dienen auch dem Ausspähen nach dem allgemeinen Zustand der Yacht und den Finanzverhältnissen des Eigners. Aus langer Erfahrung weiß Gigi, wieviel menschliches Strandgut gerade auf Tahiti angeschwemmt wird und dann der Gemeinschaft zur Last fällt.

Unser erster Kontakt mit Gigi also verläuft äußerst wohlwollend, zumal wir erkennen lassen, daß wir bereit sind, den Wünschen der Behörde in vollem Maße entgegenzukommen: Sie können nämlich so viele sauber getippte Crewlisten bekommen, wie sie wollen. Wir sind immer für gründliche Vorbereitung, deshalb tippe ich von Zeit zu Zeit Stapel von Crewlisten, gleich in Französisch und Englisch. Das erleichtert allen Teilen die Arbeit.

Gigi weiß darüber hinaus auch unsere Artigkeiten in französischer Sprache zu schätzen. Er ist der Meinung, kein dahergelaufener Amerikaner oder Engländer könne verlangen, daß seine barbarische Sprache verstanden werde. Zwei Drittel der Yachten an der Pier von Papeete befinden sich damit auch schon auf Kollisionskurs mit Gigi.

Vor allem aber ist Gigi ein geselliger Mensch und schätzt eine Einladung zu einem Gläschen an Bord sehr. So geschieht es, daß am Morgen nach unserem Einlaufen zur Verwunderung der übrigen Yachtleute Gigi in voller Montur an unserer schmalen Laufplanke steht: „Madame!“ Ich spähe vorsichtig hinaus. „Du, der Gigi ist da.“ Peter hat seinen sozialen Tag: „Geh du mal raus, dann freut er sich.“ Und das tut Gigi wohl auch und überreicht mir mit bei seiner Figur überraschenden Grazie und Leichtigkeit unsere Pässe, nach denen andere Skipper tagelang Gigis Büro einrennen müssen. Ich überlege mir, ob ich die Ausgaben für meine Bikinis vielleicht doch unter „Werbungskosten“ abbuchen sollte.

Als dann zufällig herauskommt, daß Gigi der Onkel von Anita ist, gehören wir zur Familie. Gewissenhaft widmet Gigi sich dem französischen Begrüßungszeremoniell Küßchen — Küßchen und macht sich Gedanken über unsere Zerstreuung. Gleich fällt ihm auch eine Deutsche ein, die in Papeete wohnt. Für Gigi ist es klar, daß wir, so fern von unserem Land, unbedingt wieder deutsch reden möchten. Trotz unserer vorsichtigen Einwände fährt er uns im Dienstwagen dorthin. Gigis Auffassung von der gleitenden Arbeitszeit hat wirklich viele Vorteile.

Gigi wartet voller Takt unten im Wagen, und wir entschuldigen uns bei der völlig überraschten jungen Frau, die gerade ihr erstes Kind erwartet, in zwei Monaten nach Frankreich umsiedelt und deren Mann in Abendkursen kurz vor dem Abitur steht. Wir kommen denkbar ungelegen. „Gigi meinte ...“ Sie schüttelt lächelnd den Kopf: „Dieser Gigi!“

Bevor Gigi noch mehr Deutsche für uns ausgraben kann, erklären wir ihm, daß wir gekommen sind, um seine Insel und seine Leute kennenzulernen. Deutsche gäbe es dann wieder genug zu Hause. Darüber freut er sich.

Selbst in Australien kennt man ihn. Gigis vitale, von knappen, braunen Khakihosen umspannte Figur ersteht vor unserem geistigen Auge, als wir auf den Fidschi Inseln mit Simon und Jenifer zusammentreffen, die vor Jahren mit ihrer Yacht Iota auf Tahiti waren und für die Gigi ebenfalls ein markanter Ansteuerungspunkt ist. Simon erlebte folgende Episode mit Gigi:

Simon kommt zu später Stunde aus „Quinn's“. Dabei handelt es sich um die berühmteste Bar Papeetes, die von Amerikanern als das Hervorstechendste an Tahiti verehrt wird und die in James A. Micheners Pazifikbüchern sogar den Weg in die Literatur fand. Diese Bar soll sich vor allem durch das Fehlen von Toiletten auszeichnen. Außerdem muß man für die Mädchen dort Geld bezahlen. Woanders gibt es sie umsonst, wenn sie einen mögen.

Also, Simon kommt aus „Quinn's". Angeheitert natürlich. Er folgt Jenifer, die überstürzt aufgebrochen war, damenhaft etwas von „Leinen an Bord schecken und Hände waschen" murmelnd. Zwei englische Matrosen versuchen, Jenifer mit Hinweis auf die laue Nacht und die noch auf den Kopf zu hauende Heuer aufzuhalten. Simon stolpert hinzu, um die Rettung von Jenifers Ehre bemüht und auch, um Zugehörigkeitsansprüche klarzumachen. Die Sailors schicken ihn kurzerhand mit einem kräftigen Fausthieb zu Boden.

Am folgenden Tag erzählt Simon dem Gigi wütend, was sich da in seinem Hoheitsgebiet abgespielt habe. Gigi fragt: „Diese Seeleute, waren es Franzosen?" „Nein, Engländer." Da wedelt Gigi bedauernd mit den Flossen und zieht vielsagend die Brauen den kahlen, runden Schädel hoch: „Tz, tz, ces anglais! Diese Engländer . . ."

Im Hafen von Tahiti trennt sich unsere Flotte. Die meisten segeln über Hawaii zurück nach Kalifornien. Nur ein Viertel von uns, meist die Jüngeren, wollen weiter nach Westen, nach Rarotonga in den Cook-Inseln. Dort sollen die Mädchen den besten Tamouré tanzen.

Endgültiger Abschied von Anita und La Georgette. Die letzten Muschelketten. Wir lichten die Anker und fahren mit Maschine die Front der Fahrtenyachten ab. Nebelhörner tuten. Moitessier winkt Farewell. Wir setzen Segel. Nach Rarotonga!

Die Conch

ABSCHIED VON DEN INSELN

Rainy Rarotonga — Der Bananenschuppen — Tonga: die Freundlichen Inseln — Fidschi: Kannibalen und Kaufleute — Eine Busfahrt — Alexander Krebs — Furioso: Tage mit „Bébé“

Sieben Tage Aufkreuzen nach Rarotonga. Dazu Regenböen, reffen, ausreffen. Meine Einstellung auf See in bezug auf Sauberkeit und Kochen macht eine einschneidende Wandlung durch. Hielt ich früher die Bordroutine um jeden Preis aufrecht – Saubermachen noch bei Seegang 4 oder 5, Kohlrouladen kochen, Füße im Handwaschbecken waschen –, merke ich jetzt, daß ich dadurch nur unnötig viel Kraft und Energie verbrauche. Nun beschränke ich mich auf Fertiggerichte und die notwendigsten Reinigungszeremonien. Statt dessen liegen wir fast immer abwechselnd in der Koje und versuchen, ein wenig Schlaf nachzuholen.

Endlich haben wir uns bis auf 28 Seemeilen an Rarotonga herangemogelt, auf den abenteuerlichsten Zickzackkursen. Der Rest kann noch mehrere Tage dauern. Aber jetzt reicht es! Wir gehen mit Maschine gegenan. Bei der hohen langen See ist das gar nicht einmal so unangenehm. Wie Achterbahnfahren.

Am Nachmittag des 7. August 1972 gehen wir vor einem sehr kritischen Publikum in dem winzigen Hafen von Rarotonga rückwärts an die Pier. Das passiert ohne ein Wort, so gut sind wir nun aufeinander eingespielt. Wir sehen bekannte Gesichter. Ich winke auf alle Fälle erst mal hinüber, obwohl ich sie – so kurz nach dem Einlaufen – noch nicht einordnen kann. Man ist immer wie betäubt, und das Auge ist noch an den weiten Horizont gewöhnt.

Ach, das ist die Mannschaft der GREYBEARD. Die kennen wir aus Tahiti. Die Jungs haben gerade frisches Weißbrot gekauft und überreichen uns zum Willkomm mit einer eleganten Verbeugung ein Brot und einen kleinen Holzspatel. „Der Eisspatel ist für das Zahlschloß an den Duschen und Toiletten." Na bitte, das Wichtigste über Rarotonga wissen wir schon.

Während wir uns unterhalten, hat die kleine Ansammlung von Weißen auf der Pier unser Schiff diskutiert und ist bei mir angelangt: „Sie hat doch Maori-Blut."

Wirklich unterscheide ich mich mit meiner Sonnenbräune kaum von den polynesischen Mädchen. Hier, im rassenbewußten neuseeländischen Protektorat, ist das in weißen Augen diskriminierend.

Die Beamten des Landwirtschaftsministeriums konfiszieren alles Obst und Gemüse, das sie an Bord finden können. Angeblich verbrennen sie es, um das Einschleppen von Obstfliegen auf die Insel zu vermeiden. Wir hatten davon vorher gehört. Deshalb verstecke ich den größten Teil in der Achterpiek. Wir haben noch Glück, weil wir aus Tahiti kommen.

Die Yacht WINDRIFT, die aus Neuseeland eingelaufen ist, wird desinfiziert und erhält die Auflage, für vierzehn Tage bei Sonnenuntergang auszulaufen. Erst bei Sonnenaufgang darf sie wieder in den Hafen. Rarotonga will sich auf diese Weise vor dem Rhinozeroskäfer schützen, der im Pazifik verheerenden Schaden in den Kokosplantagen anrichtet und von dem es bisher verschont geblieben ist. Da der Käfer erst bei Nacht ausschwärmt und nicht weiter als drei Meilen übers Wasser fliegen kann, müssen Schiffe, die aus verseuchten Gebieten kommen, nachts drei Meilen vor der Insel bleiben.

Alle Hinweise des Eigners der WINDRIFT, daß seine Crew übermüdet und ein Auslaufen wegen der Wetterbedingungen nicht ratsam sei, verfangen nicht. Zwei Wochen lang müssen sie hinaus, so will es das Gesetz. So lange nämlich dauert es, bis eine neue Brut von Käfern ausschlüpft. Offensichtlich hat Tom seine Route schlecht gewählt. Er hätte gleich nach Tahiti durchsegeln sollen. Nach einigen Tagen wird es ihm zuviel, und er verläßt die gastliche Insel mit Kurs auf Tahiti. Alles wegen eines kleinen Käfers, den er nie bei sich an Bord gesehen hat.

Im Wetterbericht wird für das Gebiet um Aitutaki Sturmwarnung gegeben: 60 Knoten Wind! BEBINKA, KUAN YIN und BLACK ROSE müssen genau in dieser Gegend sein. Wir alle im Hafen sind unruhig. Immer wieder suchen wir den Horizont ab. Da: BEBINKA läuft ein. KUAN YIN folgt. Aber wo ist die BLACK ROSE? Am späten Nachmittag stürmt eine Yacht unter Spinnaker am Riff entlang: „Zieh, Bruce, zieh!"

Wenn er die enge Hafeneinfahrt nicht bei Tageslicht schafft, muß er draußen beigedreht abwarten. Sie schaffen es. Ann und der kleine David tragen noch die langen Ölmäntel und Wollmützen. Der Ernst in ihren Gesichtern und der abwesende Blick verraten, daß sie noch draußen sind. Wiedersehensfreude und Erleichterung werden sie erst später spüren.

Die neuseeländische Black Rose ist jetzt fast um die Welt herum. Rarotonga ist der letzte Hafen ihrer sechsjährigen Weltumseglung. Es wurde eine lange Hochzeitsreise für Bruce und Ann. Im nordaustralischen Darwin wurde Ann der Blinddarm entfernt. Im südafrikanischen Durban wurde David geboren. Das ist nun drei Jahre her. Inzwischen hat sich David mit seinem unschuldigen Gesicht zum Schrekken der Flotte ausgewachsen. Man gebe ihm einen Schraubenzieher, und er montiert heimlich das Schiff auseinander. Papas Radiotelefon verstarb unter seinem Forscherdrang.

Ann kann das Ende der Reise kaum erwarten. Sie zeichnet täglich neue Grundrisse für ihr zukünftiges Heim.

Bruce und Ann sind die ersten von unserer Flotte, die nach Hause kommen. Bei uns anderen wird es noch ein bis zwei Jahre dauern. So sind wir gespannt, ob sie sich an Land wieder einordnen können. Nach Monaten schreibt Ann einen verzweifelten Brief. Sie sitzt in ihrem heißersehnten Haus, umgeben von einem Garten. Sie ist Mitglied des Kindergartenkomitees. Sie nimmt Malstunden und häkelt Babysachen für das neue Baby. Es ist leer um sie. Bruce konzentriert sich völlig auf seinen Beruf und geht in der Freizeit als waschechter Kiwi „mit den Jungs einen heben". (Neuseeländer werden nach einem einheimischen Vogel „Kiwi" genannt.) Ann, die sechs Jahre lang sein Leben teilte, ist jetzt ausgeschlossen aus seiner Welt. Sie mußte zurück in die öde, geistig wenig anregende Welt der australischen und neuseeländischen Frau, die sich erschöpft in Haus, Kind, Garten, Handarbeit und Kirchenchor. Ann schließt ihren Brief: „Macht nicht den Fehler, Euer Schiff zu schnell zu verkaufen!" Damit will sie uns sagen, nicht alle Brücken zur Freiheit auf den Meeren abzubrechen. Das Schiff ist ein Versprechen darauf.

Wir werden sehr nachdenklich. Wir alle haben Heimweh und träumen von zu Hause. Und können uns gleichzeitig nicht vorstellen, wieder in das alte Leben zu schlüpfen. Was wird aus uns werden? Wir fühlen, daß wir dem Landleben verloren sind.

*

Verregnetes Rarotonga! Drei Tage lang hält uns der Regen unter Deck fest. Zum ersten Mal seit fast zwei Jahren, seit Gibraltar, bringen wir unsere Petromaxlampe in Schwung. Der Schirm ist zwar etwas angerostet, aber die Lampe summselt anheimelnd und verbreitet wohlige Wärme. Rarotonga liegt schon viel weiter südlich und hat ein rauheres Klima als Tahiti.

Unsere Nachbarn vom Trimaran UNICORN (Einhorn) stört der Regen nicht. Sie sind frisch verheiratet und haben außerdem eine Heizung an Bord. Eigentlich wollten sie auf Tahiti heiraten, doch der Trauschein hier war billiger. Wir sehen sie nur kurz an Deck, als mit furchtbarem Platsch ihr vollgeregnetes Dingi aus den Davits fällt.

„Willkommen in *rainy* Rarotonga!" lacht John, der polynesische Lehrer. „Das kann noch zwei Wochen so weitergehen." John bringt uns einen Korb mit aromatisch duftenden Apfelsinen und Mandarinen. Sie sind alle grün, weil sie zu wenig Sonne bekommen. Das beeinträchtigt ihren Geschmack aber keineswegs. Rarotonga wird für mich das Pladdern des Regens aufs Deck und der Duft von Apfelsinen bleiben. Jede auslaufende Yacht zieht noch tagelang eine Spur von Apfelsinenschalen hinter sich her.

John hat einen deutschen Gast: den Wolfgang. Dieser ist nach Australien ausgewandert und kam jetzt auf die Insel, um sich eine Frau zu suchen.

„Ist das denn so leicht, eine Frau zu finden, Wolfgang?" – „Ach, wenn man sauber und ordentlich aussieht und höflich ist, wird man gerne genommen." – „Aber du hast doch gar kein Geld." – „Das macht hier nichts. Danach gehen die Mädchen nicht."

Wolfgang besitzt handwerkliche Fähigkeiten, und damit wird er für die Eingeborenen als Familienmitglied sehr interessant. Er wird jetzt für John ein vernünftiges Haus aus Ziegeln und Zement bauen, mit einem ordentlichen Fundament. Das wird die Wirbelstürme besser überstehen als die Hütten mit dem zugigen Mattengeflecht, in dem sich außerdem das Ungeziefer hält. Das Haus wird der beste Brautwerber für Wolfgang sein.

Aber wie ist das denn nun mit dem Tamouré? Sind die Mädchen hier wirklich so gut? Hinein in das Nachtleben von Rarotonga!

Als wir in die blendende Helle des „Bananenschuppens" treten und den Regen von den Mänteln schütteln, sind wir betäubt vom Lärm und Gestank. Feststimmung im „Banana Shed"! Nackte Glühlampe von der Decke, kahle Wände. Ziegelfußboden. Trauben von Männern drängen sich an der Bar, lehnen an den Wänden, hocken an den lächerlichen, runden Kaffeehaustischen, die von leeren Bierdosen, halb aufgerissenen Erdnußpackungen und Zigarettenkippen überquellen. Trübe Bierlachen stehen auf dem Boden, vermischen sich mit dem Regenwasser, das von der Kleidung tropft. Es stinkt: feuchte Wollpullover, Zigarettenqualm, schales Bier. In der Ecke wird ein temperamentvolles Pfeilspiel ausgetragen. Die Pfeile, von unsicherer Hand geschleudert, sausen beängstigend dicht über die Köpfe der Sitzenden hinweg. Der Lärmpegel ist an der Toleranzschwelle. Gröhlende Weiße verbrüdern sich trunken und torkeln mit Armen voller Bierdosen von der Theke heran, damit die Freundschaft ewig währe. Nur wenige Polynesier sind dabei. Die Bierdosen werden gleich an den Hals gesetzt; ein Trinkglas kostet achtzig Pfennig Pfand. Die Sprache – unbeschreiblich! Untereinander adressiert man sich in aller Freundschaft mit *Bloody Ass.* Zu mir gewandt raspeln schwere Zungen: „*Darling, Sweety*“, und grobe Hände betatschen mir Rücken und Knie.

Langsam unterscheiden wir über dem Gröhlen Musik: Ukulele, Trommeln, Klanghölzer. Auf der Bühne spielt die polynesische Band von Rarotonga den Tamouré. Die blasse Mata schlängelt sich mit rotierenden Hüften auf die Bühne. Sie trägt die traditionelle polynesische Tracht: Bastrock, Blütenketten und die hohe Blütenkrone. Mata heftet die Augen auf eine Zigarettenreklame und gibt sich dem uralten Rhythmus des Tamouré hin. Ihre Hände und Arme erzählen vom Sonnenaufgang über der Lagune, von ihrem Liebsten, der in der Piroge zum Fischfang rudert. Sie wartet auf ihn. Ihre Hüften bewegen sich wie die Wellen des zornigen Meeres, das über das Riff bricht, wie die sanfte Flut in der Lagune.

Für einen Augenblick vergessen wir die abstoßende Umgebung. Die ansässigen Weißen jedoch sehen gar nicht hin. Sie füllen sich mit Bier, reißen Zoten, gröhlen und lärmen. Einer torkelt auf die Bühne und fällt lang hin. Kleingeld rollt klimpernd aus seinen Taschen über die Dielen. Gelächter wiehert los.

Mata geht wiegend in die Knie. Sonnenuntergang über der Lagune. Ihr Liebster zieht die Piroge den Strand hinauf. Hochrote Gesichter schreien sich ihre Unterhaltung zu, unsichere Hände schütten Bier in die zurückgelehnten Münder. Matas Traum zerreißt. Sie streift die Männer mit einem flüchtigen Blick und steht auf. Zellophanpapier von einer Zigarettenpackung klebt ihr am Schienbein. Sie läuft hinaus. Die Jungen mit den Musikinstrumenten folgen ihr.

Wir schämen uns und treten hinaus in den Regen. Die Luft ist gut. Auf der dunklen Hotelterrasse sitzen still die Tänzerinnen. Sie sind noch Schülerinnen, und sie tanzen aus Freude, nicht gegen Bezahlung. Ihre fraulichen, schweren Körper stecken jetzt in prallen Hosen und Norwegerpullovern. Sie sehen hinaus in die Dunkelheit über der Lagune. Der Regeln prasselt auf das Wellblechdach.

Rarotonga muß ein beliebtes Ziel für Missionare gewesen sein. Es gibt sieben Kirchen hier. Die legendären Fähigkeiten der Mädchen müssen die eifrigen Glaubensverkünder zu unerhörtem bekehrerischen Eifer angestachelt haben. Vor lauter Missionieren vergaßen sie das Schaltjahr im christlichen Kalender. Rarotonga war allen Pazifikinseln immer um einen Tag voraus. Und alle Feiertage lagen anders. Das erschwerte die Handelsbeziehungen zu der Insel kolossal. Frachtpläne und Fahrzeiten kamen in Unordnung.

Lief ein Schoner am Sonnabend im Hafen von Rarotonga ein, war es dort schon Sonntag, der Tag des Herrn. Kein Einwohner der Insel denkt daran, diesen Tag durch Arbeit zu entweihen. Die Schiffsmannschaft, aus Respekt vor den religiösen Gefühlen der Insulaner, erklärte sich ihrerseits solidarisch mit den Gläubigen und rührte ebenfalls keinen Finger. Der Kapitän mußte sich zähneknirschend damit trösten, daß der folgende Tag auf Rarotonga ein Montag sei, ein Werktag also. Doch für ihn und seine Besatzung war es nun Sonntag. Und die Besatzung pochte auf ihren freien Tag. Die Leute von Rarotonga hätten natürlich — tief religiös und tolerant — niemals den Feiertag ihrer Vettern von der Nachbarinsel entweiht. Der Kapitän konnte sich auf den Kopf stellen: Zwei Tage lang wurde sein Frachter nicht gelöscht.

So ging es nicht weiter! Die neuseeländische Regierung flehte die Häuptlinge an, ihren Kalender doch der internationalen Zeitrechnung anzugleichen und einmal einen Tag mehr in der Woche zu arbeiten. Vergebens. Bis jemand die Lösung fand, verblüffend einfach und ganz im Sinne der Polynesier: Sie feierten den Heiligen Abend zweimal. Nun haben sie den internationalen Anschluß, und kein Fahr- und Flugplan wird ihretwegen je wieder durcheinanderkommen.

Auf Rarotonga stehen, wie gesagt, sieben Kirchlein, die am Sonntag mit Inbrunst besucht werden. Doch das hindert die Mädchen nicht, auf die Boote zu gehen. Eines Morgens kommt eine ältliche Polynesierin atemlos auf einem Fahrrad herangekeucht und fragt, ob ich ein Mädchen auf einem der Schiffe gesehen hätte.

Eines nur?

Da sind die beiden Schweden, dann die drei Neuseeländer, außerdem noch die fünf Engländer, die alle versorgt sein wollen.

Einen guten Ruf in Junggesellenkreisen genießt auch Aitutaki, das „Paradies der Junggesellen". Dort können allerdings nur Yachten mit einem Tiefgang bis zu fünf Fuß durch den Paß kommen. Die fünf englischen Jungs beschlossen, ihr Schiff trotz des größeren Tiefgangs – koste es, was es wolle – durch den Paß zu bringen, und zogen und schoben es irgendwie in die Lagune. Dort waren die Armen dann gefangen und „mußten"zwei Wochen bis zur nächsten Springtide warten, ehe sie wieder auslaufen konnten. Der Ankerplatz ist völlig ungeschützt, Schlafen an Bord daher unmöglich. Das ist auch nicht notwendig. Die Einheimischen reißen sich darum, jedem reihum die totale Gastfreundschaft zu gewähren. Man muß sich nur gut mit dem Gendarmen stellen. Er weiß genau, welches Mädchen gerade die Penizillin-Kur hinter sich hat.

Unsere MAUNA KEA aber hat fünfeinhalb Fuß Tiefgang. So laufen wir aus zu den Tonga-Inseln, den Freundlichen Inseln, wie Captain Cook sie benannte.

Wie wunderbar kann Segeln sein! Sie sind so selten, die Sternstunden. Wir werden sie nicht vergessen. Wir tragen Leis aus rosa Frangipani-Blüten auf der nackten Haut, als wir hinaussegeln und den roten Spinnaker setzen gegen die sinkende Sonne. Dort bleibt er stehen, für zwei Tage und Nächte. Ruhig und majestätisch zieht er vor uns her. Wir folgen mit weißschäumender Bugwelle und rauschendem Kielwasser. Schwerelos fliegt unser „Verzauberter Vogel" dahin und streift mit schwankendem Mast die Sterne. Auf ewig so weiterziehen, auf endlosem Kurs vor dem Wind. Dies ist das Glück. Dies ist Vollkommenheit. Unser Zuhause – das ist so weit, so sehr weit fort. Wir haben es fast vergessen. Hier sind wir zu Hause, auf den endlos heranrollenden Wasserbergen, im beständigen Rhythmus von Tag und Nacht, von Sonne und Sternen, mit dem Rauschen der Wellen und dem Singen des Windes. Wir können uns kein anderes Leben mehr denken.

Dann werde ich aus meinem Traum gerissen und wieder nachdrücklich an die Gefahren unseres Lebens erinnert.

Tagebuch 18. August 1972, dritter Tag auf See

»Heute nacht bin ich aufgewacht, weil mir so furchtbar übel war. Ich aus der Koje und denke noch: ›Mal sehen, ob ich Peter beim Schlafen auf Wache erwische.‹ Wäre ja nicht schlimm, aber trotzdem, so zum Spaß. Er war nicht im Cockpit. Nicht unten im Schiff. Ich rief, schrie seinen Namen. Nichts. Ich sah auf das Meer, das sich so ruhig und stetig bewegte. ›Mußte es in solch einer Nacht geschehen!‹ Wieder schrie ich seinen Namen, schon unter Weinen. Vom Vordeck kam eine schwache Antwort. Da hatte er gemütlich auf den Focks gelegen und den Spinnaker beobachtet. Ich brach im Cockpit zusammen.

Diese fürchterliche Angst. Ich vergesse sie für Monate, und dann kommt wieder der Augenblick, wo ich denke: ›Jetzt, jetzt ist es passiert!‹

Der achte Tag auf See: Die ersten vier Tage nach dem Auslaufen hatten wir das herrlichste Wetter. Dann kam natürlich die Störungsfront mit zwei schietigen Tagen, die uns gleich wieder deprimierten. Nur Regen und ein grauer Wolkenbrei. Gerade heute Nacht aber brauchen wir gute Sicht für das Durchsegeln der Tongas. Wir wollen durch eine Riffpassage gehen, die 8 Seemeilen breit ist. Das dürfte eigentlich keine Schwierigkeiten machen, wenn man vorher den Standort bestimmen kann. Wir sind noch 30 Seemeilen entfernt. Wenn Peter die Sterne kriegt, können wir die Tongas schon morgen früh hinter uns haben. Die Inselgruppe ist nur 60 Seemeilen breit. Aber wenn wir keinen Standort haben, müssen wir beidrehen.

Ich bin sehr aufgeregt. Die Karte wimmelt von aktiven Vulkanen, Riffen, Felsen, Sandbänken, Untiefen und Wracks. Das Seehandbuch empfiehlt ständigen Ausguck, da sich durch die starke vulkanische Tätigkeit die Inseln oft verändern, ganz verschwinden, dafür neue an anderen Stellen entstehen. Achtung: Ausschau halten nach grüngefärbtem Wasser und Asche! Das sind die Anzeichen vulkanischer Tätigkeit.

Auf meinem Schulatlas sah dieses Meer so leer aus. Aber jetzt stolpern wir allenthalben über Land, wenn es manchmal auch nur ein Felsbrocken ist, der da plötzlich aus dem Wasser aufragt, von Brandung halb überspült. Wir möchten natürlich so schnell wie möglich aus diesem unsicheren Gebiet heraus, denn bei Sturm und schlechter Sicht kann es das Ende für uns sein. Aber es tut mir doch auch wieder leid um das grandiose Schauspiel eines Vulkans, der alle fünfzehn Minuten Rauch und Asche aus dem Meer ausstößt. Eines Tages wird an dieser Stelle vielleicht mit Gebrüll und Rauch und Gestank eine Insel entstehen, nur um irgendwann wieder lautlos im Meer zu versinken.

Der neunte Tag: Habe ich es mir doch gedacht: Wir müssen vor der Passage beidrehen. Die wilde Jagd ist heute nacht los: Wolkenbrüche, schwere Böen, Wolken jagen über den Mond. Peter nimmt eine Mondstandlinie. Demnach haben wir 25 Seemeilen freien Seeraum. Am Morgen gelingt es ihm nach stundenlangem Lauern an Deck, zwei Sonnenstandlinien zu nehmen. Wir wissen jetzt endlich, wo wir sind, und können Segel setzen. Mittags werden wir die Riffpassage schon hinter uns haben, ohne überhaupt Land gesichtet zu haben. Cook hat diese Inseln bestimmt nicht wegen des Wetters ›die Freundlichen‹ genannt.

Der zehnte Tag: Heute sind wir über die Datumsgrenze gesegelt. Es ist sehr verwirrend. Ich bezweifle, daß ich je hinter das Geheimnis komme. Ein Tag fehlt. Peter amüsiert sich: Ich werde eine Antibabypille übrigbehalten.«

28. August 1972, Onega Levu, Fidschi

»Die Annäherung an die Fidschis verlief wie bei den Tongas. Navigation fast unmöglich, obwohl Peter jede Chance wahrnahm und selbst nachts die Sterne schoß. Wir drehten wieder für zwei Tage bei. Zusätzlich zur Störungsfront gibt Suva-Radio auch noch eine *small craft warning* durch. Wir sind natürlich mittendrin und schaffen mit Maschine gerade noch bei Tageslicht die Einfahrt in die Lagune hier. Zwölf Tage auf See liegen hinter uns. Die letzten acht waren sehr rauh.«

Bei der Annäherung an Onega Levu sehen wir erfreut die Masten einer Segelyacht in der Lagune. Wir tasten uns vorsichtig durch den Paß, denn die Sonne steht schon tief über dem Horizont. Peter, wie immer oben auf der Wantenleiter, gibt mir durch Handzeichen die Richtung an, die ich steuern muß. Gleichzeitig beobachte ich das Echolot und sage Peter die Werte an. Bei Werten unter zehn Fuß wird meine Stimme eine Oktave höher, und Peter klettert gemächlich aufs Deck herunter und sucht sich in aller Ruhe unseren Ankerplatz aus.

„Warum gehen wir nicht zu der anderen Yacht, Peter? Die liegen viel geschützter unter Land." — „Wer weiß, was die für einen Tiefgang haben." Vorsichtiger Peter. „Du, die sind doch bestimmt so lang wie wir. Die müssen doch auch unseren Tiefgang haben. Hier schaukelt es noch so. Gar kein schöner Ankerplatz." Peter bleibt hart, und unter Unmutsäußerungen wie: „Perfektionist" und: „Hat man nicht mal im Hafen Ruhe vor der Schaukelei" verziehe ich mich unter Deck, um den Kocher zum Abendbrot anzuheizen.

Am nächsten Morgen ist die Lagune leer. Die Yacht muß ausgelaufen sein.

„Schade, es wäre nett gewesen, die Leute zu meinem Geburtstag einzuladen. Daß die ausgerechnet jetzt in See gehen. Bei dem Wetter!"

Tagebuch 29. August 1972

»Heute ist mein 29. Geburtstag. Ich habe Migräne. Es ist ungeheuer einsam hier. Die Insel scheint nicht bewohnt zu sein. Wir sind allein mit dem rostigen Wrack, das hoch oben auf dem Riff sitzt. Es ist in der Karte noch nicht eingezeichnet. Das Unglück muß erst vor kurzem passiert sein. Bei Nacht und schlechtem Wetter ist dieses Gebiet eine tödliche Falle. 40 bis 50 Knoten Wind haben wir. Das zerrt am Rigg und an den Nerven. Obwohl uns hier drinnen nichts passieren kann. Eine neue Störungsfront zieht mit Wolkenbrüchen durch. Die Vorhersage: Regenböen, Gewitter und rauhe See.«

Am zweiten Tag plötzlich taucht hinter der Insel die geheimnisvolle Yacht wieder auf und geht an ihrem alten Platz vor Anker. „Guck doch mal durchs Fernglas. Wie heißt die Yacht, Peter?" – „Ich lese so was wie IOTA. Sie sind aus Sydney." – „Mann, die sind dann fast rum um die Welt. Scheint auch nur ein Ehepaar an Bord zu sein." – „Winke mal und frage, ob sie Lust haben, an Bord zu kommen."

Unser unseliges Beiboot liegt zusammengerollt tief in einer Backskiste. Es lohnt sich nicht, es für die paar Tage aufzupumpen, die wir hier abwarten. Soziale Kontakte und Landexpeditionen fallen deshalb aus. IOTA dagegen hat das Dingi in Davits hängen. Die Crew läßt es, gleich nachdem der Anker gefallen ist, aufs Wasser platschen und nimmt Kurs auf die MAUNA KEA.

„Ich heiße Simon, und das ist Jenifer."

„Kommt an Bord!"

Mit den Worten: „Du bist ein sehr vorsichtiger Skipper!" klettert Simon über die Reling. Welch treffliche Einleitung! Gibt es doch für einen Bootsführer keine größere Tugend als die der Vorsicht und des Mißtrauens. Simon fährt fort: „Wir haben euch natürlich beim Hereinkommen beobachtet. Als ihr so weit draußen geblieben seid, sagten wir uns: Das ist ein sehr vorsichtiger Mann. Wir schnitzen nämlich schon Kerben in die Reling für die Yachten, die wir auf Grund gelockt haben. IOTA hat nur vierzig Zentimeter Tiefgang."

Ach, du liebe Zeit, wer kann denn das ahnen! Ich wäre natürlich mit Aplomb auf Grund gerauscht und leiste Peter jetzt öffentlich Abbitte für mein aufmüpfiges Gerede beim Einlaufen.

Simon und Jenifer haben eine ungewöhnliche Variante des Fahrtensegelns entwickelt. Sie setzt allerdings das Vorhandensein von Kapital voraus. Simon hat als Direktor einer Arzneimittelfabrik nicht die Zeit, sein Schiff selbst zu all den Segelparadiesen dieser Welt zu segeln. IOTA wird deshalb auf einen Frachter verladen und direkt verschifft. Jenifer fliegt hinterher und setzt die Yacht instand. Ich werde immer kleiner, als sie erzählt, sie stelle den Mast samt stehendem Gut, schere die Fallen ein und mache den Ölwechsel in Motor und Getriebe. „Wenn Simon daran herumfummelt, werde ich nervös. Da mache ich es lieber selber." Wenn Simon dann an Bord kommt, ist selbst der Proviant schon gestaut. Das Wichtigste: Jeder bewacht unter seiner Koje seinen persönlichen Biervorrat, der eifersüchtig vor Übergriffen der anderen Partei gehütet wird. Da gibt es kein Mitleid, wenn dem einen der Vorrat ausgeht. Dem anderen schmeckt sein Bier dann um so besser.

Sie brachten IOTA in die Karibik: „Habt ihr den Zollbeamten auf Martinique getroffen, der so sexy ist?“ fragt Jenifer. Sie waren in Französisch-Polynesien: „Erinnert ihr euch an Gigi?“ Sie segelten in der Arafura-See nach Bali: „Da gibt es einen sehr verläßlichen Mann für eure Wäsche. Muhamed Ben Johar heißt er.“

In diesem Jahr haben sie die IOTA zu den Tongas verschifft und sind nun auf dem Weg nach Suva, der Hauptstadt von Fidschi. Dort soll das Schiff wieder auf einen Frachter nach Sydney verladen werden. Die Frachtrate wird nach Länge, Breite und Tiefgang bemessen. IOTA ist unten flach wie ein Schuhkarton und kommt dabei besser weg als beispielsweise eine Kielyacht.

Die Tage des Unwetters haben Simon und Jenifer in einer winzigen Lagune hinter der Insel verbracht. Jeder anderen Yacht ist der Zugang durch eine Sandbank verwehrt. Sie können ihr Schiff in den einsamsten, noch unberührten und idyllischen Ankerplätzen praktisch auf den Strand setzen, während der große Pulk der Fahrtenyachten daran vorbeisegeln muß.

Sie tauften ihr Schiff nach dem griechischen *jota,* weil sie glauben, dies sei das Minimum an Raum, auf dem sie beide in Frieden zusammenleben können. So relativ sind doch die Ansprüche. Wir sind auch wesentlich kleineren Fahrtenyachten begegnet.

Zwischen den Störungsfronten und *small craft*-Warnungen, die chronisch für die Koro-See zu sein scheinen, laufen wir aus nach Suva auf Viti Levu, der Hauptinsel von Fidschi. Dort, spätestens aber in Sydney, wollen wir uns wieder mit IOTA treffen.

Die Koro-See wird von einem beinahe lückenlosen Kranz von Inseln eingeschlossen und umfaßt ein Gebiet von ungefähr 200 mal 200 Meilen. Eine navigatorische Delikatesse: Grobe See, starke Strömungen und häufiger Wetterwechsel heitern das Leben des Fahrtenseglers auf. Es ist nicht verwunderlich, daß die alten Seefahrer einen respektvollen Bogen um die Fidschis machten, nachdem der Holländer Abel Tasman im Jahre 1643 mit knapper Not dem Gewirr der Riffe entkommen war. Sein haarsträubender Erfahrungsbericht weckte keinen großen Forscherdrang in den nachfolgenden Seefahrern.

Beinahe zweihundert Jahre vergingen, ehe Captain Cook eine Insel in der südlichen Lau-Gruppe anlief. Die Britische Admiralität hatte ihm William Bligh zugeteilt, der trotz seiner zweiundzwanzig Jahre schon einen außerordentlichen Ruf als Navigator genoß. Bligh konnte nicht ahnen, daß er fünfzehn Jahre später, 1789, in einem lecken Beiboot durch die noch unvermessene Koro-See segeln würde, nachdem die Meuterer von der BOUNTY ihn mit seinen Gefolgsleuten ausgesetzt hatten.

Aus Furcht vor den Kannibalen wagt Bligh es nicht, auf den Tonga- und Fidschiinseln an Land zu gehen, um Proviant und Wasser zu fassen. In seinem Tagebuch notiert er gerade über die „Freundlichen Tongas" Unfreundliches. Dennoch entgeht er mit seinen Leuten nur mit knapper Not den Kannibalen, die sein Boot von Viti Levu aus in einem Auslegerkanu verfolgen. Noch 3000 Seemeilen liegen vor ihnen, ohne Seekarten, ohne Proviant, bedroht von tropischen Stürmen, Flauten, kriegerischen Eingeborenen — auch später an der australischen Küste —, bis sie mit letzter Kraft die holländische Niederlassung auf Timor erreichen. Getrieben von Vergeltungswillen und der Verantwortung für seine Leidensgefährten, vollbrachte Bligh eine der größten seemännischen Leistungen.

Dies ist nicht die letzte Prüfung für Bligh. 1808 wird er, nach nur zweijähriger Amtszeit als Gouverneur der Provinz New South Wales in Australien, durch einen Aufstand vertrieben. Er kehrt verbittert nach England zurück. Der Mensch Bligh wird für immer im Zwielicht der Geschichte stehen, seine große Leistung als Navigator aber bleibt unbestritten.

Wieder zweihundert Jahre später segeln wir durch die Koro-See, versehen mit allen modernen Seekarten und Navigationshilfen, wohlausgerüstet mit Proviant, ohne Furcht vor Kannibalen. War es diese See, die in die erbärmliche, lecke Schaluppe einstieg und das elende Häuflein von Menschen zu ertränken drohte? War es diese grüne Insel, an der sie durstig vorbeisegeln mußten, verfolgt vom Flackern der Kannibalenfeuer?

Im Vergleich zu den Verhältnissen, die die Entdecker vorfanden, scheint unsere Weltumseglung nur noch ein zahmer Spaziergang zu sein. Doch für uns ist es immer noch aufregend genug. Unsere Vorbilder aber sind die alten Seefahrer. Wir fühlen eine sehr starke Bindung zu ihnen. Bei der Annäherung an Suva zum Beispiel nützt uns unsere moderne Technik herzlich wenig, denn die Landmarken sind vom Regen verschluckt. Da gibt es nur eins: ganz vorsichtig und bedächtig an den Riffen entlangsegeln und hoffen, daß wir (abgesehen von Australien und Neuseeland) den größten Hafen des Pazifiks mit seinen 85 000 Einwohnern nicht etwa verfehlen.

In der kurzen tropischen Dämmerung fällt unser Anker in den Quarantänegrund des weiten Hafenbeckens von Suva. Hastig setzen wir die Quarantäneflagge „Q" und hoffen, daß die Offiziellen uns noch vor dem Wochenende abfertigen werden. Unser Zeitplan ist, wie immer, sehr präzise: es ist Freitagabend. Ob sich jemand im Zoll- und Hafenbüro auch am Wochenende unser erbarmen wird, ist fraglich. Dem Gesetz nach dürfen wir jedoch nicht eher an Land, bevor wir nicht einklariert haben. Vielleicht wird uns auch noch das ganz besondere Glück zuteil, daß der Montag ein nationaler oder religiöser Feiertag ist. Dies sind die kleinen Nackenhiebe, die das Schicksal für übermüdete Yachtleute bereithält, wenn sie endlich den schützenden Hafen erreicht haben.

Am Sonnabendmorgen rollt die MAUNA KEA immer noch brav weit draußen auf Quarantänegrund. „Wir legen uns jetzt einfach an die Pier, und ich gehe zum Hafenkapitän", beschließt Peter.

Die Fender sind aufgepumpt, die Leinen liegen bereit. Wir gehen bei einem der dickbauchigen Lastensegler längsseits, und Peter, im formellen Dress, klettert mit den Schiffspapieren an Land. Er kommt bald zurück: „Wir müssen hier weg und um die Ecke ankern. Von den Zoll- und Einwanderungsbehörden haben wir den Stempel. Fehlt bloß noch das Okay vom Doktor, und der hat heute frei. Aber sie versuchen, ihn aufzutreiben. Die sind alle außergewöhnlich nett hier."

Frohe Kunde. Uns bangte doch etwas davor, wie die Fidschianer ihre erst zwei Jahre alte Unabhängigkeit von England wohl auffassen würden. Wir erinnern uns noch lebhaft an die unerfreulichen Erlebnisse in der Karibik.

Wieder Leinen los und klar bei Anker. Wir motoren um die Ecke. Auf einem winzigen Segelboot mit deutscher Nationale wedelt jemand mit den Armen und springt mit elegantem Satz in eine geflickte Gummihülle, die bis dato ergeben wie eine ausgezutzelte Weißwurst friedlich auf den Wellen ruhte. Der rundliche Körper verschwindet bei dem geballten Aufprall für Sekunden – einem Stück Belag in einer Klappstulle gleich. Mit rotierenden Paddeln pätschelt das unselige Relikt eines Beibootes in unsere Richtung vor. „Hoffentlich schafft der Kamerad es noch bis zu uns!"

Ein breites Grinsen im sommersprossigen Gesicht, zieht sich unser temperamentvoller Landsmann an der Reling hoch: „Mensch, dufte! Ick bin Heinrich." Und Berliner noch dazu. Die Buschtrommeln der Yachtleute haben uns schon von ihm berichtet. „Du, Heinrich, wir haben noch nicht ganz einklariert. Uns fehlt noch der Stempel vom Doktor. Ich weiß nicht, ob du schon an Bord kommen kannst. Manchmal sind die Behörden da sehr empfindlich." – „Hier nich, die sind alle dufte. Doc is'n ganz feiner Kerl! Is mein Freund. Bin gleich mit ihm in 'ner Kneipe verabredet. Ich bring ihn zu euch."

Energisch plätschert er von dannen. Wir haben Zweifel, ob der offizielle Vertreter der Gesundheitsbehörde sich Heinrichs dereliktem Gefährt anvertrauen wird. Es ist noch dazu eine ganz beträchtliche Strecke Wasser dabei zu überwinden.

Heinrich hält Wort. Wenig später schon ziehen zwei Gestalten gemessen durch das Hafenwasser auf uns zu. Heinrichs Beiboot hat sich endgültig dafür entschieden, seinem Herrn hinfort als Unterseebot zu dienen. Nicht achtend der unstabilen Lage, richtet sich eine massige Gestalt würdevoll darin auf, die Knöchel von einer trüben, schwärzlichen Flüssigkeit umspült, die symptomatisch ist für erschöpfte, alte Gummiboote. „Willkommen in Fidschi! Ich heiße Simon."

Der Doktor. Seine muskulösen Zentner schwingen sich über die Reling, und ich weiß sofort, daß mir die Männer von den Fidschiinseln gefallen. Schwestern, freudige Botschaft: Endlich mal etwas für uns! In Polynesien liefen unsere Männer ständig mit verklärtem Gesicht herum, und die segelnden Junggesellen ödeten uns weidlich an mit ihren Erfolgsberichten von Inselstudien. Uns Frauen dagegen sagten die riesigen, weichlichen Buddhafiguren der Polynesier gar nicht zu mit ihren verschwommenen, unbestimmten Gesichtszügen.

Hier in Fidschi endlich treffen wir auf eine Mischung von Polynesiern und Melanesiern, kernigen, sehnigen Riesen mit ausdrucksvollen Gesichtern, in denen sich malaiische und negroide Züge auf das reizvollste verbinden. Mit angenehmem Gruseln kann man sich vorstellen, wie diese kräftigen Kiefer noch vor hundert Jahren mit Behagen ihre Feinde verzehrten. Sie verstanden zu leben, die Fidschileute. Sie richteten Bankette aus, bei denen jeweils über zweihundert Feinde zerteilt und in Erdöfen zu leckeren Braten verarbeitet wurden. Auch eine Prise Missionar war immer dabei, um das Ganze abzurunden.

Heute erinnert man sich in Fidschi nicht gern an diese Zeiten und versucht, den Kannibalismus zur kultischen und religiösen Zeremonie herunterzuspielen. Tatsache aber ist, daß das „Langschwein", wie der menschliche Proviant genannt wurde, ihnen eben schmeckte. Man hielt sich in Pferchen Sklaven auf Vorrat, die dort ergeben Fett ansetzten für den Höhepunkt ihrer Karriere.

Der notorische König Cakobau, der die Geschicke Fidschis für fünfundvierzig Jahre bestimmte und dafür sorgte, daß die Inseln 1874 englisches Protektorat wurden, war mit Herz und Seele, mit Leib und Magen Kannibale und rühmte sich, in seinem Leben mehr als sechshundert

Menschen verspeist zu haben. Ob er nach seiner Bekehrung zum Christentum zu Schweinefleisch überwechselte, ist nicht überliefert.

Die Weißen übrigens, die seit 1840 die Fidschis besiedelten und mit Sandelholz, Zuckerrohr und Baumwolle schnell zu Reichtum kamen, oft genug aber auch im Topf landeten, mischten kräftig mit bei den Stammesfehden und formten eine Art Ku-Klux-Klan, um Cakobaus Regierung das Leben schwerzumachen. Sie wurden deshalb in einem Haus zusammengetrieben und mußten sich von Kapitän Douglas der HMS COSSACK eine Belehrung darüber anhören, daß britische Untertanen, die in einem fremden Land mit einer gesetzlich begründeten Regierung leben, sich auch den Landesgesetzen fügen müssen.

Die fast hundertjährige britische Oberhoheit und das Christentum verwandelten die Männer von Fidschi in heitere, sanftmütige Bürger. Doc Simon, der Hafenarzt, spricht ein wundervolles, gepflegtes Oxford-Englisch und trägt seinen wadenlangen Rock, den Sulu, mit überzeugender Würde. Der Sulu, aus feinstem, dunkelgrauem Anzugstoff, ist vorn nur übereinandergeschlagen, um ausreichende Schrittweite zu gewähren, doch nicht zugenäht. Dazu ein weißes Oberhemd mit Krawatte, ein dünner, grauer Pullover. Sehr distinguiert.

Der Doktor blättert über einem Whiskey unsere Impfzeugnisse durch und schmettert seinen Stempel hinein. Dann verlassen uns der große Dunkle und der kleine Helle. Sie sind ja in der Kneipe verabredet. Einen größeren Gegensatz als die beiden kann man sich nicht vorstellen: der würdevolle Hüne und der pummelige Heinrich in Badehose und flatterndem Hemd. Sie verständigen sich in einer Art Pidgin-Englisch. Und irgendwie verstehen sie sich ganz dufte – um mit Heinrich zu sprechen.

„Peter, die Männer hier sind einfach Klasse!“ – „Bin mal gespannt, wie die Frauen aussehen“, Peter hoffnungsvoll. Um es gleich vorwegzunehmen: wunderbar! Genau wie die Männer. Sehnig und muskulös. Sie tragen denselben Haarschnitt und sind nur durch ihren knöchellangen Sulu zu unterscheiden. Große Enttäuschung bei Peter, Schadenfreude meinerseits.

Wir gehen ankerauf und motoren zur Tradewinds-Marina, die sich mit dem Tradewinds-Hotel einige Kilometer von Suva entfernt einsam hinter ein paar Inselchen versteckt. Der Royal Suva Yacht Club liegt zwar fast in Suva, doch wir haben nun schon mehrfach von seiner Reputation gehört, der unfreundlichste Yachtclub der Welt zu sein. Dazu haben wir keine Lust.

Vom Tradewinds prescht uns ein rotes Sportboot entgegen. Ein zweites knackiges Exemplar der Gattung Fidschi-Mann überreicht uns ein Merkblatt und geleitet uns in die Marina. Ich bin sehr beeindruckt, als ich das Merkblatt studiere: Liegegebühr pro Woche 4 Fidschi-Dollars, also 16 Mark. Strom- und Wasseranschluß vorhanden, Duschen und eine Waschmaschine. Das klingt ja paradiesisch, wenn ich an meine zwei prallen Wäschesäcke denke. Der folgende Absatz aber bringt mich gleich wieder auf: „Yachtleute haben nur in angemessener Kleidung Zutritt zur Hotelterrasse. Es wird gebeten, den Hotelbetrieb nicht durch ungebührliches Benehmen zu stören."

„Für wen halten die uns! Für Landstreicher?"

So deutlich ist das Mißtrauen gegenüber den vagabundierenden Yachties noch nie zum Ausdruck gebracht worden. Wir haben es zwar öfter gespürt und waren empört über unerträglich herablassende Behandlung oder auch unnachgiebiges Nicht-verstehen-Wollen, zumeist der Bankleute (Barcley's Bank allen voran), und sind gewöhnt, daß wir erst nach erwiesener Zahlungsfähigkeit wieder als Menschen angesehen werden, aber muß man uns ins Gesicht sagen, daß wir Asoziale sind?

In meiner Empörung paßt es genau ins Bild, daß die Duschen kalt sind, daß nur eine Toilette vorhanden, die Waschmaschine zusammengebrochen und unsere Post vor zwei Wochen vom indischen Manager an die Absender zurückgeschickt worden ist. Die erste Post für uns seit drei Monaten. Da möchte man heulen vor ohnmächtiger Wut! „Das Hotel kann sich auch gleich in Sauer kochen lassen, die werden mich nicht auf ihrer geheiligten Terrasse sehen!"

Dieses lokale Schlechtwettergebiet verzieht sich aber rasch, als Peter mich zu einem Drink dorthin einlädt.

Auf der Terrasse unterscheiden sich die Hotelgäste deutlich von den Yachties. Die Hotelgäste sind bleichgesichtig, dafür aber um so farbiger gekleidet. Die Yachtleute zeichnen sich aus durch verwitterte, dunkle Haut und ausgeblichene Shorts. Die Vorstellungen der Yachties hinsichtlich korrekter Kleidung variieren doch erheblich, muß ich feststellen, und beurteile die Verfasser des Merkblattes milder, nicht zuletzt, als sich mir auf dem Tisch zwischen Bierlachen zwei ungewaschene, verhornte Füße in Plastiklatschen — den notorischen Flipp-Flopps — entgegenlümmeln. Da muß man nur zusehen, daß man gegen den Wind zu sitzen kommt.

Unser Freund Bruce von der BLACK ROSE hatte uns geraten, in Suva nicht den Namen Elli und ihr Boot, die WALKÜRE, zu erwähnen. Die achtundzwanzigjährige Amerikanerin, die mit einer Männercrew um die Welt segelte, tat sich in Suva dadurch hervor, daß sie in trunkenem Zustand auf die Tanzfläche urinierte und Schlägereien anfing. So etwas setzt sich im Gedächtnis der Leute fest; wer kann es ihnen verdenken. Die Zeiten, da Segeln ein nobler Herrensport war, sind schon lange versunken, und wir müssen es uns gefallen lassen, alle in einen großen Topf geworfen zu werden. Jetzt denke ich anders über den Royal Suva Yacht Club. Die Mitglieder sehen jährlich an die zweihundert Yachten durchziehen und haben alles Interesse an ihnen verloren. Sie bevorzugen ihre *Splendid Isolation.*

Es ist Winter in Suva. Das bedeutet Regen, pausenlos Regen bei nur 24 Grad. Uns kommt es furchtbar kalt vor. Ich schreibe nach Hause:

... Das Tradewinds-Hotel ist nicht besonders. Wir sind nun eine Woche hier und hatten noch nicht einmal das Bedürfnis, dort meinen Geburtstag nachzufeiern. Wir sitzen viel lieber gemütlich im Schiff. Der Regen prasselt aufs Deck, die Petromaxlampe zischt, und wir ernähren uns von heißem Kakao mit Rum. Vielleicht werden wir uns später nie wieder so behaglich fühlen und so geborgen.

Seit zwei Jahren ist die MAUNA KEA nun schon unser Zuhause, und wir verwachsen immer mehr mit ihr. So hocken wir eine Woche lang zufrieden unter Deck, holen all den versäumten Schlaf seit Rarotonga nach und dezimieren den Getränkebestand. Dann schlägt uns aber doch das Gewissen, und wir stellen uns im Regenmantel an die Bushaltestelle nach Suva.

Suva überwältigt uns. Wir wissen zwar, daß hier 85 000 Menschen wohnen, doch die Vielfalt der Eindrücke ist verwirrend. Dieses Gedränge in der City und der Verkehr! Dagegen ist Tahiti gar nichts. Fremdartige Gestalten: An der Ecke verkauft eine alte Inderin in weißem Sari Amulette und Heiligenbilder. Daneben eine Engländerin mit Wohltätigkeitslosen. In den Hoteleingängen lauern kleine Fidschijungen mit ihrem Schuhputzkasten. Pechschwarze, zierliche Inderjungen verkaufen aus Körben Erdnüsse. Stattliche Inder im europäischen Geschäftsanzug und weißen Turban begleiten ihre wie exotische Vögel schillernden Frauen in Seidensaris, mit einem Brillianten oder einer Perle im Nasenflügel. Das feine Klirren von Schmuckreifen an ihren Armen. Muskulöse Fidschimänner und langgestreckte Fidschifrauen dazwischen. Ab und an auch ein bleiches chinesisches Gesicht.

Und die Touristen! Kenntlich an Strohhüten, Sonnenbrillen und Fotoapparaten. Mehrere Passagierschiffe ankern gerade im Hafen. Ihnen zu Ehren und der australischen, neuseeländischen und amerikanischen Dollars wegen laufen die Geschäfte auf Hochtouren. Seit 1963 ist Fidschi zollfreies Gebiet für Luxusartikel wie Radios, Kameras, Parfum usw. und macht Hongkong und Singapur kräftig Konkurrenz.

Gleich am Hafen steht der Bazar, überquellend von Obst und Gemüse und mit Extraständen für billigen Schmuck. Der Schmuckhandel ist fest in indischer Hand, und jeder verspricht, einen *very special price* zu machen. Man kommt schwer an der suggestiven Überredungskunst der Inder vorbei. Die Stände der Fidschifrauen dagegen, mit geflochtenen Körben, Holzschalen, Muschelketten und den Tapastoffen, die aus Baumrinde hergestellt werden, sind viel gemütlicher. Das Ganze macht den Eindruck eines Picknicks, und man kann in aller Ruhe aussuchen, sich zu den Frauen hocken und ein privates Gespräch anfangen.

Ich bin wie berauscht von dem Gemüseangebot und den niedrigen Preisen. Ein Pfund Tomaten kostet umgerechnet vierzig Pfennig. Eine angenehme Überraschung nach Französisch-Polynesien und Rarotonga. Fidschi hat auch ein sehr preiswertes und gutes Konservenangebot, so daß viele Yachtleute hier ihren Proviant aufstocken.

Im Hafen wird Kopra verladen, und der süßlich-vergorene Geruch – Südseegeruch – zieht durch die Stadt, hin zu den würdevollen viktorianischen Gebäuden der Handels- und Schiffahrtsgesellschaften mit den blankgeputzten Messingschildern, die den Hafen seit hundert Jahren überblicken und wohlgefällig das Verschiffen von Zucker, Kopra, Gold, Mangan, Bananen und Melasse überwachen. Neben Zucker ist der Tourismus seit 1970 der zweitwichtigste Industriefaktor. Die Preise für Bauland klettern in die Höhe, moderne Geschäfts- und Hotelbauten verdrängen langsam die gemütlichen, einstöckigen weißen Häuser mit den Wellblechdächern und den filigranhaften, weißen schmiedeeisernen Balkongittern, die zerbrechlich wie Tortendeckchen aussehen. Sie sind Überbleibsel aus der Kolonialzeit und wehmütige Zeugen einer Epoche, die wohl am besten von W. Somerset Maugham, Robert Louis Stevenson und Jack London eingefangen worden ist. Auch die rosa getünchte Fassade des „Grand Pacific", der „Großen alten Dame des Pazifiks", behauptet sich noch immer unter gepflegten Palmen. Die geschichtsträchtige Atmosphäre dieses Hotels versöhnt mit seinen unzureichenden sanitären Verhältnissen. Man glaubt, auf der hölzernen Veranda mit den knarrenden Korbstühlen im warmen Halbdunkel der tropischen Dämmerung über einem Gin-Tonic mit klirrenden Eiswürfeln einen weißen Leinenanzug schimmern zu sehen. *„Mr. Maugham, I suppose?"*

Es ist gar nicht so leicht, auf dem großstädtischen Busbahnhof den richtigen Bus zu finden, der uns zum Tradewinds zurückbringen wird. Wir haben noch etwas Zeit bis zur Abfahrt. Zierliche Inderinnen in bunten Seidensaris steigen zu, mit Bündeln, aus denen Taro (eine stärkehaltige Wurzel, die gekocht der Kartoffel ähnelt) und Kohlköpfe herausschauen. Langgliedrige, eckige Fidschifrauen mit kurzgeschorenem Kraushaar raffen den langen Sulu, um die hohe Stufe zum Bus hinaufzukommen. Ihre Einkaufstaschen haben sie sich aus frischen Palmblättern selber geflochten. Der Herr, der gerade einsteigt, muß bei einer Behörde angestellt sein, denn er trägt den korrekten City-Anzug: Sulu, Regenschirm, Aktentasche und zusammengerollte Zeitung. Ein uralter Inder zieht sich mühsam an den Haltegriffen in den Bus. Ein weißer Turban, dünne weiße Pluderhosen und Bluse. Weiß auch seine Augenbrauen und der Bart. Die verkrümmten Finger falten sich über dem Knauf eines Krückstocks. Eine indische Mutti mit zwei kleinen Mädchen steigt ein. Die Kleinen sind herausgeputzt wie die Püppchen, mit Korkenzieherlocken, Haarschleifen, schwarz geschminkten Augen, rot gefärbtem Scheitel und dem roten Punkt auf der Stirn. Goldgestanzte Pantöffelchen schauen unter den Saris hervor. Fidschimädchen drängen sich lärmend im Mittelgang. Abgesehen von ihrer dunklen Hautfarbe und dem schwarzen Kraushaar könnten sie in ihren korrekten Schuluniformen direkt aus England kommen.

Um die Busse streifen die Erdnußverkäufer, sämtlich Inder. Das ruft ständig: *„Peanut, peanut!"* und murmelt fortwährend: *„Nut, nut!"* ins Ohr. Bevor der Bus abfährt, werden ihre Bemühungen immer drängender. Wehe, man ist so unvorsichtig, ihrem hypnotischen Blick zu begegnen! Sofort tauchen aus der Trageschwinge über dem linken Arm neue Tüten mit Erdnüssen auf, die einem dicht unter die Nase gehalten werden, die andere Hand klimpert mit Kleingeld. Wird man schwach, erlischt der beschwörende, dringende Blick abrupt, die Tüte wird hochgereicht, zerstreut das Wechselgeld dazu, während die Augen, schon auf der Suche nach einem neuen Opfer, die Busfenster absuchen.

Der Fahrer probiert schon geraume Zeit, den ersten Gang einzulegen – unter furchtbarem Kreischen gelingt es. Er verfällt sofort einem halsbrecherischen Geschwindigkeitsrausch, noch dazu auf der falschen Straßenseite. Doch nein, hier ist ja Linksverkehr. Wir sinken zurück auf die Sitze. Durch die unverglasten Fenster zieht es erbärmlich. Nun fängt es auch noch an zu regnen. Gleichmütig lassen die Passagiere die verblichenen Segeltuchplanen herunter, die zusammengerollt über den Fenstern hängen. Die Zellophanscheiben darin sind vom Alter braun und undurchsichtig geworden. Man fährt im Blindflug und braucht neben einer Portion Einfühlungsvermögen noch genaue Kenntnisse der Topographie, um die richtige Haltestelle herauszufinden. Übrigens ist es gar nicht so leicht, den Irren am Steuer zu stoppen. Früher, in den Jugendtagen des Busses, funktionierten die Klingelknöpfe über den Sitzen noch. Heute tut es eine Strippe, die durch den Bus gespannt ist und vorn eine Fahrradklingel betätigt. Genial.

Ein Schild mahnt: „Keine Erdnußschalen auf den Boden werfen." So speit der Bus während seiner Fahrt ununterbrochen Erdnußschalen, Apfelgriebse, Apfelsinen- und Bananenschalen und Zigarettenstummel aus, und wie Dumbo, der fliegende Elefant, gehen wir mit flappenden, grünen Ohren um die Kurve.

Tagebuch 16. September 1972

»Es regnet nun schon seit zwei Wochen. Langsam geht es uns auf die Nerven. Im Schiff schimmelt alles. Nach den ›Fidschi-Informationen‹ des Touristenbüros ist dies aber die trockne Jahreszeit. Ich möchte nicht zur Regenzeit hier sein! Dies ist die Wetterseite der Insel. Die Passatwolken regnen sich an den 1400 Meter hohen Bergen ab. Spötter meinen, es sei typisch für die Engländer, die Hauptstadt ausgerechnet im Regengebiet der Insel angelegt zu haben, statt auf der Nordostseite, wo es nur sehr selten regnet. Seit sechs Monaten herrscht dort eine ernste Trockenheit. Sonne wird garantiert. Sobald die Sicht etwas besser ist, gehen wir auf die andere Seite der Insel, sonst setzen auch wir noch Schimmel an.«

Wir verlieren jedes Zeitgefühl. Tage reihen sich zu Wochen, und alle Tage sind gleich: Korallen im türkisenen Wasser, goldene Sandbänke, die wir bei Ebbe nach Muscheln absuchen, paradiesische Einsamkeit. Unsere Körper sind gleichmäßig gebräunt, und wir möchten nie, nie wieder Kleider tragen. Welch ein vollkommenes Segelgebiet sind doch die Fidschis! Ein riesiges Ringriff umschließt die Hauptinsel Viti Levu mit ihren unzähligen Nebeninselchen. Segeln ist wie ein Traum. Wir fliegen im Passat über das grünblaue Wasser, dicht über die Korallenstöcke hinweg, und ankern in Lee der vielen unbewohnten Inseln. Das Gebiet der Fidschis umfaßt fünfhundert Inseln, von denen nur hundert ständig bewohnt sind. Ich weiß kaum noch die Namen derer, die uns für eine Nacht oder für eine Woche angezogen haben, aber Malolo-lai-lai ist sicherlich der schönste von allen.

Ich wasche an Deck die Muschelausbeute des Tages und lege sie zum Trocknen aus. Beim Tee im Salon hören wir plötzlich über uns ein Poltern und Schurren. Ein schwarz-weiß gestreiftes Schneckenhaus macht sich auf die Wanderschaft. Es steigt unbeholfen über die anderen Muscheln hinweg, die brav in Reih und Glied liegen. Da haben wir doch einen kleinen Einsiedlerkrebs mit aufgesammelt. Er fühlt sich ertappt und bleibt stehen. Seine Augen an den langen Stielen glupschen mißtrauisch zu uns herüber. Ein niedliches Kerlchen mit roter, fleischiger Nase und einer verwirrenden Anzahl von Beinchen und Zangen. Aber freiwillig will er nicht aus seinem gemütlichen Haus heraus. Sobald wir es mit sanfter Überredung versuchen, zieht er sich blitzschnell in das Schneckenhaus zurück, verstaut in fliegender Hast die vielen Beinchen da drinnen und faltet die gepanzerten Scheren gegen den Eingang. Alexander Krebs im Gehäuse.

Diese Festung ist unangreifbar, es sei denn, man wendet brutale Gewalt an. Doch dazu sind wir viel zu friedlich gestimmt. Aber das Schneckenhaus möchten wir doch gern für unsere Sammlung haben. Vielleicht hilft ein bißchen Psychologie. Ich packe Alexander zusammen mit den anderen Schneckenhäusern in ein Marmeladenglas, und richtig: Nach einiger Zeit höre ich es rumpeln und arbeiten im Glas. Da sehe ich doch Alexander Krebs berauscht und gierig die Schneckenhäuser abtasten, umwälzen, abschätzen, und — er ist nackt, splitterfasernackt! Das vielfältige Angebot auf dem Wohnungsmarkt hat ihn alle Vorsicht vergessen lassen. Er ist aus seiner alten Wohnung ausgezogen, ohne sich gleich das passende, größere Haus daneben aufzubauen, wie es sonst seiner weisen Art entspricht. Sein äußerst begehrtes, ungeschütztes weiches Schwanzende ist niedlich aufgekringelt, und zitternd vor Aufregung tasten und messen seine Fühler die neuen Wohnungen aus. Diese da ist vielleicht ein wenig zu eng unter den Achseln. Aber hier, das könnte das Richtige sein.

Behutsam läßt er das kostbare Weichteil in das Schneckengewinde hineingleiten — und kommt mit Ultraschallgeschwindigkeit wieder herausgeschossen. Hinter ihm gestikulieren empört die Fühler und Zangen des rechtmäßigen Wohnungsbesitzers. Noch ein Krebs! Die Augen fallen ihm vor Entrüstung fast von den Stielen. Du liebe Zeit, da haben wir mit unserer Muschelsuche ein ziemliches Durcheinander angerichtet! Zwei kleinen Krebsen ist der friedliche Abend verdorben. Zurück ins Wasser mit ihnen! Es blubbert noch ein wenig, dann sind die beiden wohl auf dem Grund angekommen.

Neben dem Schiff plantscht und schnauft es. Die Wasserschildkröte genießt die Abendluft. Ein Eingeborener galoppiert auf ungesatteltem

Pferd durch das seichte Wasser. Die Hufe ploppen dumpf auf dem nassen Sand. Malolo-lai-lai – das ist Frieden für uns und die MAUNA KEA, den „Verzauberten Vogel".

Wenn wir genug vom Robinsonleben haben und unsere Wassertanks wieder auffüllen müssen, segeln wir zu einem der Hotels, die unter Palmen versteckt den Totalurlaub bieten. Es gibt keine Anlegestege und nur selten einen kleinen Landestreifen auf den Hotelinseln. Die Touristen werden in Booten von Viti Levu zu den Außeninseln gebracht und springen buchstäblich mit beiden Beinen in den Urlaub hinein, nämlich in das laue, seichte Wasser, und waten an Land. Viele sind so begeistert, daß sie sich noch nicht einmal die Hosenbeine hochkrempeln. Drei Wochen später bringen die Boote eine traurige, sonnenverbrannte Fracht mit verkrumpelten Salzwasserringen um die Beine des Reiseanzugs zurück zum internationalen Flughafen in Nadi. Die Gäste wohnen in Bungalows, die den *bures* der Eingeborenen nachempfunden sind. Die Kleidung abends ist leger: Sulu und Bula-Hemd. Bula ist ein sehr wichtiges Wort in Fidschi. „Willkommen, Prost, Spaß, Freude." Das Bula-Hemd stimmt jeden ein auf den geselligen Abend mit dem traditionellen „Taralala"-Tanz.

Auf der Mana-Insel ist gerade ein Hotel im Bau. Seine kühne, großzügige Konstruktion zielt auf ein Publikum ab, das auch im Urlaub nicht auf Smoking und langes Abendkleid verzichten will. Bauherr ist eine japanische Gesellschaft, Architekt ein nach Australien emigrierter Ungar. Bei einem Probeessen im Hotel, bei dem das eingeborene Personal getestet werden soll, lernen wir einen der Direktoren, Fukuoka San aus Tokio, und seine Frau kennen. Als sie erfahren, daß wir Deutsche sind, lispeln sie wie auf Kommando Geschichtszahlen herunter: „*Fledelic the Gleat* (Friedrich der Große) 1712 bis 1786." Wir sind sehr beschämt, weil wir mit keinen Zahlen aus der japanischen Geschichte aufwarten können.

Peter stellt unser Beiboot für Sprengarbeiten zur Verfügung, um den haarsträubend engen Zizackpaß durch das Riff nach Mana Island zu erweitern. Er wird den Motor bedienen, während Taucher Smith die Dynamitstangen auslegt und zündet. Meine Aufgabe wird es sein, vom Vordeck der MAUNA KEA aus die Detonationen zu filmen.

Ich presse das Auge ans Okular, die Hand am Auslöser, und denke, daß ich vielleicht das Begräbnis meines Mannes filme. Wenn der Motor nicht rechtzeitig anspringt? Oder eine Stange zu früh zündet? Mit gewaltigem „Wumm" steigt die Wassersäule, einem Atompilz gleich, mehrere hundert Meter hoch in die Luft. Und ein winziges, schwarzes Pünktchen flitzt aus dem unteren Rand des Bildes von der Explosionsstelle fort. Sie haben es geschafft. Es dauert Minuten, ehe der feine weiße Staub sich aus der Luft aufs Wasser senkt: atomisierte Korallen. Noch zwei weitere Explosionen filme ich. Dann kommen sie zurück, die Helden, weiß überpudert, das Beiboot randvoll mit Korallenfischen und Wasserschildkröten, die dem Wasserdruck zum Opfer gefallen sind. Ob ich auch alles gefilmt habe, wollen sie wissen und merken nicht, daß mir das Weinen in der Kehle steht.

Waqua erzählt uns die Sage von Mana Island, der „Wunderinsel“:
Vor langer, langer Zeit wohnte ein heiliger Mann auf der Insel. Eines Tages stieg er hinauf auf die höchste Erhebung und deutete über das Wasser nach Viti Levu. „Dort“, so sagte er, „wird dermaleinst eine große Stadt sein mit vielen hohen Häusern. Und Menschen werden in silbernen Vögeln vom Himmel kommen.“ Seine Prophezeiung erfüllte sich. Deshalb sei dieser Teil der Mana-Insel, schließt Waqua mit frommem Gesichtsausdruck, noch heute heiliges Gelände. Die Japaner wollten die ganze Insel für das Hotel pachten, aber wegen der Heiligkeit des Ortes bekamen sie nur die Konzession für die Hälfte.

Irgendwie reimt sich diese Geschichte von der Wundergläubigkeit der Fidschianer nicht mit Waquas beiläufiger Bemerkung, er sei der Vertreter der Bauarbeiter-Gewerkschaft auf Mana. Tibor, der ungarisch-australische Architekt, klärt uns über die listigen, geschäftstüchtigen Fidschianer auf, keineswegs wundergläubige, zurückgebliebene Eingeborene, sondern hellwache Kinder des zwanzigsten Jahrhunderts. Man hat den Japanern nur die Hälfte der Insel verpachtet, um die zweite Hälfte vielleicht an einen australischen Hotelkonzern zu vergeben. Oder um den Japanern zumindest mit einem zweiten Hotel auf Mana zu drohen.

Wir haben den Eindruck, daß die Fidschianer von den Briten gut auf die Unabhängigkeit vorbereitet worden sind. Von England lernten sie die Demokratie mit allen ihren Vor- und Nachteilen. So wurde in Suva unlängst für die 35-Stunden-Woche gestreikt. Doch der Premierminister, Ratu Sir Kamisese Mara, redete seinem Volk übers Radio ins Gewissen. Fidschi könne es sich nicht leisten, so wenig zu arbeiten. Da der Premierminister gleichzeitig oberster Stammeshäuptling ist, wurde seine Entscheidung akzeptiert. Jeder ging wieder an die Arbeit. Fidschi hat es gut: Fidschi hat Häuptlinge.

Irgendwann geht auch unsere Zeit in den Fidschis zu Ende. Peter holt die Pilot Charts heraus. Wir müssen Australien vor Beginn der Wirbelsturmzeit erreicht haben. Am 20. Oktober nehmen wir Kurs auf die Neuen Hebriden.

Der Wetterbericht von Suva-Radio sagt frischen Südostwind und bedeckten Himmel an. Weitere Aussichten: ähnlich.

„Sieht ganz nach einer schnellen, ungemütlichen Reise zu den Neuen Hebriden aus."

„Und nach Fertiggerichten aus der Büchse, pfui!"

Einen Tag später, am 21. Oktober 1972, hören wir den Diskjockey in einer Schlagersendung beiläufig sagen: „O ja, da ist ein Hurrikan." Dann blendet er wieder Musik ein.

Wir sind wie gelähmt. Ein Hurrikan zwei Monate vor der Saison! Das hat es noch nie gegeben. Es ist unmöglich. Das darf, das kann nicht sein! Wir schalten die beiden Bordradios auf die Notfrequenzen ein. Nach fünf langen, langen Stunden endlich empfangen wir einen vollständigen Wetterbericht. Ja, da ist ein Hurrikan im Anmarsch. Er hat inzwischen auch einen Namen bekommen: ausgerechnet „Bébé", das heißt Baby. Das tödliche Baby liegt fast stationär nordnordöstlich von uns.

Wir schalten die Radios aus. Wir brauchen sie nicht mehr. Peter am Kartentisch. Ich hänge in der Kochecke in meinem Gurt. Stille.

Peter wälzt Seehandbücher, Wetterkarten, greift mit dem Zirkel Entfernungen ab. Nach den Büchern gibt es die ersten Wirbelstürme in dieser Gegend erst im Dezember. Warum mußte es gerade uns erwischen? Tropische Wirbelstürme haben, je nachdem, wo sie auftreten, die verschiedensten Namen: Hurrikan, Zyklon, Taifun, Willy-Willy. Im Grunde genommen handelt es sich immer um die gleiche Erscheinung: Um den Kern eines Tiefs beginnen sich auf der südlichen Halbkugel die Luftmassen im Uhrzeigersinn zu drehen, auf der Nordhalbkugel umgekehrt. Mit unvorstellbarer Gewalt werden immer neue Luftmassen angesaugt und trichterförmig nach oben entlassen. Der Durchmesser eines solchen Systems beträgt ungefähr 500 bis 800 Kilometer. Windgeschwindigkeiten, die weit über unsere bekannten 12 Windstärken hinausgehen, sind die Regel. Die Zugrichtung läßt sich für die verschiedenen Gebiete der Welt mit einiger Wahrscheinlichkeit voraussagen. Lediglich der Südpazifik macht eine Ausnahme. Die Zuggeschwindigkeit des Systems schwankt zwischen 8 Stundenkilometer im Stadium der Entstehung und 60 Stundenkilometer zum Ende seines Bestehens.

Die Zugbahnen der Hurrikane über der Fidschi-Gruppe zeigen, über Jahre gesehen, in der Regel eine Kurve über Süd nach Südost. Wenn Bébé keine Ausnahme macht, sind wir gerettet. Sonst: Hut ab zum Gebet! Denn geht über ein Schiff das Zentrum eines Wirbelsturms hinweg, dreht der Wind innerhalb kurzer Zeit um 180 Grad. Die dabei entstehende Kreuzsee ist mörderisch und zerschlägt alles.

Wir sprechen die Möglichkeiten durch, die uns noch bleiben. Peter muß entscheiden. Davon wird unser Leben abhängen. Peter wird uns hier rausbringen. Er beschließt, beizudrehen und den nächsten Wetterbericht abzuwarten, um die Zugrichtung Bébés zu erkennen. Wir dürfen auf keinen Fall in den „gefährlichen Quadranten" kommen. Diese Entscheidung widerspricht allen meinen Fluchtinstinkten, die in mir schreien: „Renne, renne, weg, bloß weg!" Aber ich bin still. Es kann nur einer bestimmen. Ein Schiff befindet sich im „gefährlichen Quadranten", wenn die im Wirbelsturm auftretenden kreisförmigen Winde es immer wieder in seine Zugbahnen hineinziehen.

Peter erklärt mir, wie man das Trysegel setzt. Wir haben es noch nie gebraucht. Ich hole Fertiggerichte und Wollsachen aus der Achterkajüte; dann versiegeln wir sie mit Klebestreifen.

Während dieser Nacht bricht infolge des Seegangs die Sicherheitskupplung an der Windsteuerung. Wir können keine neue einsetzen, es ist zu rauh. 25 bis 30 Knoten Wind und sehr grobe See. Aber wir haben ja noch die elektrische Steuerung.

Am 22. Oktober morgens um sieben gibt es den nächsten Wetterbericht. Bébé liegt über Funafuti.

„Komm, wir setzen die Segel! Wir müssen nach Nouméa gehen. Die Neuen Hebriden haben keinen sicheren Hafen." — „Haben wir denn Karten für Neukaledonien?" — „Ja, zum Glück."

Das Schiff rennt durch die Wellen, jagt mit Höchstgeschwindigkeit davon. Die See schlägt breitseits oder auch schräg von vorn gegen die Bordwand. Gischt und Wasser stürzen übers Deck, schießen übers Cockpitdach hinaus. Eine Welle wäscht die Cockpitpersenning weg, die uns nach Luv hin abgeschirmt hat. Nun sind wir dem Wetter unmittelbar ausgesetzt. Bisher saßen wir ja immer komfortabel in unserem trockenen Steuerstand. In mir eine höhnische Stimme: „Ja, meine Liebe, das ist Schlechtwetter. Doch noch lange kein Hurrikan. Mein Gott, wie wird es erst dann sein?"

Das Wasser ergießt sich mit derartigem Druck über das Schiff, daß es durch das verklebte Schott in die Achterkajüte schießt. Die Bullaugen lecken, das Skylight tropft, durch den Mastschuh kommt es, die Luken sind undicht. Wir stopfen Papier in die Lecks. Es hilft ein bißchen. Unter Deck wird alles immer feuchter und klammer, weil wir nicht lüften können. Die Ventilatoren mußten wir abnehmen, weil zu viel Wasser durchkam. Wir leben in unserem eigenen Mief, zwischen nassen Kleidungsstücken, die überall zum Trocknen baumeln, zwischen Ölzeug und Seestiefeln, die herumkollern. Ich versuche, im Backofen Schuhe und Socken zu trocknen, und muß an die Erdmanns denken, die beim Wachwechsel immer umschichtig in dieselbe angewärmte Hose stiegen. Fabelhafte Idee!

Am 23. Oktober steht Bébé 60 Seemeilen nordnordöstlich von Rotuma und zieht mit 8 Knoten Geschwindigkeit nach Südsüdwest. Genau in unsere Richtung. Wir machen 7,5 Knoten Fahrt. Rotuma meldet Windgeschwindigkeiten von 220 bis 270 Stundenkilometer. Dann bricht die Verbindung ab. Zwischen dem Zentrum und uns liegen 520 Seemeilen.

Wenn ich den Wetterbericht höre, wird mir jedesmal schlecht vor Angst, und ich muß ins Cockpit.

Wir gehen auf Höchstfahrt: Genua, Trysegel und Besan. MAUNA KEA kämpft und wühlt sich durch die Seen. Es muß sein. Die Antenne zwischen den Masten reißt auseinander. Die Enden wickeln sich um die Masten und behindern die Segel. Ich ziehe Peter in den Besan hoch, und er säbelt das Fall frei.

Wachegehen heißt jetzt wirklich, drei Stunden allein im Cockpit ausharren, ohne zwischendurch mal auf die Toilette gehen oder einen Keks essen zu können. Das Salzwasser sickert durch den Schal am Hals herunter. Die Füße sterben in den feuchten Stiefeln ab. Immer wieder kommen neue Ladungen Wasser über. Der Wind tobt und pfeift, die See brüllt und donnert.

Hinter uns, im Norden, von wo das rasende Untier sich nähert, steht die Wolkenwand: Walzen und Schollen, zusammengepreßt und verschmolzen durch eine ungeheure Gewalt. Wie Packeis, so sieht es aus. Von Südost, von der Seite, fegen zerfetzte, schwarze Wolkenwände heran, überschütten uns mit Regen und Wind.

Ich bin sehr verlassen auf diesen unheimlichen Nachtwachen. Peter ist weit weg hinter dem geschlossenen Schott im Salon. Ab und zu sehe ich durch die Plexiglasscheibe zu ihm hinunter, wo er mit Kissen verkeilt schläft, eingemummelt in die weiche, warme Wolldecke. Ich möchte zu ihm, in den molligen Mief flüchten, schlafen und alles vergessen. Nur hier draußen erlaube ich mir, an Bébé zu denken. Ich möchte nicht vor Peter die Fassung verlieren und ihn noch zusätzlich mit einem hysterischen Weib beschweren. Aber hier draußen, allein: „Wenn der Hurrikan kommt ... Aber vielleicht ja nicht ... Wir müssen alles von

Deck nach unten bringen. So wenig Windwiderstand wie möglich bieten. Dann gehen wir unter Deck, versiegeln das Schott von innen, nehmen Tabletten gegen Seekrankheit, Beruhigungstabletten. Dann warten wir ... Die Masten werden wohl dran glauben. Aber man kann ja immer noch einen Notmast riggen, hinterher ..."

Das alles denke ich sehr ruhig und unbeteiligt, distanziert. Stehe ich unter Schockwirkung? Oder begreife ich die Situation nicht voll? Ich habe Angst, aber eine unpersönliche Angst. Ein Wirbelsturm ist so gewaltig und unfaßlich, daß es die Vorstellungskraft einfach übersteigt. Ich sage mir: „Es kann das Ende sein", und bleibe dennoch ganz ruhig. Einmal blitzt eine höhnische Stimme in mir auf: „Na, bereust du? Wärst wohl lieber an Land geblieben?" — „Nein, eigentlich nicht. Wenn es so sein soll. Wir wollen das Beste daraus machen."

Völlig erstarrt steige ich nach drei Stunden hinunter zu Peter. Erst mal schenke ich mir aus der Thermoskanne heißen Kakao ein. Das wärmt bis runter in die Zehen. Das An- und Ausziehen kommt in dem bockenden Schiff einer Zirkusnummer gleich und dauert zwanzig Minuten. Beim Anziehen verwandelt man sich systematisch in eine unbewegliche Wurst und kocht in seinem eigenen Saft vor sich hin. Die ersten Minuten ist man direkt dankbar, im nassen, kalten Cockpit sein zu dürfen.

Und ich, auf Freiwache, krieche mit meinen klammen Wollsocken unter die kuschelige Wolldecke, verstopfe mir die Ohren mit Wachskugeln und kann für knapp drei Stunden der Gegenwart entfliehen.

An Peters schwindendem Appetit merke ich seine Nervosität. Ich stärke ihn unauffällig mit flüssiger Nahrung: heiße Milch mit Honig und Rum, heißer Fleischextrakt, Tee mit Rum. Ich selber esse planmäßig so viel, wie hineingeht, eingedenk der Mahnung unseres Freundes Alfred: „Iß, solange du kannst." Peter möchte mir die Mühe ersparen, bei dieser Achterbahn auch noch zu kochen. Aber es ist keine Mühe, es ist ja immer noch möglich. Später dann, da wird es vielleicht nicht mehr gehen ... Wir sind uns sehr nahe in diesen Tagen.

Vier Tage leben wir mit der Angst. In der Nacht zum 25. Oktober weckt Peter mich zum Wachwechsel: „Sterne und klarer Himmel!"

Ein Wunder: Vor uns ein friedlicher Himmel, weiche, milde Luft. Hinter uns noch die drohende Wolkenmasse. Doch von der Seite fegen keine Regenböen mehr heran. Wir sind heraus. Es ist vorbei.

Bébé ist nach Fidschi abgeschwenkt und verwüstet die Inseln. Trotz aller Erleichterung denken wir an die Freunde, die noch mit ihren Yachten in Fidschi sind: Bobby und Karla, Kitty und Scott, Bob und Kristi und all die anderen. Und wir denken an Malolo-lai-lai.

Wir liegen im Yachtclub von Nouméa. Ich gehe zur Tagesordnung über und lege eine Tischdecke auf. Peter kommt durch den Salon, holt einen Schraubenzieher und sagt im Vorübergehen: „Bin ich froh, daß wir hier sind!“ Er bleibt einen Augenblick stehen: „Du, das war ernst!“ Ich sehe ihn groß an: „Ich weiß.“

Außer dem Yachthafen in Nouméa sehen wir nichts von Neukaledonien. Nach Inselrundfahrten steht uns nicht der Sinn. Verbissen stürzen wir uns auf die Reparaturen. Wir wollen so schnell wie möglich nach Australien, denn die Wirbelsturmzeit hat begonnen.

Zehn Tage später schon laufen wir wieder aus. Ich habe keine Nerven mehr. Ich zittere vor jeder dunklen Wolke. Eines Tages steht Peter im Niedergang und sagt mit märchenmilder Stimme: „Komm mal raus.“ Ich denke: „Land!“ und stürze hoch.

„Siehst du die dunkle Wolkenwalze? Das ist ein *Southerly Buster*, ein Südsturm. Er kann Windgeschwindigkeiten bis zu 70 Knoten in sich haben und wechselt seine Zugrichtung in Sekunden um 180 Grad. Das Ding sieht tatsächlich so aus wie in den Segelbüchern.“

Ich habe überhaupt keinen Sinn für das Übereinstimmen von Theorie und Praxis. Rein ins Ölzeug! Sicherheitsleinen um, Segel runter! Solange nicht alles vorbereitet ist, werde ich vor Angst zur Furie und kommandiere Peter sogar herum. Dieser *Southerly* ist zum Glück sehr milde und bringt außer Regen nur wenig Wind. Doch kaum ist er über uns hinweg, kommt er zurück, genau von der anderen Seite. Streng nach Lehrbuch.

Am 16. November 1972 sichte ich den australischen Kontinent, der von der aufgehenden Sonne rosig übertönt ist. Ich weine vor Freude und Erleichterung. Wir haben es geschafft. Für sechs Monate können wir uns jetzt an Land ausruhen.

Krieger von den Fidschi-Inseln

DER FÜNFTE KONTINENT

Endlich Land oder: Einer hat noch nicht genug — Die Swales — Cammeray-Marina: Der gute Marv und andere — Das rote Zentrum — Ein Fluß kommt in die Wüste — Weg von Muttern

Zum ersten Mal steuern wir einen Kontinent an statt winziger Atolle und vulkanischer Stecknadelköpfe, die aus dem Meer ragen. Wir suchen die Küste vergeblich nach Landmarken ab, denn graue Regenschwaden verdecken das eben noch liebliche Bild der soliden Landmasse. Unsere Ankunft im sonnigen Land der Känguruhs hatten wir uns doch anders vorgestellt, als wieder im sattsam bekannten Ölzeug zu stecken. „Guck mal, die komischen Berge da drüben. Das sind ja Hochhäuser! Das muß Sydney sein. Mäuschen, jetzt haben wir es gleich hinter uns!"

Die trübe See schwappt lau an den berüchtigten Felsen der Hafeneinfahrt, den Heads, hoch. Hier sind zu Zeiten der Rahsegler entsetzliche Tragödien geschehen, wenn plötzliche auflandige Stürme die schwerfälligen Segler an den Felsen zerschmetterten. In einer solchen Sturmnacht zerschellte Anfang des 19. Jahrhunderts ein Dreimaster an den Heads. Die Einwohner von Sydney vernahmen die ganze Nacht das Schreien und die Hilferufe der Schiffbrüchigen. Am Morgen ließ das Wüten des Sturmes nach. Die Rettungsboote kehrten mit dem einzigen Überlebenden in den Hafen zurück. Er mußte mit ansehen, wie von seinen 129 Leidensgefährten einer nach dem anderen von den brüllenden, schäumenden Wellen mitgerissen wurde.

Je mehr wir von der See kennen, desto mehr Ehrfurcht und Respekt bekommen wir vor ihr. Mit achterlichem Wind laufen wir unter

Segeln an den grimmigen Bewachern von Sydney-Harbour vorbei auf den Quarantänegrund zu. Peter hat den Hafenbehörden über Radiotelefon unsere voraussichtliche Ankunftszeit mitgeteilt. Der Arzt und die Zoll- und Einwanderungsbeamten erwarten uns schon auf dem Lotsenboot und klarieren uns ein. Ein Beamter bleibt bei uns an Bord und weist uns den Weg durch den verzweigten, immensen Hafen von Sydney, der von Tragflächenbooten, Fähren, Überseeschiffen, Yachten, Ruder- und Fischerbooten ständig durchpflügt wird, zu dem bekanntesten Yachtclub Australiens, dem Cruising Yacht Club of Australia. Und es regnet und regnet. Australien ist grau.

Ich muß beim Einlaufen in das Gelände des feudalen Clubs wohl sehr kläglich mit den Leinen dagestanden haben, in meinem mir viel zu großen Ölzeug, obgleich es für Kinder bis zu zwölf Jahren gedacht ist. Jedenfalls springen von den australischen Rennyachten hilfsbereite Jungs herbei und nehmen unsere Leinen wahr. Sie scheinen sich um den Regen gar nicht zu scheren. Ich blicke sie nur stumm und dankbar an. Einer von ihnen, Warrick, erzählt Peter später: „Du bist ja ein netter Kerl, Peter, aber deinetwegen sind wir nicht im Regen rumgeturnt."

Ich hab' es so satt! Das dauert jedesmal, ehe das Schiff richtig liegt! Ankerkette fieren, Achterleine dichtholen, Fender verrücken. Ich wickle verbissen Putzlappen um die Leinen, damit sie sich in den Lippklampen nicht durchscheuern, und wüte innerlich über dieses Zeremoniell, das Peter auch noch zu genießen scheint. Der Abschluß eines großen Segelabschnittes. Das Ende der Saison für sechs Monate. Herrlich! Ein feierlicher Augenblick, aber ich bin so hundemüde und fühle mich so elend. Dann noch das Sonnensegel aufspannen, gegen den Regen, natürlich. Die heruntergeklappten Seitenteile halten den Regen aus dem Cockpit ab. Danach endlich aus dem Ölzeug. Unter Deck aufklaren.

Und dann beginnt der gemütliche Teil: Ich setzte im Kessel Waschwasser auf. Schon das Anheizen des Kochers verbreitet Nestwärme. Raus aus den Plünnen! Wir feuern alles durch das Cockpit in die Achterkajüte: Pudelmützen und Wollschals, Pullover, auf denen der Querschnitt unserer Fertiggerichte und Mitternachtstrünke, bestehend aus heißem Kakao mit Rum, verewigt ist. Ausgebeulte Cordhosen, wollene Leibchen und Leibbinden, Strumpfhosen und Socken. Das ist wohl alles.

„Seif mir doch bitte mal den Rücken ein. Richtig rubbeln. Ach, ist das schön!"

Der weihevolle Augenblick, ein frisches Handtuch. Frische Wäsche.

„Hättest du Lust, an Land einen kleinen Drink mit mir zu nehmen?“ Gelobt sei ein trockenes Schiff! Unsere „erste Geige“, die in Kleiderbeuteln in der Achterkajüte hängt, ist tadellos, trotz Bébé, trotz *Southerly Buster.*

Unsicher stöckele ich auf hohen Absätzen über die Gangway.

„Hey, Peter, wo läßt du arbeiten?“ eine Stimme von Backbord. Tom von der GREYBEARD. Die haben wir zuletzt auf Rarotonga gesehen, als sie uns die Eisspatel gaben.

„Hier ist seine vollautomatische Waschmaschine“, rufe ich selbstbewußt zurück.

An der Pforte zu den gediegenen, noblen Gefilden des Cruising Yacht Clubs halte ich Peter aufgeregt zurück: An der Bar aus dunkel schimmerndem, poliertem Mahagoni sitzen nur Männer! Das Gespräch verstummt, und alle drehen sich zu uns um. „Peter, ich glaube, hier sind Frauen verboten. Was werden die mit mir machen?“

Ein schmächtiges, blondes Kerlchen mit himmelblauen Augen löst sich von der Bar und kommt auf uns zu. „Kommt herein. Darf ich euch zu einem Drink einladen?“

Dankbar erkenne ich den liebenswürdigen Engel wieder, der uns schon vorhin geholfen hat. Inzwischen ist sein Gefieder trocken. „Ich heiße Warrick. Willkommen in Australien!“

Warrick stellt uns den anderen vor, die alle zu den Mannschaften der Rennyachten gehören. Sie kommen aus Neuseeland und aus ganz Australien. Die überseeischen Konkurrenten werden in Kürze erwartet. Sogar eine Crew aus Tokio soll kommen. Sydney steckt mitten in den Vorbereitungen für das Sydney Hobart Race, das am Boxing-Day startet, also am 26. Dezember.

Zwischen Gesprächsfetzen höre ich, wie Peter beiläufig Tom und Warrick fragt, ob sie für das Race nicht noch einen freien Platz auf einem der Schiffe wissen. Er würde sehr gern mitsegeln. Wir haben gerade unseren ersten Drink auf das Landleben genommen. Zieh nur hin in die Tasman-See, Peter Kammler. Aber ich mache diesmal nicht mit.

Mir wird schwindelig vom Alkohol. Seit dem Morgen haben wir nichts gegessen, und jetzt wird es schon dunkel. Nun stehen schon wieder vier Wodka-Tonic vor mir, dabei kämpfe ich noch mit dem zweiten. Warum sind alle so wild darauf, daß wir so viel trinken?

An die australische Unsitte des Spendierens wollen wir uns nicht gewöhnen, selbst wenn wir dadurch unhöflich erscheinen. Die Riten sind folgende: Wenn sieben Männer zusammen an der Bar ein Bier trinken, spendiert jeder eine Runde. Das macht sieben Bier für jeden. Australier schlucken das im Nu weg. Aber wir machen schon nach der ersten Runde schlapp. Sechs eingeschenkte Gläser sehen uns dann traurig an.

„Aber ihr seid doch Deutsche. Ihr trinkt doch viel Bier!“

Auch wenn man sein Gläsersoll nicht erfüllt, muß man doch der Spendierpflicht nachkommen.

Warrick leiht uns Geld und seinen Wagen, damit wir unser erstes australisches Steak essen können. Es regnet nicht mehr. Alles ist unwirklich. Wir sind gerade auf einem fremden Kontinent gelandet.

Eine fremde Sprache, anderes Geld, Linksverkehr, neue Gebräuche. Trotzdem fühlen wir uns schon wie zu Hause: Wir sind außerordentliche Mitglieder des Clubs, wir kennen Leute in dieser Stadt, wir haben einen Wagen. Liegt es an den Yachtleuten, die alle dieselbe Sprache sprechen? Ist es, weil wir unser Zuhause immer bei uns haben, unser Schiff, die MAUNA KEA?

An den Clubstegen grassiert das Rennfieber. MAUNA KEA liegt als einzige Fahrtenyacht zwischen so berühmten und schnellen Schiffen wie PASCHA, GINGKO und APOLLO. Namen aus dem Spitzenfeld der internationalen Rennyachten. Ich geniere mich regelrecht, meine Wäscheleine von den Wanten zum Vorstag zu riggen. Doch wenn dieser Club sich schon Fahrtenyachtclub von Australien nennt, muß er es auch vertragen können, mal eine richtige Fahrtenyacht in seinen Ständen zu beherbergen. Es ist trotzdem eine peinliche Panne, als Warrik und Tom mir kichernd am Ende des Bootshakens ein schwarzes Spitzenhöschen herüberreichen, das auf das Deck der GINGKO geflattert war. Konnte es nicht einer von Peters Wollsocken sein?

Etwas abseits vom Trubel treffen wir Rosie und Collin Swale mit ihrem Katamaran „*Annelies II*“ an einem Nebensteg wieder. Wir haben sie in Papeete an der Fahrtenmole kennengelernt. Da sie zwei Kleinkinder an Bord haben, gaben wir ihnen die Babynahrung, die wir für Kater Tequila mitbekommen hatten. Es erschien uns als Sünde, sie an ein Tier zu verfüttern. Rosie und Collin nahmen die zwölf Gläser gern an.

Die Swales machten auf Tahiti Schlagzeilen. Nicht zuletzt, weil Rosie als attraktive junge Frau ganz sicher sein konnte, ein dankbares Publikum an der Uferpromenade und auf den umliegenden Fahrtenyachten zu haben, wenn sie an Deck in ihrem verschossenen Bikini eine Dusche nahm. Rosie aber war sich ihrer Wirkung überhaupt nicht bewußt. Wir lernten sie als ein sehr stilles, verträumtes Wesen kennen, das absolut nicht posiert und kokettiert, wie es ihr später von der Presse vorgeworfen wurde. Auch Collin entspricht in seiner ruhigen, lächelnden Art überhaupt nicht dem Monster und Rabenvater, der später aus ihm gemacht wurde. Wir sind fassungslos, als wir Rosie in Sydney wiedersehen: Sie ist zu einem verhärmten, angsterfüllten Wrack geworden. Ich werde nie vergessen, wie sie weinend in der Telefonzelle vor dem Cruising Yacht Club steht, ein Kind im Arm, das andere an ihrem Rock zerrend, und Collin faßt sie tröstend um. Wir alle haben unendliches Mitleid mit den Swales und sind doch voll Entsetzen vor ihrem Vorhaben: Sie werden auf der Rückreise nach England nicht wie wir anderen nach Westen segeln, auf der „vernünftigen" Route vor dem Passat, sondern in die entgegengesetzte Richtung um Kap Hoorn mit seinen Monsterseen und Stürmen, in denen schon so viele Schiffe gekentert sind. Wenn die „*Annelies*" aber kentert, wird sie sich nie mehr aufrichten. Mehrrumpfboote bleiben nach dem Umschlagen hilflos in dieser Stellung auf dem Wasser liegen. Das Ende der Swales.

Freunde in Sydney bieten ihnen an, die beiden Kinder bei sich aufzunehmen und ihnen den Flug nach England zu bezahlen, wenn Rosie und Collin dort angekommen sind. Sie lehnen ab. Der Vertrag, den sie in England unterschrieben haben, verlangt, daß auch die Kinder um Kap Hoorn herum müssen, wegen der Publicity. Kommen sie durch, ist ihnen ein großer Erfolg in England gewiß. Rosie und Collin setzen alles auf eine Karte. Wir können sie nicht verstehen. Sie sind schließlich erwachsen und mündig und können mit ihrem Leben machen, was sie wollen. Doch auch noch das Leben ihrer Kinder zu riskieren?

Die Verantwortung zerrt an ihnen, das ist zu sehen. Dennoch scheint der Drang nach Ruhm und Geld stärker zu sein. Rosie hockt mit zerwühlten Haaren über dem Telefon im Yachtclub. „Ich muß für fünf Monate Proviant kaufen. Ich darf nichts vergessen." Collin verschalt alle Fenster mit Brettern, damit die See die Scheiben nicht eindrücken kann. Wir alle wünschen ihnen viel, viel Glück, doch wir haben einfach nicht die Nerven, zu ihnen zu gehen und ihnen eine gute Reise in den fast sicheren Tod zu wünschen.

Unsere Freunde in Sydney halten uns später auf dem laufenden über die Swales. Kap Hoorn war kein Problem, doch dann müssen sie den Hafen Recife an der brasilianischen Küste anlaufen, weil Rosie unterwegs eine Fehlgeburt hat. Auch das noch! Schließlich die Nachricht, die Swales seien in England gelandet. Sie bekommen einen großen Bahnhof. Doch auch Kritik wird laut an dem Unternehmen, das wegen der Publikumswirksamkeit den Untergang einkalkuliert hatte.

Auf Grund solch negativer Propaganda stehen alle Fahrtensegler als Abenteurer und Hasardeure da. Denn keiner erwähnt die Stillen, die Bescheidenen, die nie auf ein Riff laufen und so in die Schlagzeilen geraten. Die versuchen, das Risiko so klein wie möglich zu halten und Material und Mensch zu schonen. Die Segler, die mit der See und dem Wind leben und nicht dagegen ankämpfen. Segler, die ohne Publikum Leistungen vollbringen, und niemand ist ihr Kritiker als die See, die unbarmherzig den kleinsten Fehler verzeichnet. Joseph Conrad sagte: „Die See hat keine Galerie." Dies möchte man allen Publicitiysüchtigen, die zugunsten des Ruhms die Regeln der Seemannschaft außer acht lassen, ins Stammbuch schreiben.

An Land würden die Bescheidenen, Stillen als Angsthasen und Pedanten gelten wegen ihrer Vorsicht und Genauigkeit. Schließlich: Je erfahrener man wird auf See, desto mehr sollte man sich selbst mißtrauen. Joshua Slocum, der als erster einhand um die Welt segelte, um zu beweisen, daß nicht nur die neumodischen Dampfschiffe etwas taugen, sagte: „Die meisten Schiffe gehen verloren, weil die Leute zu genau wußten, wo sie sind."

Der Yachtclub kann uns nur für zwei Wochen aufnehmen. Jeder Platz wird für das Rennen gebraucht. Als unsere Zeit um ist, verholen wir an unseren endgültigen Liegeplatz in der Cammeray-Marina, nicht bevor Warrick Peter einen Platz für das Race auf der SALACIA vermittelt hat.

Die Marina ist ein deutlicher sozialer Abstieg. Das zeigen schon die Fahrtenyachten, an denen seit Jahren in Heimarbeit gebaut wird. Die Duschen halten keinem Vergleich mit denen des Cruising Yacht Clubs stand. Es fehlt das Noble, Versnobte, eben Geld.

Dafür hat man sofort Familienanschluß bei Bunny und Fran, denen die Marina gehört, und kann an der vorsintflutlichen Waschmaschine einen gemütlichen Schwatz mit Kitty von der BEBINKA und Sheila von der KUAN YIN halten.

Abends kommt Feierabendstimmung über Cammeray. Die Sonne geht rot hinter dem Felsvorsprung unter. Weiße Vögel fallen krächzend und spektakelnd in ihre Schlafbäume ein. Von fern rauscht der Verkehr der Dreimillionenstadt wie Brandung gegen ein Riff. Der Widerschein der City glüht am Himmel. Mütter rufen ihre Kinder auf die Boote. Die Männer halten vor der „Haustür", der Gangway, einen Klönschnack und weiden wohlig die Nüstern im appetitlichen Duftstrom aus der Galley, der die nahende Vollendung des Abendessens anzeigt. Sie klopfen umständlich die Pfeifen am Steg aus und sagen: „Ja, also dann bis morgen, John, *I think, tea is ready.*"

In Australien heißt jede Mahlzeit bis auf den Mittagsimbiß *tea*. Es gibt ja auch nach jeder Mahlzeit Tee mit Toast, so daß die Bezeichnung schon zutrifft. Wir sind sehr verblüfft, als eine Abendeinladung zum Tee sich als ein ausgewachsenes Abendessen mit mehreren Gängen erweist.

Man könnte mir den vornehmen Cruising Yacht Club auf einem silbernen Tablett anbieten. Ich würde doch Cammeray-Marina nehmen. Hier ist unsere Atmosphäre. Fahrtenatmosphäre. Hier sind auch unsere Freunde, wie Kitty und Scott von der BEBINKA. Der lange, dürre Scott mit dem roten Haar ähnelt jetzt in nichts mehr dem Scotty, wie wir ihn aus Segeltagen kennen: nackte lange Zehen, durchlöchertes, rot-weiß gestreiftes T-Shirt, geflickter Hosenboden und sein Markenzeichen, der wehende rote Bart. Scott steht jetzt jeden Morgen früh auf (wenn auch unter Protest) und geht in schwarzem Anzug, mit konservativer Krawatte und weißem Hemd in die City von Sydney. Je nach Wetterlage trägt er meinen roten Regenschirm oder Peters Regenmantel, der an seiner Zweimeterfigur wie ein Leibchen spannt. Scott war in New York an der Wallstreet Anlagebewerter und hat aus dieser Zeit Geschäftsverbindungen in Sydney. In zwei Monaten verdient er genug Geld für die nächste Reiseetappe nach Südafrika.

Kitty arbeitet als Telefonistin und kommt eines Tages ganz aufgeregt in die Marina zurück: „Ich habe meinen ersten schmutzigen Telefonanruf bekommen." — „Erzähl! Was hat er gesagt, Kitty?" — „Das kann ich nicht wiederholen. Aber ich habe gleich geantwortet: Scotty, hör auf mit dem Quatsch. Ich habe zu arbeiten."

Kitty gibt die Stellung bald auf und geht resolut daran, ihr 30-Fuß-Schiff für die Reise vorzubereiten. Sie zerlegt und streicht die Windsteuerung. Wenn ich Peter suche, dann brauche ich nur zur BEBINKA hinüberzugehen. Er hilft Kitty und macht kein Hehl aus seiner Bewunderung für sie. Ich kann ihm noch nicht einmal böse sein, denn Kitty ist ein phantastischer Kamerad. Und attraktiv dazu.

Kitty ist für mich dieses Bild: Eingerahmt von der niedrigen Tür des Werkzeugschuppens in der Marina. Schlanke lange, tiefbraune Glieder. Ein roter polynesischer Minipareu. Dichtes schwarzes Haar den Rücken hinunter. Ein Gesicht, wie es von Gauguin gemalt sein könnte. Nur der ölige Schraubenschlüssel in ihrer Hand paßt nicht dazu.

Kitty ist auch dieses Bild: In Jeans und Stiefeln auf einem Schimmel, am Strand von Mauritius galoppierend, vor einem Hintergrund aus blauem Himmel, Wasser und schwarzen Felsen. Kitty ist Tatkraft und Lebensfreude.

Peter und Kitty ergänzen sich in einer beklagenswerten Neigung: in ihren Schlafgewohnheiten. Sie sind sich deshalb doppelt sympathisch. Beide leiden darunter, mit Langschläfern verheiratet zu sein. Ich schlafe nun mal gern bis 7.00 Uhr, das muß ich zugeben. Scott allerdings steht erst um 11.00 Uhr auf, wenn er nicht arbeiten muß. Peter und Kitty aber sind bei Sonnenaufgang (in den Tropen gegen 5.00 Uhr) hellwach und strotzen vor Tatendrang. Dann steigt Kitty leise ins Dingi und wäscht den Bootsrumpf von außen. Oder sie radelt mit meinem Klappfahrrad zum Bäcker und holt für alle Yachten Brötchen. Danach macht sie ihre morgendliche Runde auf den Booten, nur um Scott nicht in seinem Schönheitsschlaf zu stören.

Gegen 10.00 Uhr bereitet sie Scotty ein leckeres amerikanisches Frühstück: Eier mit Schinken, Pfannkuchen mit Sirup, Marmeladentoast und Kaffee. Scott nimmt es im Bett zu sich, worauf er wieder ungeheuer abschlafft.

Uns tut die tüchtige Kitty richtig leid, die so einen faulen Mann hat. Bis, Monate später, die BEBINKA im Hafen von Mauritius einläuft und Kitty sich stöhnend den Rücken reibt: „Jesus, mein ganzer Rücken tut weh vom Liegen in der Koje!“ Nun stellt sich heraus, daß Kitty auf See weiter nichts tut, als einmal pro Tag eine heiße Mahlzeit zu bereiten. Die übrige Zeit liegt sie in der Koje, weil sie sonst seekrank wird. Sie hat auch Angst, Segel zu wechseln. Nachtwachen kann sie nicht gehen, weil sie sofort einschläft. Auf der BEBINKA segelt eigentlich nur Scott, was ihm den Namen „der Einhandsegler mit Frau“ einbringt. Da Scott auch nicht die ganze Nacht wachen kann, segelt das Schiff ab Mitternacht allein über die Ozeane. Nun wundern wir uns nicht mehr, daß Kitty im Hafen vor Energie strotzt, doch Scott so abgeschlafft ist.

Abends aber, wenn wir alle gemütlich zusammensitzen, blühen Scott und ich auf. Peter und Kitty aber tauschen verzweifelte Zeichen: „Bist du auch so müde?“ Kitty rollt sich dann einfach in eine Koje. Peter schläft im Sitzen ein.

„Da machen die Leute ein Theater, ob Katholiken und Protestanten heiraten, Schwarze und Weiße. Aber nach den Schlafgewohnheiten wird nie gefragt“, beklagt sich Peter.

Jeden Morgen, wenn die Kinder der Cammeray-Marina in ihren adretten Schuluniformen das Pappköfferchen auf den Steg pfeffern und über den Bugkorb klettern und „*Bye, Mammy*“ rufen, rudert Roger mit quietschenden Dollen fröhlich pfeifend über das stille Wasser der Marina, auf das die Sonne funkelnde Reflexe wirft. Er rudert Sheila an Land, die als Sekretärin in der City arbeitet. Roger arbeitet in der Marina und kann dort gleichzeitig Ersatzteile für die KUAN YIN herstellen. Kuan Yin ist die chinesische Göttin des Glücks.

Man muß den freundlichen, sanften Hünen mit den riesigen, nackten Füßen und den roten oder blauen Händen, je nach der Unterwasserfarbe des Bootes, das er gerade streicht, einfach gern haben. Roger ist Ruhe und Ausgeglichenheit, mit einem Pfeifchen im Mund und einer unendlichen Geduld mit Kindern.

Roger war nicht immer so. Kitty und Scott segeln seit der Karibik mit ihm und erzählen von lautstarken Streits an Bord der KUAN YIN, nach denen Roger zu ihnen hinüberrief: „He, wißt ihr, was eine Flugkarte nach Montreal kostet?“ Roger und Sheila sind beide aus Durban in Südafrika und haben ihre Yacht in Kanada gekauft. Sie wollen sie nach Durban segeln. Roger hat seine Familie seit neun Jahren nicht mehr gesehen und schließt nach dieser Trennungspause seine Mutter mit den historischen Worten in die Arme: „Gott sei Dank, nun hat das Briefeschreiben ein Ende!“ Er schrieb nämlich jedes Jahr einen.

Eine tiefe Narbe in Rogers Bauch ist das Andenken an seine Wandlung von einem trinklustigen, streitfreudigen Kraftkerl zu dem Roger von heute. In Mexiko greift er auf dem Parkplatz einer Bar ein, als zwei betrunkene Mexikaner ein Pärchen belästigen. Er landet mit zwei Kugeln im Bauch im Krankenhaus und wird erst nach mehreren Operationen gerettet. Roger hat Zeit zum Nachdenken.

Sheila ist herbe und zurückhaltend. Man muß sie erst langsam entdecken. Seit sieben Jahren ist sie mit Roger zusammen, ohne Trauschein. Sie saß in Mexiko an seinem Bett, sie segelte KUAN YIN in vielen Nachtwachen von Kanada nach Sydney, denn das Schiff hat noch keine Selbststeuerung. Roger baut sie jetzt erst in der Marina.

Sheila und Roger sehen den Sinn eines offiziellen Trauscheins nicht ein. Der Schein ist in ihren Augen keine Garantie für eine Ehe. Nur das zählt, was sie gemeinsam durchgestanden haben. Es ist nicht leicht für sie, denn Geld ist sehr knapp. Und doch haben sie dieselben Erlebnisse wie wir während der Reise, sie erleben dieselben Sonnenaufgänge, sie treffen dieselben Eingeborenen. Sie sagten uns einmal: „Ihr macht eine Weltumseglung im Luxusstil.“ Verglichen mit ihnen stimmt das, brauchen wir doch in den Häfen nicht das Geld für die nächste Etappe zu verdienen. Andererseits lernt man ein Land und seine Probleme erst richtig kennen, wenn man einige Monate dort lebt und arbeitet.

Oft werden wir gefragt, was uns die Reise kostet. Wir antworten immer: „Sie kostet genauso viel, wie du Geld zur Verfügung hast.“ Die größte Ausgabe ist die für ein Schiff. Es muß seetüchtig, kann aber älter sein. So ein Schiff bekommt man gebraucht für den Preis eines Mittelklassewagens. Dann sollte man zu Hause eine eiserne Reserve haben, für den Fall, daß plötzlich eine große Ausgabe notwendig wird. Doch das Geld zum Leben kann man sich sehr gut unterwegs verdienen, wie die meisten Yachtleute es auch tun. Sprachkenntnisse sind hierbei sehr wichtig. Man findet Gelegenheiten, Hotels auf einsamen Inseln zu managen. Man kann seine Yacht an Hotelgäste verchartern. Man kann sich als Skipper auf Charteryachten verdingen, als Tauch-, Segel-, Wasserskilehrer. Bei mangelnden Sprachkenntnissen kann man immer noch auf einer Werft arbeiten, was den Vorteil hat, daß man sein eigenes Schiff kostenlos aufslippen und überholen kann. Da gibt es auch keine falsche Scham unter den Yachtleuten, wenn ein Arzt als Werftarbeiter sein Geld verdient.

Auf See waren Sheila und Roger frei von landläufigen Moralbegriffen. Als sie nach Hause kommen, geraten sie unter massiven Druck ihrer Familien. Südafrika ist ein Land in der Isolation, mit starkem kirchlichen Einfluß. Es ist den Familien wirklich peinlich, daß die beiden „in Sünde" leben. Roger wird verlegen vorgestellt als „der junge Mann, mit dem unsere Sheila gesegelt ist", und eine kleine Nichte belehrt die andere: „Sag nicht immer Onkel Roger. Thante Sheila und er sind nicht verheiratet."

Schließlich resignieren sie. Sie heiraten heimlich. Kitty und Scott sind ihre Trauzeugen. An ihrem Leben ändert sich nichts. Sheila weigert sich zur Enttäuschung ihrer Familie, an Land in eine Wohnung zu ziehen. Schließlich ist KUAN YIN seit sieben Jahren ihr Heim. Das Schiff bleibt auslaufbereit für die Fahrt nach Westen.

In der Cammeray-Marina leben Sheila und Roger noch fröhlich in Sünde miteinander. Sheila arbeitet die Woche über als Sekretärin. Am Wochenende bessert sie die Segel aus und näht Polster und Vorhänge für den Salon. Roger arbeitet ebenfalls pausenlos. Der einzige Müßiggänger ist Marvin, auch Marv genannt, der vor zwei Monaten „für einige Tage" an Bord zog. Marv ist Amerikaner und ein Freund gemeinsamer Freunde. Marv ist sehr mitfühlend und fragt Roger interessiert, nachdem er ihm zwei Stunden lang beim Schmirgeln zugesehen hat: „Ist das schwer?" Selbst will er es aber nicht ausprobieren. Marv ist auch sehr sensibel und empfindsam. Deshalb wagen Roger und Sheila es nicht, ihm anzudeuten, daß er seinen Besuch wirklich über Gebühr ausdehne.

Trotzdem hat Marv etwas Gutes: sein Auto. Ein Vauxhall aus den Anfängen der Autoindustrie. Die Marina schmiedet ein Komplott und überredet Marv listig zu einer sechswöchigen Australien-Rundreise, um des Autoveteranen habhaft zu werden. Als Lastenesel ist er noch gut zu verwenden. Sämtliche Ankerketten und Anker der Fahrtenyachten werden nun damit zum Galvanisieren gefahren. Kitty ist die einzige von uns Frauen, die sich mit dem Vauxhall in den Straßenverkehr traut. Wir arrangieren gemeinsame Fahrten zur Münzwäscherei und zum Supermarkt, wobei das arme Gefährt noch etliche Beulen mitbekommt.

Im Stadtbezirk von Cammeray kann man dann öfter einen verbeulten schwarzen Vauxhall unauffällig an einen Abfallkorb oder eine Mülltonne heranschleichen sehen. Der Schlag an der Beifahrerseite wird aufgestoßen, und hastig stopfen einige verdächtige weibliche Wesen müffende Mülltüten hinein, worauf der Wagen sofort wieder anzieht.

Der Müll ist ein echtes Problem. In der Marina dürfen wir ihn nicht abladen. Das würde den Verdacht darauf lenken, daß die Yachten bewohnt sind. In Sydney ist es verboten, ständig an Bord zu leben. Die Stadtverwaltung will sich auf diese Weise vor Bootskolonien à la Hongkong schützen. Die Cammeray-Marina ist so ziemlich die einzige in Sydney, in der wir halb illegal an Bord bleiben können. Bunny hat ein sehr gutes Verhältnis mit den Offiziellen (ich glaube, er geht jedes Wochenende mit ihnen segeln), dennoch dürfen wir nicht zu offensichtlich dort wohnen. Also keine Wäsche an Bord aufhängen (Bunny hat einen Trockenplatz an Land), keinen Abfall hinterlassen. Marvs Auto hilft in vorbildlicher Weise für die breitere Streuung des Mülls, so daß wir sogar milde Worte für den „guten, alten Marv" finden.

Leider kommt er überraschend zurück, da die Rundreise wegen weiter Überschwemmungen im Norden abgebrochen worden ist. Wir beschließen, Marv lieber nichts davon zu sagen, daß wir sein Auto weidlich bewegt haben. Als er uns Frauen dann eines Tages großzügig anbietet, uns zum Markt zu fahren, danken wir ihm überschwenglich. Wir sitzen im Wagen, Kitty, Sheila und ich. Marv startet umständlich. Langsam trabt der Vauxhall an. Marv sagt gutgelaunt: „Mein Wagen ist gar nicht an so viele Personen gewöhnt." Wenn Marv wüßte!

Marv hat ein Problem, und wir alle raten ihm, schon in Rogers und Sheilas Interesse. Da ist dieses Mädchen in England, das den Marv seit einem Jahr mit Liebesbriefen bombardiert und ihm nun einen Heiratsantrag gemacht hat. Marv zaudert zimperlich: „Eigentlich will ich ja mit der KUAN YIN nach Bali segeln." Roger und Sheila ist das neu.

Aber sie bleiben still, wo Marv doch so sensibel ist. Wir alle bearbeiten Marv und schildern ihm eine Ehe in den glühendsten Farben. Und schließlich sei er nicht mehr der Jüngste. Ob sich so ein Fall von echter Liebe noch einmal für ihn auftun werde, sei fraglich.

Wir reden Marv ins Flugzeug nach England. Roger und Sheila haben ihr Schiff endlich wieder für sich allein. Und die Cammeray-Marina hat Marvs Wagen für kommende Generationen von Fahrtenseglern.

Sechs Monate für Australien. In dieser Zeit wollen wir soviel wie möglich vom Land selbst sehen. Nicht nur Großstädte wie Sydney und Melbourne. Uns reizt der *Outback*, das Hinterland, mit seinem Piniergeist, das selbst den meisten Australiern unbekannt ist. Alice Springs ist unser Ziel, „die Alice", eine ehemalige Poststation im Herzen des Kontinents. 1000 Meilen sind es von der Alice nach Norden zum tropischen Darwin am Carpentaria-Golf. 1000 Meilen auch trennen sie vom Süden, von Port Augusta an der Großen Australischen Bucht.

Die Australier raten uns ab. Im Januar ist es am heißesten im Outback. Außerdem besteht die Gefahr, daß wir in eine Regenzeit kommen und uns der Rückweg wegen der unpassierbaren Straße für mehrere Wochen abgeschnitten wird. Wir können uns unsere Reisezeit aber leider nicht aussuchen. Wir leihen uns ein Auto und fahren trotzdem.

Zwölf Stunden Fahrt von Melbourne nach Adelaide. Nachmittags zeigt das Thermometer auf dem Rücksitz 45 Grad an. Der Ärger fängt schon an, obwohl wir noch auf Teerstraßen sind: Eine Strebe des Gepäckträgers bricht, die Bremsen versagen. Mit Mühe finden wir eine Werkstatt. Es ist Sonntag und außerdem „viel zu heiß; da kann man nicht von mir verlangen, zu arbeiten". Australischer Arbeitseifer. Hoffentlich bricht der sich sonntags nicht mal ein Bein, und der Doktor gibt ihm dieselbe Antwort.

Weiter nach Port Augusta. 50 Grad im Wagen. Wir bauen abends das Zelt auf, mit der Öffnung genau zur falschen Seite, als plötzlich ein Sandsturm losfegt mit starkem Temperaturabfall. *Greenhorns.*

In Port Augusta hört die Teerstraße auf. Vor uns liegt der staubige, schnurgerade Track nach Norden: 1600 km nach Alice Springs. Das Gepäckdach des Wagens ist beladen mit Wasser- und Benzinkanistern. Den Wasserbeutel aus Segeltuch schnallen wir noch oben drauf. Ein Plastikschlauch führt durch das Wagenfenster und wird für die folgenden Tage zur lebenserhaltenden Pipeline für uns. Bis auf die Frontscheibe verschalen wir alle Wagenfenster von innen mit Alufolie als Hitzeschutz. Der Gemüsehändler in Port Augusta warnt uns vor Anhaltern unterwegs. Der Pioniergeist in der Wüste ist in letzter Zeit mehrmals übel ausgenutzt worden. „Nehmt 'ne Knarre mit." Der macht uns Mut.

Peter gibt Gas und fährt mit Tempo 70 los. „Halt, der Wagen fällt ja auseinander. Fahr doch langsamer!" – „Ich muß so schnell fahren, damit man auf diesem Waschbrett die einzelnen Querrinnen nicht so merkt." Mein Gott, das ist ja teuflisch: Alles am Wagen rattert, klappert, vibriert und schüttelt. Die Zähne schlagen mir aufeinander. Man kann sein eigenes Wort nicht verstehen. Peter hat sowieso keine Zeit zum Reden. Er muß sich voll auf den Track konzentrieren. Die riesigen Viehtransporter fahren den Weg zu tiefen Kratern aus. Wehe, wenn wir dort hineingeraten! Dann gibt es Bruch. Eine weiße Staubsäule steht im Wagen. Schnurgerade und weiß zieht sich der Track durch die Salzwüste. Verkrüppelte Dornbüsche kriechen am Boden. Salzseen mit weißer Kruste blinken silbern wie Fata Morganas. Durst! Das Wasser aus dem Leinensack schmeckt wie laue, tote Ziege. Wir wickeln uns feuchte Handtücher um den Hals und vor die Nase. Der Staub im Wagen kitzelt in Nase und Augen, schmeckt trocken auf der Zunge. Trinken! Im Wagen stinkt es gemein nach Schweiß und Lanolin. Wer ist bloß auf die teuflische Idee gekommen, Schaffelle auf die Sitze zu tun? Der Track ist gesäumt mit Autowracks. Optimistische Parolen daraufgepinselt: „Jesus hilft." Leere Benzinfässer, Ölkannen, Auspuffrohre und Bierdosen, immer wieder Bierdosen. Wir sehen den ganzen Tag nur zwei Wagen, ein lebendes und ein plattes Känguruh: überfahren.

Ein bedrohliches Schlagen und Rattern über dem gewohnten Lärm. „Halt dich fest, ich bremse ab." Wir hoppeln über das Waschbrett und kommen zum Stehen. Die Staubsäule im Wagen sinkt sacht und setzt sich als feiner weißer Überzug ab. „Was ist los?" – „Mist! Wieder eine Strebe am Gepäckträger gebrochen." – „Wie weit ist es noch bis zur nächsten Siedlung, wenn es überhaupt eine gibt?" – „200 Kilometer. Das Nest heißt Kingoonya." Fluchend und schwitzend stopfen wir alles auf den Rücksitz. „Diese Fliegen sind ja wiederwärtig." – „Ein Viehtransporter! Mach die Augen zu!" Ein Ungetüm von Laster kommt herangedonnert, zieht Anhänger und eine meilenlange Staubschlange hinter sich her. Der Fahrer geht mit dem Tempo herunter, beugt sich aus der Fahrerkabine und brüllt mehrere Meter über uns: „Alles in Ordnung, Mate?" – „Okay. Danke, Mate!" Und schon zieht das Ungeheuer wieder an, und wir husten und niesen in seiner Staubwolke. „Komm, laß uns weiter. Ich halte die Fliegen nicht aus. Aua!" –

„Was ist denn?“ – „Ich hab mich am Kotflügel verbrannt. Mein Gott, was für ein Land!“

Kingoonya: fünf Häuschen mit Wellblechdächern rechts und links des Staubtracks. Hitze brütet über den stelzbeinigen Wassertanks. Träge drehen sich die Windmühlenflügel am Bohrloch. Eine Garage und ein Hotel. Zerfallene Farmmaschinen rosten vor sich hin. Kein Mensch. Ein Pferd trabt verlassen durch den Staub. Vor der Garage stehen Fernlaster. Inzwischen haben wir auch noch einen Platten.

In dem winzigen klimatisierten Barraum des Hotels drängen sich Fernfahrer und Farmer aus der näheren Umgebung in Unterhemden vor der Theke. Dies ist die einzige Kneipe im Umkreis von 500 Kilometer.

Draußen schlägt die wabernde Hitze über uns zusammen. Die Fliegen kriechen sofort wieder in Augen, Mund und Nase. Schon längst haben wir uns den „australischen Gruß“ angewöhnt: von hinten an den Ohren vorbeiwedeln. Der Track wartet. Vor der Öde und der Leere der Wüste ein Schild: „Sie verlassen jetzt Kongoonya. Ende der Geschwindigkeitsbegrenzung.“

Abends bauen wir völlig zerschlagen gleich am Track den Kocher auf. Ich schütte grüne Bohnen und Corned beef zusammen. „Was sind denn das für schwarze Dinger in der Suppe?“ – „Bohnenkraut. Igitt, nein, das sind ja tote Fliegen.“ „Hab’ sowieso keinen Hunger heute.“

Rot geht der glühende Feuerball der Sonne unter. Schwarz stehen die kahlen, abgestorbenen Krüppelbäume davor. Die Fliegen sind plötzlich weg. Merke: Erst nach Einbruch der Dunkelheit im Outback Suppe kochen. „Ist das eine Wohltat, die Biester nicht immer im Mund zu haben.“ – „Schnell, Peter, den Mückenspray! Mensch, sind die Mücken gierig.“

Mit der Dunkelheit kommt die Stille. Man hört eine Eidechse knispern. Der heiße Atem des Nordwindes faucht durch die Weite heran. Er pfeift durch die abgestorbenen Äste und Büsche. Die heiße, trockene Luft erstickt uns fast. Wir liegen im Staub auf den Luftmatratzen und sehen zu den Sternen hoch. Wir warten darauf, daß es kühler wird. Gegen 2.00 Uhr kommt eine kühlende Brise auf, und der Schweiß auf unseren Körpern trocknet. Endlich schlafen.

Morgens im ersten Zwielicht begrüßt eine neue Generation von Eintagsfliegen munter den jungen Tag und begibt sich emsig auf Wassersuche in unseren Augen, in Mund und Nase. In meinem Ohr hat sich eine Ameise verbissen. „Reise, reise, Seemann!“

Schnell ein paar Salamischeiben auf das staubige Brot geklatscht, eine Tasse Kaffee dazu. Mürrisch sehen wir über die Schulter: Der verhaßte Feuerball steigt über den Horizont. Unsere Feindin ist für einen langen Tag wieder da.

Einige hundert Kilometer weiter in Coober Pedy. Die Australneger haben es so genannt: „Des weißen Mannes Loch in der Erde." Mitten in die weißstaubige, flache Leere sind die Maulwurfshügel der Opalminen gesetzt. Modernste Bohr- und Sprengmaschinen recken insektenhaft Greifer und Zangen gegen den heißen Himmel. Unsere dritte Gepäckstrebe ist im Eimer. Wir wollen die vierte gleich mitverarzten lassen. Ein Wasserkanister leckt. Eine Bodenplatte fehlt. Die liegt hinter uns auf dem Track in einer Fahrspur, in der wir aufgesessen sind.

In der klimatisierten Bar des Motels drängen sich die Miner. Stimmengeröle, Tabaksqualm. Hinter der Bar ein Spiegel. Ich bin die einzige Frau und habe zu wenig an. Wir stürzen das eisige Tonicwasser hinunter. Der Schweiß spritzt mir sofort aus der Stirn heraus. Das glaubt mir zu Hause kein Mensch. „Mate, noch zwei Tonic." — „Ahh!"

Nach einigen Minuten wendet sich die konzentrierte Aufmerksamkeit von mir ab. Ich sehe mich mit einem Gefühl der Unwirklichkeit um: Habe ich diese Szene nicht schon in einem Film gesehen? Diese verdreckten, weißverstaubten Männer mit den Schweißrändern unter dem Arm und im Rücken kenne ich doch. Zerrissene Hemden, formlose Shorts, bauschige Gamaschen aus Sackleinwand oder auch knöchelhohe Buschstiefel. Ausgefallene Kopfbedeckungen. Natürlich der breitrandige Stetson der Stockmen, die geschlechtslosen australischen Frotteehütchen, aber auch geringelte Wollmützen. Gebrochenes Englisch zwischen Bartstoppeln hervor. Dreck und Schweiß. Das sind Männer! „Kille Django!" Wo ist Olivia de Havilland? „Peter, guck mal, aber unauffällig. Der Kahlköpfige! Da drüben, der Hirte mit den abstehenden Ohren. Den habe ich wirklich schon im Film gesehen. Hat der Muskeln unterm Trikot. Und so grausame Nasenlöcher. Kann man nur ‚Nüstern' sagen." Peter zischt eine Tonic, stößt auf, schiebt den Strohhut mit dem Flaschenhals zurück, flegelt den Ellenbogen auf die Theke, zwinkert dem Keeper zu und flüstert verschwörerisch: „Weißt du, wo man Opale kaufen kann?" Die Frage hängt im Raum, wird vom Ventilator um und um gewälzt. Totenstille. Blicke prallen gegen den Spiegel und bohren sich in uns fest. Greenhorns unter uns! Peters Nachbar zur Linken, rundlich und südländisch, tippt ihn auf die Schulter: „Amico mio, ich hab' noch ein paar Steinchen. Für 'nen guten Preis." Der Nachbar zur Rechten hat Peter fest am Ellenbogen: „Das ist ein Schwindler. Glaub dem nicht. Ich hab' gute Opale." Ich bin froh, als wir heil rauskommen.

Auf der Holzveranda vor dem Motel hocken Australneger, die „Abos", und warten darauf, daß ihnen jemand einen Drink spendiert.

Mütter mit Babys, zerlumpt und dreckig, dünne Stelzenbeine und Streichholzarme. Entzündete Augen mit schwarzen Fliegenklumpen, die im Tränenfluß festhängen. Ich fotografiere, doch eine Alte mit weißen Zotteln ruft sofort: „Hau ab!"

Vor der Erfindung der Klimaanlagen sprengten sich die Opalsucher als Schutz gegen die Hitze ihre Wohnungen in die Felsen unter der Staubschicht. Vor den maulwurfartigen Eingängen locken reißerische Schilder wie „Aladins Opalhöhle" die spärlichen Touristen an.

Unter Tage ist es angenehm kühl, und bis auf das Tageslicht vermissen die Bewohner keinen Komfort: Telefon, Eisschrank, es ist alles da. Der rote Felsen ist von weißen Maserungen durchzogen. Das sieht schöner aus als jede Tapete. Wir treffen eine Reisegruppe von älteren „Aussies" (Australiern) in Aladins Höhle. Im Outback hat man sofort Kontakt. „Kommt ihr von oben oder von unten?" Diese Gruppe kommt von der Alice, also von oben. „Wie ist die Straße?" – „Okay, ist alles fest. Nur am zehnten Gritt ist sie weich." Die Frauen, Mittelalter im australischen Einheitsblümchenkleid, vor Hitze zerfließend, sind dennoch voll Begeisterung: „Ich möchte diese Fahrt nicht noch einmal machen. Aber es ist ein Erlebnis. Man muß das gesehen haben."

Widerstrebend krabbeln wir aus dem schützenden Felsengehäuse hoch ans sengende Mittagslicht. Wasser und Benzin tanken, Ölstand prüfen, alle leeren Flaschen am Wasserhahn an der Tankstelle füllen. Längst habe ich es aufgegeben, zu fragen, woher das Wasser kommt und ob es trinkbar ist. Braunes Flußwasser, salziges Wasser aus Bohrlöchern, weißgechlorte Brühe und grünes, erdiges Wasser aus einem Felsentümpel mit echten Kaulquappen darin, egal, Hauptsache: Wasser!

Peter tritt aufs Gas. Die Staubsäule im Wagen steht zwischen uns, die Wasserkanister scheppern, die Karosserie klappert wie in ihren letzten Atemzügen, verkrampftes Abstützen mit Armen und Beinen. „Ein Gritt! Halt dich fest!" Unbarmherzig hauen wir in die Querrillen des Tracks und rattern über die runden Eisenstangen, die quer über den Track verlegt sind. Das Vieh traut sich nicht über die Stangen. Sie sind wirksamer und bequemer als die Gatter, die jedes Fahrzeug früher öffnen und schließen mußte. Fünfzig, sechzig Gatter bis zur Alice.

Die Wagenräder mahlen sich durch den roten Staub vorwärts in das „rote Zentrum". Rote Dünen, an denen sich goldene Polster von strohigem Hartgras wie runde Igel anklammern. Rote Staubsäule im Wagen. Rote Staubkruste um Mund und Nase, auf dem Weißbrot und in den verdammten Schaffellen. Vor uns auf dem Track die Windhose eines

Willy-Willy. Hexenhaft, irr und wahnwitzig kreiselt und huscht der Wirbel mit flatternden Fetzen über die heiße, harte Erde und reißt alles mit in seinen Sog. Plötzlich ist er über uns. Ein Donnern im Wageninnern. Mit knochigen Krallen preßt er einen Dornbusch durch den offenen Spalt des Wagenfensters. Die Dornen zerschellen an uns, und einer dringt mir tief unter das Augenlid. Der Dorn muß steckenbleiben, bis wir in Alice Springs zum Arzt gehen können. Mit bösem Kichern züngelt die Staubsäule weiter durch das rote Land, durch die erschreckende Leere und Stille. Ein struppiger Emu flüchtet mit vorgerecktem Hals. Wovon nur lebt dieses große, plumpe Tier?

Wir campen diese Nacht auf einem Flugfeld. Wir trauen uns nicht von der Straße weg, denn am Himmel wetterleuchtet und donnert es. Grundregel im Outback: Bleib auf der Straße. Wenn wir hier einregnen, finden uns die patrouillierenden Hubschrauber. Unruhiger Schlaf. Eine Viehherde muht nervös ganz in der Nähe. Wenn die nun über uns wegtrampeln?

Mit den ersten Fliegen in den Wagen und los. Irgendwo voraus soll ein Motel sein. Dort kann man sich vielleicht waschen und frühstücken. Das Motel ist noch geschlossen. Also köstliches Frühstück neben einer Wellblechtoilette. Die Salami hat das ganze Fett rausgeschwitzt. 6.30 Uhr — es wird schon heiß. Wir zerren unseren Campingtisch immer näher in den kürzer werdenden Schatten des Klos. Im Hof ein Stilleben aus Autoteilen und Ölfässern. Die Fässer dehnen sich mit lautem Knall in der Hitze aus, als ob sie explodieren. Nicht alle auf einmal, nacheinander. Lange schwarze Ameisen krabbeln mir in die Tennisschuhe und beißen. Die Fliegen nimmt man schon gar nicht mehr wahr in ihrem munteren Reigen.

Nachmittags parken wir den dreckverkrusteten Wagen in der Hauptstraße von Alice Springs und stiefeln, so wie wir sind, in die nächste Bar. Vier Tage haben wir von Melbourne bis ins rote Herz des Kontinents gebraucht. Wir fallen überhaupt nicht auf in der Bar mit der Messingspuckrinne vor der Theke. Hier behandeln die Stockmen erfolgreich ihren Durst, wenn sie von den Camps auf den Weiden zurückkommen. Sie sind meist Mischlinge, die breitkrempigen Hüte zurückgeschoben, die Beine in den hochhackigen Cowboystiefeln weit von sich gestreckt. Einer ist völlig mit Jod bepinselt und verpflastert. Fliegendreck auf einem Plakat aus dem Jahre 1959, auf dem das nächste Pferderennen auf „gepflegter Grasbahn" angekündigt wird. Das Foto läßt mehr an einen Kartoffelacker denken.

Auffallend sind die Mädchen, die einzeln oder zu zweit durch die Bars gehen und nach prüfendem Rundblick wieder verschwinden.

Nichts Mariables dabei diesmal. Die Armen sind mit einer Reisegesellschaft hier und wollen nun in einer Woche unter den 3200 weißen Einwohnern den Mann fürs Leben finden. Hier im Outback herrscht, im Gegensatz zu den Städten, noch Frauenmangel.

Die Einwohner von Alice Springs sind ganz aufgeregt: „Vielleicht werden wir einen Fluß haben." Wir verstehen das nicht so recht. „Wo wir doch schon zwei Jahre keinen Fluß mehr hatten", wird uns erklärt. „Wo soll denn dieser Fluß langgehen?" – „Na hier, die Straße, die ihr zum Campingplatz hergefahren seid, die ist doch das Flußbett des Todd River." – „Ach herrje! Dann sind wir auf dem Campingplatz wohl abgeschnitten?" – „Das kann man wohl sagen", ist die fröhliche Antwort, „das dauert immer so ein bis zwei Wochen, bis die Erde wieder fest ist." So lange aber wollen wir auf keinen Fall festsitzen. Aber die Sache mit dem Fluß läßt doch noch an Klarheit zu wünschen übrig. „Woher kommt denn das Wasser für den Fluß?" fragen wir, „wird da die Schleuse eines Stausees geöffnet?" – „Nein, nein, wir haben gute Aussichten, daß es regnen wird. Es hat ja zwei Jahre nicht geregnet. Und jetzt kommt von Nordwesten Wirbelsturm „Carrie". Der bringt vielleicht Regen. Wir haben schon alles für ein Riverboat Shuffle vorbereitet. Das muß schnellgehen, wenn der Fluß kommt. In ein paar Stunden ist nämlich alles wieder vorbei." – „Und woher wißt ihr, wann der Fluß kommt?" – „Das wird uns durchtelefoniert. Wir stehen alle in Badeanzügen mit Booten am Ufer, wo jetzt ja noch die Straße ist, und dann kommt der Fluß wie eine große Flutwelle. Unsere Henley-on-Todd-Regatta können wir dann auch endlich mal im Wasser austragen." – „Wie geht das denn sonst, ohne Wasser?" – „Na, wir legen Schienen ins Flußbett, und auf denen laufen die Boote mit Rädern lang." – „Richtige Boote?" – „Nein, das sind längs aufgeschnittene Ölfässer. Und gepaddelt wird mit Spaten. Machen wir jedes Jahr."

Das Schauspiel, wie ein Fluß in die Wüste kommt, ist bestimmt sehenswert, aber wir können es uns zeitlich nicht erlauben, für zwei Wochen hierzubleiben. So wird unser Gesicht immer länger, je fröhlicher und erwartungsvoller die Australier sich gebärden. Und wirklich, am Himmel stehen Windwolken, es gewittert, Sandstürme wehen das Zelt um, und vereinzelte Regentropfen klatschen schon auf die aufgesprungene rote Erde. „Wir müssen verschwinden. Aber, Peter, noch mal durch die Wüste, das halte ich nicht durch." – „Ich fürchte, der Wagen auch nicht. Wir müssen das Auto auf den Zug laden."

Der Ghan, wie die Eisenbahnlinie noch heute heißt, verkehrt nur zweimal wöchentlich zwischen Alice und Port Augusta, da die Strecke eingleisig ist. Wir haben noch drei Tage, ehe wir das Auto verladen können. „Woher kommt eigentlich der Name Ghan?“ – „Ich habe das gerade im Australienbuch nachgelesen. Das ist die Abkürzung für Afghanenzug. Früher haben nämlich aus Afghanistan importierte Kamele die Post und Waren zur Alice gebracht. Kamele vertragen natürlich das Wüstenklima hier sehr gut. Die afghanischen Treiber wurden gleich mitgeliefert. Der erste Dampfzug machte Kamele samt Treibern überflüssig. Aber aus Tradition ist der Zug immer noch der Ghan-train.“ – „Und was ist aus den Afghanen und den Kamelen geworden?“ – „Die Treiber haben sich mit den schwarzen Ureinwohnern vermischt. Vereinzelt findet man sogar noch Moscheen, die sie sich gebaut haben. Die Kamele sind freigelassen worden.“ – „Stell dir vor, ein Kamel hätte sich neben unserem Kocher aufgebaut!“ – „Das hätte passieren können.“

Die Geschichte dieses Landes ist wirklich noch jung. Überall stößt man auf Überbleibsel aus den Pioniertagen. Die Alice selbst steckt ja noch in ihren Pioniertagen. Wildwestfilme, die man sich am Sonntag nachmittag zu Hause im Fernsehen ansieht, sind hier noch Wirklichkeit. Diese Wirklichkeit nur ist längst nicht so romantisch und sehr mühsam.

Der erste Weiße drang erst 1860 in das geheimnisvolle Nordterritorium vor. 1872 wurde dann an einer Quelle, der Alice Springs, als Poststation entlang der Überland-Telegrafenlinie von Adelaide nach Darwin die Alice gegründet. Selbst heute noch ist es ungeschriebenes Gesetz, daß man im Nordterritorium die Telegrafenleitung durchschneiden darf, wenn man Hilfe braucht.

Heute, nur hundert Jahre später, leben erst 4000 Menschen hier, 800 davon sind „Abos“. Das Leben ist entbehrungsreich, trotz Klimaanlage, Bier und Gehaltszulage. Alles Geld der Welt könnte mich nicht verlocken, mich hier niederzulassen. Die meisten unterschreiben auch nur Zweijahresverträge und kommen ausschließlich wegen der höheren Verdienstmöglichkeiten. Danach gehen sie wieder an die Küste zurück. Auf dem Campingplatz stehen ihre komfortablen Wohnwagen, mit Klimaanlage und Bar. Ein bequemes Provisorium. Wir dagegen sind „fahrendes Volk“ und bekommen auch keine Chance, Kontakte zu knüpfen. Selbst in der Gemeinschaftswäscherei unter freiem Himmel dreht und wringt jede für sich an den vorsintflutlichen Waschmaschinen die Wäsche durch. Die Dauerbewohner des Campingplatzes sind sofort herauszufinden an ihrer Verschlossenheit und ihrer Blässe. Sie verlassen den Campingwagen nur selten. Sie sind nicht nach Alice gekommen, um Kontakte zu schließen. Sie wollen schnell *money* machen.

Tagebuch Ayers Rock, Inland Motel, 28. Januar 1973

»Ich liege auf dem Bett. Das einzige Geräusch ist das Summen der Klimaanlage. Ich warte auf Peter. Er ist um 5.00 Uhr mit einer Reisegesellschaft auf Ayers Rock gestiegen. Eine ziemlich sportliche Leistung, obwohl man jetzt schon an den schwierigsten Stellen Haltetaue gespannt hat. Um 10.00 Uhr muß Peter zurück sein. Später verwandelt sich der Fels in einen glühenden Grill, auf dem man bei 120 Grad Celsius verbrutzelt.

Zum ersten Mal bin ich nicht dabei. Ich kann nicht mehr. Es tut mir leid, daß ich nicht sehen werde, wie die Sonne wie am Urtage blutrot am Horizont hochsteigt und die fahle, weite Ebene rot zu blühen beginnt. Ich würde mich fühlen wie die Priesterin eines pantheistischen Kultes, hoch oben auf diesem zeitlosen Felsen, Wind in meinem Haar. Und der Fels wird lebendig und fängt an zu glühen.«

Zwei Tage später verladen wir das Auto auf den Ghan und fahren im klimatisierten Abteil durch die Wüste zurück nach Port Augusta. Der Zug nach uns bleibt für zwei Wochen im Regen stecken und wird mit Hubschraubern aus der Luft versorgt. Unser australisches Abenteuer ist zu Ende. Ich möchte es nicht noch einmal durchmachen. Es war unbarmherzig und dennoch schön. Ich muß an die Australierinnen in „Aladins Opalhöhle" in Coober Pedy denken: Man muß es erlebt haben, das weite rote Zentrum.

Ich sitze im Flugzeug, dreitausend Meter über der Tasman-See. Unter mir rollen die langgezogenen, weißschäumenden Brecher über das Dunkelgrün des eisigen Wassers. Hin und wieder meine ich, die halbüberspülte, winzige Form einer Segelyacht auszumachen mit langem, gekräuseltem Kielwasser. Ob das Peters Rennyacht, die SALACIA, ist?

Seit vierzehn Tagen kein Lebenszeichen von Peter. Ich fliege auf gut Glück nach Hobart in Tasmanien, um ihn dort zu treffen. Dabei hatte ich es mir so schön vorgestellt.

„Laß Peter mal so richtig kernig nur mit Männern segeln", hatte ich bei mir gedacht. „Ich genieße inzwischen die Annehmlichkeiten des Landlebens bei unseren Freunden in Melbourne."

Endlich mal wieder Zeit für mich haben. Seit zwei Jahren sind wir nun vierundzwanzig Stunden am Tag zusammen. Es kann nur gut sein, einmal Urlaub voneinander zu machen. Ich muß auch unbedingt ein paar Artikel für das „Spandauer Volksblatt" aufarbeiten.

So waren meine Gedankengänge. Zuversichtlich brachte ich Peter an Bord der SALACIA, nebst einer Ausrüstung, die von langen Unterhosen bis zur Wollmütze und Handschuhen reichte. Der arme Peter mußte sich von den übrigen Crewmitgliedern, lauter wettergestählten Aussies, deshalb viele Witzchen anhören: „Hat Mutti dich aber feingemacht.“ Doch wir sind Schönwettersegler. Bei uns muß das Wasser mindestens 24 Grad haben. Hobart jedoch liegt ungefähr auf dem 43. Breitengrad Süd, in den berüchtigten „Roaring Forties“ also und auf jeden Fall zu dicht an der Antarktis, finde ich. Peter ist überglücklich: Er macht sich sofort energisch daran, die Toilette der SALACIA auseinanderzunehmen. Wie ihm die Arbeit an Bord doch gefehlt haben muß! Das ist so mein letzter Eindruck von meinem Mann.

Die SALACIA segelt in einem Rennen zusammen mit den anderen Melbourner Yachten, die später an dem Sydney Hobart Race teilnehmen werden, nach Sydney. Ob sie auch dort ankommen, erfahre ich nicht. Meine Freiheit, die ich so genießen wollte, schmeckt fade. Ich bin unruhig und fühle mich abgeschnitten von Peter. Für zwei Jahre haben wir unser Leben geteilt. Nun bin ich ausgeschlossen. Ich bin eifersüchtig auf sein Abenteuer, zu dem ich im Grunde gar keine Lust habe. Aber hinterher, wenn es überstanden ist, muß es ein großartiges Gefühl sein. Wie unsere Fahrt nach Alice Springs.

Weihnachten. Ich sitze in einem fremden Land. Noch immer keine Nachricht von Peter. Unsere Bekannten trösten mich: Um die Weihnachtszeit bricht das australische Postsystem, das auch sonst sehr anfällig ist, völlig zusammen. Für die sechshundert Kilometer von Sydney nach Melbourne braucht ein Brief dann länger als zwei Wochen. Peter kann also gar nichts dafür. Trotzdem bin ich sauer. Und einsam.

Boxing-Day, der 26. Dezember, kommt heran, und mit ihm der Start des Sydney Hobart Race. Ich sitze vor dem Fernseher, in der Hoffnung, Peter unter den 84 teilnehmenden Yachten und dem wahnwitzigen Gewimmel der Begleitboote, Äppelkähne, Luftmatratzen und auch einiger Surfbretter herauszufinden, die sich selbst durch den grauen Dauerregen und Totalflaute nicht davon abbringen lassen, die Yachten gebührend an den Start zu begleiten. Ich erkenne nur den riesigen, grauen Rumpf der GREYBEARD wieder, der kanadischen Rennyacht. In der Liste der teilnehmenden Yachten ist die SALACIA nicht verzeichnet.

Erfahrungsgemäß braucht die SALACIA immer vier bis fünf Tage nach Hobart. Wir haben abgemacht, daß ich am 29. Dezember nach Hobart fliegen werde, um sie hereinkommen zu sehen. Die australische Presse, Funk und Fernsehen bringen fast stündliche Positionsmeldun-

Muschelsuche auf dem Riff mit Lea, Anita und La Georgette.

Der Zeichenwettbewerb.

Trotz der greulichen Haiheere erbeuten sie überreichlich Fisch für das Barbecue.

In der Mitte von Nirgendwo: Cocos (Keeling).

Romantik aus vergangenen Tagen:
die «Fairweather» in Moorea.

Im «Tal der Tränen».

Ein «Southerly Buster» zieht auf, streng nach Lehrbuch.

Weltumseglerinnen: Kathie aus Greenwich (ganz links), Kristi aus San Francisco, Kitty aus New York.

gen. Zwei Yachten sind in der Bass-Strait entmastet worden und haben aufgegeben. Kein Wort von SALACIA. Ist der Kahn überhaupt gestartet?

Das Flugzug ist voll mit Seglerfrauen und ihren Kindern, was man am sportlich-zünftigen Dress und an den Kleiderbeuteln in der Gepäckablage erkennt. Die formelle Kluft für ihre segelnden Männer kommt aus Sicherheitsgründen auf dem Luftweg nach Hobart. Auch ich habe so einen Beutel dabei und frage mich nervös, ob Peter auch davon Gebrauch machen kann.

Am Constitution Dock hat die Rennleitung einen Informationsstand. Endlich bekomme ich die Gewißheit, daß die SALACIA noch schwimmt, gar nicht mal so weit weg. Ihr Radio ist ausgefallen, deshalb ihr Schweigen. Man rechnet in der Nacht zum 30. mit ihrem Einlaufen.

Sonnabend nachmittag am Hafen von Hobart. Ich habe gerade noch einen Platz auf den Felsen der Hafeneinfahrt erwischt und beobachte das Kopf-an-Kopf-Rennen, das sich die ersten einlaufenden Konkurrenten, AMERICAN EAGLE und GREYBEARD, liefern. AMERICAN EAGLE rauscht mit halbem Wind als erste über die Ziellinie. In diesem Augenblick böllert die alte Kanone am Hafen, Fabriksirenen heulen, Autos hupen, und die vielen tausend Menschen, die sich ums Constitution Dock versammelt haben, applaudieren minutenlang. Die Böller und Sirenen sollen in den folgenden Tagen nicht zur Ruhe kommen, denn jedem einlaufenden Schiff wird auf diese Weise die Hochachtung vor der seglerischen Leistung zuteil.

Ich habe die Ehre, vor den Augen der Menschenmassen auf die GREYBEARD geladen zu werden wo Tom, der erste Maat, mir einen Weihnachtsbrief von Peter überreicht. Jetzt ist ihm alles vergeben! An Deck wird zum Willkommen vor den Linsen der Fernsehkameras die erste Flasche Sekt geköpft. Ich aber klettere zurück an Land. Ich bin um die halbe Welt gesegelt und brauche mich nicht mit fremden Federn zu schmücken.

Die SALACIA läuft im kalten Morgendämmern des 31. Dezember um fünf Uhr früh ein. Da liege ich schon längst mit einer satten Migräne im Hotelzimmer. Die Anspannung und Ungewißheit der letzten Tage waren wohl zu viel. Für Peter ist das kein schöner Empfang.

Die SALACIA, mit ihren zehn Jahren schon eine betagte Dame unter den Rennyachten, erzielte – trotz des zerrissenen Großsegels – einen beachtlichen 31. Platz. Mein erster Eindruck von Peter: Er hat zugenommen. Ist Regattasegeln also doch nicht so anstrengend? Wenn wir beide auf der MAUNA KEA segeln, verlieren wir jedesmal einige Pfunde, die wir im Hafen wieder auffüllen müssen. Dauerbeanspruchung ist wohl doch aufreibender als vier Tage Rennsegeln, ganz gleich, wie hart die Bedingungen während des Rennens auch sein mögen. Aber es hat Peter Spaß gemacht, vor allem, weil der Umgangston auf der SALACIA bis zum Ende kameradschaftlich und nett blieb.

Die Atmosphäre im Constitution Dock ist wie überall in der Welt nach einer Regatta: Berge von Segeln und Plünnen trocknen über den Großbäumen. Auf der SALACIA sind es allein siebzehn Segel, die auch alle gebraucht wurden. Die Bierdosen aber, die im Wasser fluten und leise an die Bordwände klopfend vorübertreiben, deuten auf Australien hin. Sie künden von der zweiten Leidenschaft der Australier. Während der vier Regattatage gelingt es ihnen, beides auf das angenehmste zu verbinden. „Weg von Muttern" ist dazu auch noch sehr schön. Jeder Australier möchte zumindest einmal im Leben dieses berühmte Rennen mitsegeln und nachher die Erinnerungskrawatte tragen dürfen (in diesem Jahr werden sie leider zu spät geliefert).

Ich wundere mich, als meine altmodischen Wirtsleute mich nachts nicht allein ans Dock lassen wollen. „Es ist zu rauh", meint Mrs. Ruddock. Sie hat recht: Trunkene Segler erbrechen sich im Rinnstein, versuchen grölend, Mädchen auf die Boote zu zerren. Auf der GREYBEARD segelten diesmal vierzehn Mann das Rennen mit. Doch nur vier durften ans Ruder: die Stammcrew. Die übrigen: Freunde des Eigners, seekranker Ballast. Kaum in Hobart, fielen sie in die Bierkannen, und einer schlug Tom trunken die Lippe blutig.

Es tut mir leid um die echten Segler, die sich in 30-Fuß-Yachten mit nur einem Spinnaker und vier Mann Besatzung in die rauhe Tasman-See wagen und erst in Hobart ankommen, wenn die Feier praktisch schon vorüber ist und der trunkene Ballast mit einem Katzenjammer im Flugzeug nach Hause geschafft wird. Aber die Einwohner von Hobart, selbst aufs engste mit der See verbunden, setzen die Akzente richtig. Mr. Ruddock sagt zum Schauspiel der Fernsehkameras, die genüßlich das Schampustrinken aufzeichnen und genießerisch auf distinguierten Clubkrawatten verweilen: „Dies sind nicht die echten Segler. Die kommen morgen und übermorgen rein." Ich bin sehr stolz, daß Peter zu den „richtigen" gehört.

Verblüfft registriere ich die sorgsame Einhaltung der Klassenschranken, die auch der Sport nicht überwinden kann. Klassenschranken, die noch die typische *stiff upper lip* der Angelsachsen dokumentieren.

Da hat so ein älterer Sir diese wunderbare Rennmaschine. Er macht den Skipper. Seine Crew segelt auch noch mit. Sie tut das Grobe: Segel wechseln, navigieren, kochen. In Hobart angekommen, bindet der Sir sich sofort seine Club- und Kastenkrawatte um und begehrt Einlaß in den exklusivsten „Klabb“ am Orte, auf den er auf Grund seiner Herkunft und Krawatte auch ein Anrecht hat. Die folgenden Tage wird er nicht mehr gesehen an Bord; er vertreibt sich die Zeit auf das angenehmste mit Luncheons, Dinner Parties, Trinken im Kreise anderer Feudalfossilien. Seine Crew macht klar Schiff, trocknet Segel, säuft sich einen an. Selbstverständlich sind sie nicht zugelassen zu den hehren, düsteren Hallen. Ihren Skipper sehen sie bei der Siegerehrung wieder. „Ein wunderbarer Mensch“, raunt es von den Rängen, „und so bescheiden. Gar nicht eingebildet.“

Typisch britisch? Oder gibt es das bei uns etwa auch?

Wir feiern mit den SALACIA-Leuten Silvester und fliegen dann zurück nach Sydney, wo in der Cammeray-Marina unsere MAUNA KEA auf uns wartet. Endlich wieder zu Hause!

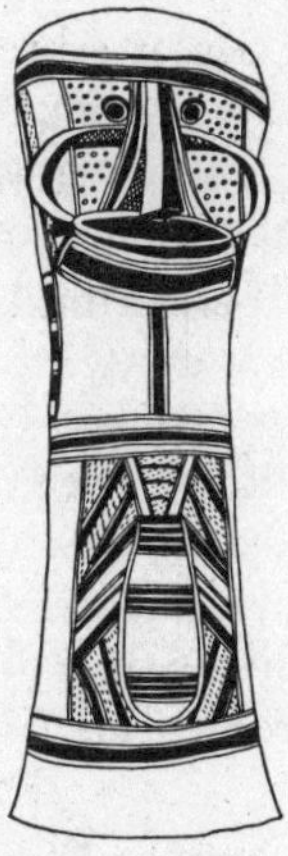

Djanggawul – Bringer des Lebens –
erhebt sich aus dem Meer. Salzwassertropfen
stehen ihm im Gesicht
Bemalte Holzfigur aus Arnhem-Land/Australien

AUF DEN SPUREN DER ENTDECKER

Mit Cook durchs Große Barrier-Riff — Cooktown: das Tor zum Norden — Die Heroine von Lizard Island — Portugiesisch-Timor — Die Piraten kommen

Schon vor dem Auslaufen aus Sydney wissen wir, daß es diesmal hart wird. Wir können erst mit Einsetzen der westlichen Winde starten, also Ende April. Am 20. September aber müssen wir schon auf Mauritius sein, bevor die Wirbelsturmsaison im Indischen Ozean beginnt. Das sind 8200 Seemeilen, die wir in fünf Monaten segeln müssen. Peter veranschlagt für das Große Barrier-Riff zwei Monate, weil man im nördlichen Teil des Riffs wegen unzureichender Befeuerung nur am Tage segeln kann.

An der Küste Australiens rauscht ein Südstrom mit 4 Knoten hinunter. Einheimische empfehlen uns deshalb, so dicht wie möglich unter Land zu bleiben, um den Strom nicht in voller Stärke mitzubekommen.

Am 29. April 1973 laufen wir aus Sydney aus. Die Sonne vergoldet das Filigran der berühmten Hafenbrücke gegen den blauen Himmel. Die Austernschalen des Opernhauses blinken weiß, grüne Fähren durchpflügen geschäftig das blaue Hafenwasser. Sydney ist eine wunderschöne Stadt.

Unter Spinnaker rauschen wir schon am ersten Tag hochgestimmt an Port Stephens vorbei, 80 Seemeilen nördlich von Sydney. Wir ahnen nicht, daß wir es bald wiedersehen sollen. Der Wind dreht, fällt von vorn ein und frischt immer mehr auf. Wir müssen Segel kürzen. Der Strom versetzt uns immer weiter nach Süden, weg von der Küste, und wir sehen uns schon in der Tasman-See. Mühsam quälen wir uns bei schweren Gewittern in vier Tagen an die Küste zurück und schaffen gerade noch die Einfahrt nach Port Stephens.

Von nun an bleiben wir ganz dicht unter Land, gewärtig, bei jedem Wetterumschlag in einen Hafen zu schlüpfen. Für die nächsten 2278 Seemeilen bis zur Nordspitze Australiens haben wir das Donnern der Brandung an Backbord. Vor allem nachts ein herzerfrischendes Geräusch.

Tagebuch 11. Mai 1973

»Segeln ist heuer mühsam. Untiefen, Sandbänke, Felsen, Riffe, Inseln. Dauernd navigieren. Da gibt es keine verstohlenen Nickerchen mehr während der Nachtwachen. Auch ich bin feste am Peilen und Kursabsetzen. Wir müssen oft selber steuern, da der Wind zu leicht für die Windsteuerung ist. Der Autopilot ist völlig verrückt. Er quiekt und kreischt bei jeder Ruderkorrektur.

Und Australien dehnt sich ... Noch'n Kap und noch'n Kap. Immer gleich und eintönig. Weiße Sanddünen. Zuerst war ich begeistert, doch tagelang nur Dünen, graugrüne Nadelhölzer, flache, eintönige Sumpflandschaft. Unverschämte Moskitos kommen herüber. Die mit den graugeringelten Beinen sind besonders aggressiv. Wir segeln an Frazer Island den Siebzig-Meilen-Strand hoch. Ich hasse jede Meile dieser struppigen Stille und Öde, die drohende Leere dieses Kontinents.«

Bei Gladstone beginnt das Große Barrier-Riff. Wir sind in Queensland, an der tropischen Küste Australiens. Der feuchte Südost bringt Regenwolken, die sich an der Küste abregnen. Das heißt für uns: Dunst, bewölkter Himmel, Gewitter, schlechte Sicht. Zwei Monate später wird hier, im Ferienparadies der Australier, strahlender Sonnenschein sein. Doch dann müssen wir schon den Indischen Ozean erreicht haben.

Die Befeuerung der empfohlenen Route ist fast lückenlos. Doch wegen der Wolkenbrüche verringert sich ihre Sichtweite von 20 auf 5 Seemeilen. Von nun an segeln wir nachts nur dann, wenn das Wetter klar ist. Das ist selten genug. Meist verkriechen wir uns hinter einem winzigen Inselchen, oft namenlos, nur numeriert. Der Schwell kommt von beiden Seiten und beutelt uns unbarmherzig. Im Logbuch immer wieder die Eintragung: „Wir möchten doch so gern mal schlafen."

Tagebuch, Lindeman Group, 22. Mai 1973, 2. Nachtwache

»Die See ist aufgeregt, zerhackt und steil. Böiger Wind. Der Windmesser klemmt bei 35 Knoten. Gewitter. Schwarze Sintfluten, grelle

Blitze, knallender Donner. Wir laufen mit der kleinen Fock als einzigem Segel noch 6 bis 7 Knoten. Wir preschen durch ein Segelrevier, das gespickt ist mit Untiefen, Sandbänken, Inseln. Alle Landmarken sind ausgelöscht. ›Sauber segeln, Mäuschen!‹ ermahnt Peter mich beim Wachwechsel. Die Kurslinie, mit dem Log gekoppelt, ist meist unser einziger Anhaltspunkt. Wir können noch nicht einmal den Strom berücksichtigen. Ein scheußlich hilfloses Gefühl.

Die Füße tun mir weh. Drei Stunden im Ölzeug mit dem schweren Gurt stehen und immer wieder die Steuerung korrigieren. Meine Knie und Ellenbogen sind aufgescheuert. Um die Augen habe ich knallrote, runde Abdrücke vom Fernglas. Im Wetterbericht wird seit Tagen stoisch angesagt: ›Einzelne Schauer, leicht bewegte See.‹ Affen!«

Morgens sehen wir undeutliche, dunkelgraue Schatten hinter den Regenwänden. Inseln! Aber welche? Hier gibt es ja so viele Inselgruppen. Peter peilt wie verrückt, und immer wieder jagen die schwarzen Gewitterfronten heran und löschen alles aus. Wir können nicht mehr lange so weiterrasen. Wenn die Sicht nicht gleich besser wird, müssen wir umdrehen. Wir starrren in das Grauschwarz, das uns umgibt. Der Regen schüttet vorn in die Öljacke. Mir ist so kalt, und ich bin hungrig und müde. Wie Hohn klingt mir in den Ohren, was uns jemand beim Auslaufen aus Gladstone zugemurmelt hatte: *„You lucky, lucky people!“*

Plötzlich hebt sich der schwarze Vorhang vom Wasser. Jede Menge Inseln voraus und neben uns. Und ein Leuchtturm, halleluja! Wir sind tatsächlich genau da, wo wir sein sollen. „Sauber gesegelt, Mäuschen!“

Sekundenlang kommt die Sonne durch ein Wolkenloch. Ein Stückchen hellblauen Himmels. Eigenartige Stimmung: Türkisfarben rasen die Wellenberge heran, überstürzen und jagen sich weißschäumend. Weiße Windstreifen legen sich wie kräuselige Wollfäden in die Wellentäler. Die Inseln hocken mit walzenförmigen, runzligen Walroß- und Elefantenleibern in ihren weißen Halskrausen aus Gischt und Brandung. Spärlicher Bewuchs läuft wie bei Fabelwesen die Kämme entlang. In der seltsamen Beleuchtung scheinen sie alle zu leben, träge die plumpen Leiber im Wasser gelagert, auf ewig die Brandung stoisch wiederkäuend.

Wir bewundern und verehren Captain James Cooks seemännische und navigatorische Leistung! Cook kartographierte und benannte jedes Kap, jede Insel. Die Stimmung an Bord der ENDEAVOUR läßt sich leicht an den Namen ablesen. Es muß ein heiterer Wettbewerb ausgetragen worden sein, soviel Wörter wie möglich mit

„Smith" zu bilden. So haben die Inseln der Sir-James-Smith-Gruppe Namen wie Blacksmith, Tinsmith, Locksmith, Ladysmith. Wir runden Kap Tribulation (Kap der Leiden), so benannt, laut Cook, „weil da unser Ärger anfing".

Als wir am 15. Juni bei Sonnenaufgang in die unberührte Mündung des Endeavour-River nach Cooktown einlaufen, sind auf den Tag genau zweihundert Jahre vergangen, seit die ENDEAVOUR mit schwerer Schlagseite hier hereingehinkt kam.

An der wackeligen Holzpier liegt ein altersschwaches Ruderboot, dem der schwarze Teer aus den Fugen tropft. „Können die den Äppelkahn nicht woanders anbinden? Man macht sich ja die Bordwand schmutzig", grummelt Peter.

An Land stehen Reisebusse. Menschen mit Kameras strömen auf uns zu. Ein Lautsprecher dröhnt. „Was ist denn hier los?" — „Wir feiern heute den 200. Jahrestag von Cooks Landung." Der „Äppelkahn" ist die getreue Nachbildung des Langbootes, das er zur Landung benutzte. Die Einwohner von Cooktown vollziehen die Landung in historischen Kostümen nach, samt des Angriffs der Australneger.

Bei dieser Gelegenheit kommen wir endlich zum Foto eines Australnegers ohne moderne Kleidung. Die Nachkommen des 20. Jahrhunderts sehen dem Spiel amüsiert zu. Diese friedlichen Menschen mit den sanften, melodischen Stimmen gelten als eine der primitivsten Rassen. Dabei erfanden sie eine Waffe, die zu ihnen zurückkehrt, den Bumerang, und ihr sozialer Zusammenhalt ist vorbildlich. Reiche, verschlungene Sagen lassen eine hochstehende Kultur ahnen.

Cook, dieser unvoreingenommene, kühle Beobachter, hält sie für die glücklichsten und zufriedensten Menschen der Welt, weil sie, im Gegensatz zu den Polynesiern, den Wert ihres Besitzes kennen und sich nicht dazu bewegen lassen, ihre Werkzeuge und Waffen gegen für sie nutzlose Glasperlen und Wollmützen einzutauschen.

Am Tage nach der Gedenkfeier verfällt Cooktown wieder in seinen geruhsamen Alltag. Wir schlendern die ungepflasterte Dorfstraße unter den knorrigen Baumriesen entlang und können uns kaum vorstellen, daß hier zur Jahrhundertwende 60 000 Menschen lebten, alle besessen vom Goldrausch und dem Willen, von Cooktown aus den Norden zu erschließen. In sechzig Hotels feierten die zerlumpten Goldgräber rauschende Feste. 20 000 chinesische Kulis schufteten in den Minen, als Tellerwäscher, in den Wäschereien. Ein chinesischer Konsul vertrat ihre Interessen. Und heute? Orchideen duften in Vorgärten, Pferdefuhrwerke wirbeln den Staub auf, die fünfhundert Einwohner Cooktowns gehen gelassen ihrem Tagewerk nach, träge von den im Schatten lagernden Hunden dabei beobachtet. Der Goldrausch zerplatzte wie eine schillernde Seifenblase. Nichts ist davon geblieben. In ihrem Heimatmuseum, das 1970 von Königin Elizabeth II. mit einem goldenen Schlüssel eröffnet wurde, trugen die Leute von Cooktown zusammen, was ihnen als Erinnerung an die Pioniertage und an den Boom blieb.

Peter ist sehr beeindruckt von Cooks Kanonen, die jetzt erst vom Endeavour-Riff abgeborgen worden sind. Mir kommen die Tränen angesichts des zarten Porzellans, das die gefährliche Schiffsreise von Irland und den Ochsentreck von Sydney hierher überstand, Tränen auch beim Anblick der Kristallflaschen aus Irland mit der Aufschrift „Heiliges Wasser", des irischen Leinens, all des rührenden Krimskrams, der für die Pioniere die einzige Verbindung war zu der „Grünen Insel", die sie eintauschten für die Unsicherheit eines Lebens, das ständig bedroht war von tropischen Wirbelstürmen und Überschwemmungen, von Angriffen der Australneger, geplagt von Hitze, Sandflöhen, Fliegen und Mücken. Was für ein Überlebenswille spricht doch aus den bräunlichen Fotos der irischen Ordensschwestern, die unbeirrt vom Tropenklima in ihrer langen schwarzen Tracht mit den Hauben strenge Maßstäbe an die Schönschrift ihrer Zöglinge legten! Das Museum ist in den Räumen der ehemaligen Ordensschule untergebracht, und ich meine noch die schwarzwollen umhüllten Beine der Mädchen übermütig über die blanken Holzdielen laufen zu sehen, um dann brav und gemessen in Zweierreihen zum Gottesdienst in der kleinen Kapelle anzutreten.

Nicht nur lieb gewordene Erinnerungsstücke und Gebrauchsgegenstände des täglichen Lebens kamen von Europa auf den Dreimastern herüber, sondern auch festgefügte Anstands- und Moralbegriffe. Da wurde nicht aufatmend das Korsett beiseite geschleudert zugunsten leichterer und (in moralischem Sinne) lockerer Bekleidung. Man klammerte sich in diesem feindlichen, fremden Land an die Werte aus der alten Welt, ohnehin so ziemlich das einzige, was den Pionieren blieb. Ich bin fasziniert von kunstvollen Gebilden aus gestärkter Spitze und Häkelei: „Diese Haube wurde von Witwen, älter als fünfzig Jahre, auf Nachmittagseinladungen getragen." Dieses Exemplar mußte man sich also erst erdienen.

Auch Kurioses ist ausgestellt, wie das Pianoforte mit dem abgeblätterten Furnier. Es wurde an der Küste angetrieben, offensichtlich Überbleibsel von einem Schiffbruch. Farmer O'Connor spannte vor das völlig verschlammte Gerät seine Ochsen und zog es zum Endeavour River, um es zu waschen. „Paris 1870" entzifferte er ehrfurchtsvoll auf dem Deckel. Das Piano aber „stimmte noch zu vielen festlichen Anlässen in Cooktown an".

Die winzigen, vergilbten Seidenschuhe der chinesischen Konsulfrau stehen neben einer herrlichen Sammlung von Whiskey- und Medizinflaschen. „Dr. Snodgras' Ameisenmittel" steht auf einem Etikett. Erklärender Text dazu: „Er weigerte sich, das Rezept zu verraten, folglich wurde ihm die Lizenz zur Herstellung verweigert."

Cooktown tut uns gut mit seiner sonnigen Beschaulichkeit. Viele Yachten segeln hier vorbei, weil der Hafen heute völlig verschlammt ist und der Platz zum Schwojen nicht ausreicht. Auch verproviantieren können wir uns nur spärlich. Immerhin bekommen wir frisches Obst und Brot. Cooktown ist die nördlichste Siedlung an Australiens Ostküste. Der Traum von der Erschließung des Nordens hat sich nicht erfüllt.

Wir haben noch dreihundert Seemeilen vor uns bis Kap York, der nördlichsten Spitze Australiens. Von nun an können wir nur noch am Tage segeln, da das Riff bei Cooktown ganz dicht an die Küste herankommt und parallel zu ihr verläuft. Gesehen haben wir das Riff dabei nie. Die Korallen wachsen hier nicht wie im Pazifik bis dicht an die Wasseroberfläche, so daß die Wellen sich daran brechen und die Brandung uns warnen könnte. Das australische Riff liegt heimtückisch unter der Wasseroberfläche. Das Wasser ist milchiggrün und undurchsichtig. Wir baden selten, denn wir erinnern uns noch zu deutlich an das wunderbar klare Korallenwasser das Südpazifiks. Wir haben auch Angst vor den Haien. Außerdem müssen wir stramm durchsegeln, um unseren Zeitplan einhalten zu können. Diesmal ist es für uns leider kein Ferientörn.

Jeden Morgen, nach unruhiger Nacht, ziehen wir verschlafen und zerschlagen den Anker hoch, um möglichst viele Meilen bei Tageslicht zu schaffen. Abends fällt der Haken hinter einem armseligen Inselchen oder einer Sandbank, über die bei Hochwasser die Flut kommt. Das Schiff scheint immer quer zu den Wellen zu liegen, und unsere traute „Rollkur" beginnt Nacht für Nacht von neuem.

In Lizard Island warten wir das erneute Durchziehen einer Kaltfront ab. Dieser Ankerplatz ist – laut Captain Cook – der geschütztteste im Barrier-Riff. Auf jeden Fall ist er der schönste. Von hier aus fand Cook die Passage durch das Riff auf die offene See. Sie trägt noch heute seinen Namen.

Seit 1880, seit sich hier die Tragödie der armen Mrs. Watson abgespielt hat, ist die Insel unbewohnt. Mrs. Watson lebte mit zwei chinesischen Hausboys und ihrem neugeborenen Sohn auf der Insel, während ihr Mann für sechs Wochen die Riffe der Umgebung nach dem in China sehr begehrten Bêche-de-Mer abfischte.

Lizard Island aber war von alters her eine Kultstätte der Australneger. Als sie vom Festland für eine religiöse Zeremonie herüberkommen, finden sie eine weiße Frau auf ihrem geheiligten Boden. Sie töten sofort Mrs. Watsons Gärtner und verwunden den zweiten Hausboy durch Speerwürfe, als er Wasser von der einige hundert Meter entfernten Quelle holt. Mrs. Watson beschließt zu fliehen. Da sie kein Boot hat, schleppt sie den viereckigen Schiffstank ins Wasser, den ihr Mann zum Kochen des Bêche-de-Mer benutzt. Sie rüstet den Tank mit Verpflegung, Wasser und Kleidung aus, die ganze Zeit von den Australnegern dabei beobachtet, die aber keinen Versuch machen, ihre Flucht zu verhindern. Mit dem verwundeten Ah Sam und ihrem Baby paddelt sie fort. Mehrere Tage paddeln und treiben sie in der Strömung, stranden auf Riffen und Sandbänken. Mehrmals versuchen sie, auf den Inseln ihren Wasservorrat zu ergänzen, werden aber immer wieder von Australnegern vertrieben. Schließlich erlahmen Mrs. Watsons Kräfte, und sie landen auf Howick Nr. 5, einer kleinen Insel, auf der es zwar unglücklicherweise kein Frischwasser gibt, die jedoch nahe am Schiffahrtsweg liegt. Hier haben sie eine Chance, noch gefunden zu werden. Doch während ihrer Irrfahrt und auch später sehen sie nur ein Schiff, das sie aber nicht ausmacht. Die letzte Eintragung in Mrs. Watsons Tagebuch am 3. Oktober: „Ah Sam ist fortgegangen, um zu sterben. Das Baby und ich sind sehr schwach. Nahe dem Verdursten."

Mr. Watson findet sein Haus verwüstet und mit Eingeborenen-Zeichnungen beschmiert vor. Er bemerkt sofort das Fehlen des Wassertanks und alarmiert von Cooktown aus Suchmannschaften der Marine und der Regierung. Er selbst sucht für Wochen jede Insel ab — vergebens. Erst drei Monate später wird auf Howick Nr. 5 der Wassertank mit den Leichen gefunden. Der Tank ist mit Süßwasser gefüllt. Grausame Ironie: Wenige Tage nach Mrs. Watsons Tod hatte die Regenzeit eingesetzt. Die Einwohner von Cooktown errichteten für Mrs. Watson, die Heldin von Lizard Island, und für Ah Sam ein Denkmal in der Hauptstraße. Wir erinnern uns noch an die Gedenkworte:

Five fearful days beneath / The scorching glare / Her babe she nursed / God knows the pangs that / Woman had to bear / Whose last sad entry showed / A mother's care / Then — „Near Dead Whith Thirst."

Hier, vor den Ruinen ihres Hauses, scheint die Tragödie wieder lebendig zu werden Mr. Watson konnte den Anblick der See nicht mehr ertragen, verkaufte sein Boot und zog weit ins Inland. Ein gebrochener Mann, der bald darauf verstarb.

Auf Lizard Island entdecken wir die schönste Badewanne der Welt. Eine kleine Süßwasserquelle direkt am Strand, zwischen weißen Sanddünen. Der Passat ist nur ein Summen über den Dünen, es duftet nach wilden Kräutern und Blumen. Im Mangrovensumpf an der Lagune finden wir die größten Austern unseres Lebens: sie sind handtellergroß. Wir beträufeln sie mit Zitrone und essen sie gleich am Strand auf den rotbraunen, glattgeschliffenen Felsen. Die einzige Art, Austern zu essen: Wind im Haar, Salzluft von der Brandung, verwehtes Möwengeschrei. Das vollkommene Paradies. Schon Lizard Islands wegen hat es sich gelohnt, innerhalb des Riffs an Australiens endloser Küste hochzusegeln.

Am 26. Juni passieren wir mit einem erleichterten Seufzer Kap York und haben damit die Nordspitze des australischen Kontinents gerundet. Streng nach Plan.

Zwei harte Monate. Unterwegs waren wir auf zwanzig Ankerplätzen. Von nun an kann uns nichts mehr erschüttern.

Auf Thursday Island wollen wir auf unsere Freunde warten. Hier ist das Nadelöhr, durch das sich alle Yachten auf dem Weg zum Indischen Ozean hindurchfädeln müssen. Der Ankerplatz ist jedoch so ungemütlich, daß wir am 30. Juni auslaufen nach Portugiesisch-Timor, 1040 Seemeilen weiter westlich. Ein Flutstrom von 7 Knoten spült uns in die Arafura-See.

Schon sechs Tage später laufen wir an Timors 300 Seemeilen langer Küste entlang. Unser erstes Stück Asien, und was für ein großer Klumpen gleich!

Ich muß an Captain Bligh denken, der 1789 an diesen schroffen, leblosen Felsen vorbeisegelt. Er und seine Leidensgenossen sind am Ende. Keiner hat mehr die Kraft, sich aufzurichten und nach Lebenszeichen an Land Ausschau zu halten. Sie sind 3000 Seemeilen in ihrem lecken Boot gesegelt, durch die Riffe der Koro-See, durch die gefährliche Torres-Straße zwischen Nordaustralien und Neuguinea hindurch, und keiner glaubt mehr daran, daß die kleine holländische Niederlassung auf Timor noch besteht.

„Dann werden wir weitersegeln, Männer, nach Java. Nur tausend Meilen. Aber wir werden es schaffen! Und wir werden die Meuterer am Galgen hängen sehen!"

Der Wachposten auf Timor traut seinen Augen nicht, als nachts ein elendes Beiboot hereindriftet. Über dem Ruder hängt zusammengesunken ein Mann. Gleichwohl kommt eine eiserne Kommandostimme aus dem menschlichen Wrack: „Captain William Bligh von Ihrer Majestät, der englischen Königin, Schiff BOUNTY. Ich verlange, sofort den Kommandanten der Festung zu sprechen."

Schon ein Jahr später segelt Bligh im Auftrag der britischen Admiralität nach Tahiti, um die Meuterer nach England vor das Seeamtsgericht zu bringen. Doch Christian Fletcher ist von der Weite des Pazifiks verschluckt.

Heute ist die Insel Timor politisch geteilt in portugiesisches und indonesisches Hoheitsgebiet. Wir laufen den Haupthafen Dili im portugiesischen Teil an.

Wir haben noch immer nicht unsere Visa für Indonesien, obwohl wir sie schon vor einem halben Jahr von Sydney aus beantragt haben. Deshalb wollen wir beim indonesischen Konsulat in Dili einen letzten Versuch machen, die Genehmigung zur Einreise in indonesische Hoheitsgewässer zu erhalten.

Der Konsulatsangestellte, feist, mit schmierigen Haarsträhnen, ist nicht befugt, uns diese Genehmigung zu erteilen. „Aber", lächelt er, delikat die Finger mit den gelben, krallenartigen Nägeln umeinanderwindend, „angesichts der außergewöhnlich guten Beziehungen zwischen der Bundesrepublik Deutschland und Indonesien könnte man eine Ausnahme machen. Und, aber das ist jetzt inoffiziell, es können Notfälle an Bord auftreten, auf Grund derer man den nächsten Hafen anlaufen muß . . ."

Ich habe ein ungutes Gefühl.

„Ich traue dem nicht. Der war zu schmierig. Von Beziehungen weiß ich auch nichts. Der alarmiert die Behörden auf Bali und teilt sich mit denen die Belohnung."

Trotz unserer Unsicherheit und trotz aller Berichte von Yachten über Piraten, korrupte Behörden und den schlechten Ankerplatz hat Bali für uns eine magnetische Anziehungskraft, und wir wollen versuchen, auch ohne Papiere dort einzulaufen.

Die Geschichten über Piraten scheinen auf mich aber doch einen ·rken Eindruck gemacht zu haben, denn als ich eines Morgens ein einheimisches Fischerboot mit vielen schwarzen Gestalten darin direkt auf uns zuhalten sehe, wecke ich Peter: „Die Piraten kommen!"

Peter zieht sich elegant aus der Affäre und meint nach einem Blick auf das Voltmeter: „Wir müssen sowieso die Batterien laden. Schmeiß mal die Maschine an, 1600 Umdrehungen."

Und so fahren wir den Piraten davon, die sich gar nicht um uns kümmern.

Tagebuch 18. Juli 1973, 1. Nachtwache

»Sind in der Lombok-Straße zwischen Bali und der Nachbarinsel Lombok. Dieser tiefe, schmale Graben ist die geologische Trennung zwischen Asien und Australien. Strom bis zu 9 Knoten. Er treibt uns immer mehr auf Lombok zu. Mondschein. Das Meer ist unheimlich, so anders als sonst. Wir kommen durch Wasserstriche, die glatt und lautlos ohne jede Welle lauern. Der glänzende Wasserspiegel ist prall und fest gespannt. Dann wieder wispert und zischelt es bösartig, gemein und drohend. Wie die Hexen aus ›Macbeth‹. Die See steilt sich auf, wächst wie Blumenkohlköpfe hoch und zerplatzt. Dicht an dicht diese zackigen, weißschäumenden Berge. Als ob jemand mit der Faust das Wasser in die Luft boxt. Das Schiff dümpelt und rumpelt hilflos darauf herum. Aus dem Nichts stürzt eine See ins Cockpit. Die Hexen kichern höhnisch. Angst. Wir sind beide wach.«

Am Morgen tauchen die heiligen vier Vulkane aus den Regenwolken auf. Die Ansteuerung nach Benoa, dem Haupthafen Balis, ist atemberaubend. Wir laufen so hoch wie möglich, doch der Strom reißt uns mit rasender Geschwindigkeit fort. Fast schaffen wir die Einfahrt in die Riffpassage nicht mehr. Uns entgegen kommen bunte Farbdreiecke: die Fischer von Benoa in ihren bemalten Auslegerbooten. Der Strom trägt sie hinaus und wird sie heute gegen die sinkende Sonne zurückbringen.

Die Hafen- und Einwanderungsbehörden sind ausgesucht höflich zu uns. Der Ankerplatz ist ausgezeichnet, da der Hafen vor drei Jahren ausgebaggert wurde. Wie gut, daß wir gekommen sind.

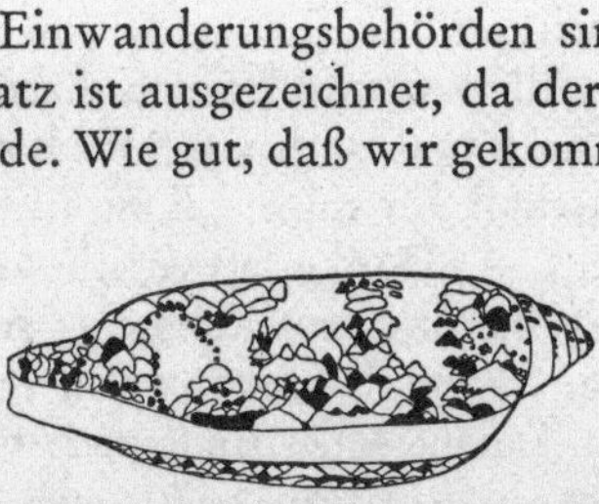

MENSCHEN UND MASKEN

Die „Fleischplatte“ — Kleine Kim — Der Sitz der Götter — Das traurige Leben der Kassi Kroll

Steve von der LUSTY kommt bei seinem morgendlichen Schwimmtraining bei uns vorbei und hievt sich tropfnaß in unser Dingi. Mein Blick ruht wohlgefällig auf ihm, denn wie immer ist er nackt. Bei seinem Aussehen kann der Junge es sich aber auch wirklich leisten. Kitty von der BEBINKA aber ist ganz aus dem Häuschen. Kitty trägt nämlich brav eines ihrer „AOK-Bikinihöschen“, wie Peter sie getauft hat, die züchtig den Bauchnabel bedecken. Für Kitty ist der Bauchnabel etwas ganz Privates, denn so wurde sie im amerikanischen Mittelwesten erzogen. Selbst die vereinten Bemühungen von Scotty, ihrem lebenslustigen New Yorker Ehemann, und von meinem schaulustigen Peter können sie nicht aus ihrem moralischen Korsett befreien. Und nun Steve, der nackt und unbekümmert die Waschzeremonie auf dem Vordeck der LUSTY vollzieht, so wie Tausende von Balinesen jeden Morgen und Abend in den Flüssen und Bächen ihrer Insel. „Paß nur auf, Kitty, daß Steve nicht auch mal zu dir an Bord kommt.“

Steve hat eine Botschaft für mich: „Kim läßt dich grüßen. Sie hat noch die Bluse für dich.“ – „Danke, Steve, ich werde heute gleich nach Kuta Beach fahren. Vielleicht kann ich meine silbernen Abendschuhe für die Bluse tauschen. Sag mal, Steve, wann mußt du denn ins Gefängnis?“ – „In zwei Tagen. Mike muß auch mit. Der wird mir im Kittchen astronomische Navigation beibringen.“ – „Steve, es geht ...ch ja nichts an, aber seid ihr nicht etwas unvorsichtig? Du und Mike, ihr müßt doch nun wegen Hasch ins Kittchen. Die Behörden beobachten euch doch. Und trotzdem fahrt ihr in aller Öffentlichkeit mit den Neuseeländern auf der Sunpeddler raus und kommt völlig *high* zurück. Das merke selbst ich, und ich habe noch nie gehascht." — „Ach, wir tun doch nichts Böses. Im Ernst, hast du noch nie? Komm doch mal rüber. Für einen Freund haben wir immer einen *joint*."

Mit den silbernen Schuhen in der geflochtenen Strohtasche, in die der Name „Bali" eingewirkt ist, damit man auch weiß, wo man sich befindet, vertraue ich mich dem öffentlichen Verkehrsmittel an, einem Bemo, um nach Kuta Beach zu Kim zu fahren. Dem Unternehmen haftet der Hauch des Abenteuerlichen an, denn ich habe schon ein umgekipptes Bemo gesehen, aus dem die Passagiere, so eng wie Sardinen gesteckt, lange nicht herauskamen und mit den Beinen in der Luft verharrten, bis Passanten das Gefährt wieder auf die Räder stellten. Und alles amüsierte sich, am meisten die Fahrgäste. Das bleibt mir hoffentlich heute erspart.

Vertrauen habe ich nicht in diese fragilen, klapprigen Dreiradautos, deren Ladefläche mit zwei hölzernen Längsbänken versehen ist. Sie bieten je drei Europäern oder acht Indonesiern Platz. Wir müssen es nämlich erst wieder lernen, ganz eng auf Tuchfühlung mit Fremden zu sitzen. Und gedrängt ist es wahrhaftig, denn jeder Passagier bringt auch noch in Stoff eingeschlagene Bündel, Pflanzen mit Wurzelballen, oder z. B. auch eine Stehlampe mit, die allen Fahrgästen mit verzeihungsheischendem Lächeln über die Knie gelegt wird. Und die Knie stecken uns sowieso schon unter dem Kinn: Heute sind in dem schmalen Gang zwischen den Bänken ungefähr zehn lebende Wasserschildkröten gestapelt, die einen würzigen Geruch verströmen. Ihre muskulösen Vorderkrallen sind zum Glück durchstochen und mit Schnur zusammengebunden. Ihre Hinterflossen aber rudern frei im Leerlauf. Manchmal rafft sich eine der Unglücklichen zu einem Akt der Verzweiflung auf und fängt wild zu strampeln an. Dann muß man seine Beine schnell in Sicherheit bringen, denn die Krallen sehen sehr bedrohlich aus. Ich stelle meine Füße auf einem runden Buckel ab, der mir einigermaßen zahm erscheint, und versuche angestrengt, den Geruch zu ignorieren. Von Zeit zu Zeit senkt sich der Buckel meines armen Tieres mit einem tiefen Seufzer, wie ein Blasebalg. Es fährt seinem Schicksal entgegen, aus kleinen weißen Tassen mit einer grünen Schildkröte darauf von Touristenmündern geschlürft zu werden.

Der Fischer, dem die Tiere gehören, hängt draußen am Haltegriff des Bemos. Er wirkt gefährlich und düster mit seinen hohen Wangenknochen. Der gewürfelte Sarong ist bauschig zwischen den Beinen durchgezogen, und er hat sich einen turbanartigen Schal um die Stirn gewickelt. Der könnte nebenbei auch noch Pirat sein. Neben ihm klammert sich wie ein grinsendes Äffchen der Schaffner fest, ein kleiner Junge noch, dem das Herausgeben des Wechselgeldes zu schwierig ist. Man sucht sich die Münzen selbst aus seiner kleinen, schmierigen Hand zusammen. Sein Vertrauen in uns Ausländer ist grenzenlos, denn er gibt uns am ersten Tag, als wir noch kein indonesisches Geld eingetauscht haben, großzügig Kredit und wacht fortan mit besitzergreifendem Stolz darüber, daß wir auch an der richtigen Haltestelle aussteigen.

Balis Transportwesen funktioniert unbegreiflich gut und ist gegründet auf den guten Willen und die Geduld aller. Der Schaffner liefert unterwegs an den unzähligen Garküchen und Büdchen Bündel ab, nimmt Bestellungen an und hilft auch mit, ein paar Zentner Steine aufzuladen, die auf einem Hinterhof lagern. Dieser Aufenthalt dauert eine halbe Stunde, aber da ja keiner eine Uhr hat, faßt sich jeder in Geduld.

Um so rasanter versucht der Fahrer des Bemos, die verlorene Zeit wieder aufzuholen. Er holt alles aus dem alten Motor heraus und windet sich halsbrecherisch durch das Gewimmel von Fahrrädern, Motorrollern, Autos, Pferdekutschen und Fußgängern. Die Auspuffgase steigen blau in den Fahrgastraum. „Kuta Beach, Kuta Beach!“ schreit mir der Schaffner ins Ohr. Bleich und schwummerig klettere ich aus dem famosen Gefährt.

Kuta Beach ist die „Anspreche“ für sonnenhungrige junge Franzosen, Deutsche und Amerikaner. Der kilometerlange, brühheiße Sandgürtel ist dicht bepackt mit brutzelndem jungem Fleisch. „Die Fleischplatte“ nennt ein Franzose den Strand und verrenkt sich bei dem deutschen Wort fast die Zunge. Vor dem Halbrund der Bucht bricht sich träge eine laue Dünung und läuft glasig-grün am Strand aus. Ihr entgegen stapfen die Surfer, die Bretter andächtig wie Kultinstrumente geschultert.

Abends, nach Einbruch der Dunkelheit, beginnen die Zeremonien in Kuta. Die geräumte Straße wird zur improvisierten Bühne, von Gaslampen beleuchtet, auf der maskierte Tänzer die nie endende Schlacht der Dämonen zwischen Wahrheit und Wahn austragen. Das Gamelan-Orchester scheppert dünn und eintönig. Doch man hört auch indische Sitarmusik und westliche Schlager. Das ist die Zeit, da die jungen Touristen, die für drei Monate auf die „lächelnde Insel“ kommen, den Sarong um die Lenden knoten, sich Gebetsketten mit bimmelnden Glöckchen umhängen, das lange Haar zu Zöpfen flechten und sich den Bart bürsten. Für einen Dollar pro Nacht wohnen sie in den einheimischen Gasthäusern, natürlich ohne westlichen Komfort, dafür aber mit Familienanschluß, und essen für 40 Pfennig. Sie erleben einen Traumurlaub abseits der klimatisierten, amerikanisierten Hotels, wo die meist dickeren, älteren Touristen mit den vielen Fotoapparaten vor dem Bauch von den Balinesen neugierig und kichernd unverhohlen beobachtet werden bei ihrem zeremoniellen Ritual am Swimming-pool, drei Schritte vom Meer entfernt: Eincremen, Liegestuhl, Sonnenschirm, Cocktailzeit. „Mach doch ein Foto, Papi, wie wir mit Herrn Lohmüller so gemütlich zusammensitzen. Das sind doch Erinnerungen: Bali. Kann denn nicht jemand die Leute da wegjagen? Wie die starren, direkt unangenehm."

Aus der dunklen Tür von Kims Restaurant dröhnt psychedelische Musik. In dem kargen Raum nur ein junges Paar. Er rollt stöhnend den Kopf auf den Armen hin und her. Ekstase wegen der Musik, ist er *high*, oder hat er den notorischen Bali-Durchfall? Sie löffelt versunken eine Suppe. Ohne die beiden zu beachten, kommt mir Kim, die sechzehnjährige Chinesin, entgegen: „Schön, daß du da bist. Komm mit in mein Zimmer."

Ein schmutziger Perlenvorhang trennt die riesige Küche ab, in der ein enormer gemauerter Herd mit qualmenden Feuerstellen der Mittelpunkt der Geschäftigkeit ist. Über unzählige Töpfe, Kessel und Pfannen gebeugt kochen und brutzeln Chinesen aller Altersstufen Eßbares. Das ist Kims Familie. Hier arbeitet jeder mit. Kims nackte, kleeblattförmig gespreizte fleischige Füße finden sicher den Weg auf dem schmierig-fettigen Steinfußboden über die Abflußrinne hinweg, die quer durch die Küche läuft. Essensdünste mischen sich mit Klodüften. Wie immer ist das beisammen.

Kims Zimmer ist dafür peinlich sauber. Ein Bett, ein Schrank. Kim zieht einen Pappkarton voller chinesischer Blusen unter ihrem Bett hervor. Sie möchte Geld und ein Geschenk dafür haben. „Zeig mal die Schuhe." Aber unmöglich kann sie ihre Füße hineinpressen. Sie ist sehr enttäuscht. „Hast du nicht Goldschmuck? Ich liebe Gold!" — „Kim, wer nicht? Ich habe aber keinen Schmuck." Was kann ich ihr bloß geben? Ich krame in meiner Tasche. „Ich habe Parfum, Kim." — „Oh, Parfum! Gib mir die Flasche. Laß mich riechen." Sie schnappt nach dem Flakon, schnuppert, schließt die Augen. „Hier hast du die Bluse."

Sie drückt das Fläschchen mit beiden Händen gegen die Brust und ruft mit glühendem Gesicht: „Ich bin so glücklich. Wenn ich Gäste bediene, dann gehe ich immer ganz dicht an die Frauen heran und rieche ihr Parfum. Sie duften so gut. Nun habe ich selber Parfum." Hastig, mit fliegendem Zopf, versteckt sie das Fläschchen unter ihrem Kopfkissen. Die kleine Chinesin Kim in ihrem knappen, ausgewachsenen Kinderkleidchen mit dem sittsamen weißen Krägelchen. Kim, die seit fünf Jahren nicht mehr am Strand war, obwohl es nur wenige Minuten zu Fuß dorthin sind. Kim, die nur Arbeit kennt, die mit 25 Jahren heiraten, mit ihrem Mann ein eigenes Geschäft eröffnen und dafür weiterarbeiten wird.

Verlegen taste ich mich durch die glitschige Küche zur Musik im Laden vor. Kim reißt eine verstaubte Kekspackung aus der Auslage. „Hier, für Peter. Er hat so gute Augen." Die Musik verklingt hinter mir. Ich schäme mich. Kim hat zum ersten und vielleicht auch zum letzten Mal in ihrem Leben etwas Schönes bekommen. Und ich habe noch gezögert, es ihr zu geben. Ich aber besitze eine Bluse mehr. Wer weiß, ob ich sie je tragen werde.

„Herrgott noch mal, ist das eine ausgeleierte Mühle! Die Zündung ist völlig im Eimer." — „Dem Inscheniör ist nichts zu schwör", zitiere ich Daniel Düsentrieb, was bei Peters augenblicklichem Gemütszustand nicht ganz ungefährlich ist.

Wir sind ungefähr 1500 Meter über dem Meeresspiegel mutterseelenallein auf einer einsamen Bergstraße. In einer Stunde wird die Sonne untergehen. Irgendwo voraus, auf 2000 Meter, ist das Rasthaus, in dem wir übernachten wollen. Längst sind uns die klimatisierten Hotelbusse entgegengedonnert, um die Touristen rechtzeitig zum Cocktail zurückzubringen. Sonderbar, daß wir uns nie zu den Touristen zählen. Wir wollen das Gefühl für das Land bekommen. Wir wollen in der Hitze schwitzen, unter Gestank und Mücken leiden und mit den Menschen leben und essen. Wir wollen keine dunkel gefärbte, isolierende Scheibe zwischen uns und der Wirklichkeit.

Die Busse brausen über eine Straße, an der rechts und links die Menschen nackt im lehmigen Wasser baden. Den Frauen fließt das lange, schwarze Haar den Rücken hinunter. Es sind einfache Frauen, die ihr Leben lang schwere körperliche Arbeit verrichten. Und doch sind ihre Körper und Hände nicht gezeichnet davon. Ihre Haltung und ihre Gesichter strahlen Ruhe und Gelassenheit aus. Diese Frauen sind innerlich stark, trotz ihrer zierlichen Anmut und der schlanken Glieder. Was nur verleiht ihnen diese Kraft? Ist es das geborgene, erfüllte Leben in einer Gemeinschaft, in der Familie, im Dorf? Ist es der ständige Wechsel von Arbeit und Feiertagen? Auf Bali ist die Religion ganz selbstverständlich mit dem Alltag verwoben. Die farbigen Tänze und Legenden, die jedes Dorf zumindest einmal in der Woche in der Versammlungshalle aufführt, haben einen religiösen Hintergrund. Die Tänzerinnen, diese unwirklichen, steifen Püppchen aber sind Frauen und Mädchen, die den ganzen Tag Reis pflanzen, Fische ausnehmen und mit einer tragbaren Garküche herumziehen.

Es ist einsam hier oben. Wir haben alles für uns: das Rauschen eines Flusses tief unten in der Schlucht, den Abendfrieden auf den grünen und braunen Terrassenfeldern, ein jedes eingerahmt von einem dünnen, silbernen Wasserfaden. Wie die Stufen einer fruchtbaren Pyramide klettern die Felder die Schlucht hinunter und verlieren sich in dämmerigem Grün. Aus den Tälern steigt blauer zarter Rauch.

Auspuffknallen und Knattern zerstört die Stille. Ines und Kirk, unsere amerikanischen Freunde vom Katamaran SILMARIL, verlassen uns nicht. Sie suchen uns, wie schon so oft während unserer Inselrundfahrt. Kirks Honda funktioniert prima, nur wir sind vom Pech verfolgt. Peter hat schon alle Freude an dem Unternehmen verloren. Ich habe Muskelkater vom ewigen Auf- und Absteigen und Anschieben und dazu ein aufgeschürftes Knie und eine zerrissene Hose: Die bokkende Honda hatte uns auch noch abgeworfen.

Da tauchen über dem Straßenrand drei balinesische Jünglinge auf, in modischer westlicher Kleidung. Sie sprechen etwas Englisch. Ja, sie haben Sicherungen. Sie haben auch einen Schraubenzieher. In sicherer Einschätzung unserer Notlage sollen wir aber viele Dollar dafür bezahlen. Sie haben nur nicht mit Peters Dickkopf gerechnet. Er weist ihr Angebot zurück. Die jungen Unternehmer lassen sich in höflicher Entfernung nieder und beobachten die weitere Entwicklung. „Gib mir mal ein bißchen Stanniolpapier von der Schokoladentafel." — „Kannst du das damit reparieren?" — „Vielleicht klappt es. Das haben wir früher nach dem Krieg immer gemacht. Ach, sieh mal an, die war sogar schon mal mit Silberfolie geflickt. Na ja, meine Schuld. Ich hätte mir das Ding vorher besser angucken sollen. So, Samiel hilf!"

Mit aller Kraft tritt Peter den Starter, der ihm schon eingangs den Knöchel blutig geschlagen hat. Diese Honda ist Peters Intimfeind und tut ihm alles nur denkbare Böse an. Nichts. Wieder nichts. Die Balinesen kommen unauffällig näher. Ha, aber jetzt: Ein zögerndes Husten, und dann bricht der Roller in asthmatisches Keuchen aus. „Schnell, spring auf!" Wir hoppeln langsam an. Ich sehe mich um und erwarte wutenttäuschte Gesichter bei den drei Jungen. Statt dessen lachen sie und winken uns nach. So ganz hat das Profitdenken die junge Generation noch nicht erobert. Kirks Maschine dröhnt kraftvoll und zuverlässig hinter uns.

Die Sonne versinkt rot hinter den schwarzen Kraterzacken des Gunung Batur. Der dunkle Kratersee dehnt sich geheimnisvoll in der Dämmerung. Das letzte Sonnenrot taucht unter. Die erkalteten Lavasäulen stehen wie Pockennarben im runden Krater. Dieser Vulkan ist heilig. Hierher haben sich die Hindugötter zurückgezogen, als Java an die Mohammedaner fiel. Wir fühlen den Atem der Götter, als plötzlich der Wind heranpfeift, um die Lavazacken sirrt und schwarze Rippel auf den See peitscht. Er rüttelt an den hölzernen Fensterläden des Rasthauses und zerrt an den Wolldecken, die wir uns zum Schutz gegen die schneidende Luft umgehängt haben. Wir sind 2000 Meter hoch.

Im Rasthaus drängen wir uns schuddernd um die Petroleumlampe. Jetzt müßte man einen Grog oder einen Glühwein trinken. Doch die Balinesen trinken keinen Alkohol. Deshalb bekommen wir nur eine Flasche mit roter Flüssigkeit, die entsetzlich im Rachen kratzt und die Zunge betäubt. Ob es vielleicht Betelnußextrakt ist? Es schmeckt wie Hustenmedizin, und wir spülen mit heißem Jasmintee nach. Ich nutze die Wartepause bis zum Essen und lasse mir von Armawa die indonesischen Zahlen und besonders wichtige Redewendungen in mein unentbehrliches Notizbuch schreiben. Armawa studiert Medizin in Denpasar, der Hauptstadt Balis. Jetzt besucht er gerade seine Schwester, der das Rasthaus gehört. Die indonesische Aussprache ist für Deutsche besonders einfach, auch die Wörter kann man leicht behalten. Sollten wir noch einmal nach Bali kommen, dann lernen wir vorher auf jeden Fall Indonesisch. Denn Englisch spricht kaum jemand, Deutsch und Französisch schon gar nicht. Die Sprache aber ist der Schlüssel zum Land. Auf Bali können wir uns zum ersten Mal nicht richtig verständigen und möchten doch gerade hier soviel mehr wissen. Doch sonst kommt man mit Englisch, Französisch und Spanisch gut um die Welt.

Armawas Schwester, hustend, eine lange Wolldecke umgehängt, trägt dampfende Schüsselchen auf: Gebratene Nudeln mit Bambussprossen, gebratener Reis mit Ei, Schaschlikspieße in Chilisoße, Schweinefleisch süßsauer in Erdnußsoße. Es ist ein großartiges Essen für nur 60 Pfennig, das wir oben in Kintamani bei der blakenden Petroleumlampe mit verbogenen Blechgabeln gierig verschlingen. Es zieht dabei durch alle Ritzen der kläglichen Bude. Trotz der Wolldecken, trotz der „Hustenmedizin“ und des heißen Tee klappern uns die Zähne. So rollen wir uns auf dem riesigen Bett mit den Messingknäufen wohlig im Doppelschlafsack zusammen. Der Wind heult, und uns ist so richtig gemütlich. „Wie in Deutschland im Winter.“ Wenn man drei Jahre in den Tropen war, dann hat man manchmal Sehnsucht nach so etwas.

Vom Sitz der Götter rollen wir wieder hinunter in tropische Gegenden, nach Tampaksiring, zum Tempel der heiligen Quelle. In dem mit grünem Moos und Algen überwachsenen Becken spielen Kinder und baden Erwachsene mit feierlichem Ernst unter den alten Wasserspeiern. Indra möge sie reinigen und ihnen ein langes Leben verleihen. Erst kürzlich gelang es, die Inschriften auf den Steinen zu entziffern. Die heilige Quelle wurde 962 v. Chr. eingefaßt. Die Anleitung zur Reinigungszeremonie, wie sie jährlich Tausende von Balinesen hier vollziehen, die dazu von der ganzen Insel zusammenkommen, ist seit dieser Zeit durch Legende überliefert. Denn niemand mehr kann die alte Schrift lesen. Draußen vor dem Tempel hängen Schilder in unbeholfenem Englisch: „Bitte keine Fotos machen von nackte Leute.“ Vor den Mauerspalten drängt sich eine Gruppe japanischer Studenten in knappen Jeansanzügen, mit riesigen Sonnenbrillen und niedlichen schwarzen Pilzköpfen und fotografiert – Klick, klick – und kichert aufgeregt. Wie lange noch werden die Balinesen mit ihrer jahrtausendealten Kultur und Religion vor den Voyeursaugen der Touristen leben?

Ubud ist das Zentrum der balinesischen Maler. Viele ausländische Künstler haben sich hier niedergelassen, angezogen von der strengen Schönheit dieses Dorfes. Morgens stellen die Bauern ihre Kampfhähne in geflochtenen Körben an der Straße ab, damit sie die Sonne genießen und sich am Schauspiel der Passanten erheitern mögen. Barbrüstige Frauen, beladen mit Töpfen, ziehen zum Markt, Ochsenkarren mit hoch aufgetürmtem Bambusrohr schaukeln knarrend vorbei, Bauern in karierten Umhängen balancieren Reisbündel an langer, gebogener Bambusstange auf der Schulter.

Mas, Zentrum der Holzschnitzer. Die ausdrucksvollsten Plastiken werden oft von noch nicht zwölfjährigen Jungen geschaffen, denn: „Jungen haben noch keine Sorgen.“

Wir bleiben für die Nacht in Mas und schieben die Hondas in einen dämmerigen Zaubergarten mit kleinen Pagoden, die alle reich mit Steinmetzarbeiten verziert sind. Dies sind die Gästezimmer. Jede Pagode hat fließendes Wasser und ein eigenes WC: Das westliche Porzellanbecken prangt wie ein Thron, zu dem mehrere Stufen hinaufführren. Die Spülung ist in Form eines Marmeladeneimers mit Schöpfkelle bereitgestellt. Gut, daß wir Toilettenpapier im Gepäck haben. In einem hohen, gemauerten Trog steht grünliches Wasser, auf dem flockig Mükkenlarven schwimmen. Ich schicke mich an, hineinzuklettern, als Peter mich bremst: „Halt, das ist keine Badewanne. Das Wasser darin soll noch für viele Gäste reichen. Hier, man übergießt sich mit dieser Schöpfkelle." Gemessen und zeremoniell, wie wir es im heiligen Tempel in Tampaksiring gesehen haben, übergießen wir uns gegenseitig.

Im flackernden Licht der Petroleumlampe sehen die Strohsäcke auf den Eisenliegen nicht sehr einladend aus: Rattenkötel und Vogelmist verzieren den gestreiften Drillich. Wir haben zum Glück eigene Laken mit. Auch die Moskitospiralen, die acht Stunden lang brennen, sind unbedingt notwendig. Wir nehmen zwar vorbeugend Tabletten gegen Malaria, wir können also nicht krank werden, aber das angriffslustige Sirren der erzürnten Mücken macht mich verrückt. Mit je einer qualmenden Spirale am Kopf und zu Füßen liege ich kleinmütig auf meiner Bahre, die Hände über dem Sarong gefaltet, und kann lange nicht einschlafen. Wir wollen zwar das Gefühl für das Land bekommen, aber was gäbe ich jetzt für eine Klimaanlage und die Gewißheit, daß keine Ratten und Spinnen über mich weglaufen können.

Im Morgendämmern ein Klirren und Hüsteln auf der Veranda: Sudjana bringt heißen Jasmintee. Wir schlürfen ihn vor unserem Tempel und beobachten die Frauen, wie sie die moosüberwachsenen, verwitterten Steinfiguren im Garten mit Hibiskus und Frangipani schmücken und kunstvoll geflochtene Opfergaben aus Palmblättern und bunt gefärbtem Reis in die Holzaltäre stellen. Schon morgen werden sie neue Muster für die Götter flechten. Hunde werden die Reiskuchen von den Altären zerren. Achtlos wird die Balinesin über die geflochtenen Körbchen des Vortages hinwegschreiten, um den Göttern neue darzubieten. Ein großer Teil von Balis Kunst ist nur für den Augenblick geschaffen. So werden nach zweiwöchigen, aufgeregten Vorbereitungen für ein Fest alle kunstvollen Dekorationen in Rauch aufgehen. Wir versuchen anfangs gewissenhaft, die Opfergaben, die überall herumliegen, zu umgehen, aus Scheu, das religiöse Gefühl der Balinesen zu verletzen. Doch keiner außer den Hunden kümmert sich mehr um die von Autos und Pferdekutschen plattgewalzten kleinen Gebinde. Die Götter haben die Gabe gesehen und ihre Seele entnommen. Der Rest ist unwichtig.

Ulu-Watu: Der alte Priester klettert knochig und steif die Hühnerleiter zum verwitterten Holzverschlag hoch und stellt Kokosschalen mit Reis und Früchten hinein. Mit eintönigem, zittrigem Singsang sprenkelt er aus einer Bierflasche gemessen heiliges Wasser über die Gaben. Dann hockt er sich mit gespreizten Knien nieder und verharrt im Gebet. Die Gemeinde lagert bequem auf dem gestampften Lehmboden unter freiem Himmel, lacht und schwatzt. Die Frauen halten weiße Frangipaniblüten in den Fingern. Eine kaut Betelnuß. Klatschend fällt der zähe rote Speichel zu Boden. Zahnfleisch und Lippen der Frau sind von der Betelnuß rot aufgequollen und entzündet. Ihr kleiner Sohn ist feingemacht mit roter Baseball-Kappe, weißen Kniestrümpfen und einem T-Shirt. „A Go-Go" steht darauf. Auf Bali verknüpft man eben unbekümmert Tradition mit der Moderne. Nur so ist auch die einsame elektrische Glühlampe auf dem hölzernen Schrein zu erklären, obwohl es hier oben natürlich keinen Strom gibt. Da die Funktion ausfällt, ist nur die schöne Form des Glases als Schmuckgegenstand wichtig.

Da tauchen in den Bäumen, die über den verwitterten Bretterzaun des Tempelplatzes ragen, graue, koboldartige Gesichter auf und schleichen sich verstohlen näher. Die Affen wissen schon, daß nach dem Singen das Fressen drankommt. Der kühnste springt auf das verfallene Dach des Verschlags und grabscht sich eine halbe Papaya. Die Gemeinde kreischt lachend auf. Der alte Priester versucht erzürnt und vergeblich, sie ihm wieder abzujagen. Um weiteren Übergriffen vorzubeugen und weil die Götter mittlerweile bestimmt die Seele aus den Gaben entnommen haben, holt er alle Opfergaben wieder heraus und gibt sie den Frauen zurück. Diese stülpen rote Schüsselchen darüber und formieren sich mit den Opfergaben auf dem Kopf hinter dem Priester zu einer Prozession. Ein riesiger, vergilbter Sonnenschirm schützt den Priester. Gemessenen Schrittes, mit eintönigem Singsang, mit wippenden langen Bambusstangen, den Lamaks, von denen weiße Tücher herabhängen, steigt die Prozession die vielen Stufen hinunter.

Wir sind allein mit Dewi Danu, der Göttin der Wasser, auf ihrem versteinerten Schiff, 900 Meter über dem Meer. Der Sandstein stürzt steil ins Meer, das sich mit weißem Schaum an den Felsen bricht. Strahlend weiße Schaumstreifen wiegen sich über grünem Korallenwasser. Die Mittagssonne sengt heißt. Dumpf das Donnern der Brandung. Wir sehen auf das Meer. Dort unten wird unser weißes Segel entlangziehen. Wir müssen diese lächelnde Insel bald verlassen. Es wird uns schwerfallen. Dewi Danu, Göttin der Wasser, beschütze uns dann.

Stumm klettern wir den Hügel hinunter und geben die goldenen Brokatschärpen wieder ab, ohne die man keinen Tempel betritt. Bei unserer Ankunft haben Ines und ich uns noch kichernd angesehen vor dem Schild: „In Anbetracht der Heiligkeit des Ortes werden menstruierende Frauen gebeten, den Tempel nicht zu betreten", und wir haben uns gefragt, wer das wohl kontrolliere. Doch nun liegt ein Zauber über uns, und alle westliche Kaltschnäuzigkeit und Abgebrühtheit ist verflogen.

Peters Honda sorgt dafür, daß wir schnell in die Wirklichkeit zurückkehren. Gerade haben wir die Prozession überholt, die gemessen intonierend mit wehenden weißen Fahnen durch grüne Reisfelder marschiert, als das Biest mal wieder stehenbleibt. Schon nähert sich frommer Gesang, hinter der Wegbiegung wippen die biegsamen Lamaks, die Prozession zieht an uns vorbei. Mitfühlendes Gelächter und Winken, als ich Peter anschiebe. Noch zweimal überholt uns der Zug. Peter ist am Ende seiner Nervenkraft. In dreitägigem Kleinkrieg hat die Honda ihn körperlich und moralisch zerrüttet. Zurück an Bord, legt er sich sofort in die Koje.

In dieser Nacht wird Peter von Fieber- und Hustenkrämpfen geschüttelt. Das Thermometer schnellt auf 40,5 Grad hoch. Mein Vater hat mir vor drei Jahren, als wir die Medikamentenliste durchgingen, gesagt, daß man sich ruhig Zeit lassen könne und mit gesundem Menschenverstand das Richtige tun werde. Wie soll ich mir Zeit lassen angesichts seines dampfenden Körpers, des flachen, schnellen Atems und der Hustenkrämpfe? Ich muß ja erst einmal wissen, was er hat, ehe ich ihn behandeln kann. Laut Medizinbuch weisen seine Symptome auf Lungenpest hin, die sehr bald zum Tode führt. Oder aber auf eine fieberhafte Bronchitis. Ich entscheide mich für letzteres und pumpe Peter mit Penizillin voll, gebe Kodein gegen den Husten und mache kalte Wadenwickel. Ich lege Spritzen bereit für einen eventuellen Kreislaufkollaps und notiere Puls und Temperatur im Abstand von dreißig Minuten und übersetze für die Ärzte Celsius in Fahrenheit, denn wenn sich sein Zustand verschlimmert, muß er ins Krankenhaus. Die anderen Yachtleute müssen mir helfen, ihn ins Beiboot zu transportieren und an Land zu bringen. Dann einen Krankenwagen rufen. Die Hauptstadt Denpasar ist zehn Kilometer entfernt. Und es ist Sonnabendnacht. Ich bin allein mit meiner Verantwortung, und ich habe furchtbare Angst.

Zwei Stunden nach Mitternacht ist die Krise vorüber. Peter ist bei klarem Bewußtsein, doch sehr schwach. Für zehn Tage bleibt er an Bord und verliert in dieser Zeit viel an Gewicht. Auch auf den anderen Yachten findet die Krankheit ihre Opfer. Ich bekomme nur einen milden Hauch davon mit. Die Balinesen husten ebenfalls ganz fürchterlich und nennen die Krankheit „Kalter Wind in der Kehle". Es muß ein Grippevirus sein, gegen das wir nicht immun sind, obwohl wir in Australien im Hinblick auf Bali eine Grippeschluckimpfung genommen hatten. Man muß sich schon gesundheitlich vorbereiten auf die „Insel der tausend Tempel". Und trotz unserer frischen Typhus-/Paratyphus-/Ruhr-Impfung werden auch wir immer wieder ein Opfer des „Bali-Belly-Bugs", des Brechdurchfalls, der uns mehrere Tage von unserer Bali-Zeit kostet. Doch diese Risiken muß man auf sich nehmen, wenn man mehr von allem wissen will. Die Alternative ist das klimatisierte Hotel mit Steak und Salat.

Gleich an der Pier in Benoa ist der Coffee-Shop. Ich fahre abends mit dem Beiboot hinüber, um zwei Portionen gebratene Nudeln bei Kassi zu holen. In den winzigen Büdchen verbreiten die mit rotem Seidenpapier umkleideten Petromaxlampen schummeriges Licht. Die Transistorradios sind voll aufgedreht. Bis auf Kassi und die zwei zahnlosen Omas, die sich gerade kichernd mit dem Finger Rouge auf die eingesunkenen Lippen schmieren, ist kein Mädchen zu sehen. Ein Handelsschiff aus Singapur ist eingelaufen. In den hölzernen Verschlägen hinter dem Tresen wird heute Liebe verkauft.

Kassi hantiert mit dem verbeulten, rußigen Töpfchen auf dem Kanonenofen und mengt Nudeln mit Bambussprossen, Ei und Schinken. Für 40 Pfennig zaubert sie Mi Goreng (gebratene Nudeln) oder Nasi Goreng (gebratener Reis). „Mach uns doch einen Kaffee, Kassi. Wo ist Puspuate?" Kassi nickt zum Holzverschlag hinüber. Aha, ihre Freundin hat Kundschaft.

Ich stöbere in den Zauberflaschen auf dem Tresen. Knallrote, gärende Flüssigkeiten in authentischen Whiskyflaschen, Reiswein in geflochtenen Körbchen, der grauenhafte lokale Weinbrand und der noch scheußlichere Bali-Gin. Aber Kassi hat heute frische Erdnußplätzchen in den Marmeladengläsern. Die darf man nicht versäumen. Wir setzen uns mit den dampfenden Kaffeegläsern vor die Bude auf das wacklige Bänkchen, dessen grüne Farbe noch ein wenig klebt. Kassi vergräbt sich hustend tiefer in ihr altes Männerjackett und starrt in den schwarzen Kopi (Kaffee). „Was ist, Kassi?" „Miis, mein Mann ist Deutscher. Otto Eberhard Kroll* aus Hannover. Er kommt mit Schiff. Trinkt und schläft bei mir. Kommt immer. Kommt mit Freunden: ‚Kassi, zieh schönen Sarong an, wir heiraten heute.' Ich, ich weiß nicht. Ich ver-

* Name geändert

stehe nicht. Er immer lacht. Ein Mann uns heiratet. Hier, Miis, das Papier: Otto Eberhard Kroll. Das ist vier Jahre. Er ist weg. Nach Deutschland. Seine Eltern nicht wollen mich. Er kommt wieder, Miis. Kroll nicht will, daß ich schlafe mit Männer. Deutsche sind eifersüchtig, Miis. Vorher ich schlafe mit Männer, viel Geld. Jetzt ich nicht schlafe, kein Geld. Vier Jahre nicht schlafe, Miis."

Kassi läßt den Kopf mit den kurzen Pudellöckchen hängen. Für Otto hat sie sich das Haar abschneiden lassen. Von Otto ist das Jackett, in dem sie wohnt.

Was für ein Kerl! Was für ein dummer Scherz, ein grausamer Scherz. Dieses schlichte, liebe Mädchen, die zierliche Kassi mit den traurigen Augen, der aufgestülpten Nase im flachen Gesicht, Kassi mit dem schlimmen Husten, die ihrem Otto Eberhard treu bleibt.

Wir Yachtleute sitzen jeden Abend vor dem Coffee-Shop und essen umschichtig Mi Goreng und Nasi Goreng. Wir trinken Bintang dazu, das balinesische Bier, und geeisten Jasmintee. Kassi und Puspuate hören uns lächelnd zu. Leon macht aus Puspuate sofort *Push-button* (Druckknopf), was wir begeistert aufnehmen, da es ihrer Anatomie angemessen erscheint. Puspuate hält meine Hand und hat uns zu Ehren ihre prallen Formen in hautenge Jeans gezwängt. Das ist schade, denn der Sarong steht ihr viel besser.

Unsere Runde wird immer größer: Bobby und Karla laufen ein. Leon Smith (KARMA, Neuseeland), Roger und Sheila (KUAN YIN, Kanada), Katie und Maurice (NANOOK, Kanada), Kitty und Scott (BEBINKA, New York), Bob und Kristi (SKYLARK, San Francisco), Kirk und Ines (SILMARIL, Los Angeles). Viele von ihnen haben wir zum letzten Mal vor einem Jahr auf Tahiti gesehen. Doch als sie nun hereinkommen, ist es, als ob wir unser Gespräch niemals unterbrochen haben. Wir standen immer in Verbindung miteinander. Wir haben uns in der Zwischenzeit kurze Nachrichten geschickt oder anderen Yachten Botschaften mitgegeben. Wir haben Skizzen von Ankerplätzen gezeichnet und Informationen über Einkaufsmöglichkeiten, Einreisebestimmungen und — sehr wichtig — über die Qualität des lokalen Bieres ausgetauscht. Leon bringt Post für uns, die in Thursday Island lag. BEBINKA hat NANOOKS Außenbordmotor an Bord.

Bevor wir auf die Reise gingen, glaubten wir, daß wir das Abenteuer einer Weltumseglung allein bewältigen müßten. Doch nun merken wir, daß noch andere junge Menschen aus aller Welt genau unsere Ideen haben und dasselbe tun. Wir können uns gegenseitig dabei helfen. Unsere Freunde ersetzen die Familie, die ja so unwirklich weit weg ist. So sind wir nicht allein und verlassen. Durch diese Freundschaften wird unsere Reise zu einer unvergeßlichen schönen Erfahrung für uns.

Wenn wir an Land kommen, ruft Puspuate schon von weitem: „Hallo, Miis, hallo, Miister! Willst du Kaffee? Willst du Bier? Willst du Liebe?“ Hahn im Korb bei den Mädchen ist der kohlrabenschwarze Nassi vom Trimaran AZA KAZE. Das ist japanisch und heißt „Morgenbrise“. Nassi ist aus Papua, Neuguinea, und sieht in meinen Augen scheußlich aus: niedrige Stirnwülste, Wulstlippen, Afro, silberne Sonnenbrille. Doch für ihn tun die Mädchen es umsonst. Nur einmal versucht Puspuate, 3000 Rupien aus ihm herauszuschlagen: „Für den Gendarmen.“ Offenbar müssen sich die Mädchen die stillschweigende Duldung des Gesetzes erkaufen. Aber Nassi bleibt hart: „Ich schlafe nicht mit Gendarm.“ Und wenn keine Kunden mehr da sind und die letzten Stunden der Nacht kommen und mit ihnen die Einsamkeit und das Bedürfnis nach Wärme, dann stehen die Mädchen oft an der Pier und rufen sehnsüchtig Nassis Namen übers Wasser. Und dann überlegt man sich als Frau: Was ist nur dran an diesem Nassi?

Wir laufen aus. Wie immer sind die langsameren Yachten schon ein, zwei Tage vorher ankerauf gegangen, damit wir unterwegs Radiokontakt haben. Vorher aber fahren wir ein letztes Mal in den Coffee-Shop. Puspuate kriecht völlig verschlafen aus ihrem Verschlag und begreift gar nicht, warum ich ihr die violetten Ohrclips gebe. Kassi bekommt einen meiner Kochtöpfe. Sie hat Tränen in den Augen und kann uns nicht ansehen. Wir fahren an Bord zurück, und mir laufen die Tränen herunter, als ich hinüberrufe: *„Selamat tinggal!“* Auf Wiedersehen! Und aus den Büdchen kommen die Mädchen und die alten Frauen und winken und rufen: *„Selamat jalan! Selamat jalan!“* Glück auf euren Weg!

Barong – balinesische Tanzmaske

DIE RAUHE PISTE

Und ein Schiff mit acht Segeln —
In der Mitte von Nirgendwo —
Mauritius: eine Perle im Ozean

Nur 630 Seemeilen sind es bis Christmas Island. Das segeln wir in vier Tagen herunter. Kaum fällt der Anker im Flying Fish Cove, als Peter wieder zu fiebern beginnt. Noch einmal die Bali-Grippe. Das bietet uns einen taktvollen Grund, die vielen überschwenglichen Einladungen der ansässigen Weißen abzulehnen. Die Insel gehört *The Company*, das ist die gottähnliche British Phospate Company. Seit dem Beginn des Jahrhunderts wird hier phosphathaltiger Sandstein abgebaut. Dreihundert Australier leben hier und zweitausend Farbige, als da sind Malaien und Chinesen. Alle drei Bevölkerungsgruppen sind säuberlich voneinander getrennt. Die Weißen streiten sich fast um die einlaufenden Yachten. Alle achtzehn Monate haben sie Urlaub und verlassen die Insel. Sonst gibt es keine Abwechslung, bis auf die Versorgungsschiffe aus Australien und Singapur.

Taucht dann das Segel einer Yacht am Horizont eines festgefahrenen, eintönigen Lebens auf, so ist es wie ein Versprechen auf all die Abenteuer, die jeder sich einmal erträumt hat. Die Männer werden unruhig und rütteln an ihren Fesseln. Das mechanische Lächeln der Frauen täuscht in diesem Augenblick nicht darüber hinweg, daß sie uns gar nicht mögen, bedrohen wir doch ihre gewohnte, geordnete Welt. Jetzt wird die Enttäuschung über alle unerfüllten Sehnsüchte und vergeblichen Träume auf den Partner abgeladen. Natürlich ist es nicht fair. Spätestens aber beim Erwähnen von Nachtwachen, Seekrankheit und Dosennahrung weicht der Enthusiasmus Nachdenklichkeit. Von da an mögen uns auch die Frauen.

Gerade bei extrem kleinen Inselgesellschaften erfüllen wir oft die Funktion eines Seelenarztes. Auf unserer Couch werden Krankheiten, Inselklatsch und Langeweile abgeladen, gestaute Frustration und Verzweiflung. Uns gegenüber öffnen sich die Schleusen, denn wir werden in einer Woche wieder verschwunden sein. So erhalten wir in wenigen Tagen erstaunliche Einblicke. Ich bin bedrückt über Schicksale, Menschen, Monotonie und Ausweglosigkeit und fühle mich erst freier, wenn wir wieder auf See sind und der letzte Schatten von Land hinter der Kimm versinkt. Mit uns segeln Hoffnungen und Träume.

Peter ist nach einigen Tagen fieberfrei, und bei Sonnenuntergang sitzen wir an Deck und beobachten die unzähligen Tölpel, Fregattvögel und Pelikane, die sich um die Fischschwärme über dem Korallengrund zanken. Von der kleinen Moschee kommt der Gesang des Muezzins. Brandung. Die Sonne geht rot hinter einer Felsnase mit struppigen Palmen unter. Sofort setzen die Zikaden ein.

Dann steht der Wind genau in die Bucht. Ein enormer Schwell baut sich auf. Die Einheimischen resignieren: Nun fahren die Yachten wieder los. Elaine: „Für ein Jahr kein neues Gesicht mehr. Dann kriegen wir alle das heulende Elend."

Wir sammeln noch schnell die Pakete ein, die uns die Malaien für ihre Verwandten auf den Cocos(Keeling)-Inseln mitgeben, und laufen am 28. August aus.

An Land schaut man uns vom höchsten Punkt der Insel mit Ferngläsern nach. Die Funkstation sendet ein letztes Farewell und die Wettervorhersage. Dann ist auch das vorbei.

Tagebuch 29. August 1973

»Mein dreißigster Geburtstag. Ich fühle mich aber mindestens doppelt so alt. Flaute, Hitze, rollendes Boot, schlagende Segel. Dazu habe ich noch zwei muntere Kakerlaken gesichtet, die bestimmt mit den Paketen der Malaien eingewandert sind. Und noch immer weht der stumpf-gelbe Phosphatstaub zu uns herüber, obwohl die Insel längst hinter uns liegt.

Die Weißen haben einen Verein zum Schutze der Umwelt auf Christmas Island gegründet. Erste Resolution: *The Company* muß Staubfilter in die Schornsteine einbauen, da die Staubmassen gesundheitsschädigend sind. Das war natürlich vergeudete Energie, denn die Insel lebt ja von der Company. Die Antwort aus der Direktionsetage war entsprechend: Es sei keineswegs Staub, der da in gelben Schwaden aus den Schornsteinen quelle, sondern Wasserdampf, der sich sofort auflöse.

Dreister Zynismus, wenn man sich die ganze verstaubte Insel ansieht. Sogar das Meer ist gelb. Der angebliche ›Wasserdampf‹ verfolgt uns nun schon über 60 Seemeilen. ›Und die Tropenvögel sind auch schon ganz gelb!‹ entrüstete ich mich in Christmas. Da wurde ich aber belehrt, daß die goldfarbenen Tropenvögel eine ornithologische Rarität darstellen und nur auf dieser Insel anzutreffen sind. Oder handelte es sich etwa wieder um eine Behauptung der Direktion?«

Vier Tage später, 538 Seemeilen weiter West. Unsere Position: Breite 12°05' Süd, Länge 97°03' Ost. Unser Ziel: Ein Stecknadelkopf in der Mitte von Nirgendwo: Direction Island in den Cocos(Keeling)-Inseln.

Es waren rauhe Tage: grobe See, starker Wind, Dauerregen. Meine Augen suchen müde in dem düsteren Grau von Himmel und Wasser den Horizont. Ist da ein grüner Schatten über der Kimm? Zehn Seemeilen voraus soll das Atoll liegen. Das Glas aber zeigt nur bucklige graue Wellenberge mit weißen Schaumkronen, die über den Horizont laufen. Aber jetzt: Weiß und grün, warm und freundlich blitzt ein Feuer in den Wellentälern vor uns auf. Oh, ich liebe Leuchtfeuer und Leuchttürme und Leuchtturmwärter!

Der Strom hat uns weiter nach Süden versetzt als erwartet. Wir korrigieren den Kurs, um Direction Island anliegen zu können. Dort ist die einzige Lücke in dem Korallenkranz, der das Atoll umschließt.

Dunkelheit wischt den grauen Regenhimmel aus. Die Stunden vor dem Landfall sind, wie immer, eine Nervenprobe. Denn nicht die Weite und Einsamkeit der Ozeane gefährden ein Schiff, sondern die Nähe von Land, von Untiefen und Korallen. Vor dem Aufblitzen des Feuers gespenstisch nahe der Schattenriß sturmzerzauster Palmen. Wo ist die Einfahrt? Ah, das zweite Leuchtfeuer. Diese beiden Feuer werden uns hineinführen. Wir schwenken auf den in der Karte angegebenen Kurs ein. Brandung um uns. Unter ständigem Peilen der beiden Feuer tasten wir uns in die finstere Lagune. Die wilde Dünung bleibt zurück. Die Maschine dröhnt laut durch die Stille.

„Anker weg! Maschine aus! Positionslichter aus, Instrumente aus!"

Weit vor uns schimmern schwache Lichter. Das könnten die Freunde sein. Doch wegen der zahllosen Korallenstöcke in der Lagune können wir uns erst bei Tageslicht zu ihnen wagen.

Feierabend für heute! Unbeholfen pellen wir uns aus dem muffigen, nassen Ölzeug und steigen steif und müde in den Salon. Es bedarf eines ungeheuren seelischen Aufschwungs, unseren Primuskocher anzuschmeißen und eine Büchse mit Suppe aufzuwärmen. Noch haben wir das Toben der See in den Ohren, und unsere Gesichter brennen von Wind und Salzluft. Mir ist taumelig, weil das Schiff auf einmal so ruhig liegt. Wir sind zu stumpf, um zu sprechen. Peter macht die letzte Eintragung ins Logbuch: „1. September 1973, 22.00 Uhr. Ankern auf 6 Faden Wasser.“ MAUNA KEA geht zur Ruhe.

Am nächsten Morgen verholen wir schon früh zu den anderen Yachten in Lee von Direction Island. Schwarze Regenschauer fegen mit Windböen über die weite, offene Lagune und peitschen Schaumkronen auf das Wasser. Die Palmen auf dem Inselchen biegen sich unter dem Ansturm des Südostpassats. Keine Menschenseele, kein Haus. Nur verlassene, verregnete Natur, soweit das Auge reicht.

Ist dies nicht die Insel, die vor einigen Monaten so viel Aufregung in Australien und der UNO verursacht hat? „Schandfleck auf Australiens Ansehen! — Hochburg des Kolonialismus! — Gewerkschaften fordern Beendigung der skandalösen Zustände auf Cocos! — UNO-Kommission nach Cocos!“ So überschlugen sich die Schlagzeilen. Doch Australien ist weit, so weit weg. Darwin liegt 3685 sturmgepeitschte Kilometer entfernt, die australische Verwaltungshauptstadt Canberra sogar noch weiter. Und hier auf den Cocos?

Die Brandung rauscht wie zu Urzeiten gegen das Riff, weiß aufschäumend und alles zermalmend, was sie mit sich führt. Was wissen wir eigentlich von den Cocos(Keeling)-Inseln? Im Jahre 1609 stört ein Kapitän William Keeling von der East India Company die Inseln aus ihrem Dornröschenschlaf auf. Keeling findet unbewohnte Korallenatolle, rauschende Palmen, fischreiche Lagunen. Doch die winzige Inselgruppe sinkt bald wieder zurück in Vergessenheit, und nur das Geschrei und Gezanke der Fregattvögel und Tölpel auf der türkisfarbenen Lagune ist zu hören über dem Passat.

Erst 1826 wird der Frieden der windumtosten Inselgruppe wieder gestört, als der Engländer Alexander Hare von ihr Besitz ergreift und auf der Hauptinsel eine Siedlung gründet. Er nennt sie Home Island.

Nur ein Jahr später, schon 1827, landet ein zweiter Interessent, der schottische Kapitän John Clunies-Ross, der sich gleich vierzig Malaien zur Besiedlung mitgebracht hat. Er meldet ebenfalls Besitzansprüche an. Es kommt zum Streit. Die pikante Historie will wissen, daß Hare ihm seinen Harem von Malaiinnen streitig zu machen versucht. Der später gekommene Clunies-Ross ist der Stärkere. Alexander Hare wird auf eine winzige Insel verbannt, die noch heute Prison Island (Gefängnis-Insel) heißt.

Dort hält er vier Jahre aus, bis er 1831 kapituliert und nach Java zurückkehrt. Das offizielle Geschichtsbuch der australischen Regierung geht diskret über dieses Histörchen hinweg, um die Beziehungen zu den Nachkommen von Clunies-Ross nicht zu gefährden, und stellt lapidar fest: „Beide (Hare und Clunies-Ross) meldeten Besitzansprüche an, doch als Hare 1831 nach Java zurückkehrte, blieb Clunies-Ross als einziger Besitzer zurück."

Dieser Rivale ist vertrieben, doch jederzeit können neue Interessenten auftauchen. Clunies-Ross versucht deshalb, die Inseln unter Englands Schutz zu stellen. Das aber dauert so seine Zeit, und Clunies-Ross mit seiner stetig wachsenden Familie verbringt nervöse Jahre der Unsicherheit, bis 1857 endlich die Inseln offiziell ein Teil der englischen Dominions werden. 1878 überträgt die Krone die Überwachung der Inseln der Regierung von Ceylon, da dieses näher am Indischen Ozean liegt. 1886 kann die Ross-Familie für immer aufatmen, denn Königin Victoria vermacht „alles Land über der Wasserlinie für alle Ewigkeit George Clunies-Ross".

Die Aufsicht über die Inseln wechselt noch mehrere Male. Seit 1955 sind sie ein Gebiet des australischen Commonwealth. Die australische Regierung unterhält auf West Island einen Flugplatz. Die Ross-Familie aber ist Herr über sämtliche Einrichtungen und Untertanen und frei, sie gemäß der malaiischen Tradition und Religion zu regieren.

Wir ankern also im Miniaturkönigreich des Herrn Clunies-Ross, der im Augenblick über 498 Malaien und 27 Koralleninseln gebietet.

Über dem Heulen des Windes hören wir plötzlich Motorengeräusch. Ein winziges, lautes Pünktchen steuert vom sechs Meilen entfernten West Island auf uns zu. Die Barkasse geht längsseits, und die Vertreter der australischen Regierung klettern an Bord: Toni, der Offrep *(Official Representative)*, Kevin, der Postmeister, und John, der irische Arzt mit einem wundervollen Akzent.

Bei einem Scotch werden wir gemütlich einklariert. Man hat ja viel Zeit auf Cocos. Toni überreicht uns ein Merkblatt, das uns Yachtleute daran erinnert, daß wir uns auf Privatgelände befinden. Und wieder einmal werden wir ermahnt, uns gesittet zu benehmen.

Tuan Ross, wie die Malaien ihren König nennen, mag keine Yachten. Das ist verständlich nach den schlechten Erfahrungen, die er mit ihnen gemacht hat. Yachties verunreinigten seine Strände, fällten Palmen, weil sie zu faul waren, wegen der Nüsse hochzuklettern, und töteten die Hühner, die auf Direction Island frei herumlaufen und neben Fisch die einzige Proteinquelle der Insulaner sind. Immer sind es einige wenige, die es für alle verderben.

Wir erleben es selbst: Wir sind sieben Yachten, die nun schon mehrere Tage in Lee von Direction Island ankern. Jeder von uns vergräbt sorgfältig den Abfall, um nur keine Spuren zu hinterlassen. Da läuft eine australische Yacht von Perth mit fünf rüden Junggesellen ein. Kaum fällt der Haken, fluten schon leere Bierdosen auf der Lagune. Peter und ich sammeln sie im Beiboot auf und bringen den Haufen zurück: „Ihr habt was verloren." Bob von der SKYLARK war deswegen schon vor uns bei ihnen mit ein paar passenden Worten. Einer der Aussies ist derweilen an Land munter bemüht, Kokosnüsse zu schlachten.

Es wundert, daß Mr. Ross uns überhaupt noch gestattet, sein Atoll anzulaufen. Wir dürfen Frischwasser aus dem großen Tank auf der Insel auffüllen. Doch Kontakte mit der malaiischen Bevölkerung sind unerwünscht. Wir sind enttäuscht, daß wir die Pakete, die wir von Christmas Island mitgebracht haben, nicht selbst übergeben dürfen. Toni wird sie nach Home Island hinüberbringen.

„Toni, welche ‚skandalösen Zustände' haben sich hier eigentlich vor einigen Monaten abgespielt? Es sieht doch alles so friedlich bei euch aus. Möchtest du noch einen Drink?"

Frisch versorgt lehnt Toni sich behaglich zurück und hält uns einen kleinen Vortrag über die ökonomische und soziale Situation der Cocos-Inseln.

Die einzige Einnahmequelle der Insulaner ist die Kopra, von der jährlich ungefähr 300 Tonnen in die Niederlande verkauft werden. Doch von dem Erlös kann man nicht 498 Untertanen ernähren. So steuert Mr. Ross aus seiner Privatschatulle zu ihrem Unterhalt bei. Mr. Ross hat überall in der Welt Besitzungen, und sein Geld ist in den verschiedensten Unternehmungen investiert. So finanzierte er den Welterfolg „Jesus Christ Superstar". Finanziell gesehen sind die Inseln ein Verlust für ihn. Doch er läßt es sich gern etwas kosten, König zu sein. Seine Dynastie reicht immerhin schon sechs Generationen zurück. Er kauft in Singapur den Jahresbedarf an Grundnahrungsmitteln für sein Volk ein, hauptsächlich Reis. Fisch fangen sich die Insulaner in der Lagune selbst mit ihren Jukongs, den kleinen Segelbooten. Da die Inseln aus Korallen bestehen, ist nur eine dünne Humusdecke zum Bepflanzen vorhanden. Dennoch gelang es an einigen Stellen, Paw-Paws (Papayas) und Bananen zu ziehen. Frisches Gemüse und Obst werden von Tuan Ross importiert.

Die einzige Pflanze, die in der kargen Erde im Überfluß gedeiht, ist die Kokospalme. Der Wirbelsturm „Doreen" zerstörte im Jahre 1968 insgesamt 67 146 Palmen, doch nun sind 30 000 neue Palmen gepflanzt. Sie müssen ständig überwacht werden, um die Gefahr des

Rhinozeroskäfers unter Kontrolle zu halten. Chemikalien müssen gekauft, das Unterholz muß gefällt und verbrannt werden, um die Brutstätten des Käfers zu vernichten. Wöchentlich werden etwa 2000 Larven und 100 erwachsene Käfer gefunden. Das scheint nicht viel und ist dennoch eine ständige Gefahr.

Im Alter von 14 Jahren hat ein Cocos-Junge die Gelegenheit, zwischen verschiedenen Berufsausbildungen zu wählen. Er kann Zimmermann, Bootsbauer, Metallarbeiter, Elektriker, Maler, Fischer oder Plantagenarbeiter werden. Die Frauen werden hauptsächlich in der Kopraverarbeitung beschäftigt.

Die Arbeitswoche geht von Montag bis Sonnabendmorgen. Die Insulaner haben eine Woche bezahlten Urlaub während der Moslem-Feiertage Hari Raya und eine weitere Woche zum neuen Jahr. Im Alter von 60 Jahren erhalten sie eine Pension von 70% ihres Lohnes. Sie genießen regelmäßige, kostenlose Gesundheitsüberwachung, sie gehen zur Schule, sie wohnen in modernen Häusern auf eigenem Grund und Boden und erhalten subventionierte Nahrung und Kleidung. Die Cocos-Leute werden mit symbolischem Geld aus Plastik bezahlt, das das traditionelle Muschel- und Knochengeld abgelöst hat. Der Handel mit den Australiern auf West Island ist untersagt, da er die empfindliche Ökonomie der kleinen Gemeinschaft stören würde. Aus diesem Grunde sieht Mr. Ross Kontakte seines Volkes mit der Außenwelt nicht gern und tut alles, um sie zu unterbinden.

Die Gesundheitskontrolle und die guten Lebensbedingungen führen zu einer Bevölkerungsexplosion: Ende des zweiten Weltkrieges sind die Einwohner zu zahlreich für die Inseln geworden. In einem Aussiedlungsprogramm werden in den Jahren zwischen 1948 und 1951 über 1600 Insulaner ausgesiedelt. Viele entscheiden sich dafür, auf Christmas Island für die British Phosphat Company zu arbeiten. Andere ziehen zu Verwandten nach Singapur. Doch die Mehrheit siedelt über auf Besitzungen in Nordborneo im heutigen Staat Sabah in Malaysia. 1958 emigrieren noch einmal 109 Insulaner nach Christmas Island. Die Aussiedlung ist endgültig. Sie dürfen nie wieder zurück.

498 Einwohner sind auf ihrer Insel zurückgeblieben. Eine strenge Geburtenkontrolle sorgt dafür, daß der Bevölkerungszuwachs gleich Null ist. Jedes Ehepaar darf zwei Kinder haben. Danach wird von Mr. Ross kostenlos die Pille ausgeteilt. In unserer übervölkerten Welt scheint dies ein nachahmenswertes Beispiel, wenn es auch manchem Idealisten als „unerträglicher Eingriff in die Grundrechte eines jeden Menschen" erscheinen mag und sich mit kirchlichen Lehren nicht verträgt. Doch wir haben soviel Elend auf unserer Reise gesehen, so

viele hungernde Kinder, menschenunwürdige Zustände, solch erschrekkende Menschenballungen, in denen Aufstand und Verbrechen brüten, daß wir nur hoffen können, daß mehr Regierungen den Mut aufbringen werden, sich zu solch unpopulären, doch notwendigen Maßnahmen zu bekennen.

Was nun erhitzte die Gemüter der UNO in New York und der australischen Gewerkschaften so sehr an den Zuständen auf Cocos? Die Gewerkschaften wollten die Rechte und Interessen der Cocos-Insulaner gewahrt sehen und forderten eine Gewerkschaft. Der Grundlohn der Malaien sollte dem Grundlohn der australischen Arbeiter angeglichen werden. Doch was nützt dem Insulaner mehr Geld, wenn er pro Woche zehn Plastikdollar verdient, mit denen er all seine Bedürfnisse decken kann? Ein Hemd kostet doch nur einen Plastikdollar. Es gibt kein Auto, keine Fernseher, keine westlichen Luxusgüter auf Cocos. Die Eingeborenen haben eigenen Grund und Boden, kleine Segelboote zum Fischfang und führen ein natürliches Leben innerhalb ihrer Tradition und Religion. Lebensumstände, die man als ideal ansehen kann und die wir auf keiner anderen Insel gefunden haben. Wohlmeinende Maßnahmen und Eingriffe von außen, von Regierungen und Einrichtungen, die weit entfernt sind von den eigentlichen Lebensbedingungen, haben schon viel Unheil im Pazifik angerichtet. Westliche Vorstellungen und Forderungen auf Cocos wären der Zusammenbruch der Gemeinschaft.

Wie beschämt müssen die Kommission der UNO und die Gewerkschaftsabgeordneten ihr Propagandamaterial zurück in die Koffer gesteckt haben, um statt dessen die Badeanzüge herauszuholen, um den herrlichen Urlaub an den Sandstränden zu genießen. Nach ihrer Abreise hörte man dann auch nichts mehr von ihnen, und die Aufmerksamkeit der Welt wandte sich anderen Problemen zu.

Die australische Regierung ist sehr erleichtert darüber, denn ihre Überwachung der Cocos-Inseln geschieht auf der Basis der Nichteinmischung. Mr. Ross scheint durchaus imstande zu sein, sein Volk selbst zu regieren. So hat die australische Vertretung mehr symbolischen Wert, und die wöchentlichen Besuche des offiziellen Regierungsvertreters auf Home Island sind von nachbarlichem Charakter.

Wir bleiben zehn wundervolle Tage in Lee von Direction Island. Nach und nach ankern alle unsere Freunde in der Lagune: Bob und Kristi, Kitty und Scott, Roger und Sheila, Katie und Maurice aus Nordkanada mit NANOOK. Schließlich läuft auch Leon Smith mit seiner KARMA ein. Wir sind vollzählig und rüsten uns für die Party aus Anlaß meines dreißigsten Geburtstages, den wir wegen der miserablen Umstände auf See übergangen hatten. Die Männer laufen auf der

Sinabada aus, um draußen vor dem Riff auf die Jagd zu gehen, bewaffnet mit Tauchflaschen, Harpunen, Angeln und einer Steinschleuder, die Roger aus Jux mitnimmt. Nach vielen Dosen lauwarmen Bieres kehren sie siegreich mit sechs riesigen Korallenforellen zurück, die sie ungeachtet der greulichen Haiheere erbeutet haben. Wir Frauen zollen ihnen ehrfürchtig Tribut und öffnen unbeirrt Konserve um Konserve für die Salate: Kartoffel-, Reis-, Gemüse- und Obstsalat. Die Australier kommen von West Island herüber und steuern Bier und Eis in Kühltaschen und zehn frische Brote dazu bei. Langentbehrte Delikatessen für uns.

Die Fische sind so reichlich, daß wir sie beim besten Willen nicht schaffen. Dennoch weigert sich Grant, der Neuseeländer, standhaft, von ihnen zu essen. Er hockt am Feuer und wärmt sich still eine Dose mit Würstchen. „Ich esse keine Meerestiere", sagt er schlicht.

Die Sonne sinkt. Roger und Maurice holen die Gitarren. Wir liegen im sonnenwarmen Sand um das Kokosfeuer. Die roten Landkrabben steigen aus ihren Löchern und starren hochbeinig vom Schutz eines gestürzten Palmstammes herüber. Sheila spielt auf der Zither die Nationalhymne Fidschis: „Isa Lei." Lebt wohl, Freunde! Auf Wiedersehen.

Ein wehmütiges: Nie wieder. Der Pazifik liegt hinter uns. Cocos ist unser letztes Inselparadies. Draußen wartet der Indische Ozean. Wir müssen nach Hause segeln. Wir alle aber hoffen, daß wir unsere Freundschaft bewahren können.

Es ist Zeit. Noch einmal Wäsche waschen, noch ein letztes Bad im Waschtrog auf Direction Island. Wir setzen Segel nach Mauritius, 2330 Seemeilen entfernt. Eine Reise von zwei bis drei Wochen. Isa Lei, Freunde!

Wir hatten versucht, uns psychisch auf den Indischen Ozean vorzubereiten. Aber so happig hatten wir es doch nicht erwartet. Beim Auslaufen schon böiger Wind bis zu 35 Knoten und Regen. Das Schiff wird zwischen zwei Wellensystemen herumgebeutelt, von denen jedes fünf Meter hoch ist. Die Sicherheitskupplung unserer Windsteuerung bricht wegen des Seegangs. Eine Reservekupplung kann Peter erst zwei Tage später einsetzen, mit dem Kopf nach unten im Wasser hängend. Ich kralle mich um seine Beine und bete. Immer im Ölzeug. Eine jukkende Hautallergie macht mich fast wahnsinnig. Allergie gegen Ölzeug, Salzwasser, etwa gegen Segeln? Wir wechseln ständig die Segel, um so schnell wie möglich von hier wegzukommen.

Unsere Geschwindigkeit, die Wellen, der Wind, das kommt nach einigen Tagen wie ein Rausch über mich. MAUNA KEA breitet die Schwingen aus und braust mit gewölbter Brust voran. Ein Zittern läuft durch ihren schlanken Rumpf. Ich stehe nackt an Deck — Gischt kommt über — und singe gegen den Wind und die Wellen. Ein ungeheuer befreiendes Gefühl ist das. Ich werfe alles über Bord: Unsicherheit, Angst. Ich bin stark.

Höhepunkte des Tages sind immer die Gespräche mit den anderen Yachten über Radiotelefon. Roger von der KUAN YIN meldet, ein Toppbeschlag am Großmast sei gebrochen. Er fürchtet für den Mast. BEBINKA ist das Spritzverdeck weggeschlagen worden. Erst auf der Höhe der Insel Rodriguez beruhigt sich die See. Wir haben in den letzten Tagen vor dem Landfall sogar Flauten. Trotzdem segeln wir in den fünfzehn Tagen und sechs Stunden einen Durchschnitt von 6,3 Knoten und ein Durchschnittsetmal von 152 Seemeilen heraus. Unser bestes Tagesetmal: 180 Seemeilen. Ich muß diese Zahlen einmal bringen. Dem Nichtsegler werden sie nichts sagen. Doch der Segler wird daran ermessen können, daß „Kattun“ im Indischen Ozean an der Tagesordnung ist.

Nur einen Tag nach der 53-Fuß-Rennyacht SKYLARK (USA) laufen wir in Port Louis auf Mauritius ein. Dank Bobs minuziöser Lageschilderung über Radiotelefon finden wir morgens um vier sicher den Weg durch den Handelshafen zu SKYLARKS Ankerplatz und gehen längsseits. Trotz der frostigen Nacht — auf Mauritius hat gerade der Frühling begonnen — sind die Freunde an Deck und helfen uns beim Festmachen. Es ist, als käme man nach Hause. Nach dem Einklarieren segeln wir gemeinsam mit der SKYLARK zum Grand Baie Yacht Club. Dort gehen wir für einen Monat vor Anker. Man erzählt uns, wir seien am Rande eines Wirbelsturms gesegelt, dem vor der afrikanischen Küste einige Frachter zum Opfer fielen.

Im Club bekommen wir jede nur denkbare Hilfe. Die brauchen wir auch, denn unseren Schiffen ist viel abverlangt worden. Eine Relingsstütze ist verbogen. Ein Augbolzen an der Großschot ist gebrochen. Die Segel müssen überholt werden. „Pas de problème — kein Problem“ ist das Zauberwort der Clubmitglieder. Alles wird uns kostenlos repariert. Unsere Wäsche wird gewaschen. Uns stehen immer Wagen — manchmal sogar mit Chauffeur — zur Verfügung. Der Club gibt den Yachten zu Ehren ein Barbecue mit pikanten indischen und französischen Gerichten. Die Yachten überreichen zum Dank ein Gästebuch, in das sich von nun an jede Yacht eintragen wird. Die Clubmitglieder sind fassungslos: Daran hat noch keiner ihrer Gäste gedacht.

Der Palästinakrieg bricht aus. Unsere Entscheidung, um Südafrika herumzusegeln, statt das Schiff auf dem Landwege durch Israel zu bringen, war richtig. Doch drei Yachten, auch unsere Freunde Ines und Kirk mit dem Katamaran SILMARIL, sitzen in Djibouti in Französisch-Somaliland fest. SILMARIL könnte es wegen ihrer Geschwindigkeit noch schaffen, durch den Kanal von Moçambique nach Durban zu laufen. Wir telegrafieren sofort, ob sie Seekarten brauchen. Wir würden unsere Karten für sie kopieren. Doch Kirk winkt ab. Er will das Ende des Krieges abwarten.

SILMARIL erlebt furchtbare Stürme auf ihrem Weg durch das Rote Meer. Beim Transport über Land wird sie schwer beschädigt, und Ines schreibt uns fassungslos, die Israelis seien die rüdesten Menschen, die ihr je begegnet seien. Später mildert sich ihr Eindruck etwas. Wir können uns aber vorstellen, daß die Israelis wirklich keine besondere Geduld mit ihnen hatten. Ihr Land im Kriegszustand, ihre kostbaren Lastwagen aber transportieren die Luxusyachten von Müßiggängern. Da kann einem schon der Kragen platzen. Dennoch, vom Seglerischen her empfehlen Ines und Kirk keiner Yacht, diese Route zu wählen.

Wir bereiten uns auf das Auslaufen vor, zum hundertsten Mal oder noch öfter. Die Wetterlage ist etwas kitzlig, da für Mauritius die Wirbelsturmsaison schon begonnen hat. Doch südlich von Madagaskar, also nach etwa vier Tagen, werden wir aus der Gefahrenzone heraus sein. Es kommt nur auf einen guten Wetterbericht an. Wir werden mit Satellitenfotos der englischen Kriegsmarine versorgt. Das Bild zeigt Wirbelsturm „Bernadette“ hoch oben im Norden, der aber fast stationär liegt. Sollen wir es wagen?

Gloria, Robbys einheimische Freundin, rät ab, nicht ganz uneigennützig. Sie empfängt auf geheimnisvolle Weise pausenlos Katastrophenberichte von „Bernadettes“ Wüten. Wir schlagen ihre Warnungen in den Wind, vertrauen der Wissenschaft statt einem verliebten Herzen und schicken die langsameren Schiffe unserer Flotte voraus. Am 23. Oktober dann laufen wir zusammen mit der SKYLARK aus.

Wir sind diesmal ziemlich nervös. Es sind zwar nur 1600 Seemeilen bis Durban, doch unterwegs wartet die Südspitze von Madagaskar mit ihren gefährlichen Seen, denen gerade im vorigen Jahr eine Yacht zum Opfer fiel. Sie werden hervorgerufen durch das abrupte Ansteigen des Festlandsockels und durch Strömungen. Wir wollen die Südspitze deshalb in einem respektvollen Abstand von 60 Seemeilen runden.

Da sind auch die plötzlichen heftigen Stürme vor der afrikanischen Küste mit zwanzig Meter hohen Monsterseen, die alles zerschlagen. Bloß nicht dran denken. Wir sind froh, daß wir gemeinsam mit den anderen segeln. Die Funkkontakte beruhigen. Roger verfaßt Schüttelreime und schickt sie durch den Äther, Maurice komponiert das Lied: „Rolling down to Durban."

Am zehnten Tag sichten wir BEBINKA und KUAN YIN zur selben Zeit. Ein unwahrscheinlicher Zufall auf solch großer Wasserfläche. Plötzlich zieht einer der blitzschnellen Schwarzen Südwester auf. Wir laufen unter Sturmfock ab und sehen sie erst in Durban wieder.

Peter sagt gerade: „Nur noch 420 Meilen bis Durban. Wir haben es hinter uns. Ein Südwester kommt niemals innerhalb von drei Tagen wieder."

Er hat die Nordoststürme vergessen. Die letzte Nacht stampfen und krachen wir hart am Wind bei 35 Knoten auf die afrikanische Küste zu. Am 3. November 1973 laufen wir in Durban ein, zwölf Tage, nachdem wir Mauritius verlassen haben.

„Tsunami-Meereswelle"
nach einem japanischen Holzschnitt

SCHWARZ UND WEISS – VIEH UND KOHL

Hostel 58: David aus Durban — Katzen und Spinnen — Weihnachten in den Drakensbergen — Das Kap der Stürme — In Kapstadt wartet die Wirklichkeit

„So, Sie sind von einer Yacht." Der *Port Liaison Officer* Durbans, Captain Rowntree, mustert uns streng. „Yachten machen Ärger!" Netter Empfang.

Die Bürokratie lastet schwer auf den Yachten in Durban. Zum Einklarieren müssen wir zu fünf verschiedenen Verwaltungsstellen im weitverzweigten Hafen. Die Südafrikaner händigen uns eine Geländeskizze aus mit den unterschiedlichen Bürozeiten dazu. Sehr aufmerksam. Warum schafft man nicht gleich eine zentrale Aufnahmestelle für Yachten? Captain Rowntree ist die letzte Prüfung, bevor wir endlich die Aufenthaltsgenehmigung für die Stadt Durban erlaufen haben. Diese Erlaubnis berechtigt uns aber noch lange nicht, in Südafrika frei herumzureisen. Die Südafrikaner haben eine schreckliche Angst vor illegalen Einwanderern, politischen Agitatoren und Journalisten. Sie argwöhnen, jeder Yachtmann lechze insgeheim danach, sein Schiff im Stich zu lassen, um als illegaler Arbeiter in ihrem freiheitlichen Staat schnell Geld zu machen. Deshalb müssen wir entweder 1000 Rand (4000 DM) als Kaution hinterlassen, wenn wir in eines der Wildreservate reisen wollen, oder wir müssen einen südafrikanischen Bürgen beibringen. Uns kommt das lächerlich vor, denn den Behörden bleibt doch in jedem Fall unser Schiff als Pfand. Wir nehmen die Sache deshalb nicht so ernst. Das muß man bemerkt haben, denn Peter wird zweimal vor die Einwanderungsbehörde zitiert, ganz dringend. Man kann ihm aber keinen Grund dafür angeben. „Mal sehen, ob er noch da ist", vermutlich. Wir haben ziemliche Mühe, einen Bürgen zu finden. In der Clubbar oder bei uns an Bord, mit unserem Whiskey intus, verspricht man unverbindlich vieles. Doch wenn es zum Schwur kommt, sind die Südafrikaner sehr vorsichtig. Einer will, daß Peter für die tausend Rand eine Versicherung abschließt.

Aus der achten Etage des Verwaltungsgebäudes im Handelshafen fällt des Captains Schatten drohend auf die Fahrtenmole des Point Yacht Clubs. Wir liegen aus Platzmangel im Päckchen an der Mole, doch der Captain ärgert sich. „Jedes Jahr kommen mehr Yachten. Wir haben keinen Platz. Die Yachten müssen in den Silt-Kanal."

Der Silt-Kanal, das ist ein schlammiges, versumpftes totes Ende, weitab von jeder Versorgungs- und Verkehrsverbindung. Wir sind 10 000 Seemeilen gesegelt und müssen eine Menge Arbeit an unseren Schiffen tun, um sie für die Fahrt ums Kap der Stürme wieder fit zu machen. Durban ist der einzige Hafen an der südafrikanischen Küste, der uns diese Möglichkeit bietet. Zudem müssen wir zwei Monate abwarten, bis die Sturmhäufigkeit abgenommen hat. Keine Sorge, Captain, gäbe es einen anderen Hafen, so wären wir schon längst dorthin ausgewichen. So schön ist Durban nun wieder nicht. Die Unsicherheit, was aus uns werden soll, belastet vor allem uns Frauen. Dann schaltet sich die Presse ein und macht sich für uns stark. Der Captain klappt zu wie eine Austernschale: „*No comment.*" Von da an läßt er uns in Ruhe.

Ach, und wieder war die notorische „Big Elli" vor uns da! Und viele abgerissene Boote kamen, die jahrelang im Hafen vor sich hinmoderten und die Gastlichkeit des Yachtclubs über Gebühr strapazierten. In diesem Jahr können die Yachtleute den schlechten Eindruck wieder ausbügeln. Man faßt langsam wieder Zutrauen in die Gattung Segler. Der Club gibt uns zu Ehren sogar ein Barbecue.

Nur einer fehlt: Leon Smith mit seiner KARMA. Dabei sind wir alle gemeinsam von Mauritius ausgelaufen. Leon hat zwar das kleinste Schiff, aber er müßte längst wieder in Radioreichweite sein.

Jeden Morgen und Mittag schalten wir unsere Empfänger ein und versuchen fieberhaft, aus dem Knacken der atmosphärischen Störungen ein Lebenszeichen von Leon herauszuhören. Bob hat den stärksten Sender und ruft immer wieder: „*Karma, Karma, come in, please.*" Keine Antwort.

Hier sitzen wir in der Clubbar und trinken ein kühles Bier. Draußen kämpft Leon. Oder ist es schon vorbei? Das Bier schmeckt schal. Solange Leon nicht hier ist, sind wir auch auf See. Wir wissen zu gut, wie es draußen ist.

Nach drei Tagen kommt Leon durch, sehr schwach und undeutlich: „Ruder verloren. Aus Windfahne und Spinnakerbaum Notruder gebaut. Noch keine Hilfe nötig. Holt mich, wenn das Wetter umschlägt."

Drei Tage später nehmen wir ihn vor der Hafeneinfahrt auf den Haken und schleppen ihn herbei. Gerade noch rechtzeitig vor einem Sturm.

Öfter schon haben wir gehört: „Es wimmelt ja nur so von Weltumseglern. Ist schon eine alltägliche Sache." Soll doch jeder mal selber versuchen.

„Beate, dein Negerjunge ist in der Zeitung!" Ich kaufe mir natürlich sofort den „Natal Mercury". Tatsächlich, gleich zwei große Fotos von David. Das klassische Thema für die „Hundstage", unter denen Durban gerade stöhnt: Zwei kleine Jungen spielen und planschen im Wasser. Einer von ihnen ist „mein" David. Die Bildunterschrift: „Wenige Jungen können dem Wasser widerstehen. Und wie die Fotos zeigen, finden sie dabei Spaß und Freundschaft."

Was ist so außergewöhnlich daran?

Der eine Junge ist weiß, der andere schwarz.

Wir sind in Durban in Südafrika.

Ein rührendes Bild, ein harmonisches Bild. Es ist dem „Natal Mercury" wichtig genug, um herausgestellt zu werden. Weiß und Schwarz friedlich beeinander.

Durban ist die erste Großstadt, die wir seit einem Jahr, seit Sydney sehen. Der Verkehrslärm und die Luft- und Wasserverschmutzung kommen uns unerträglich vor. Niemals würde ich an einem der langen Sandstrände baden, vor denen draußen die zahllosen Öltanker auf Reede liegen. Wir sind durch die vergangenen drei Jahre in der Karibik, im Pazifik und Indischen Ozean sehr verwöhnt. Wie soll das erst werden, wenn wir wieder zu Hause sind?

Man kann den Point Yacht Club in Durban nicht als den idyllischen Ankerplatz schlechthin bezeichnen. An heißen, windstillen Tagen liegen wir in einer stinkenden, satt und träge schwabbernden, schillernden Ölschicht. Verschmierte, zerknautschte Plastikflaschen und zerfaserte, zerlappte Plastiktüten wiegen und drehen sich in den toten Ekken des Yachtbeckens sacht umeinander, weben einen ekligen Teppich unzerstörbaren Konsummülls. Weiß aufgedunsene Fischleiber darin. Leise klopfend bobbern leere Bierdosen am Bootsrumpf entlang.

An Tagen des Südwesters heult der Sturm, peitscht Regenfluten durch das Gewirr der Masten und Wanten. Schwarzer Kohlensott klatscht fettig aufs Deck. Die Yachten legen sich schwer ächzend über in der Gewalt des Sturms. Knarrend dehnen sich die Leinen. Drahtfallen hämmern und wüten gegen Alumasten.

Ein Gutes hat der Südwester allerdings: Er übertönt das „Seahaven-Monster", wie Kitty es nennt, das jede Nacht im „Seahaven-Restaurant" seine Stimmbänder über Gebühr strapaziert. Elektrische Verstärker schicken sein Ringen unbarmherzig in die Nacht.

In einem solchen Südweststurm kommt David an Bord.

Wir haben ihn schon oft auf der Yachtmole gesehen. Er spielte mit den vielen anderen Kindern, saß mit baumelnden Beinen und stippte einen Angelhaken an dünner Perlonleine, ohne je etwas zu fangen, oder schlief auch auf den splittrigen, öligen Molenplanken, in einen unsagbar schmutzigen, zerlumpten Regenmantel gehüllt. Er war mir als ein fröhliches, lebhaftes Kind aufgefallen, das mit interessierten Augen das Leben auf den Yachten beobachtete. Gedanken mache ich mir aber erst, als ich ihn im Sturm auf der Mole liegen sehe, im Regen, den Mantel so weit wie möglich schützend über die nackten Beine gezogen, den Kopf im Mantelkragen vergraben. Erst dann wird mir klar, daß der Junge kein Zuhause hat. Ich laufe hinüber, rufe seinen Namen. Er schläft! Er schläft im strömenden Regen, im heulenden Sturm, schläft, wie ein Tier in seine Höhle zurückgezogen, in seinen schwarzblauen Mantel gekuschelt, der ihm sein Zuhause ersetzen muß. Er wacht nur schwer auf, aus Traumschichten mühsam in die Wirklichkeit hochtauchend. Wassertropfen in seinen stiekeligen, krüsseligen Haarstoppeln. „David, komm aufs Schiff!" Er folgt mir wortlos und verschlafen.

Im Cockpit haben wir zum Schutz gegen den Regen die Vorhänge heruntergelassen. Es ist trocken und windgeschützt. Dort drückt David sich auf die Bank in eine Ecke, die nackten, hornigen Füße mit den kleeblattförmig gespreizten Zehen brav übereinandergefaltet. Wenn immer ich in den folgenden Wochen morgens beim Aufwachen diese braven, geduldigen, ergebenen schwarzen Füße gefaltet im Cockpit sehe, muß ich an Morgenstern denken: „Sie falten die Zehlein, die Rehlein."

Wir sind alle etwas befangen anfangs, und wir wollen ihn auch nicht verschrecken. So verfahre ich wie immer, wenn mir ein Hund oder eine Katze zugelaufen ist: erst mal etwas essen! *„David, are you hungry?" — „Me hungry!"* Mich Hunger! Die Lehrerin in mir erhebt den pädagogischen Zeigefinger, doch laß nur, das ist jetzt gar nicht wichtig! Ich mache ihm Butterbrote mit Leberwurst und Käse und heißen Kakao dazu. Er ist wirklich hungrig. Hinterher kommt er scheu und vorsichtig und stellt mir den leeren Teller und den Becher in die Spüle. Dann sofort wieder ins Cockpit. Er kennt seinen Platz. Und wirklich, ich möchte ihn nicht im Salon haben. Im geschlossenen Raum ist seine Ausdünstung nicht zu ertragen, und ich habe schon mehrere Flohbisse. Es zuckt mir in den Fingern angesichts seiner stumpf-schmutzigen Haut, ihn mitsamt seinen verdreckten Kleiderpellen zu waschen, doch ich muß warten, bis Regen und Sturm aufgehört haben, damit die Sachen trocknen können. Und das kann noch ein paar Tage dauern.

Peter hämmert auf der Schreibmaschine, ich schreibe einen Brief. David sitzt und nickt in seiner Ecke. Zum Tee und Kuchen wacht er auf. „Wo wohnst du?" — „Hostel!" Was ist denn das bloß? Wo ist das? Später erfahren wir, daß Hostels Schlafsiedlungen für Neger sind, ähnlich den Obdachlosenasylen, in denen man Zimmer mieten kann. Ich gebe David Buntstifte und Papier: „Male ein Bild vom Hostel!"

Er ist entzückt! Mit herausgestreckter Zungenspitze geht er sorgfältig an die Aufgabe. Ein Zimmer entsteht, ein Tisch mit einem Blumenstrauß. Ein Ofen, ein Bett. Eine weibliche Figur mit lustigem Hut und Handtasche über dem Arm steht am Herd. Er schreibt „Namusi" darunter, das Bantuwort für Mutter. Ein kleines Mädchen ist noch im Zimmer, aber kein Mann. „Wo hast du schreiben gelernt?" Mutter hat es ihm beigebracht. Er war nie in der Schule. Es besteht keine gesetzliche Schulpflicht für Farbige in Südafrika, eine Tatsache, die vielen Weißen dort unbekannt ist. David malt einen Weg zur Eingangstür, zeichnet einen Briefkasten davor und trägt sorgfältig die Nummer 58 ein. „Hostel 58", das ist Davids Heim. Wo das Hostel ist, erfahren wir nie. An diesem ersten Tag glaube ich noch, daß es hier irgendwo in Durban sein müsse, und schicke den Jungen hinaus in den Regen, als es anfängt, dunkel zu werden. „David, du mußt nach Hause gehen." Er geht sofort, und ich ahne nicht einmal, was ich ihm antue. „Kommst du morgen wieder?" Er nickt.

Später versuchen wir öfter, zu enträtseln, wo er die Nächte über bleibt. Ich hole mir einen erwachsenen Bantu als Dolmetscher. Er sagt mir: David schläft beim Markt. Uns sagt David, er ginge zu seinem Onkel. Oder auch ins Hostel. Jedesmal, wenn wir ihn fragen, werden seine Augen groß und ängstlich, und er fängt an zu zittern, so daß der Kleine uns leid tut und wir ihn nicht länger quälen. Und schließlich, welches Recht haben wir dazu? Heute sehe ich David in irgendeiner dunklen Ecke des Obstmarktes in einer leeren Kiste zwischen vergammelten Obstresten liegen, zusammengerollt wie ein Tier. Vielleicht arbeitet er auch nachts, entlädt Obst und Gemüse, auf der Jagd nach ein paar Cent, auf der Flucht vor dem Hunger.

Wenn er am Morgen ins Cockpit steigt, schon um 6.00 Uhr, rollt er sich auf der Bank zusammen und schläft. Aus seinen Lumpen steigt ein säuerlich-fader Geruch nach Schmutz und Kohlenstaub auf. Ich wecke ihn zum Frühstück, und manchmal ist seine Müdigkeit so bleiern, daß er wieder zusammensinkt und bis zum Mittag in der hellen Sonne schläft. David, was für ein Doppelleben führst du, welche Vielfalt von schlimmen Erfahrungen mußtest du schon ansammeln in deinen dreizehn Lebensjahren? Ich schätze ihn eher, vom Körperbau her, für einen Achtjährigen.

Wenn David nicht schläft, ist er fröhlich und ausgelassen, singt „*Beautiful sunshine ...*" und trommelt wie Disneys „Klopfer" mit seinen Füßen aufs Deck. Er macht kleine Besorgungen für mich. „David, hol' mir bitte eine kleine Flasche Milch!" Wie aus der Pistole geschossen seine Antwort: „11 Cent!" Oh, er kennt die Preise genau! Das Wechselgeld stimmt immer, er ist absolut ehrlich und zuverlässig. David bringt meinen Abfalleimer weg und hilft Peter beim Deckwaschen. Zwischendurch geht er immer wieder mal spielen oder macht kleine Arbeiten für die anderen Yachten. Zu den Mahlzeiten ist er wieder da: „*Me hungry!*" – „David, es heißt: *I am hungry!*" Die Lehrerin hat es nun unternommen, ihm etwas Englisch beizubringen. Wir werden nur zwei Monate in Durban sein, etwas Dauerhaftes können wir deshalb nicht für den Jungen tun. Aber ich kann ihm wenigstens für zwei Monate gutes Essen geben: Quark, Käse, Eier, Obst und täglich das Mittel gegen Unterernährung, das wir für ihn gekauft haben. Er begegnet ihm anfangs recht mißtrauisch, doch ich mixe es in Bananenmilch, und manchmal färbe ich es mit Grenadinezucker rot. „Deine Erdbeermilch, David!" Nur grüne Gurke kann er einfach nicht essen. Er versucht es zwar tapfer, doch es rutscht beim besten Willen nicht.

Jeden Morgen, wenn das Wetter gut ist, gebe ich ihm Seife und eine Wurzelbürste, und er schrubbt seine Kleidung. Mit Feuereifer bürstet er sich gleich den Kopf mit, für mich das Signal, ihn einer methodischen Reinigung zu unterziehen. Bemerkt einer der einheimischen Afrikaaner (Weißen): „Wenn jeder das hier tun würde, wäre es besser bestellt mit diesem Land." Bilde ich es mir ein, oder sieht David wirklich schon besser aus? Er riecht nicht mehr, und seine Haut ist nicht mehr stumpf-schwarz, sondern hat einen goldglänzenden Schimmer. Nur sein dicker, aufgedunsener Bauch bleibt, Resultat von Unterernährung. Als Baby ist David vermutlich nur mit dem üblichen stärkehaltigen Paps der Eingeborenen, dem Meali, gefüttert worden. (Das Wort „Meali" ist sicher vom englischen *meal* für Essen, Mahlzeit abgeleitet.)

Davids ansprechendes Äußere läßt nun auch die übrigen Yachtleute ihre anfängliche Reserve vergessen. So turnt David bald auf allen Schiffen herum und schließt Freundschaft besonders mit Dusty, dem jungen Neuseeländer, der mit ihm herumalbert und spielt wie ein tapsiger Hund. Doch er bleibt „mein" Negerjunge und kommt immer wieder mit seinen vielen Kümmernissen. Oft kollern dicke Tränen, und vor lauter Schluchzen ist nur herauszuhören: „16 Cent, 21 Cent!" Der Rest ist erregtes Bantu. Da hat es offenbar Meinungsverschiedenheiten über das Wechselgeld gegeben, und der schwarze Wachmann im Yachtklub, für den er das Bier holen sollte, hat ihn versohlt. Wir könnten hingehen und die Sache klarstellen, doch was wird es David nutzen? In zwei Monaten ist keiner mehr da, um ihn zu verteidigen. Der tapfere Kleine muß weiterhin auf sich selbst gestellt bleiben. Es schmerzt, nichts für ihn tun zu können. Nicht einmal an uns drücken können wir ihn dann, wir sprechen nur besänftigende Worte. Er muß seelisch unabhängig bleiben. Jedesmal, wenn er sich wieder irgendwo verletzt hat, kommt er, um sich einsalben und verpflastern zu lassen. Die Meter Pflasterstreifen, die ich auf ihn klebe! Und am nächsten Morgen sind sie alle schwarz und dreckig, wie der ganze David, und das Reinigungszeremoniell fängt von vorn an. Ich möchte ihn gern neu einkleiden, doch was nützt es, solange er kein Zuhause hat, sondern sich herumtreiben muß.

Eines Tages kommt ein sehr betretener Dusty und bringt uns den verstörten David zurück. David hat ein bizarres Abenteuer erlebt, dessen Wirkung sich selbst Dusty schwer entziehen kann. Dusty verdient sich in Durban Geld mit dem Verkauf der „Enzyklopädia Britannica". Er hat Tausende von Reklamezetteln mit seinem Namen zu zeichnen. David versieht sie mit genialem Schwung mit Dustys Namen, nachdem er sich gründlich die Hände gewaschen hat. Gemeinsam ziehen sie los, um die Zettel in Briefkästen und unter Türen durchzuschieben. Dusty hat sich ein großes Mietshaus dafür ausgesucht. Jeder beliefert umschichtig die Etagen. Wenn sie fertig sind, wollen sie sich im Erdgeschoß wieder treffen. Dusty trifft David im Erdgeschoß, der aber noch einen dicken Packen von Werbezetteln an sich drückt. „Was ist los?" David zeigt mit ängstlichen Augen nach oben und murmelt: „Nummer 7!" – „Mal sehen", sagt sich der unerschrockene Neuseeländer, „was da los ist!" und drückt kühn auf die Nr. 7 im Fahrstuhl. David versteckt sich hinter ihm.

In der 7. Etage bricht mit teuflischem Krächzen und Keifen eine Schimpfflut über ihm zusammen. Rotbemalte Lippen geifern, schleudern Anschuldigungen, Drohungen, falsche Zähne klappen herunter vom bläulichen Oferkiefer, werden mit der Zunge knackend wieder hochgeschnellt, Ohrringe an langgezogenen fleischigen Ohrläppchen klingeln und klirren, spitzrote Krallenfinger gestikulieren hysterisch, grüne Flügel schwirren und flappen um die Ohren, mit bösartigem Knarren und Krächzen wagt der kahlköpfige Papagei Ausfälle und reißt und zerrt an der knochigen Schulter seiner Herrin. „Wie können Sie es wagen, einen Neger in dieses Haus zu bringen! Unerhört, wo ist die Polizei? Ich habe ihn erwischt, wie er an meiner Tür herumschnüffelte. Ausrauben wollte er mich! Schande, mich alte, wehrlose Frau! Machen Sie, daß Sie wegkommen! Verschwinden Sie!“ Das braucht sie Dusty nicht zweimal zu sagen.

Dem biederen Dusty steckt der Schreck noch in den Knochen, und David schnüffelt ängstlich. Dusty gibt ihm einen Rand (das sind vier Mark) für die Arbeit und den ausgestandenen Schrecken. David läßt sich den Geldschein von uns in kleine Münzen wechseln und zählt sie in die leere Streichholzschachtel. Hinter Davids Vorsichtsmaßnahme steckt sicher eine bittere Lektion: Wie soll ein Negerjunge erklären, daß er auf ehrliche Weise zu einem Rand gekommen ist!

Es ist uns unbegreiflich, daß keiner sich um David kümmert, daß keiner ihn vermißt. Daß dieses Kind ganz auf sich allein gestellt ist und zusehen muß, wie es sich durchschlägt. Wir sprechen mit den einheimischen Weißen über ihn. Sie zucken mit den Achseln. Es gebe viele solcher kleinen Vagabunden, die sich in die Städte ziehen. Die Mütter können sie nicht ernähren, die Väter entziehen sich jeder Verantwortung. Es gibt keine staatliche Organisation, um die Kinder aufzufangen. Es gibt keine Schulpflicht. Doch es gibt den südafrikanischen Polizei- und Sicherheitsapparat, einen der „tüchtigsten“ der Welt laut einer vergleichenden Untersuchung, die in Johannesburg im Dezember erschien, doch heute zweifellos schon mit dem Bann belegt ist. Eine Untersuchung, die den Polizeiterror in aller Welt aufzeigt. In Südafrika werden jährlich etwa 185 Polizisten wegen Gewaltverbrechen verurteilt. Die Polizei ist weiß. Was wird in einigen Jahren aus David werden, wenn er erwachsen ist? Welche Chancen hat er überhaupt? Die Polizei verhaftet jeden Farbigen, der sich ohne Berechtigungsschein in den weißen Städten aufhält. Wird David von Gefängnis zu Gefängnis wandern? Die Weißen, mit denen wir sprechen, sind verlegen, oft auch mißtrauisch. Der Sicherheitsdienst überwacht auch die Weißen, und noch in keinem Land ist uns eine solche Obrigkeitsfurcht aufgefallen wie hier. Kein Wunder, wenn man ohne Urteil zunächst einmal für 180 Tage in Untersuchungshaft wandern und nach der Verurteilung erneut für 180 Tage hinter Gittern über seine Unklugheit nachdenken kann.

Viele junge Südafrikaner haben aus einem Unbehagen heraus zwei Staatsangehörigkeiten. Doch solange es geht, lebt man sehr angenehm in diesem Land, vorausgesetzt, man ist weiß. Die 3,5 Millionen Weißen Südafrikas, denen 85% des gesamten Grundbesitzes gehören, wissen natürlich, daß es nicht lange so weitergehen kann. Bislang hat man noch alles unter Kontrolle, jeder hübsch an seinem Platz. Wenn sich Opposition der farbigen Intelligenz artikuliert, wird sie flugs mit dem Bann belegt, wie in Pietermaritzburg innerhalb eines halben Jahres sechs farbige Priester, Doktoren und Universitätsprofessoren. Das bedeutet Rede- und Versammlungsverbot für zwei Jahre. Eine Versammlung sind mehr als zwei Personen. Schon formiert sich eine militante farbige Intelligenz mit gefürchteten Parolen wie „Weiße sind Schweine und müssen geschlachtet werden". Das alte, ausweglose Muster von Unterdrückung und Gewalt. Doch „die Alten" in der Regierung wollen nicht sehen und lernen. Es gibt auch eine junge, fortschrittliche Partei, doch sie ist in hoffnungsloser Position. Die Beteiligung an Wahlen ist gering. „Was soll's", hören wir, „es werden ja doch wieder die Alten." So werden wertvolle Stimmen durch Gleichgültigkeit verschenkt.

Wir haben von Freunden einen alten Landrover geliehen bekommen und wollen für vier Tage mit Bob und Kristi von der SKYLARK in ein Wildreservat fahren. Ich mache mir Sorgen um David und übergebe ihn Kitty, mitsamt dem Mittel gegen Unterernährung. „Klar, mache ich!" sagt die energische Kitty.

Wir sind froh über unseren Vierradantrieb, denn heftige Regengüsse haben in den Wildreservaten viele Wege unpassierbar gemacht. Zwei Touristen wurden ein Opfer der Überschwemmungen. So hat unsere Fotosafari einen abenteuerlichen Anstrich. Mit angenehmem Gruseln betrachten wir die Handschellen, die unser Bantuführer hinten am Gürtel trägt — „für ungezogene Tiere", wie er erklärt —, werden dann aber gedämpfter, als wir feststellen, daß er noch nicht einmal eine Waffe bei sich hat. Als wir uns über runde Pfotenabdrücke im regenweichen Boden beugen, sagt der Führer: „Simba!" Wir beschließen sehr schnell, die Safari im Wagen fortzusetzen, und überfahren kurz darauf beinahe eine königliche Gruppe von Geparden, die sich unbekümmert auf dem Pfad niedergelassen hat. Abends sitzen wir vor unseren Rondavels, den Zulurundhütten, und genießen die Frische. Jedes Rascheln außerhalb des Lichtkreises läßt uns gleich an etwas Wildes denken, denn in diesem Park laufen die „Menschenfresser" frei herum. Es kann aber auch die entzückende Familie Warzenschwein sein, die auf spitzen, zierlichen Hufen den Boden nach Eßbarem durchstöbert.

In einem anderen Park dürfen wir uns unter den vielen Zebra-, Gnu-, Wildebeest- und Springbockherden frei bewegen. Hier gibt es keine Löwen. Nach allen Regeln der Kunst pirschen wir uns gegen den Wind, auf dem Bauch, mit schleifenden Fotoapparaten an die Herden heran, und dazu fast geräuschlos, meinen wir. Die Tiere aber lassen sich nicht überlisten. Wir knipsen unentwegt lauter winzige Pünktchen in der Landschaft, wie wir nachher beim Entwickeln feststellen, und Peter muß mich ermahnen, doch wenigstens ein Foto in Reserve zu halten, für das „Bild des Jahrhunderts".

Kurz darauf komme ich zum Schuß. Bob und ich sind hinter einem Dornbusch postiert. Peter und Kristi wollen im Landrover die Herde auf uns zutreiben. Bob ist ganz in die Dornen hineingekrochen und schön getarnt. Aber ich möchte ein besseres Schußfeld haben und hocke mich seitlich vom Busch hin, den Apparat gespannt. Die Zebraherde läuft auch schön dicht an uns vorbei, doch leider sieht der Hüter der Herde, nämlich ein Wildebeest-Bulle, mich neben dem Busch und trabt mit mächtigem Imponiergehabe auf mich los. Schnaubend, mit gesenktem Zottelkopf, scharrt er den Boden drei Meter vor mir auf. „Bob, was sollen wir tun?" flüstere ich aus dem Mundwinkel. „Schieß weiter!" kommt es aus den Dornen. Zittrig drücke ich auf den Auslöser. Bei dem Klicken wirft der Bulle den Kopf herum und trabt seiner Herde nach.

Die Nacht schlafen wir in einem Baumhaus, das mächtig im Wind schwankt. Zweige kratzen quietschend über das Wellblechdach der Hütte. Vor dem Verlöschen der Campinglampe sehe ich gerade noch eine handtellergroße, haarige Spinne neben meinem Kopfkissen. Mein Gott, Zoologe müßte man sein! Sind die Spinnen in Afrika giftig oder nicht? In Australien ist der Biß der meisten Spinnen tödlich. Hier sind die Schlangen alle giftig, aber wie ist es mit den Spinnen? Diese Frage beschäftigt mich die Nacht über, drüben auf Peters Bettseite.

Am Morgen sieht alles harmloser aus, und wir beschließen, die Spinnen sind nicht giftig. Erschlagen tun wir sie aber trotzdem. Bob und Kristi sind auch reichlich übernächtigt. Beim Frühstück oben im Baumhaus entlocken uns die weidenden Herden um uns herum nur noch ein müdes Lächeln, und Kristi meint, jetzt könne sie nur noch ein Giraffenfoto reizen.

Verschwitzt und staubverkrustet fahren wir nach Durban hinunter. Im Hafen rennt uns David entgegen und hilft beim Abladen. Er war schon wieder in der Zeitung. Diesmal zusammen mit Dusty. „Dusty ist mein Freund, und ich will zusammen mit ihm segeln", wird David zitiert. Dusty sagt, alle haben David gern, weil er so ehrlich sei. Plötzlich ist David berühmt. Eine Frau meldet sich in der Redaktion und behauptet, seine Mutter zu sein. Wir sind erleichtert: Wird sie den Jungen doch noch zu sich nehmen? Doch David verbringt nach wie vor seine Tage auf der Mole.

Ein geheimnisvoller Mann in blauer Uniform kommt und erkundigt sich bei den Yachtleuten nach David. Wo er schliefe. Polizei patrouilliert jetzt öfter auf der Mole. Handschellen hinten im Gürtel über feisten Gesäßtaschen, Pistolenhalfter. „Der Junge darf nicht an Bord schlafen! Das verstößt gegen das Apartheidsgesetz." Die Obrigkeit ist auf David aufmerksam geworden, der Apparat läuft an. „Es ist darauf zu achten, daß Weiße und Farbige nicht unter demselben Dach schlafen." — „Apartheid ist keine Diskriminierung, sondern ein getrenntes Nebeneinanderleben und separate Entwicklung." (Minister für Bantu-Angelegenheiten)

Treibt den Jungen aus dem Schiff, schickt ihn zum Streunen nachts auf den Markt! Das ist in Ordnung, denn dem Gesetz ist Genüge getan. Soll er doch verhungern, aber in einem dunklen Eckchen in *seiner* Welt. In uns steigt die Wut auf. Ein Verwaltungsapparat, der Unmengen von Geld ausgibt, um die Rassentrennung durchzuhalten: Fahrstühle für Farbige, farbige Bänke an der Promenade, Badestrände für Weiße, Neger und Asiaten. Eine Verwaltung, die sich nicht schämt, dem kleinen David die zwei sonnigen Monate seines Lebens mit den Yachtleuten noch zu reglementieren, statt froh zu sein, daß der Junge wenigstens regelmäßig zu essen bekommt. David scheint bedrückt, als spüre er, daß er in die Mühlen der Obrigkeit geraten ist.

Weiß und Schwarz schließen Freundschaft. Der „Natal Mercury" hat mit diesem Bild eine Hoffnung ausgesprochen. Die Wirklichkeit sieht leider noch anders aus.

Großreinemachen bei David! Seine Kleider hängen zum Trocknen auf der Leine, und er selbst ist sauber und glänzt wie eine Speckschwarte. Leise vor sich hinsummend, schneidet er den Saum und die Ärmel seines alten Mantels mit einer Rasierklinge ab, die er aus dem Abfall gefischt hat. Energisch zurrt er die Stoffülle der gelben, ausgefransten Shorts, die er von Scotty geerbt hat, unter seinem Plumpsbauch mit meinem Gürtel fest. Dann entschreitet er, selbstbewußt und offensichtlich sehr zufrieden mit sich und der Welt. Die Sonne glänzt auf seiner Haut, und seine gelben Shorts leuchten. Und so verschwindet er aus unserem Leben. Wir sollen ihn nie wiedersehen. Doch noch immer meine ich, seine Haarstoppeln unter meinen Handflächen zu fühlen, wenn ich das Ekzem auf seinem Kopf einrieb. Salagoshli, David, alles Gute, wo du auch sein magst!

Ein Südweststurm kommt am Nachmittag auf, mit sintflutartigen Regengüssen. Wo ist David? Er hat doch gar nichts Rechtes an, denn seine Kleider sind noch bei uns an Bord. Wir forschen auf den anderen Yachten nach. Dusty hatte ihn mit Kleidern zur Reinigung geschickt, doch fand er die Sachen später zusammengeknüllt im Schiff, wie hastig hingeworfen. Die Bantus im Yachtclub glauben, daß David von der Polizei mitgenommen wurde: „Die Polizei ist sehr streng hier!" Er ist mit zwei weißen Männern gesehen worden. Haben die ihn abgeholt und ihm gerade noch erlaubt, Dustys Sachen zurückzubringen, nicht aber, seine eigene Kleidung mitzunehmen?

Wir wissen es nicht, doch wir nehmen an, daß David deportiert worden ist. Wir hoffen, daß man ihn zu seiner Mutter gebracht hat, ins Hostel 58, vielleicht aber auch in eine Bantusiedlung, eines der Homelands. Das wäre noch das Beste für ihn.

Dusty läuft aus nach Kapstadt. Der Zoll durchsucht mißtrauisch sein Schiff: „Sie hatten doch den Negerjungen an Bord." War den Behörden zu viel Aufmerksamkeit auf David gerichtet? Wir wurden oft von Touristen fotografiert, wenn ich ihn wusch. Eine weiße Dame kommt und fragt nach ihm. Sie hätte vielleicht etwas für ihn getan, doch sie kommt zu spät für David.

Durban, den 17. Dezember 1973

Liebe Mutti, lieber Vati!

Weihnachten. Seit über einem Monat versuchen wir, es aus unserem Bewußtsein zu verdrängen, wenn wir in den glittergeschmückten Kaufhäusern einkaufen. Wir könnten ebensogut in Berlin sein: dieselbe Hetze, dasselbe Geschäft mit der Rührseligkeit.

Wir werden zusammen mit unseren Freunden Weihnachten auf der Loteni-Ranch verbringen. Wir alle sind froh, Durban und unserem Leben in der Öffentlichkeit für ein paar Tage entfliehen zu können. Hier, direkt an der Yachtmole, ist man dem neugierigen Starren der Leute unmittelbar ausgesetzt. Wir wissen jetzt, wie sich Tiere im Zoo fühlen müssen. Eine Yacht stellte sogar ein Schild auf: „Nicht glotzen!" Dabei sind unsere Beobachter absolut nicht bösartig, sondern nur neugierig und immer zu einem Schwätzchen aufgelegt. Es ist eine Tortur, an Deck oder gar am Steg arbeiten zu müssen. Unweigerlich die Gesprächseröffnung: „Wie lang ist Ihr Schiff?" Danach wird eine Bootsführung erwartet. Manche steigen gleich an Bord und stehen plötzlich da: „So lebt Ihr also, wie nett!"

Entschuldigt, dies soll ein Weihnachtsbrief werden, doch ich kann mich nicht konzentrieren. Heute ist nämlich Besuchstag auf der OPTIKI, *einem amerikanischen Hippieboot, das außen an unserem Päckchen liegt. Die Jungs hatten die glorreiche Idee, eine Annonce in der Zeitung aufzugeben: „Suchen junge Damen zwecks Hafenrundfahrt." Heute nun sichten sie das Angebot, das in Scharen herbeiströmt, und alle, alle in den blödsinnigen hochhackigen Klotzen, die jetzt Mode sind. Natürlich traben sie in ihren Stelzen über die Decks, manche rutschen auch aus und fallen genau über uns mit Donnergetöse auf den Allerwertesten. Unser Schiff hat wirklich eine großartige Resonanz. Wir kommen uns vor wie Kettenhunde, wenn wir aus dem Cockpit kläffen: „Würden Sie bitte Ihre Schuhe ausziehen?" Und die Mädchen sind auch alle willig. Es kommen nur immer neue. Peter hat Magen- und ich Kopfschmerzen.*

Neulich gab es eine Hochzeit auf der NIRWANA, *die ebenfalls außen am Päckchen liegt. Diesmal feingemachte Hochzeitsgäste mit Klotzen und viel Alberei: Einer fiel zwischen zwei Booten ins Wasser, ein Mädchen mußte von der Saling abgeborgen werden, zu der sie hochgekrabbelt war. Es machte aber Spaß, zuzusehen. Wir müssen darauf achten, nicht zu verknöchert neben all den munteren Knaben zu erscheinen. Schließlich müssen wir ja alle miteinander auskommen. Neulich bat Peter, die Musik doch etwas zu dämpfen, sonst würde er morgens um fünf Beethoven auflegen. Das fanden sie dufte, und Peter ist in Ordnung, obwohl er über dreißig ist.*

Liebe Eltern, genießt Eure Oase zu Hause in Zufriedenheit und sehnt Euch nicht abenteuerlustig hinaus. Wir leben seit drei Jahren mit dem Abenteuer und sind seiner nun aufrichtig überdrüssig. Wie müde, steife Krieger sehnen wir uns nach dem Herdfeuer, an dem wir unsere Beine ausstrecken können. Wir wünschen uns und Euch, daß diese Reise nun bald zu Ende sein möge.

Unter dem psychedelischen Gejammere des 1000-Watt-Lautsprechers von NIRWANA, *unter dem Knattern und Wimmern der Außenbordmotoren, die den Fährbetrieb zu den Moorings versehen, unter dem Stampfen und Schurren der Stampede über unseren Köpfen wünschen wir Euch ein friedvolles, geruhsames Fest.*

Es grüßt Euch Eure Tochter Beate nebst dem Skip

Die Loteni-Ranch ist Balsam für unsere bloßliegenden Nerven. Kein Lärm, kein Flugzeug, kein Radio, keine Zeitung. Wir klappen regelrecht zusammen und verschlafen die ersten Tage in der dämmrigen, kühlen Bauernstube. Voller Behagen kuscheln wir uns tiefer in das breite Bett. Zum ersten Mal seit drei Jahren schlafe ich ohne Wachskugeln in den Ohren und lausche mit tiefer Zufriedenheit den ländlichen Geräuschen: Kühe muhen, Esel schreien, Hühner gackern, Ziegen meckern, Hunde bellen, Tauben gurren. Das Rauschen des Windes in den Blättern, das Prasseln des Regens auf dem Wellblechdach. Duft von einem Holzkohlenfeuer zieht durch die Läden. Es ist Zeit, aufzustehen. Joseph, der kleine Bantujunge, hat den Badeofen geheizt.

In den Garten gehen und Gemüse und Salat ernten. In der großen Farmküche Wildbraten marinieren. Peter macht Butter. Rückkehr zum ländlichen Leben. Den anderen geht es ebenso: „Etwas anpflanzen und wachsen sehen“, davon träumen sie. „Ein Stück Land in den Bergen kaufen und von der Scholle leben.“

Wir erleben auch strahlende, heiße Tage in Loteni. Wir wandern zu Höhlen, in denen noch Buschmannzeichnungen erhalten sind, wir reiten über saftige, grüne Weiden, die über endlose Hügel hinwegrollen, zu reißenden Flüssen, die donnernd als Wasserfälle jäh in enge Schluchten stürzen, wir baden in Teichen, deren stiller Spiegel die schroffen Tafelberge zurückwirft. Kleine Schwalben fliegen dicht darüber hinweg und streifen das Wasser mit den Schwingen. Das Bild der Berge zerrinnt, läuft auseinander. „Da oben ist Basutoland.“ Wie eine magische Beschwörung klingt das. Dort gibt es Gold und Edelsteine in den Flüssen.

Loteni liegt in einem der Bantu-Homelands in den Drakensbergen.

In den runden Lehmhütten unter den Strohdächern der Homelands wird das Leben noch vom Medizinmann und der Zauberin bestimmt, die, mit Kalkfarben bespritzt, böse Dämonen abwehrt. Die Frauen bauen von alters her Meali und Kohl auf den Feldern an. Gegen jedes neue Gemüse wehren sie sich abergläubisch. Da die Zulus Nomaden waren, steckt ihnen das Anpflanzen nicht im Blut. Die Kinder hüten das Vieh. In die Schule geht kaum jemand, denn das kostet Geld. Die Männer arbeiten auf den Rinderfarmen und lassen sich am Wochenende mit heimischem Bier vollaufen, das wie Milch in Papiertüten ausgeschenkt wird. Die symbolische Pacht für das Land beträgt einen Rand pro Jahr. Außerhalb der Homelands jedoch dürfen sie kein Land kaufen.

Das Leben auf den Homelands, in der Natur, erscheint uns gesünder und organischer als das Vegetieren in Großstadtslums. Ich will mir meinen David lieber in dieser Umgebung vorstellen. Und dennoch, welche Aussichten bieten sich? Die Homelands werden von den Bantus selbstverwaltet. Die Regierung hat sie jedoch bewußt geographisch weit entfernt voneinander angelegt, um eine Gruppierung und Ballung von Schwarzen zu verhindern. So kann gar keine einheitliche Politik und kein Selbstverständnis entstehen. Die Lehrerin in der windschiefen Baracke mit den abbröckelnden Lehmwänden hat schon seit Monaten kein Gehalt bekommen. Das versickert irgendwo in den Taschen einiger Bantubonzen. Sie fragt uns aggressiv: „Warum müssen wir Armen für ein Brot auch 11 Cent bezahlen, genausoviel wie die Weißen? Das möchte ich gern mal wissen!" (11 Cent entsprechen 44 Pfennig)

Daß die Weißen in Zukunft mehr von ihrem Profit an die Farbigen abgeben müssen, wissen sie selbst. Wir haben viele junge Südafrikaner getroffen, die bereit dazu sind. Es muß ein Schulsystem für die Bantukinder finanziert werden. Gleiche Bezahlung für gleiche Leistung muß gewährleistet sein. Vor allen Dingen müssen den Bantus alle Berufe offenstehen. Im Augenblick wird die weiße Überlegenheit noch künstlich aufrechterhalten durch das Verbot qualifizierter Berufe für die Bantus. Der Bantu wird nur in dienenden Stellungen geduldet. Dadurch entstand ein akuter Mangel an Fachkräften, so daß man die Einwanderungsbestimmungen für Nordeuropäer lockern und doch Zugeständnisse an die Bantus machen mußte. Jetzt dürfen auch farbige Krankenschwestern in weißen Säuglingsheimen arbeiten. In Durban gab es für hundert Autos nur einen Kraftfahrzeug-Mechaniker. Unter dem Druck der chaotischen Zustände hat die Gewerkschaft endlich erlaubt, daß auch Bantus als Mechaniker ausgebildet werden. Es besteht kein Zweifel daran, daß die Weißen jetzt wirklich Anstrengungen machen, die farbigen Mitbewohner ihres Landes zu fördern und sich mit ihnen zu arrangieren. Doch jede kleine Verbesserung erfolgt erst nach massivem Druck, nach Streiks und „wenn es so einfach nicht mehr weitergeht".

Man kann die Verhältnisse in Südafrika übrigens nicht in das Schema „Weißer Eroberer unterdrückt arme Einheimische" pressen. Denn als die Buren und Hugenotten Anfang 1600 am Kap landen, treffen sie nur auf die kleinen Buschmänner, die sie „Strandhoppers" nennen. Außer ihnen lebt erstaunlicherweise kein Negerstamm auf dieser fruchtbaren, großen Halbinsel. Die Buschmänner als Jäger und Nomaden lassen bald ab von der Jagd auf Elefant, Elenantilope und Gnu und konzentrieren sich auf einfachere Beute: die Rinderherden der Siedler. Das ruft entsetzliche Rachezüge der Weißen hervor, und der Buschmann ist bald so gut wie ausgerottet. Einige Überlebende flüchten sich in die Kalahariwüste, wo sie noch heute kärglich existieren sollen. Nach der Vertreibung des Buschmannes bleiben die Siedler als einzige Menschen in der Kapprovinz zurück. Sie nehmen Besitz vom Land, züchten Rinder, bebauen die Felder und legen Weingärten an.

Erst später werden sie von Streifzügen der Zulus aufgestört. Unter dem Zulukönig Chaka (der weiße Elefant) finden die furchtbarsten Kriegszüge statt. Chaka ist seit 1816 König der Zulus. Sein Reich liegt in Nordnatal, das noch heute Zululand genannt wird, etwa hundert Meilen nördlich von Durban. Vor Chakas blutrünstigen Mordzügen flüchten einige Negerstämme immer weiter nach Süden, unter ihnen die Bantus, eine Untergruppe der Zulus. Als die Flüchtlinge auf die weißen Siedler treffen, sind letztere schon längst etabliert auf ihren Besitzungen und können ein Besitzrecht durch viele Jahre hindurch ableiten. Es treffen also zwei Gruppen von Emigranten aufeinander. Und jeder nimmt sich soviel er kann von dem, was da ist. Die Weißen sind kraft ihrer technischen Kenntnisse natürlich weit überlegen, auch sind Gewehre wirksamere Argumente als Lanze und Keule. Die Schwarzen, von Anfang an im Hintertreffen, nehmen dienende Stellungen bei den Weißen an. Dennoch bleibt die Tatsache, daß die Weißen ihnen nichts wegnehmen.

Wenn die Bantus heute fordern: „Gebt uns unser Land zurück!", so verdreht das historische Tatsachen. Der Fehler der Weißen war, zu lange an der profitsüchtigen Kolonialpolitik festzuhalten, statt die Zeichen der Zeit zu erkennen und rechtzeitig zu teilen. Nun werden allenthalben Anstrengungen gemacht, zu einem friedlichen Nebeneinanderleben zu kommen. Viel diskutiert wird im Augenblick die Idee der Zwillingsstädte: Jede weiße Stadt bekommt gleich daneben eine schwarze Stadt. Es würde dann zwei Durbans geben. Es ist aber zu fragen, ob die Gelder, die da immer gleich zweifach investiert werden müßten (zwei Rathäuser, zwei Gefängnisse ...), nicht besser ausgegeben wären für die allgemeine Schulpflicht für Bantus. Der Apartheidsgedanke kostet die Regierung Unsummen, im Grunde — unserer Ansicht nach — überflüssig ausgegebene Mittel.

Und dennoch, trotz aller Mißstände, die wir in Südafrika finden, trotz aller Kritik scheint uns die Situation hier nicht so ausweglos und verfahren wie in der Karibik, wo die Farbigen die Weißen hassen. Das Verhältnis der Menschen verschiedener Hautfarben zueinander ist in Südafrika recht freundlich. Uns fällt angenehm der höfliche Ton auf, in dem die Weißen die Bantus behandeln. Es wird zusammen gelacht, und das Klischee vom abgehärmten Plantagenarbeiter, der am Fußgelenk scheppernd seine Eisenkugel nachschleppt, können wir erleichtert in der Mottenkiste ablegen. Wir sind voreingenommen nach Südafrika gekommen und deshalb in den ersten Wochen recht verwirrt, wenn die schlimmen Vorstellungen, die wir uns auf Grund von Presse- und Fernsehberichten gemacht haben, einfach nicht mit der

Wirklichkeit übereinstimmen wollen. Man kann nicht etwas verurteilen, wenn man so weit weg ist. Die Aufgabe der westlichen Welt muß es sein, nicht durch tendenziöse Berichte immer wieder in dieselbe Kerbe zu schlagen, sondern leidenschaftslos zu informieren, wenn sich das vielleicht auch nicht so gut verkaufen mag wie die Sensation, die heutzutage leider immer nur negativ ist. Wir meinen, es ist Hoffnung für Südafrika. Die begonnene Entwicklung wird Zeit brauchen, und wir wünschen diesem schönen Land, daß es diese Zeit noch haben möge.

Am Weihnachtsmorgen stehen wir alle in der Farmküche und mixen in einer riesigen Waschschüssel die Füllung für das Schwein, das wir am Spieß rösten wollen. Ein Bogenschußturnier wird ausgetragen, Pfeilwerfen und Schachturniere. Wir liegen vor dem flackernden Kamin, Hunde und Katzen rascheln in dem Geschenkpapier, wir reden und träumen. Wir sind sechzehn Yachtleute aus sieben Nationen, und wir sind zum letzten Mal beisammen.

Widerstrebend fahren wir in den abenteuerlichsten Vehikeln wieder nach Durban hinunter. Der Zeitplan ist unerbittlich. Alle Schiffe müssen aufgeslippt werden, denn für die Fahrt ums Kap der Stürme müssen wir manövrierfähig sein und hart am Wind segeln können.

Skylark geht als erste auf den Slip. Um Mitternacht ruft Bob: „Ich brauche Hilfe — Skylark sinkt!“ Mehr ist nicht nötig. Aus allen Schiffen springen Yachties, streifen sich im Laufen Jacken über, zerren Pumpen und Eimer mit sich. Bob hat in fünf Minuten einen Hilfstrupp von achtzehn Mann zusammen. In mehrstündiger Arbeit gelingt es, Skylark zu retten, diese anmutige, stolze Rennyacht aus dem Jahre 1936, ein Sparkman & Stephens-Riss, aus einer Zeit, als Rennyachten noch schön waren.

„Peter, was ist denn eigentlich passiert?“ — „Die Pallhölzer sind beim Aufslippen weggerutscht, und der Slipwagen ist entgleist. Das Schiff legte sich bei Ebbe immer mehr auf die Seite. Dabei wurden einige Planken eingedrückt. Das Flutwasser kam nun ins Schiff und nahm ihm die letzte Chance zum Aufschwimmen. Der Manager der Werft war betrunken.“ — „Du liebe Zeit, wir sind als nächste auf dem Slip.“ — „Sie wollen einen neuen Slipwagen für uns bauen.“ — „Hoffentlich nützt das was.“

Zwei Tage später sind wir auf dem Trocknen. Die Werftarbeiter schlagen einen Keil unter dem Kiel weg, und die Mauna Kea geht mit dem Vorschiff steil in die Luft. Ich bin im Cockpit, als es geschieht. So schnell bin ich noch nie eine Leiter hinuntergekommen.

Der Manager legt Peter einen Arm um die Schulter und meint: „Reg dich nicht auf, komm lieber einen trinken." Da geht Peter in die Luft. Der Manager richtet sich würdevoll auf und ersucht Peter, keine schmutzigen Worte zu gebrauchen. Schließlich, verschwommener Blick zu mir, seien Damen anwesend. Ich muß den Fluch herausbringen, sonst ersticke ich dran.

Danach geht alles glatt, und wir sind soweit. Am 31. Dezember ist der Wetterbericht günstig. Wir laufen sofort zusammen mit BEBINKA aus, nach Kapstadt, 800 Seemeilen entfernt. Doch eine blitzschnelle Wetteränderung läßt uns in Gegenwind, Regen, Nebel und Flaute hineinsegeln. In der Silvesternacht quälen wir uns bei sehr schlechter Sicht, Gewitter und strömendem Regen durch den dichtesten Schiffsverkehr der Welt. Pausenlos ziehen die Öltanker an uns vorbei. Wir haben ständig den 100-Watt-Scheinwerfer im Cockpit bereit. Selbst Scotty hat seinen New Yorker Humor verloren, als wir übers Radiotelefon Neujahrsgrüße austauschen.

Die acht Tage nach Kapstadt sind die anstrengendsten unserer ganzen Reise, weil wir wegen des Schiffsverkehrs auch am Tage Wache gehen müssen. Im Monat runden seit der Schließung des Suezkanals an die sechshundert Öltanker Südafrika. Mehrmals müssen wir in letzter Sekunde ausweichen. Wir können jedem nur raten, für diese Strecke eine Hilfsmannschaft mitzunehmen. In Durban wimmelt es von unternehmungslustigen Burschen, die gern mitmachen.

Gerade haben wir die südlichste Spitze Afrikas, das Kap Agulhas, gerundet, als Sturmwarnung gegeben wird. Zum ersten Mal auf unserer Reise bereitet Peter eine Trosse zum Nachschleppen vor, die er vom Cockpit aus bedienen kann. Wir zurren alles an Deck fest. Zum Glück weht der Sturm uns in die richtige Richtung.

Wir haben dann doch nicht mehr als 40 Knoten Wind. Die See jedoch ist böse hier, wo Südatlantik und südlicher Indischer Ozean aufeinandertreffen. Die Trosse brauchen wir aber nicht.

Schon am nächsten Morgen wieder Flaute und dann 20 Knoten Gegenwind. Mit Maschine und Stützsegel schummeln wir uns ums Kap der Guten Hoffnung. Es geht uns nicht gegen unsere Seglerehre, die Maschine anzuwerfen. Es wird schon seinen Grund haben, daß dieses Kap auch Kap der Stürme heißt. Hier muß man so schnell wie möglich vorbei. Am 7. Januar 1974 laufen wir in Kapstadt ein. Wir sind sehr, sehr erschöpft. Aber der Indische Ozean liegt hinter uns. Nur noch lumpige 8000 Seemeilen, bis wir zu Hause sind!

ZURÜCK ZUM ANFANG

Im Royal Cap Yacht Club liegen Telegramme für Peter: Sofort zu Hause im Geschäft anrufen. Die Wirklichkeit greift nach uns. Hatten wir im Ernst geglaubt, dem alten Leben davonsegeln zu können? Peter ist voller Unruhe. Er grübelt und kann nicht schlafen. Wir müssen so schnell wie möglich nach Hause.

Die Wetterbedingungen am Tafelberg bestärken uns noch darin, unser Reisetempo zu erhöhen: Wassertemperatur 14, Luft 30 Grad. Zum ersten Mal haben wir Kondenswasser im Schiff, wegen der extremen Temperaturunterschiede. Und ewig kalte Füße, trotz dicker Wollsocken.

Der Tafelberg ist fast jeden Tag mit einem „Tischtuch" aus Wolken bedeckt, Vorboten entweder eines „schwarzen" oder „weißen" Südoststurms, je nach der Farbe der Wolkenmassen, die vom Berg herunterwalzen.

Aus den offenen Güterwagen, die genau vor dem Yachtclub rangieren, werden Tonnen von Kohlenstaub in die Schiffe geblasen. Unsere Bettücher sind morgens schwarz gepudert. Die Lokomotiven sind noch richtige alte Dampfmaschinen. Beißender Geruch heißer Kohle, der die Schleimhäute ätzt, und die wehmütige Dampfpfeife wecken Fernweh.

Wir laufen aus nach Luanda in Angola. Dort wollen wir abwarten, bis die Winterstürme im Nordatlantik sich gelegt haben.

Am neunten Tag auf See, morgens um sechs, trage ich mit zittriger Hand ins Logbuch: „Beinahe über schlafenden Wal gesegelt. Konnte noch in letzter Sekunde Kurs ändern.“

Ein unwahrscheinlicher Zufall, daß ich gerade in diesem Augenblick vom Cockpitsitz aufstehe. Normalerweise prüfe ich routinemäßig Kurs und Segel und suche den Horizont nach Schiffen ab. Diesmal aber stelle ich mich auf die Zehenspitzen, weil ich sonst mit meinen 1 Meter 59 nicht über den Bug hinwegsehen kann, und schaue auf das Wasser direkt vor uns. Da liegt diese dunkelgraue, riesige Walze quer davor, von grauen Wellen halb überspült, im Zwielicht des anbrechenden Tages. Das Tier ist mindestens so lang wie unser Schiff. Die Windsteuerung auskuppeln und das Ruder herumreißen ist eins. Da reckt sich die Schwanzflosse des aufgeschreckten Tieres steil in die Luft und klatscht krachend aufs Wasser, bevor der Riese abtaucht in graue Tiefen.

Wale mögen ja harmlos sein, aber hätte dieser Vorschlaghammer von Flosse uns getroffen, wäre unsere Reise am 31. Januar 1974 bei Tagesanbruch zu Ende gewesen. Peter kann Wale nicht leiden, weil sie eine unberechenbare Größe für den Segler darstellen. Ich glaube, ich mag sie auch nicht. Haie hingegen lassen uns völlig kalt, solange man nicht schiffbrüchig im Meer treibt.

Den Rest meiner Wache verbringe ich auf Zehenspitzen, nervös das Wasser absuchend. Wale sind leider so gesellige Tiere. Ich sichte noch einen, querab. An wievielen sind wir im Dunkeln wohl vorbeigesegelt? Nicht daran denken. Übergehen zur Tagesordnung und Frühstück machen.

Unsere ständigen Nachtwachen haben uns mehrmals das Leben gerettet und größeren Schaden an den Segeln und am Schiff verhindert. Dennoch kommt man sich immer wieder als überängstlicher Idiot in der Gesellschaft dieser *happy sailors* vor, die selig schlummern auf den *Seven Seas*, ausgeruht und tatendurstig im Hafen ankommen und meinen, die Chance, „übergemangelt“ zu werden, sei ja so gering. Es ist wohl eine Weltanschauung. Ebenso wie die Frage: „Segeln wir mit oder ohne Gas an Bord?“ Die Risiken muß jeder selbst abwägen. Wir sind dafür, sie so gering wie möglich zu halten.

In Luanda im Club Naval erwartet man uns schon. Der Kapitän eines Frachters, von Kapstadt kommend, und ein Charterflugzeug haben uns avisiert. Wir sind die fünfte Yacht, die jemals Luanda angelaufen hat.

Wir bleiben einen Monat und können es dabei kaum erwarten, nach Hause zu kommen. Rundfahrten reizen uns nicht mehr; wir sind einfach reisemüde. In vier Jahren haben wir zu viel gesehen und können keine neuen Eindrücke mehr verarbeiten. Am liebsten würden wir immer nur an Bord bleiben, doch die Clubmitglieder wären darüber sehr gekränkt.

Luanda, den 5. März 1974

Liebe Eltern!

Dies ist unser letztes Lebenszeichen vor dem Auslaufen. Wie immer sind es hektische Tage. Die üblichen Vorbereitungen, nur diesmal noch intensiviert. Peter hat 27 Laibe Weißbrot in Scheiben geschnitten und an Deck getrocknet. Ihr wißt ja, daß wir das harte Brot in Wasser einweichen und auf dem Grillrost aufbacken. Schmeckt beinahe wie Toast. Das hat sich sehr bewährt. Ich habe heute die Scheiben gebündelt, damit sie nicht zerbröckeln, und auf den Vorschiffskojen gestaut. Die Krümel lagen überall. Wie immer hatte sich gerade in diesem unpassenden Moment ein Bootskäufer zur Besichtigung angesagt. Ich hätte heulen können.

Peter erlebte unterdes bei Zoll und Polizei sein Waterloo. Die Prozedur des Ausklarierens einer Yacht kommt so selten vor, daß man sich über das Verfahren nicht klar war. Dann noch mal zum American Express und nach Post sehen. Wieder ein Telegramm aus Berlin: sofort zurückrufen. Peter wartete drei Stunden auf die Verbindung. Da soll Peter aus der Ferne Entscheidungen treffen, die nun plötzlich nicht mehr Zeit haben. Dabei werden wir in zwei Monaten zu Hause sein. Stellt Euch vor!

Das ganze Vorschiff ist vollgepackt mit Frischproviant: 15 Pfund Zwiebeln, 50 Zitronen, 30 Apfelsinen, 3 Kilo Tomaten, 2 Kilo Paprika. Das alles für nur 25 Mark. Dafür sind Konserven sehr teuer. Die habe ich zum Glück aber noch aus Australien. Ein Ei kostet hier 10 Pfennig. Wir haben zwölf Dutzend gekauft. Peter hat alle mit Vaseline eingerieben und in Zeitungspapier eingewickelt. Wegen der Kakerlaken in den Eierkartons mußte er es am Steg machen. Seine Hände waren so glitschig von der Vaseline, daß die Eier ihm immer ins Wasser flutschten. Das ist ein guter Test: Wenn sie untergehen, sind sie frisch. Sie gingen alle unter.

Morgen laufen wir aus zu den Azoren. 5000 Seemeilen nonstop. Wir rechnen mit fünf bis sechs Wochen. Wir nehmen noch zusätzlich 150 Liter Diesel in Kanistern mit, um die Reichweite unserer Maschine zu verdoppeln. Das langt für 750 Seemeilen. Das werden wir auch brauchen, um durch die flauen Windzonen an der afrikanischen Küste und durch die Doldrums am Äquator zu kommen.

Diese Reise erschreckt uns nicht, sondern ist nur ein Ausdauertest. Die ersten Wochen werden sowieso gemütlich, denn wenn wir mit Maschine gehen, stellen wir den Eisschrank an und haben kaltes Bier zum Essen. Wir hoffen auf Regen am Äquator, um die Tanks auffüllen zu können.

Ostern wird es dann unbehaglicher, denn da sind wir wieder im kalten Norden, vermutlich hart am Wind. Für zwei Wochen vielleicht. Ihr wißt, was das bedeutet. Dennoch sind wir ungeduldig, auszulaufen, um diesen letzten großen Abschnitt hinter uns zu bringen. Gegen den 20. April wollen wir in den Azoren sein.

Meine lieben Eltern, seht unserem Abenteuer mit Fassung entgegen. Der Indische Ozean und die Fahrt ums Kap der Stürme waren ungleich gefährlicher. Wir werden viel an Euch denken. Das wird uns helfen.

Ich werde jetzt zum letzten Mal mit dem „Maschimbombo" in die Stadt fahren, um diesen Brief einzustecken. „Maschimbombo" ist der Bus. Das Wort kommt von „Maschin-bum-bum". Hübsch, nicht nicht?

Mit aller Liebe und Zärtlichkeit umarmt Euch Eure Tochter

Beate und Peter, der Skip

Tagebuch 10. März 1974, 4. Tag auf See

»Mir ist eine Zahnfüllung herausgefallen. Dabei war ich noch in Durban in Behandlung. Davor haben wir uns immer gefürchtet. Nun passiert es auf unserer längsten Seestrecke. Professor Peter hat mir mit einem Schaschlikspieß Zahnkitt hineingestopft. Es tut gar nicht mal weh, wird aber wohl nicht lange halten. Wir haben die Operation mit Selbstauslöser fotografiert und waren sehr albern dabei.«

16. März 1974, 1. Wache (Mitternacht), 11. Tag auf See

»Bisher ist es eine friedliche, harmonische Reise. Wir genießen es sehr. Tagsüber allerdings ist es sehr schwül und heiß. Wir fangen viel Fisch: Thun und Doraden. Wir gönnen uns den Luxus, eine Stunde vor dem Essen den Eisschrank anzustellen. Kühlen Weißwein aus Kapstadt zum Fisch. Ich habe angefangen, mein Spanisch aufzupolieren. Man muß diese faule, friedliche Zeit nützen. Es wird nicht immer so bleiben.

Wir sind psychisch in bester Verfassung. Man bereitet sich offenbar anders vor, wenn man längere Strecken vor sich hat. Wie nonchalant wir nun mit den Wochen jonglieren. Auf See gefällt es uns jetzt immer am besten. Da sind wir richtig miteinander und mit dem Schiff im Einklang. Wenn ich da an die Atlantiküberquerung vor vier Jahren denke: Kampf. Nun sind wir uns auf See wirklich nahe. Oft sind wir froh, wenn wir auslaufen und das hektische Landleben zurücklassen können mit seinen störenden Einflüssen, Einladungen, Eindrücken, Verpflichtungen. Sie entfremden uns einander. Man hat keine Zeit mehr füreinander.

Auf See gleiten wir behaglich in unsere gewohnte Routine, die uns jetzt so leichtfällt. Das Selbstvertrauen hilft vor allem mir. Ich beherrsche nun meine Umgebung und genieße es, in einer überschaubaren Umwelt zu leben. Der stete Rhythmus der Wellen, der Wechsel von Tag und Nacht, von Wachen und Schlafen gibt uns Frieden. Selbst Schlechtwetter ist nur ein Teil des großen Ganzen, das von uns hingenommen wird.«

19. März 1974, 1. Nachtwache, 13. Tag auf See

»Wir überqueren den Mittelatlantischen Höhenrücken. Nur noch 1300 Meter Wasser unter uns. Sonst waren es immer 5000 Meter. Ascension und St. Helena sind die höchsten Erhebungen und ragen wie Stecknadelköpfe aus dem Meer hervor.

Sonntag ist Schwarzbrottag mit Schmalz und Leberwurst. Das Schmalz lasse ich vor jeder Reise mit Zwiebeln, Äpfeln und Thymian aus. Und dann ist Sonntag Kopfwaschtag. Wir waschen mit Salzwasser und spülen mit ein bißchen Süßwasser nach. Die Haare werden duftig und locker. Ich habe gleich noch die Kopfkissenbezüge mitgewaschen. Das hebt das Wohlgefühl ungeheuer. Sonntag ist Ruhetag: kein Spanisch.

Heute abend saßen wir nach dem Essen mit einem Drink im Cockpit, um die Abendkühle zu genießen. Plötzlich schnappt unser Alarmsystem an der Angelleine, die Wäscheklammer, von der Reling los. Vor Schreck habe ich mein Glas umgeworfen. Sonst holen wir die Leine beim Dunkelwerden immer ein. Nun sah ich mich schon voller Schrekken in der Dunkelheit mit einem Fisch herumwursteln. Als wir die Leine einholen, hängt ein hummerroter Tintenfisch daran. Ärgerlich war der Bursche! Spritzte uns kräftig mit Wasser voll. Wir haben ihn gleich außenbords gehen lassen. Ich kann mir lebhaft vorstellen, wie er noch lange Zeit nachher sich grollend und knurrend rückwärts durchs Wasser katapultiert und kräftig durch seine Rückstoßdüse ausspuckt.

Seit gestern läuft eine sagenhafte Dünung aus Südsüdost. Peter schätzt sie auf vier Meter, und das will bei ihm etwas heißen. Ich mag gar nicht an den Sturm denken, den es da gegeben hat. Pikanterweise erhob sich gegen die Dünung aus Südsüdost ein leichter Wind aus Ost.

Dabei ist Wind aus dieser Richtung hier überhaupt nicht vorgesehen. Nun torkeln wir mit ausgebaumter Genua und Groß mit 4 Knoten herum. Der Wind ist allgemein viel leichter als in den Pilot Charts angegeben. Unsere Solletmale von 140 Seemeilen können wir unmöglich einhalten. Meistens bringen wir es nur auf 90 bis 120 Seemeilen.«

22. März 1974, 16. Tag auf See

»Wir laufen seit dem Nachmittag mit Maschine. Wir konnten den Spinnaker gerade noch herunterholen, als der Wind um 180 Grad drehte. Das war wohl der Auftakt für die Doldrums. Schwere Regenwolken, Gewitter, Flaute. Wir versuchen, mit dem Großsegel Regen zu fangen. Doch bei uns tröpfelt es nur spärlich, obwohl Peter den Regenflecken mit Maschine hinterherjagt. Er macht sich Sorgen, daß der Treibstoff nicht reichen wird. Ich verschiebe das Grübeln auf später und genieße die Annehmlichkeiten (aber im stillen, um ihn nicht aufzubringen): glatte See und kalter Eisschrank.

Es ist schwül und stickig in den letzten Tagen: 32 Grad bei 98 Prozent relativer Luftfeuchtigkeit. Ich habe noch nie so ordinär geschwitzt. Wir haben die Fenster und das Oberlicht mit Pappblenden verschalt. Wenn wir unser Cockpitdach nicht hätten! Wir liegen tagsüber irgendwie verkrümmt schlaff im Cockpit auf der alten Luftmatratze, Hauptsache Schatten. Das Deck ist mittags so heiß, daß man sich die Füße verbrennt.«

23. März 1974, Mitternacht, 17. Tag auf See

»Ich mag meine Nachtwachen. Es gehört jetzt alles mir: das Schiff und die Nacht. Ich verstehe plötzlich alles, ich bin gütig und weise. Mich erfüllt ein ungeheures Wohlwollen allem Lebenden gegenüber. Ich möchte zum schlafenden Peter in die Achterkajüte, ihn streicheln und ihm gute Worte zuflüstern. Ich sitze im kleinen Lichtkreis der Lampe am Kartentisch. Die Instrumente glimmen rötlich. Die Maschine dröhnt zuverlässig und regelmäßig. Ich überprüfe mit der Taschenlampe Öldruck, Temperatur, Amperemeter und halte Ausschau nach Schiffen. Wir sind in siebzehn Tagen noch nicht einem einzigen begegnet. Flaue Luftstöße aus wechselnden Richtungen. Am Horizont Wetterleuchten und Regenwolken. Die See wellt sich ölig unter der Dünung. Unser Kielwasser ist eine leuchtende kräuselige Spur. Delphine weben mit ihren silbrigen Spuren ein dichtes, verschlungenes Netz um uns. Das Schiff ist eingesponnen in ein Zaubernetz von Silberfäden. MAUNA KEA, der ›Verzauberte Vogel‹.«

24. März 1974, 4.30 Uhr, 18. Tag auf See

»Peter hat mich gerade geweckt. Gewitterbö mit Wolkenbruch. Plötzlich 35 Knoten Wind, doch nur für wenige Minuten. Mit dem angedirkten Großsegel allein machten wir noch 6 Knoten. Peter montierte den Trichter unter den Großbaum und füllte alle Eimer, Kanister, Schüsseln und den Haupttank mit Regenwasser. Ich hielt im Salon die Stellung, was darauf hinauslief, daß ich entzückt das Wasser durch den durchsichtigen Plastikschlauch in den Tank gurgeln sah. Nun reichen wir mit dem Wasser dicke bis zu den Azoren. Ein schönes Gefühl.

Verdammt, eine Naht im Großsegel ist aufgeplatzt! Kein Wunder, in diesem Schwell schlägt und flappt das Segel wie wild. Ich wecke Peter. Wir nähen beide für zweieinhalb Stunden und krallen uns dabei an den schwankenden Großbaum. Miese Laune.«

25. März 1974, 19. Tag auf See

»Ich hatte mich so auf Sonntag gefreut, schon wegen der Äquatorüberquerung. Aber heute ist ein absoluter Anti-Tag. Im Morgengrauen erwische ich eine Kakerlake. Sie trägt einen Zettel am Bein: ›Herzliche Grüße aus dem Supermercado ›Jumbo‹ in Luanda.‹ Dabei hatte ich mich im Jumbo noch so amüsiert, als durch die imposanten gläsernen Eingangstüren, an den uniformierten Hostessen vorbei, eilfertig eine Cucaracha in die elysischen Gefilde wieselte. Nun habe ich aber gar keinen Humor mehr. Mit Kakerlakentod in der Sprühdose verfolge ich sie rachig durch mehrere Vorratsfächer. Bei der wilden Jagd poltern die Konserven auf den Boden, rollen scheppernd hin und her, Kekspackungen, Käsedosen, alles raus. Giftige Nebel hüllen mich ein, und ich hocke blaß auf dem Boden. Zuviel Gift auf nüchternen Magen. Aber ich kriege sie. Nach dem Frühstück desinfizieren wir noch einmal sämtliche Fächer. Wie ich diese Viecher hasse!

Gegen Mittag sind wir wahrscheinlich gegen eine kabbelige Dünung aus Nordwest über den Äquator gehoppelt. Eine Positionsbestimmung war wegen der Wolken nicht möglich. Wenn ich da an unsere erste Äquatorüberquerung vor drei Jahren denke, mit Tequila, Taufe und Schlagsahne: Wie heiter und sonnig war das, und wie weit zurück liegt es nun. Tendenz lustlos heute, obwohl wir nun unseren ersten Ansteuerungspunkt erreicht haben. Seit Luanda sind wir 2060 Seemeilen gesegelt. Bis zum nächsten Ansteuerungspunkt sind es noch einmal 2000 Meilen. Als ob man wieder ganz von vorne anfängt.«

29. März 1974, 24. Tag auf See

»Seit vier Tagen sind wir aus den Doldrums heraus. Bucklige gemeine Wellen und Wind kommen schräg von vorn. Das wird noch mindestens zehn Tage so weitergehen, bis zum nächsten Ansteuerungspunkt.

Es ist wieder alles da: Der Bootsrumpf kracht in die Seen, ungemütliche, nasse Nachtwachen, nervöses Aufstoßen aus dem Magen. Morgens der Ekel, wenn man in den Salon hinunterkommt: verbrauchte Luft, Durcheinander von Kleidern, Kissen, Bettzeug. Peter sieht genauso aus wie er sich fühlt. Es ist keine Kraft in mir, den Tag zu beginnen. Wir essen auf der Erde. Es gibt aber auch lustige Situationen, wie heute Nacht beim Wachwechsel, um vier Uhr früh:

Peter will reffen. Ich bleibe im Cockpit und fiere die Großschot. Da fällt mir ein: ›Peter, du muß doch noch den Bindfaden losmachen. Na, den hinten am Großbaum.‹ Peter irritiert: ›Ist doch keiner dran.‹ Später, unten im Salon, fällt mir beim Anziehen der richtige Ausdruck ein: ›Regulierleine.‹ — ›Ach ja, die hätte ich losmachen müssen. Aber Bindfaden, weiß du, Mäuschen!‹ Wir sehen uns im Halbdunkel an, er ausgezogen, ich gerade in die Schinkenbeutel schlüpfend, das Schiff schlägt gemein in die Wellen, und wir lachen beide, daß uns die Tränen kommen. ›Hihi, Bindfaden. Bloß vier Jahre an Bord. Ach, mach doch mal den Bindfaden los.‹ So nett weiblich und unbedarft.

Noch 660 Seemeilen, bis wir unseren Ausgangskurs kreuzen und die Welt umsegelt haben.«

30. März 1974, 25. Tag auf See

»Seit wir hart am Wind segeln, sind wir verstopft. Der Barograph (›Bari‹) zickzackt wilde seismographische Kurven. Peter weckt mich um halb vier: ›Ich muß hoch in den Mast.‹ Ich bin zu stumpf und müde, um mich noch aufzuregen oder Angst zu haben. Der Schäkel am Großfall ist aufgegangen und mit dem Fall nach oben gerauscht. Peter kommt heil wieder runter. Er ist da oben schlagartig seine Kopfschmerzen losgeworden. Was man sich merken sollte.«

3. März 1974, 26 Tag auf See

»Wieder sehr holprig. Noch immer verstopft. Doch es läßt sich alles ertragen. Abgesehen davon sind wir in sehr guter Verfassung. Heute ist Schwarzbrottag. Auch neue Bettwäsche und Handtücher hat es gegeben. Dabei mußte ich feststellen, daß es ins Handtuchfach leckt. Es wird langsam kälter. Wir brauchen nachts schon zwei Wolldecken.«

1. April 1974, 27. Tag auf See

»Heute ist Taschengeldtag. Ich achte streng auf die Einhaltung dieser schönen Sitte. Peter ist mir auch für einen Scheck gut. Seit wir hart am Wind segeln, habe ich Spanisch aufgegeben.«

3. April 1974, 29. Tag auf See

»Wir sind jetzt vier Wochen auf See und laut Seekarte nun in einem Gebiet stärkeren Windes mit rauherem Seegang. Man merkt das besonders bei der Waschzeremonie oder dem wenigen, was davon noch übrig geblieben ist. Wenn das Schiff sich auf der einen Seite hebt, drückt man den Hintern fest an die gegenüberliegende Wand und stemmt die Beine breit gegen den Boden. Das Boot hebt sich, hebt sich . . . und, krach!, schlägt es ins Wellental. Ich schreie und knurre, bis der Krach und der Bums und die Erschütterung vorüber sind. Eine Sekunde kann man sich entspannen, die verkrampften Finger aus der Griffleiste nehmen und die Zahnpasta zuschrauben. Dann hebt sich das Schiff wieder . . .«

4. April 1974, 30. Tag auf See

»Heute Morgen bin ich mal wieder auf Wache im Cockpit eingeschlafen. Peters Stimme – ›Aber Mäuschen!‹ – läßt mich mit erschrecktem Schnurcheln hochfahren. Ich hing verkrampft um die Fockwinsch, mein Kopf schlug gegen die Dachstütze, der Mund stand weit offen. Das Schiff war inzwischen natürlich viel zu weit abgefallen. Jetzt habe ich wahnsinnige Kopfschmerzen, und meine Kehle ist ganz ausgedörrt. Dazu die Scham. Aber Peter meint, ich hätte ihm leid getan.

Der Barograph macht nun schon den neunten Tag seine wilden Zacken und Schleifen. Voraussichtlich geht es noch drei Tage bis zu den Roßbreiten so weiter. Ich bin gereizt und explodiere schnell. Nach der Erleichterung schäme ich mich aber und entschuldige mich. In was für unnatürlichen Verhältnissen leben wir doch: Wir verstopfen uns die Ohren mit den scheußlichen, klebrigen Wachskugeln, binden tagsüber die Augenklappe vor, um Schlaf nachzuholen, sehen uns manchmal bedauernd an: ›Da gab's doch noch was . . .?‹ Ein Leben, ganz im Rhythmus der Natur. So wollten wir es doch. Ja, Scheibenkleister!«

5. April 1974, 31. Tag auf See

»Ich habe gerade geschlafen, als Peter kommt und sagt: ›Na, Weltumseglerin.‹ Sind wir also rum. Da mußte ich doch weinen. Diesen historischen Augenblick haben wir mit Selbstauslöser festgehalten. Wir sprechen über die vergangenen Jahre und dachten an unsere Freunde. Ihre Freundschaft ist eines der schönsten Erlebnisse unserer Reise. Es ist sehr einsam ohne sie.«

7. April 1974, Palmsonntag, 33. Tag

»Heute konnten wir zum ersten Mal seit den Doldrums, seit elf Tagen also, wieder am Tisch frühstücken, mit allen Spezereien, die die Bordküche zu bieten hat. Wir liegen auf dem anderen Bug, da der Wind auf Nordnordwest gedreht hat. Eine ganz seltene Windrichtung für dieses Gebiet und genau von vorn. Peter ist ganz verzweifelt. Ich gebe ihm jetzt schon immer gleich seine Magentabletten, wenn der Wind nicht so mit ihm zusammenarbeitet. Ich aber bin insgeheim ganz zufrieden. Ein völlig neues Lebensgefühl: Bauchnabel, Haare und Unterwäsche gewaschen. Ich war heute morgen so übermütig, daß ich nackt aus dem Bad tänzelte, Samtschleifchen im Haar, und vor Peter einen Schleiertanz mit dem Handtuch aufführte. Der saß am Kartentisch und konzentrierte sich eisern auf: ›65 — 28 = ?‹ Donnerwetter, das sieht ja aus wie die Doppelseite im ›Playboy‹!«

8. April 1974, 34. Tag

Und wieder hart am Wind. Wo ist der versprochene Ostwind? Wir rennen gegen einen hohen Schwell aus Nord an, der jede Fahrt aus dem Schiff nimmt. Vor dem Frühstück haben wir mal wieder die Nähte am Großsegel ausgebessert. Man darf gar nicht damit anfangen. Man findet immer neue Stellen. Dieses Segel ist reif. Völlig aus der Form, bauchig und schlabberig vom Reffen und ganz brüchig. Die Segelnummer hängt in Fetzen, bis auf die Ziffer Eins. Die ist große Klasse. Ich habe sie nämlich in Australien aus Peters blauer Schlafanzughose genäht. Ich liebe dieses Segel. Es war von Anfang an dabei.«

10. April 1974, 36. Tag

»Fünf Wochen sind wir jetzt auf See. Etmal 97 Seemeilen. Mühsam nährt sich das Eichhörnchen ... Wir sitzen stundenlang über der Karte und greifen mit dem Zirkel Entfernungen ab. Ich spare für die Azoren besonders flauschige, weiche Handtücher auf. Wir werden dort im öffentlichen Badehaus unsere Schmutzborke aufweichen.«

13. April 1974, 39. Tag

»Jetzt sind wir endlich in den berühmten Roßbreiten. Pferde über Bord! Endlich Azorenhochwetter: klarer, blauer Himmel, Kumuluswolken. Wir sind auf der Höhe der Kanarischen Inseln. Die Luftfeuchtigkeit ist ungewohnt niedrig für uns: nur 68 Prozent. Wir gehen mit Maschine schnurgerade auf Ponta Delgada zu. Noch 630 Seemeilen. Wir haben jetzt eine Dämmerung, ebenfalls ganz ungewohnt für uns. Atemberaubend schöner Sternenhimmel. Venus und Jupiter stehen riesig nahe über uns. Die sinkende Mondsichel nicht weit davon. Die See dehnt und streckt sich in der märchenhaften Beleuchtung, erklettert runde Hügelkuppen, gleitet und rollt sanft in Falten und Abhänge. Mittlerweile schlafen wir unter drei Wolldecken. Wir haben 19 Grad, das ist nicht viel, wenn man bis zum Bauch im Wasser lebt und ständig Durchzug hat.«

19. April 1974, 45. Tag

»Noch 140 Seemeilen bis Ponta Delgada. Und noch immer Gegenwind. Wir laufen deshalb direkt nach Gibraltar ab. Noch einmal tausend Seemeilen. Ich bin sehr niedergeschlagen, weil wir den Azoren doch so nahe sind. Peter versucht, mich aufzumuntern: ›Du wirst doch auf den letzten tausend Seemeilen nicht schlappmachen.‹ Da muß ich doch lachen. Ich habe Halsschmerzen und lutsche Tabletten.«

20. April 1974, 46. Tag, 22.30 Uhr, 1. Nachtwache

»Wir segelten in Richtung Gibraltar, bis der Wind immer mehr von dort kam. Für mich war klar, daß wir damit wieder Kurs auf Ponta Delgada nehmen können. Peter war wütend. Wie immer ist diese Wetterlage mal wieder völlig ungewöhnlich. Ich bin es langsam auch leid, unter diesen Bedingungen zu segeln. Man kann sich ja noch nicht einmal mehr auf die Pilot Charts verlassen. Beim Frühstück dann knurrte Peter in mein vorwurfsvolles Schweigen: ›Wir gehen über Stag. Gegen die alte Dünung an nach Ponta Delgada. Wir werden zwar nur 2 Knoten machen, aber das willst du ja.‹ Er trampelte wie ein gereizter Elefantenbulle durchs Cockpit an Deck und murmelte im Abgehen: ›Ignoranz.‹ Damit war natürlich ich gemeint. Ich sah nur zu, daß ich ihm aus dem Weg kam.«

2. Nachtwache, 6.30 Uhr: »Flaute. Wir motoren durch glattes Wasser. Die Sonne geht so hell auf, daß ich die Brille aufsetzen muß. Unter den tiefhängenden Wolken voraus sehe ich auf einmal dunkle Berge aus dem Wasser aufsteigen. Das ist doch ... Land! Ich stürze schluchzend zu Peter in die Achterkajüte. Wir halten uns schwankend im Cockpit aneinander fest. Peter mit den schmutzigen Wachskügelchen im Ohr, die schwarze Augenklappe auf die Stirn geschoben, in seinem schlabbernden Schlafanzug.

Wir können nun skrupellos unseren letzten Diesel verjubeln.«

In der klaren Frische eines Frühlingstages sitzen wir an Deck und lassen die Insel nicht aus den Augen, deren grüne Hügel und Täler sich eines nach dem anderen vor uns entfalten, fruchtbar und saftig. Kultivierte Felder klettern darüber hin, ein jedes ordentlich und methodisch durch Hecken eingegrenzt. Da ist schon der weißgekalkte Glockenturm von Ponta Delgada. Wir fahren durch Möwenkolonien, die auf dem sanften Schwell schaukeln, und durch Heerscharen von Quallen und Gallerttieren.

Die Glocken läuten zur Mittagszeit, als wir an einem friedlichen Sonntag in Ponta Delgada anlegen, nach 46 Tagen auf See. Wir schikken sofort ein Telegramm an unsere Eltern.

Zwei Tage Aufenthalt auf den Azoren: Proviant, Wasser und Diesel fassen, Zahnarzt, Badehaus. Das nächste Mal bleiben wir länger hier, versprechen wir uns gegenseitig. Aber Peter ist ungeduldig. Er möchte seinen 38. Geburtstag mit seinem Vater in Malaga feiern.

Einen Tag nach unserem Auslaufen putscht die Armee in Portugal. Wir denken an den Soldaten Theophilo im fernen Hochland von Timor, der vier Jahre lang dort seinen Wehrdienst absaß und nicht wußte, was er bewachen und verteidigen sollte. Nun kommt er nach Hause. Auch Dr. Gallosos Sohn wird aus den Dschungel- und Partisanengebieten an Angolas Grenzen zurückkehren. Die Söhne kehren heim.

Der Kreis schließt sich. Wir navigieren nach der Atlantikkarte, mit der wir von England gekommen sind, damals, als ich noch ein Kind war. Ist es erst fünf Jahre her? Ich bin so müde und alt jetzt. Da ist noch der braune Fleck auf der Karte, als Schwester Monika dem armen Peter versehentlich heißen Tee in die Seestiefel goß. Auch die Karte bekam noch etwas davon ab. Da sind griechische Buchstaben am Rande hingekrakelt. Ein Gedicht, von Alfred auf Nachtwache notiert. Damals, als alles anfing ... Wollen wir noch einmal hinaus? Wir wissen es nicht. Wir sind zu stumpf. Wir wollen nach Hause.

In acht Tagen rauschen wir nach Gibraltar. Vor Ungeduld lassen wir den Spinnaker zu lange oben. Das morsche, sonnengebleichte Gewebe zerreißt. Egal, wir kommen nach Hause.

„The Rock" in Gibraltar sieht immer noch aus wie ein schimmeliger Roquefort. Der erste Hafen in vier Jahren, in dem wir schon einmal waren.

Charly Rodriguez kommt sofort an Bord und bringt einen Brief, der seit 1971 bei ihm liegt. Wie hat er sich verändert: Haar und Bart sind von weißen Fäden durchzogen. Dahin die speckige Lederjacke, die Amulette auf behaarter Brust. Statt dessen dunkler Anzug mit Krawatte. Keinen Rum mehr für Charly.

„Charly, was ist los? Bist du krank?“ – „Ich habe wieder geheiratet.“ Tiefer Seufzer. „Habt ihr vielleicht etwas Obstsaft für mich?“

Am nächsten Morgen weiter. Von den vergangenen zwei Monaten waren wir fünf Nächte im Hafen. Fünf Nächte Schlaf. Alles ist so unwirklich, so weit weg. Kommen wir tatsächlich nach Hause? Peter strahlt.

Am 29. Mai 1974 machen wir im Club Nautico in Palma de Mallorca fest, so unauffällig und unbemerkt, wie wir ausgelaufen sind. Niemand auf den großen Yachten weiß, was es bedeutet, wenn ein Schiff mit so vielen Flaggen unter der Steuerbordsaling hereinkommt. Sieht höchstens nach Angabe aus. Die Gastflaggen der Länder, die wir unterwegs angelaufen haben, flattern exotisch im steifen Levante. In mir ein Ziehen und Sehnen: Nie wieder? Ist der Traum vorüber?

Es sieht ganz so aus. Zwei Tage später sind die bereits unterwegs eingeleiteten Verhandlungen über den Verkauf der MAUNA KEA abgeschlossen.

Wieder sind es dreizehn Gepäcksstücke, die wir über die schmale Gangway bugsieren. Diesmal enthalten sie statt Werkzeug, Ersatzteilen und Kochtöpfen unsere Reiseandenken: Molas von den Cuna-Indianern, Muschelketten von den Glücklichen Inseln, Masken aus Bali.

Ist das die gesamte Ausbeute unserer Reise? Können wir die Souvenirs zu Hause auf dem Vertiko abstellen und zur Tagesordnung übergehen?

Ich habe von unserer Reise erzählt und sah auf die grauen Hinterhöfe dabei. Sind wir dafür zurückgekommen? Noch meinen wir, den Passat in den Palmen zu hören, das Knispeln der weidenden Fische am Bootsrumpf, das Pfeifen der Delphine unter unserem Kiel.

Wir stehen auf dem Balkon und sehen das Abendrot hinter den Häusern. Heute muß ein schöner Sonnenuntergang sein. Wir sehen ihn nicht. Am Himmel die Windwolken gehen uns nichts mehr an. Wir brauchen keine Segel zu reffen.

Noch einmal in ein Atoll einlaufen, noch einmal ein fremdes Land entdecken, noch einmal mit rauschender Bugwelle unter dem Kreuz des Südens segeln . . .

EPILOG

Ein Jahr an Land. Unsere Reise aber wird immer unwirklicher und märchenhafter. Sind die braungebrannten Abenteurer auf den Fotos tatsächlich wir? Sind wir in ferne, exotische Welten vorgestoßen? Ungläubiges Staunen in mir beim Betrachten unseres Films und der Bilder. Für die Umwelt sind wir zwar noch immer „Die Weltumsegler“. Aber sind wir noch dieselben? Hat uns das Landleben nicht doch wieder eingefangen, trotz aller leidenschaftlichen Auflehnung und trotz aller Gelöbnisse, uns nicht kleinkriegen zu lassen von Alltag und Routine?

Ich glaube, ich bin ganz unmerklich wieder hineingerutscht. Ja, ich habe mich korrumpieren lassen vom Wohlleben, von Waschmaschine, Eisschrank und Badewanne. Gerade eine Frau leidet an Bord ja ungleich stärker als ein Mann unter unzureichenden sanitären und hygienischen Verhältnissen. Habe ich mich bestechen lassen oder bin ich anpassungsfähiger, flexibler, fähig zu Kompromissen? Die Einsicht in die Notwendigkeit unseres Ausharrens an Land. Eine zweite Reise liegt vorerst für uns in weiter Ferne. Wir haben Verpflichtungen unseren Familien gegenüber. Und wir brauchen Geld. Ich arrangiere mich.

Nicht so Peter. Ausweglos scheint ihm der enge Käfig der Pflicht. Er rennt gegen Mauern, die sich auftürmen zwischen ihm und der Freiheit, wie in den ersten Tagen unserer Rückkehr, als wir uns mühsam wieder hineinfanden in ein bürgerliches Leben, registriert und katalogisiert von Polizei, Versicherung, Bürokratie. Ohnmächtiges Wüten und Hilflosigkeit gegen Zwänge. Peter machte sich auf eine unruhige Wanderschaft durch Europa, auf der Suche nach einem Schiff. Ohne Schiff kann er nicht sein. Ich blieb zurück, um dieses Buch zu schreiben. Und fürchtete die Postkarte aus Gibraltar: „Habe auf einer Yacht angeheuert über den Atlantik.“ Ich hätte es verstanden, doch nicht gebilligt. Es wäre Davonlaufen gewesen.

An Land wartet eine Aufgabe auf uns. Wir müssen sie lösen. Meine scheinbare Zufriedenheit und Anpassung ruft oft genug Peters Zorn, sogar Verachtung hervor. Plötzlich finde ich mich etikettiert als putzsüchtiges Hausmütterchen wieder. Als hätte ich nicht bewiesen, daß ich auch ohne Bürgerlichkeit auskommen kann. Ich behaupte, ich könne sie jederzeit wieder aufgeben. Aber erst, wenn unsere Angelegenheiten an Land geregelt sind. Peter jedoch will sich nicht wieder einfügen, er ist nicht bereit zu Kompromissen. Wer einmal die Freiheit auf den Meeren gekostet hat, ist für das Landleben verloren. Meine Angst und Vorahnung, als ich Bernard Moitessier in Tahiti traf, hat sich bei meinem Mann bestätigt. Auch er ließ seine Seele draußen. Er kam nicht mehr zurück.

Wir hatten geglaubt, als wir diese Reise planten, daß wir hinterher ruhiger sein würden und uns für immer an Land niederlassen könnten. Nun wissen wir, daß wir diese herrliche Freiheit da draußen nicht für immer aufgeben können. Und jeder, der ausbrechen will, sollte sich darüber im klaren sein, daß Freiheit wie ein Rausch über ihn kommen wird, um ihn nie wieder loszulassen.

Tommy von der WINDRIFT sagt: „Die Segelei hat uns für das Land verdorben.“ Und so schreiben uns alle unsere Freunde, die nun, so wie wir, seit einem Jahr zurück an Land sind. Alle, bis auf den Neuseeländer Leon Smith, von uns glühend beneidet. Er schickt bunte Postkarten aus Panama, Tahiti, Fidschi. Vor einigen Monaten gar klingelte bei uns das Telefon: „Hier ist Fort Lauderdale Radio. Wir haben ein Gespräch für Sie aus den San-Blas-Inseln, von der Yacht KARMA.“ Leon! Er braucht dringend eine Gummikupplung für den Motor seines deutschen Schiffes. Trotz aller Bemühungen können wir ihm nicht behilflich sein. Er repariert die Kupplung notdürftig, welche prompt im Panamakanal endgültig ihren Geist aufgibt. Eine Woche ankert Leon im Kanal, bis eine neue Kupplung geschweißt ist. Sicherlich die längste Durchschleusung in der Kanalgeschichte.

Sein Anruf läßt uns atemlos zurück. Für kurze Augenblicke hat uns das Abenteuer gestreift und uns völlig aus der Balance geworfen. Wir warnen Leon davor, zu schnell in den Pazifik zu segeln. Laß dir Zeit, Leon! Du wirst es später bereuen! Doch Leon hat es eilig. Er hat Heimweh. Wie wir alle es hatten. Er wird KARMA im Herbst auf der Bootsshow in Neuseeland ausstellen und hofft auf einen Käufer. Falsch, Leon, ganz falsch! Vielleicht wirst du niemals wieder auslaufen.

Betrübliche Meldung Leons: Die Inflation hat nun auch schon die San-Blas-Inseln erreicht. Statt 2,50 US-Dollar wie wir mußte Leon bereits 14 Dollar für eine Doppelmola auf den Tisch legen. Die Galapagos durfte er nicht anlaufen, sondern mußte nonstop zu den Marquesas durch. Die ecuadorianische Regierung hat die Inseln zum Sperrgebiet für Yachten erklärt, um das Tier- und Pflanzenleben zu schützen.

Nie wieder werden wir dieselbe Reise machen. Wir werden anders geworden sein, und so auch die Welt. Es ist schwer, sich einzugestehen, daß dieser Lebensabschnitt unwiderruflich vorbei, Vergangenheit ist. Wir können die Fäden nicht wieder dort aufnehmen, wo wir sie vor einem Jahr brüsk durchtrennten. Das Leben hat ein neues Muster aus ihnen gewebt. Und so wurden wir für uns selber zur Legende.

Was aber wurde aus den Freunden der herrlichen Zeit, die so viele Ankerplätze mit uns teilten? Wo sind sie geblieben? Wir schreiben uns Briefe und ermahnen uns gegenseitig zum Durchhalten für das eine große Ziel: für immer an Bord zu leben. Noch sind wir alle nicht so weit, doch vielleicht schon im nächsten Jahr ...

Kitty und Scott segelten die BEBINKA in die Karibik nach Antigua. Ein Arzt stellte eine bösartige Geschwulst auf Scotts Rücken fest. BEBINKA bleibt in der Obhut von Yachtfreunden. Kitty und Scott fliegen nach New York, wo Scott die Geschwulst und sämtliche Drüsen unter dem rechten Arm entfernt werden. Alle zwei Monate muß er zur Kontrolluntersuchung, fünf Jahre lang. Erst dann kann er sicher sein, von dem heimtückischen Krebs befreit zu sein. Nach Scotts Wiederherstellung segeln sie die BEBINKA nach New York und erleben beim gefürchteten Kap Hatteras den schlimmsten Sturm ihrer Weltumseglung, nur 500 Meilen vor dem Ziel.

Scott findet in New York keine Anstellung in seinem Beruf als Anlageberater – die Rezession. Er nimmt ein Angebot als Manager eines Supermarktes in St. Thomas auf den Virgin Islands an. Sie segeln BEBINKA zurück in die tropischen Virgins und sind unser aller Traum am nächsten: Sie leben weiterhin an Bord und kreuzen an den Wochenenden in der paradiesischen Inselwelt. Kitty arbeitet als Telefonistin bei einer Gesellschaft, denn „man segelt zwar mit dem Mann um die Welt, aber mit ihm zusammen zu arbeiten ist eine andere Sache". Sie sind so verwachsen mit der BEBINKA, daß sie sie niemals aufgeben wollen.

Auch Roger und Sheila in Durban leben weiterhin auf der KUAN

YIN. Roger betreibt mit seinem Schwager zusammen ein florierendes Reparaturunternehmen. Sheila hält uns über die durchkommenden Fahrtenyachten auf dem laufenden: Big Elli hat inzwischen in Big John, einem amerikanischen Einhandsegler, einen würdigen Nachfolger gefunden. Er leidet an Verfolgungswahn und ist der festen Meinung, man habe ihm in Fidschi Gift in den Wassertank getan. In Durban wurde angeblich in sein Schiff eingebrochen. Viele seiner Ausweise sollen fehlen. „Aber ich kenne sie. Sie machen immer auf meinen Namen Schulden und bringen mich in Verruf. So arbeiten sie immer." Der mysteriöse Schuldenmacher aber war er, und es geht das Gerücht, er sei nur wegen seiner Schulden nicht sofort des Landes verwiesen worden. Inzwischen tat Big John alles, um sich selber kräftig in Verruf zu bringen, spazierte in Unterhosen am hellichten Tage an Deck umher, verrichtete seine Notdurft außenbords und drohte Captain Rowntree, dem von uns allen gefürchteten Port Liaison Offizier, Prügel an, falls jemand es wage, ihn oder sein Schiff anzutasten. Schließlich wurde Big John samt Schiff von den Behörden aus dem Hafen geschleppt, mit der Auflage, das Land innerhalb von vierundzwanzig Stunden zu verlassen. Verzeihung, Captain, Yachten machen wirklich Ärger zuweilen.

Ines und Kirk, die in Bali tapfer unter unserer defekten Honda mitgelitten hatten, brachten SILMARIL per Lastwagen durch Israel ins Mittelmeer und segelten sie nach Athen. Dort fand SILMARIL einen Käufer. Auf ihrer Europa-Tour kommen sie auch für eine Woche nach Berlin und können sich an Hand unserer Situation schon auf ihre eigene Rückkehr vorbereiten. Wir haben soeben alle alten Möbel verkauft, die neuen aber lassen auf sich warten. So campen wir unter seemännischen Bedingungen auf Matratzen, was uns allen nichts ausmacht. Ich versuche, Ines die Berliner Sehenswürdigkeiten mit dem Wagen zu erschließen, sehr gehandicapt zwar und irritiert durch Baustellen, Umleitungen, neue Straßentrakte. Peter und Kirk indessen bleiben auf den Matratzen über den Plänen für „NBII" (Neues Boot II). Zwei amputierte Skipper, die mit ihrem Schiff auch ihre Seele verkauft haben. Die Abreise der Freunde stürzt Peter in tiefe Melancholie.

In Los Angeles läßt Kirk sich wieder als Anwalt nieder. Ines geht zurück an die Universität, um ihren Doktor der Literatur zu machen und um vielleicht noch ein Jurastudium anzuhängen. Letzte Nachricht: Kirk hat ein Grundstück mit alten Bäumen gekauft und will ein Gästehaus unter den Bäumen bauen. Peter und Kirk aber sind sich einig, daß „NB II" ein Schoner werden wird, weil dies die schönsten Schiffe sind, die jemals im Pazifik segelten.

Bobby und Karla leben wieder in München. THALASSA brachten sie mit der Bahn von Genua zum Chiemsee. Bobby ist inzwischen Staatsanwalt, Karla bekam ihre alte Stellung als Pharmazeutin bei einem großen Werk wieder. Wir trafen sie in Düsseldorf bei der Preisverleihung des Fahrtenwettbewerbs der Kreuzerabteilung wieder, wo auch Bobby es sich gefallen lassen mußte, sehr verschämt eine Goldmedaille anzunehmen. Peter hatte rechtzeitig unseren Film „Segeln unter dem Kreuz des Südens" geschnitten und vertont. Bobby: „Nun weiß ich sicher, daß ich noch einmal hinausgehe!"

Katie und Maurice sind die einzigen unter uns, die von Kapstadt nach Rio gingen und den Karneval dort erlebten. Anschließend segelten sie NANOOK OF THE NORTH nach England zu Katies Eltern. Katies Vater ist Bürgermeister von Greenwich. Schließlich lief NANOOK aus nach Halifax in Nova Scotia, dem nördlichsten eisfreien Hafen Kanadas. Katie und Maurice stiegen um in ein Flugzeug, samt Gepäck für ein Jahr. Sie landeten weit nördlich des arktischen Zirkels, 1600 Meilen entfernt von NANOOK, in einer kleinen Eskimosiedlung am Clyde River auf Baffin Island. Schnee und Eis umgibt sie für zehn Monate. Sie sind wahrhaft am dramatischsten abgeschnitten vom Fahrtensegeln in tropischen Gewässern. Doch als Lehrer verdient Maurice hier viel Geld, ohne irgendeine Möglichkeit, es auszugeben. Sie veranschlagen vier bis sechs Jahre, ehe sie soviel gespart haben, daß sie für immer auf See gehen können.

In Clyde River leben 350 Eskimos und 16 Weiße. Bis auf das jährliche Versorgungsschiff gibt es keine Abwechslung. Doch Katie und Maurice wußten im voraus, worauf sie sich einließen, denn Maurice unterrichtete schon früher hier. Während unserer Segeltage wußten die beiden nie, welchem Leben sie den Vorzug geben sollten: dem arktischen oder dem tropischen. Sie zeigten Dias aus ihrer arktischen Welt, die auch uns faszinierten: mit dem Hundegespann reisen, in Iglus leben, Robben und Polarbären jagen. Nun aber beklagen sie die Veränderung des arktischen Lebens. Die Eskimos ernähren sich zwar noch vorwiegend von der Jagd, doch die Romantik ist vorbei. Es gibt jetzt keine Hundegespanne mehr. Auch hier marschierte die Technik ein.

In den zwei Sommermonaten machen Katie und Maurice Urlaub auf NANOOK und werden gemeinsam mit „Old John", dem kanadischen Einhandsegler, die Küste von Nova Scotia ersegeln. Dann zurück in die Polarnacht. Ich sehe die beiden die hereindriftenden Eisberge begutachten. Der da ist zu groß, dieser ist so zersplittert. Aber das ist ein netter, handlicher Eisblock! Er wird ans Ufer gezogen und garantiert die Süßwasserversorgung für den langen arktischen Winter.

Katie sitzt im Wohnzimmer ihres kleinen Holzhauses unter einer Vergrößerung des Südafrikafotos „Vier Weltumseglerinnen". Sie arbeitet emsig an einem Bettüberwurf aus den Gastflaggen aller Länder, die NANOOK anlief. Es gibt sonst keine Arbeit für sie. Vor einigen Wochen jedoch kochte sie für einen Bauarbeitertrupp, der hier einen Büro- und Gefängniskomplex für die Mounties erstellte.

Bob und Kristie hatten einen Bilderbuchempfang, als sie unter der Golden Gate Bridge von San Franzisco in den Hafen einliefen. Boote mit Familienangehörigen, Freunden, Presse und Fernsehen, sogar eine Hafenfähre mit Transparenten WILLKOMMEN ZU HAUSE, SKYLARK! geleiteten sie an ihren Ankerplatz. Bob hatte sich als Autor einer Artikelserie in einer Yachtzeitschrift schon einen Namen gemacht. Einige Verleger meldeten ihr Interesse an seinem Buch an. Kristi fand sofort eine gutbezahlte Stellung als Lehrerin in einer Prominentenschule. Sie zogen auf eine kleine Insel in der Bucht von San Franzisco. SKYLARK liegt direkt vor ihrer Haustür. Alles ließ sich vortrefflich an. Bobs Briefe strahlen vor Optimismus. Er plant mehrere Bücher und will gleichzeitig SKYLARK generalüberholen und sie zum Verkauf anbieten.

Doch sein Buch kommt nicht voran, die Verleger zeigen sich reservierter. Bob tritt auf der Stelle, je mehr er sich auch abstrampelt. Er schreibt uns:

„Kristi und ich sind in den Doldrums — besonders ich. Ich bin entmutigt, am meisten wegen des Geldes. Es kommt mir so vor, als wenn ich nichts zustande bringe, und ich bin unzufrieden mit mir selber. Es ist, als wenn ich mich zersplittere zwischen verschiedenen Jobs. Es liegt immer am Geld. Ich möchte unseren Film schneiden — aber wir können uns keinen Schneidetisch leisten. Ich will SKYLARK instandsetzen, aber das Werkzeug ist so teuer. Ich arbeite jetzt mehr an Bord als daß ich schreibe. Zwei Zeitschriftenartikel sind schon überfällig. Vielleicht mustere ich in diesem Winter für drei Monate als Handelsoffizier an, um Geld zu machen. Der Verleger hat sich seit einem Monat nicht gemeldet. Als wenn Autoren nicht essen müßten!

Kristi arbeitet sehr hart. Sie war seit sieben Wochen nicht mehr an Bord und sah die SKYLARK nur einmal während dieser Zeit, und das war auch noch nachts. Wie wird das alles enden. Der Ruf der See ist sehr stark in mir und ich werde unaufhaltsam mit dem Ebbstrom hinausgezogen."

Der Ebbstrom zieht uns hinaus. Wie sollen wir fertigwerden mit dem Leben an Land, wenn doch die See unser ganzes Denken ausfüllt? Doch wir sind nicht allein. Unsere Freunde helfen uns, einfach dadurch, daß sie dieselben Erfahrungen machen wie wir.

In Berlin fühlten wir uns völlig abgeschnitten von der See und dem alten Leben. Bis Tom und Jean kamen. Wir sind ihnen 1971 kurz in Rarotonga mit ihrer Yacht WINDRIFT begegnet. Sie mußten wegen des Rhinozeroskäfers jede Nacht auslaufen, so daß sie schließlich gleich nach Tahiti weitergingen. Seit Rarotonga schreiben wir uns. Tom und Jean bleiben ein Jahr in Tahiti. Gigi, der herrliche, selbstherrliche Hafenmeister, ist nicht mehr. Er verstarb am Tage ihres Einlaufens. Wer wird nun seine Stelle ausfüllen?

Tom und Jean sind mit Dick befreundet, dem Eigner der WINDWAGON II aus Oregon, die vor Rarotonga auf dem Riff sitzt. Letzte Nachricht von Dick: Soeben mit WINDWAGON III aus Portland/Oregon ausgelaufen. Auch wieder recht eilig zusammengeklatscht soll die neue WINDWAGON sein, und sogar noch größer als die alte. Vielleicht für die Orgel? Roxane, Dicks Tochter, hat den französischen Skipper der Charteryacht MAYLIS aus Tahiti geheiratet. Die beiden bauen sich in Kalifornien ihr eigenes Schiff.

WINDRIFT ging von Tahiti nach Hawaii, dann zurück nach San Diego. Dort liegt sie noch immer. Nach vierjähriger Pause fing Tom wieder an, für PanAm zu fliegen. Er bewarb sich um einen Posten in Berlin. So kam ein Zipfel des alten Lebens und Glanzes für uns hierher. WINDRIFT aber wartet nur darauf, wieder auszulaufen nach Westen.

Und die MAUNA KEA, der „Verzauberte Vogel“? Wir haben sie neulich besucht. Sie liegt noch immer in Palma de Mallorca. Einsam und verlassen. Sie steht wieder zum Verkauf. Sie rollt im Hafenschwell und erinnert sich ... als sie ihre weißen Schwingen vor dem Passat ausbreitete ... als ihr Schatten über die Märchenwelt des Korallenmeeres glitt ... als ihre schlanken Masten dunkel sich abzeichneten vor dem Glühen eines tropischen Sonnenuntergangs ... Wird sie jemals wieder hinausgehen?

ANHANG

Seemännische Fachausdrücke

abfallen	den Kurs eines Segelschiffes so ändern, daß der Wind voller (achterlicher) in die Segel fällt. Das Gegenteil ist anluven.
ablandig	ist der Wind, wenn er vom Land ab nach See hin weht. Das Gegenteil ist auflandig.
achtern	bei einem Schiff „hinten"; achteraus = Richtung nach hinten; achterlich = allgemein eine Richtung von querab bis achteraus.
am Wind segeln	das Segeln bei spitz von vorn einfallendem Wind. Je spitzer der Winkel, desto „höher" segelt das Schiff am Wind – es segelt „hart am Wind".
anluven	höher an den Wind gehen. Das Gegenteil ist abfallen.
anreihen	ein Segel mit der Reihleine am Baum befestigen.
astronomische Navigation	Ortsbestimmung auf hoher See nach der Stellung der Gestirne.
auflandig	ist der Wind, wenn er von See zum Land hin weht. Das Gegenteil ist ablandig.

Augbolzen	ein mit Holzgewinde oder mit Scheibe und Mutter versehener Bolzen, der an seinem äußeren Ende ein Auge trägt, in das z. B. ein Block eingeschäkelt wird.
Auge	Ring, Öse, Loch, Schlinge.
Backbord	von achtern nach vorn gesehen die linke Schiffsseite.
Beaufort-Skala	eine von dem englischen Admiral Beaufort festgelegte Gradabstufung für die verschiedenen Stärken des Windes und der See.
beidrehen	ein Segelfahrzeug durch ein Segelmanöver zum Stehen bringen.
Besan	das Segel des Besanmastes = der achtere Mast auf anderthalbmastigen Yachten.
Bilge	die tiefste Stelle im Schiffsrumpf, wo sich eingedrungenes Wasser und Schwitzwasser sowie Öl sammeln können.
Bootsmannsstuhl	zum Heißen eingerichtetes Sitzbrett für Arbeiten in der Takelage.
Bug	das vordere, spitz zulaufende Ende eines Schiffes.
Davit	kleiner, drehbarer Kran für Anker oder — meist paarweise — Beiboote (Bootsdavits).
Etmal	die von einem Schiff von Mittag zu Mittag zurückgelegte Strecke.
Faden	ein englisches, in der Seefahrt gebräuchliches Längenmaß von 6 Fuß = 1,83 m.
Fender	elastisches Polster aus Segeltuch, Tauwerk oder Kunststoff, das die Beschmutzung und Beschädigung der Bordwand verhindert, wenn das Schiff an Brücken oder anderen Fahrzeugen liegt.
festmachen	ein Schiff an einem Kai, an Pfählen, an einer Boje mit Leinen sicher hinlegen.
Festmacher	starke Leinen zum Festmachen eines Schiffes.

Feudel	Wischtuch, Scheuerlappen.
Fock	auf Yachten das achterste Vorsegel.
Fuß	englisches Längenmaß, das in der Schiffahrt internationale Bedeutung hat. 1 Fuß = 0,3048 m.
Genua	großes, den Mast weit überlappendes Vorsegel.
Gut	Tauwerk der Takelage, unterschieden nach stehendem Gut (fest angebrachte Stagen, Wanten usw.) und laufendem Gut (zu bedienenden Fallen, Schoten usw.).
halber Wind	Wind, der von querab einkommt.
halsen	den Kurs eines Segelschiffes ändern, indem man mit dem Heck durch den Wind geht. Das Gegenteil ist wenden.
Heck	der hinterste Teil eines Schiffes.
heißen	Hochziehen, Hochholen eines Segels, einer Flagge usw.
Ketsch	wird eine Yacht genannt, bei der der hintere, niedrigere Besanmast vor dem Ruder steht.
klarieren	1) etwas Unklares klarmachen, z. B. eine Leine; 2) ein Schiff beim Ein- oder Auslaufen zoll- und behördenmäßig abfertigen (ein- bzw. ausklarieren).
Knoten	Bezeichnung für die Geschwindigkeit von Schiffen. 1 Knoten = 1 Seemeile/Stunde.
Krängung	die seitliche Neigung eines Schiffes.
kreuzen	auf Zickzackkursen am Wind gegen den Wind segeln.
längsseits	der Länge nach Seite an Seite mit einem anderen Schiff, einem Kai oder Steg liegen.
Lee	die vom Wind abgekehrte Seite. Das Gegenteil ist Luv.
Leeküste	die in Lee liegende Küste, auf die, vom Schiff aus gesehen, der Wind zusteht.
Luv	die dem Wind zugekehrte Seite. Das Gegenteil ist Lee.

Meile	bedeutet in der Nautik stets Seemeile; sie ist 1852 m lang.
querab	seitlich im rechten Winkel zur Schiffslängsachse.
Reede	offener Ankerplatz vor einem Hafen, einer Bucht, Flußmündung usw.
reffen	Verkleinern der Segelfläche.
Reihleine	dünne Leine zum Anreihen eines Segels.
Reling	offenes Geländer längs der Kante eines Bootsdecks.
Rigg	die für ein Segelschiff charakteristische Takelungsart = Takelage.
Ruder	Einrichtung am Heck zum Steuern des Schiffes.
Saling	querschiffs beiderseits vom Mast angebrachte kurze Stangen, die die vom Topp herabführenden Wanten abspreizen und dadurch dem Mast besseren Halt geben.
Schäkel	durch Schraub- oder Steckbolzen verschließbarer Metallbügel in verschiedenen Größen für stark beanspruchte Verbindungen zwischen Leinen, Ketten, Takelageteilen usw.
schamfilen	scheuern, reiben.
schiften	ein Segel von einer Seite auf die andere bringen.
Schoner	Segelfahrzeug mit mindestens 2 Masten, wobei der größere Mast hinten steht.
Schot	Leine zum Bedienen der Segel.
schwojen	das Drehen und Schwingen eines vor Anker oder an der Boje liegenden Schiffes unter dem Einfluß von Wind und Strom.
Seegang	Wellenbewegung, die durch den Wind erzeugt und nach Beaufort in den Stärken 0 bis 9 gemessen wird.
Seemeile	Länge des 60. Teiles eines Meridiangrades, also einer Meridianminute, gleich abgerundet 1852 m.

Seetörn	die Zeit, die ein Schiff ohne Unterbrechung auf See zubringt bzw. die Strecke, die es in dieser Zeit zurücklegt.
Slip	Vorrichtung, um Schiffe an Land nehmen zu können (schiefe Ebene mit Gleitbahn oder Schienenbahn).
Sorgleine	Leine zur Sicherung und gegen Verlieren von Gegenständen.
Spinnaker	leichtes, bauchig geschnittenes großes Vorsegel.
Spring	Festmacheleinen, die verhindern, daß sich das Schiff in der Längsrichtung bewegen kann.
Steuerbord	von achtern nach vorn gesehen die rechte Schiffsseite.
Takelage	Sammelbegriff für das stehende und laufende Gut, Masten und Spieren.
Tampen	die beiden Endstücke einer Leine.
Topp	das oberste Ende eines Mastes.
Trysegel	kleines, schweres, dreieckiges Segel, das bei Sturm anstelle des Großsegels gefahren wird.
Untiefe	flache Stelle im Wasser.
verholen	den Liegeplatz eines Schiffes mit Verholleinen verändern.
Vorschiff	der vordere Teil des Schiffes. Das Gegenteil ist Achterschiff.
Vorsegel	die Segel vor dem vordersten Mast.
Want, Wanten	Teil des stehenden Gutes, das den Mast nach der Seite hin stützt.
wenden	den Kurs eines Segelschiffes ändern, indem man mit dem Bug durch den Wind geht.
Yawl	wird eine Yacht genannt, bei der der hintere, niedrigere Treibermast (Besanmast) hinter dem Ruder steht.

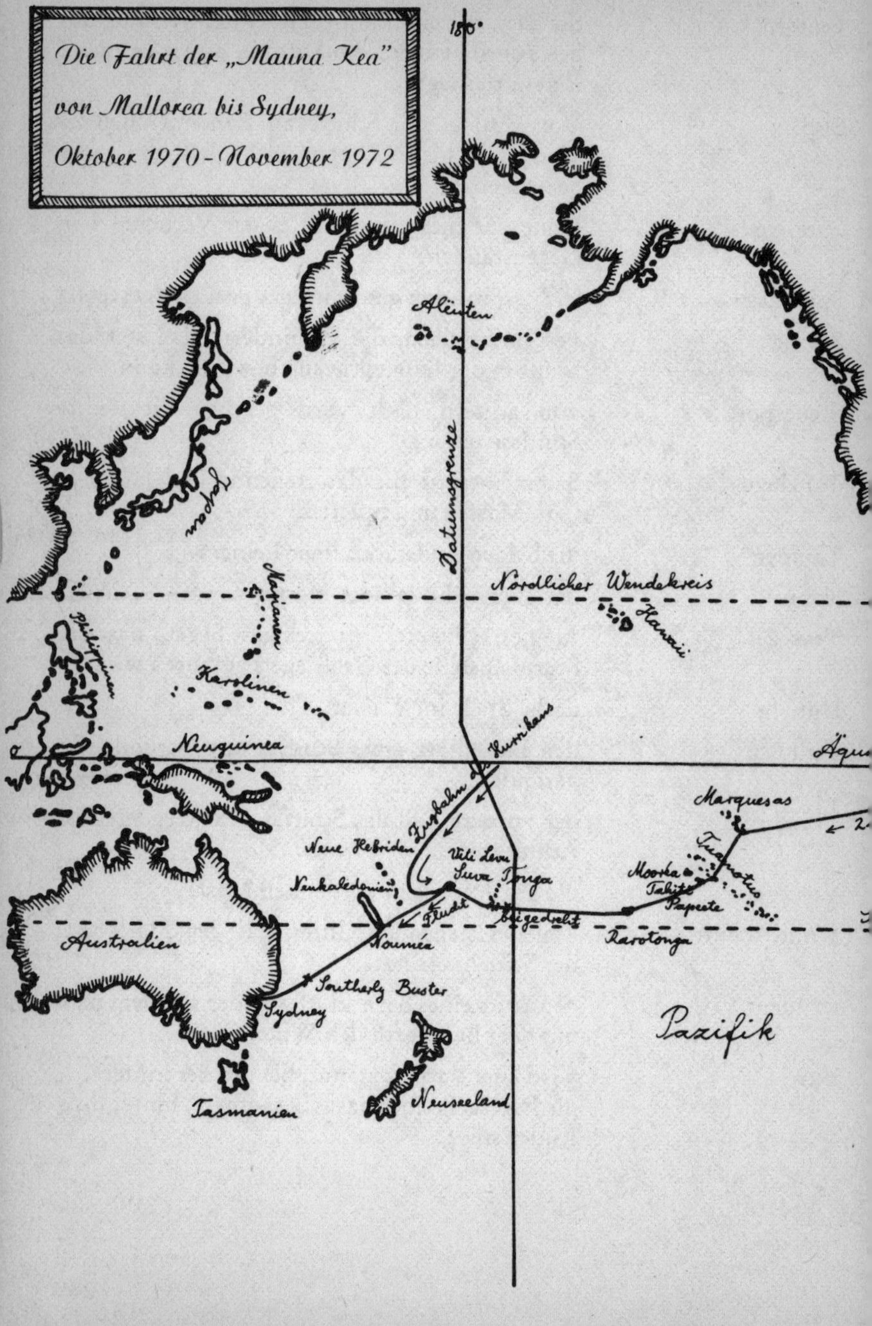
Die Fahrt der „Mauna Kea"
von Mallorca bis Sydney,
Oktober 1970 – November 1972
180°
Aleuten
Japan
Datumsgrenze
Nördlicher Wendekreis
Hawaii
Marianen
Philippinen
Karolinen
Neuguinea
Hurrikans
Zugbahn
Marquesas
Tuamotus
Neue Hebriden
Viti Levu
Suva
Tonga
Neukaledonien
Moorea
Tahiti
Papeete
Flucht
Beigedreht
Nouméa
Rarotonga
Australien
Southerly Buster
Sydney
Pazifik
Neuseeland
Tasmanien

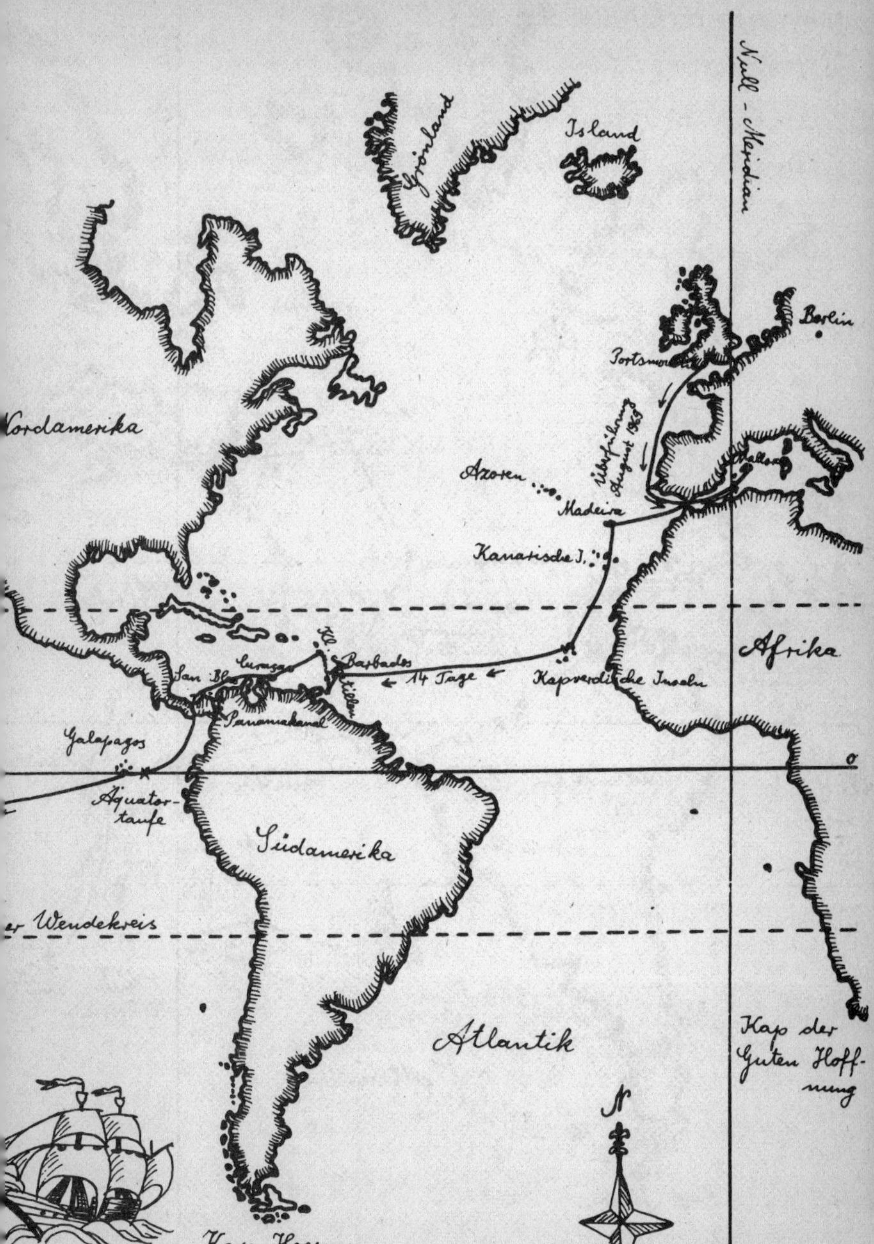

Null-Meridian
Grönland
Island
Berlin
ordamerika
Überführung August 1969
Azoren
Madeira
Kanarische I.
Afrika
Barbados
14 Tage
Kapverdische Inseln
Curaçao
San Bl
Kl.
tillen
Panamakanal
Galapagos
Äquatortaufe
Südamerika
Wendekreis
0
Atlantik
Kap der Guten Hoffnung
N
Kap Hoorn
0

Grönland
Island
Null-Meridian
Nordamerika
Berlin
Azoren
46. Tag
1 040 sm
Ponta Delgada
8 Tage
1 000 sm
2. Ansteuerungspunkt
38. Tag
Kl. Antillen
Afrika
Wir kreuzen unseren Ausgangskurs von 1970
2 000 sm
11 Tage
Beat
Panamakanal
1. Ansteuerungspunkt
19. Tag
2 000 sm
Luanda
Südamerika
Recife
Ascension
Wal
Rio de Janeiro
St. Helena
Kap der Guten Hoffnung
Atlantik
Kap Hoorn
0

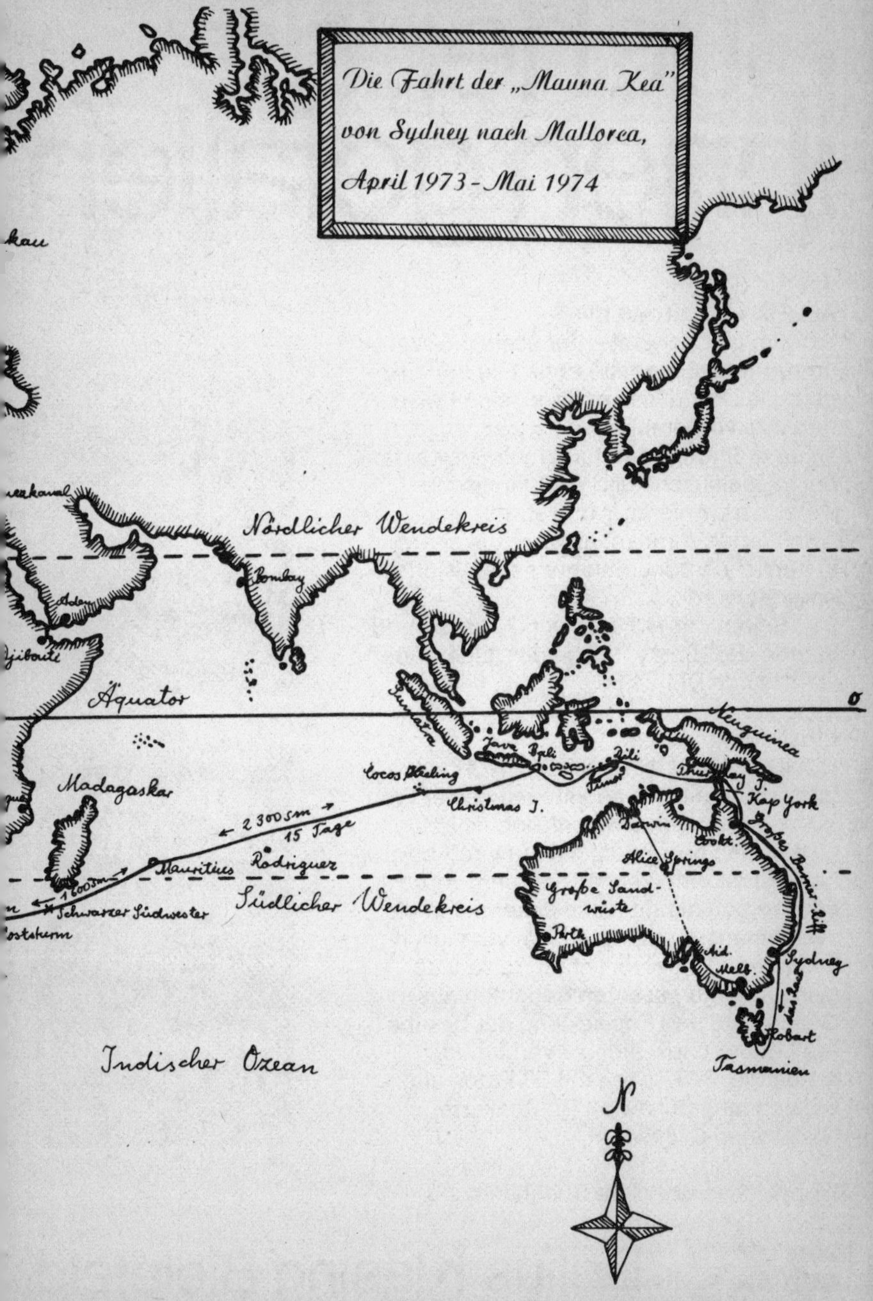

Die Fahrt der „Mauna Kea"
von Sydney nach Mallorca,
April 1973 - Mai 1974
Nördlicher Wendekreis
Bombay
Aden
Djibouti
Äquator
Madagaskar
2 300 sm
15 Tage
Mauritius
Rodriguez
1 600 sm
Schwarzer Südwester
Südlicher Wendekreis
Sumatra
Java
Bali
Dili
Timor
Cocos Keeling
Christmas I.
Neuguinea
Kap York
Cookt.
Darwin
Alice Springs
Große Sandwüste
Perth
Ad.
Melb.
Sydney
Große Barrier-Riff
Hobart
Tasmanien
Indischer Ozean
N

Alice M. Ekert-Rotholz

Reis aus Silberschalen
rororo Band 894

Wo Tränen verboten sind
rororo Band 1138

Strafende Sonne, lockender Mond
rororo Band 1164

Mohn in den Bergen
rororo Band 1228

Die Pilger und die Reisenden
rororo Band 1292

Elfenbein aus Peking
rororo Band 1277

Limbo oder Besuch aus Berlin
rororo Band 1567

Der Juwelenbaum
rororo Band 1621

Fünf Uhr Nachmittag
rororo 1781

486/13

895/1

Richard Gordon

«Seine Bücher sind so munter und mit so viel ungezwungenem Witz geschrieben, daß auch der Anspruchsvolle sie mit Freude und Genuß liest.»
Darmstädter Tageblatt

Aber Herr Doktor!
Ein tolldreister Roman · rororo Taschenbuch Band 176

Doktor ahoi!
Aber Herr Doktor! – Auf hoher See · Ein tolldreister Roman
rororo Taschenbuch Band 213

Hilfe! Der Doktor kommt
Ein tolldreister Roman · rororo Taschenbuch Band 233

Dr. Gordon verliebt
Ein tolldreister Roman · rororo Taschenbuch Band 358

Dr. Gordon wird Vater
Ein tolldreister Roman · rororo Taschenbuch Band 470

Doktor im Glück
Roman · rororo Taschenbuch Band 567

Eine Braut für alle
Roman · rororo Taschenbuch Band 648

Doktor auf Draht
Roman · rororo Taschenbuch Band 742

Onkel Horatios 1000 Sünden
Roman · rororo Taschenbuch Band 953

Finger weg, Herr Doktor!
Roman · rororo Taschenbuch Band 1694

Wo fehlt's, Doktor?
Roman · rororo Taschenbuch Band 1812

Machen Sie sich frei, Herr Doktor!
Roman · rororo Taschenbuch Band 4042

Rowohlt Taschenbuch Verlag

55/8

288/16